TAIZHOUDAOJIAOKAO

台州道教考

任林豪　马曙明／著

中国社会科学出版社

图书在版编目（CIP）数据

台州道教考/任林豪、马曙明著 . —北京：中国社会科学出版社，
2009. 2

ISBN 978-7-5004-7574-3

Ⅰ . 台… Ⅱ. ①任… ②马… Ⅲ. 道教史—台州市 Ⅳ. B959. 2

中国版本图书馆 CIP 数据核字（2009）第 013772 号

责任编辑 雁 声
特邀编辑 骆 珊
责任校对 周 昊
封面设计 大鹏工作室
责任印制 戴 宽

出版发行 中国社会科学出版社
社 址 北京鼓楼西大街甲 158 号 邮 编 100720
电 话 010—84029450（邮购）
网 址 http://www.csspw.cn
经 销 新华书店
印 刷 君升印刷厂 装 订 广增装订厂
版 次 2009 年 2 月第 1 版 印 次 2009 年 2 月第 1 次印刷
开 本 710×1000 1/16
印 张 24 插 页 2
字 数 430 千字
定 价 48.00 元

目　　录

序一

黄心川 [*]

　　道教是中国的传统宗教，也是中国人自己创立的宗教。道教的起源略晚于佛教，但是道教的渊源——道家，则是中国早已有之的"百家"学派之一，其中有着丰富的宗教思想，只是那时尚未形成宗教而已。真正的道教成立是在东汉五斗米道之时，这时正是佛教传入中国的初期。道教成立以后，随即在中国大地流传，到了魏晋南北朝时期，经过葛洪、陶弘景在思想理论方面的改造和北朝陆修静、寇谦之的清整仪式，最终完成了道教的创宗时代，进入了比较成熟的时期。

　　据有关史料记载，南朝的道教在四五世纪时非常繁荣，这不仅反映在道教的基本思想理论已经形成，而且道教的教团与宫观也形成了规模，更重要的是以地方道教文化为特点的道教形态支撑了整个道教的基础。这时的道教在南方大地蔓延，继而与儒、释两教鼎立。南朝的道教，广东惠州罗浮山是一个重要的据点，据说是葛洪炼丹处，道教在这里向周围传播，影响了岭南的文化。台州的天台山也是一个重要的据点，这里不仅有秀色可餐的自然风光，也是道教七十二洞天中的多处洞天福地得道成仙之所。道教崇尚自然，道士喜欢与山河大地融处，天台山自古风光旖旎，人杰地灵，孙绰的《天台山赋》赞曰："夫其峻极之状，嘉祥之美，穷山海之瑰富，尽人神之壮丽矣。"天台山变成了道教的舞台，由此辐射到整个台州地区，在中国道教史上写下了浓墨重彩的一笔。台州道教在中国道教史上独擅风光，并且留下了汗牛充栋的历史资料。

　　然而，天台虽好，风水喝彩，但是有关台州的道教研究此前却没有出现过一部完整的历史专著。改革开放30年来，道教研究已经成为我国宗教学里的显学，各地的道教研究纷至杳来，到现在为止，已经出现了终南山道教

---

　　* 本序作者为著名学者，中国社会科学院荣誉学部委员、原亚太研究所所长。

史、武当道教史、福建道教史等多部地方道教史的专著，作为中国道教的重镇——台州地区，还没有一本详细的台州道教史的著作，这似乎与深厚的台州道教历史文化不太相称，可以欣慰的是，这个课题已经被攻克了，任林豪与马曙明两先生撰写的《台州道教考》弥补了这一缺憾。

任林豪与马曙明两先生都是台州人士，长期工作在台州地区，对台州的历史文化有深刻的领会，曾经撰写过台州志书的专著。家乡山水的滋润，给他们带来了创作灵感；深厚的历史文化氛围，为他们提供了取之不竭的素材；出于对家乡热土的挚爱，他们把宣传与研究台州的道教作为毕生的追求。正是在这个背景和光大家乡文化的使命感召下，他们合作撰述了很有意义的台州道教史专著。《台州道教考》内容丰赡，涉猎甚广，取材丰富，条理清晰。全书特点重在"考"字，以历史为经，人物、宫观、事件为纬，勾勒了台州道教的发展线索；重要人物与重大事件均无遗漏，对历史上的主要资料做了认真剖析，同时又梳理了宗派的发展脉络，重在信史，考述甚详，将台州的道教历史文化的丰富内涵较好地挖掘出来，展现了台州道教的风采，为今后台州的道教文化与研究的发展提供了翔实资料。我对他们的满腔热情与孜孜追求表示赞叹，为他们能够取得如此佳绩击节叫好，希望他们今后继续努力，不仅要把台州的历史文化深入挖掘，而且还要将其光大。耀其祖先，启解后人，功莫大焉。

是为序。

序二

施士雄[*]

台州位于浙江省东南部，境内三面环山，一面濒海，地势由西向东倾斜。西北山脉连绵，峰峦迭起；东南丘陵缓延，平原坦荡。且港湾众多，岛屿星罗棋布，地理环境相当优越。清台州学者戚学标在《台州外书》卷一《舆地记》中叙台州"山脉"云："台州古东瓯地，为南纪山河之终。南纪之山，首自岷嶓蠕蜿蜒迤逦，缘江南北。其北为湖北襄、邓、江、黄、舒、庐、广陵诸山；其南自荆山，南逾江汉至于衡阳。乃东循岭徼达于闽中，稍折而北达于东瓯。星传所谓：'南为越门是也。'越门之山，以会稽为望，然括苍最钜。由括苍而东北为天台，南为雁荡；复由雁荡折而东北至盘山，台境实在台、雁之间。"

台州历史悠久，文化内涵丰富。早在新石器时代，就已有人类居住和活动的踪影与足迹。其后，出现了以越国遗族为主的越和土著瓯越之部落联盟。西汉昭帝始元二年（前85年）。因当时其地上所谓的"东瓯王国"受闽越逼迫，举国徙迁至江淮内地。西汉朝廷乃以其地设立"回浦县"，治回浦（今台州市椒江区章安镇）。东汉章帝章和元年（87年）时，朝廷改回浦县为章安县，治所仍在章安。顺帝永和三年（138年），朝廷析章安县东瓯乡（相当今温州市以及台州的玉环、温岭部分地域）置永宁县，属会稽郡。献帝建安四年（199年），吴侯孙策又析章安县西南部（相当今丽水市大部分地区）置松阳县，属会稽郡。三国吴大帝黄龙三年（231年），孙权分章安县西北部地域（相当于今天台、仙居两县境）设立始平县，属会稽郡。吴大帝太元二年（252年），再分章安县西部分地区（相当今临海大部、黄岩全部，路桥、温岭、玉环部分地域）立临海县。吴太平二年（257年），吴主孙亮分会稽郡东部地域，设立临海郡。临海郡领章安、临海、始平、永宁、松阳和安阳等

---

* 本序作者为临海市政协主席。

六县，治在临海（今临海古城）。即今台州、丽水、温州及福建闽江以北地区，这是古代台州的立郡之始。西晋以降，晋武帝于太康元年（280年）改始平县为始丰县；又改安阳县为安固县。同年，析会稽郡鄞地南部800户，临海郡章安县北端200户等地置宁海县，属临海郡。东晋穆帝永和三年（347年），分始丰县的南乡（相当于今仙居全境和磐安、缙云小部分地域）设乐安县，属临海郡。隋文帝开皇九年（590年），废临海郡与所属各县，合一而为临海县，改属处州（治今浙江丽水）。开皇十一年（591年），朝廷在临海的大固山设立军事据点"临海镇"。大业三年（607年），括州改为永嘉郡（治今浙江温州），临海县随之改属。唐武德四年（621年），于临海县置海州，并分临海为章安、临海、始丰、乐安、宁海五县以属之。次年改名台州，台州之称即自此开始，并一直延续至今。

道教是中国的传统宗教，在其长期的传承发展过程中，对于中国古代社会的哲学、文学、艺术、医学、化学、天文、地理等方面都曾产生过不同程度的影响，作出了巨大的贡献。道教何时进入台州，史籍记载不详。但可以肯定的是，自东汉张角创立道教后不久，台州即成为了江南的道教圣地。从三国时期的葛玄、南朝的陶弘景，到唐代的司马承祯与天台桐柏派、宋代的张伯端与金丹派南宗，及至明清二朝的全真道龙门派，无不体现出台州道教在中国道教发展史的重要地位。

《台州道教考》一书，由浙江省临海市政协文史委策划并组织撰著，是一部比较完整的地域性道教通史。全书共分8章，系统地介绍了台州道教从东汉发展至民国的曲折历程，以及上清派、南宗和龙门派等方面的内容。从文化的大视角来挖掘台州道教的历史内涵和文化价值，不但是弘扬台州历史文化，亦是体现人与自然和谐发展理念之作。期待着更多能展示台州，特别是临海历史文化并具有十分积极意义的学术著作面世。

序三

罗雪志[*]

台州之名起于唐高祖武德五年（622年），据《旧唐书》卷四十《地理志三·淮南道条》记载："武德四年，平李子通，置海州，领临海、章安、始丰、乐安、宁海五县。五年，改为台州"。台州的前身为西汉时的回浦县、东汉时的章安县、三国两晋南北朝时的临海郡、隋时的临海镇，管辖范围包括现在的台州、温州、丽水、宁海以及福建闽江以北地域。台州现辖椒江、黄岩、路桥三区，临海、温岭二市和天台、仙居、三门、玉环四县，可以说历史悠久，人文荟萃。道教是中国传统文化的一个重要组成部分，在台州历史社会的发展过程中亦具有相当大的地位与作用。因此，临海政协文史委组织研究道教这一课题，撰著《台州道教考》，无疑是知难而进的创新之举。

历史上台州道教派系繁多，内涵很丰富，特别是由临海张伯端所创立的金丹派南宗，曾对中国道教产生过重大的影响。但由于地方史料记载方面的欠缺，造成了对有关台州道教研究的许多困难。如早期道教的传入，孙恩五斗米道起义，夷夏之争，上清派"天台桐柏派"，南宗的创立、发展和传承，宋代台州的祠禄官，明清龙门派；还有道教文化和艺术，道教戏剧，道教文物等等。以上的这些问题，留下了大量争论不休的难题，急需深入研究。作者作为专职的文史工作者，曾在《中国道教》、《东南文化》等刊物以及学术著作《台州文化概论》中，发表过多篇研究台州道教的专题论文和整个章节。在此基础上，以历史为依据，结合不同学者的已有研究成果，撰著成书。书中对台州道教的历史进行了详尽的论述与深入的探讨，运用新的第一手材料，提出了一些独特的见解。既有历史性，又有可读性。我为此感到欣慰，特此祝贺，并为之序。

　＊　本序作者为临海市政协副主席。

第一章 台州道教的缘起

第一节 台州的建置沿革与人文

台州位于浙江省东南部，三面环山，一面濒海，山海雄奇，气候温和，风景十分的秀丽。现辖椒江、黄岩、路桥三区，临海、温岭二市和天台、仙居、三门、玉环四县。台州之名起于唐高祖武德五年（622年），"武德四年，平李子通，置海州，领临海、章安、始丰、乐安、宁海五县。五年，改为台州"①。关于"台州"的由来，《旧唐书》卷四十《地理志三·江南道条》曰："临海汉回浦县，属会稽郡。后汉改为章安。吴分章安置临海县。武德四年，于（临海）县置台州，取天台山为名。"唐宪宗时宰相、地理学家李吉甫云："盖因天台山为名。"②南宋陈耆卿也说："台以（天台）山名州，自孙绰一赋，光价殆十倍。"③天台山一词最早见于《内经·山记》中，《昭明文选·游天台山赋》唐李善注："支遁《天台山铭序》曰：'余览《内经·山记》云：剡县东南有天台山'。"南朝梁陶弘景《真诰》谓："山有八重，四面如一，顶对三辰，当牛女之分，上应台宿，故名天台。"佚名之《名山略记》则曰："天台山，即是定光寺诸佛所降葛仙公山也。"另有传本，谓此山原称南岳，周灵王太子晋居此，其魂为山神，命左右公改称天台。从现存的文献史料看，台宿的"台"，为星名，本应是"能"字。《史记·天官书》谓："魁下六星，两两相比者，名曰三能。"南朝宋裴骃《史记集解》引苏林曰："能音台。"唐颜师古《汉书》也说："能读曰台。"唐司马贞《史记索隐》云："魁下六星，两两相比，曰三台。"所以，"能"即"台"，"三能"即

---

① 《旧唐书》卷40《地理志三·淮南道条》。

② （唐）李吉甫：《元和郡县志》。

③ （宋）陈耆卿：《嘉定赤城志》卷19。

"三台。"《晋书》云："三台六星，两两而居，起文昌，列抵太微。一曰天柱，三公之位也。在人曰三公，在天曰三台，主开德宣符也。西近文昌二星曰上台，为司命，主寿。次二星曰中台，为司中，主宗室。东二星曰下台，为司禄，主兵，所以昭德塞违也。又曰三台为天阶，太一蹑以上下。一曰泰阶。上阶，上星为天子，下星为女主。中阶，上星为诸侯三公，下星为卿大夫。下阶，上星为士，下星为庶人：所以和阴阳而理万物也。"① 可以这么认为，所谓"台州"意即星宿的集聚之地。

台州之名虽起始于唐，但作为一个单独的行政区划，其历史却可远溯到西汉昭帝始元二年（前85年）。当时世俗所谓的"东瓯王国"因受闽越所逼迫，举国徙迁至江淮内地。西汉朝廷乃以其地设立"回浦县"②。故宋陈耆卿《嘉定赤城志》有云："台自汉萌芽，仅号东南一尉，至后汉始称县焉。"此前，地为荒服之处，大禹治水时，划全国为九洲，属扬州之域。《尚书·夏书·禹贡》称："禹别九洲……淮、海惟扬州。"夏商周时期，称为瓯地。春秋战国时，为越人居地。秦灭楚，全国实行郡县制，名为闽中郡鄞县回浦乡，实乃以越国遗族为主的越人和土著瓯越之部落联盟。西汉惠帝三年（前192年），以在秦末的楚汉战争中，帮助刘邦打败了项羽的越王勾践后裔驺摇为东海王，立东瓯王国。汉武帝时（前140—前87年），闽越王无诸的后代东越王余善私刻"武帝"玺，自立为帝，发兵反汉。在平定闽越叛乱以后，朝廷在今台、温、处一带设立东部都尉，尉治初在鄞县，后迁至回浦（今椒江章安）。汉昭帝始元二年（前85年），以原东瓯王国之地置回浦县，治回浦（今椒江章安）。东汉建武中（25—56年），光武帝刘秀更回浦为章安名。关于"章安"，按《正义》颜师古曰："章，明也。"及《论语·季氏》云："丘也闻有国有家者，不患寡而患不均，不患贫而患不安。"故"章安"之意，即为使天下明知安宁和安定的重要。东汉章帝章和元年（87年）时，朝廷改回浦县为章安县，治所仍在章安。顺帝永和三年（138年），朝廷析章安县东瓯乡（相当今温州市以及台州的玉环、温岭部分地域）置永宁县，属会稽郡。献帝建安四年（199年），讨逆将军、吴侯孙策又析章安县西南部（相当今丽水市大部分地区）置松阳县，属会稽郡。三国吴大帝黄龙三年（231

---

① 《晋书》卷11《天文志上·序》。

② 回浦县属会稽郡，这是台州区域最早建立的县。县治在今椒江区章安镇，辖区大致包括现浙江的台州、温州及丽水和松阳等地。

年），孙权分章安县西北部地域（相当于今天台、仙居两县境）设立始平县，属会稽郡。吴大帝太元二年（252年），再分章安县西部分地区（相当今临海大部、黄岩全部，路桥、温岭、玉环部分地域）立临海县。吴太平二年（257年），吴主孙亮分会稽郡东部地域，设立临海郡。临海郡领章安、临海、始平、永宁、松阳和安阳六县，治在临海（今临海古城）。即今台州、丽水、温州及福建闽江以北地区，这是古代台州的立郡之始。临海郡以郡东北之临海山而名，南朝宋孙诜《临海记》云："临海山，山有二水，合成溪曰临海。一水是始丰溪，一水是东女（乐安）溪，至州北两溪相合，即名临海溪，山因溪名。"西晋以降，晋武帝于太康元年（280年）改始平县为始丰县；又改安阳县为安固县。同年，析会稽郡鄞地南部800户，临海郡章安县北端200户等地置宁海县，属临海郡。东晋穆帝永和三年（347年），分始丰县的南乡（相当于今仙居全境和磐安、缙云小部分地域）设乐安县，属临海郡。此后二百余年，变革相对稳定。及至隋文帝杨坚灭南朝陈，因河南道行台兵部尚书，加银青光禄大夫杨尚希所奏："自秦并天下，罢侯置守，汉、魏及晋，邦邑屡改。窃见当今郡县，倍多于古，或地无百里，数县并置，或户不满千，二郡分领。具僚以众，资费日多，吏卒人倍，租调岁减。清干良才，百分无一，动须数万，如何可觅？所谓民少官多，十羊九牧。琴有更张之义，瑟无胶柱之理。今存要去闲，并小为大，国家则不亏粟帛，选举则易得贤才，敢陈管见，伏听裁处。"① 而"……罢天下诸郡"②。遂于开皇九年（589年）废临海郡与所属各县，合一而为临海县，改属处州（后改括州，治今浙江丽水）。开皇十一年（591年），朝廷在临海的大固山设立军事据点"临海镇"。临海镇除镇捍防守外，且征收临海县的械甲粮饷，并移临海县治于此，侵夺了县属之权。大业三年（607年），括州改为永嘉郡（治今浙江温州），临海县随之改属。唐武德四年（621年），于临海县置海州③。并分临海为章安、临海、始丰、乐安、宁海五县以属之。次年改名台州，台州之称即自此开始，并一直延续至今。

据考古调查和发掘证明，早在新石器时代，台州这方美丽富饶的土地上

---

① 《隋书》卷46。
② 同上。
③ 台州建置沿革史上，有无"海州"之称，还是一个尚待解决的问题。关于这个问题，丁伋先生有专文《台州历史上有无"海州"之称》探讨（文载《台州地区志·志余辑要》，浙江人民出版社出版）。

就已有人类居住和活动的踪影与足迹。从已知的材料来看，境内共发现新石器时代遗址、遗存六十余处。主要分布在灵江上游永安溪和始丰溪两岸、灵江中下游沿岸和沿海岛屿。特别是仙居下汤古文化遗址，出有石铖、石斧、穿孔石斧、石削、石凿、石锛、石球、石磨盘等石器，以及夹炭红陶、夹砂红陶、细泥灰陶和黑陶等陶器（残片），是目前浙南地区发现规模最大、保存最完整、时代最早、文化内涵最丰富的一处人类居住遗址。商周时期的文化遗址和遗存也很多，其中以玉环三合潭遗址为代表。遗址中出有带有某种艺术信息的农业、狩猎、纺织、捕鱼工具等遗物，特别是所发现的商周干栏式木构建筑的遗址，非常清晰和完整，并且是一处典型的村落遗址。专家们认为这是我国考古史上的首次发现，它不仅对研究古代建筑史有着承上启下的重要作用，而且为研究我国东南沿海岛屿的古代文明提供了难得的实物资料①。

随着历史的不断发展，许多重大事件也随之在境内产生。公元前 324 年，楚国出兵越国，王无疆为楚所并，"而越以此散，诸族子争立，或为王，或为君，滨于江南海上（《正义》按：今台州临海县是也），服楚于朝"。② 台州一带出现了以越国遗族为主的越和土著瓯越之部落联盟。秦始皇统一中国后，部落联盟名义上接受秦王朝的统治，实际上依然拥兵自重。后"闽君摇，佐诸侯平秦。汉高帝复以摇为越，以奉越后。"③ 乃立摇为东海王，都东瓯。汉武帝建元三年（前 138 年），闽越在吴王濞之子驹的唆使下，兵围东瓯。于是，东瓯举国内迁于江、淮之间。东汉阳嘉元年（132 年），台州人曾旌起义于海上，"杀句章、鄞、鄮三县长"，④ 同时"攻会稽东部都尉（即章安）。"⑤ 这也是台州有史籍记载以来首次的农民起义。汉献帝建安元年（196 年），殄寇将军孙策攻取会稽郡，东汉的会稽太守王朗经章安浮海至东冶的候官（今福建福州）。"候官长商升为朗起兵。策遣永宁长韩晏领南部都尉，将兵讨升，以（贺）齐为永宁长。晏为升所败，（贺）齐又代晏领都尉事。"⑥ 随后，王朗兵败。孙策遂控制了大片的东南沿海地区，台州一带也成为了孙

---

① 要了解古代台州的史前文明，可参阅金祖明先生的《从考古发现看台州秦以前文化》（刊《东南文化》1990 年第 6 期）。

② 《史记》卷 41《越王勾践世家》11。

③ 同上。

④ 《后汉书》卷 6。

⑤ 同上。

⑥ 《三国志》卷 60《吴书》15。

策的势力范围。三国吴黄龙二年（230年），吴大帝孙权"遣将军卫温、诸葛直将甲士万人浮海求夷洲及亶洲"。① 有学者认为："卫温、诸葛直的夷洲之航很可能是以临海放洋出海的。"② 更有学者以为，此次远航的出海口就在章安③。这是我国历史上大陆与台湾大规模交往的第一次记录，意义尤为重大。吴太元二年（252年），吴大帝孙权怒齐王孙奋杀傅相谢慈等，"坐废为庶人，徙章安县。"④ 太平三年（258年），会稽王孙亮封孙奋为章安侯。晋人虞溥《江表传》载亮诏曰："齐王奋前坐杀吏，废为庶人，连有赦令，独不见原，纵未宜复王，何以不侯？又诸孙兄弟作将，列在江渚，孤有兄独尔云何？有司奏可，就拜为侯。"建衡二年（270年），"民间或谓皓死，讹言奋与上虞侯奉当有立者"，⑤ 归命侯孙皓乃捕杀及其五子。三国吴末年（264—280年），左将军、丹阳太守沈莹著成《临海水土异物志》。此书是台州最早的方志类著作，以记载临海郡的风土和物产为主。它的风俗部分，记载有夷洲（今台湾）等地的风俗和历史，指明"夷洲在临海东，去郡二千里"。书中的记载，明确反映了当时夷洲与临海郡的密切关系，这也是我国古代文献中对夷洲的最早记载。东晋隆安三年（399年），孙恩从海上起义，临海周胄起兵响应，太守司马崇弃城逃跑。南朝宋泰始五年（469年），临海田流起义，据鄞县沿海要地，自立屯营，称"东海王"。南朝齐时，著名道教学者顾欢"于剡天台山开馆聚徒，受业者常近百人"。⑥ 隋文帝开皇十年（590年），临海县乐安（今浙江仙居）的蔡道人自称大都督，割据一方。后为隋将杨素所平。唐武德五年（622年），台州正式设立。

　　悠久的历史，灿烂的文明，加上丰富的人文资源和理想的自然环境，道教的衍生和发展，自是水到渠成。理想的自然环境，是道教能否发展和兴盛的最主要因缘关系。

第二节　台州的山川形势与神话传说

　　台州西北环山，东南濒海，地势由西向东倾斜，境内西北山脉连绵，峰

---

① 《三国志》卷47《吴主传》。
② 童隆福：《浙江航运史》。
③ 叶哲明：《东吴卫温、诸葛直远规台湾出海港口考析》，刊《东南文化》1990年第6期。
④ 《三国志》卷59《吴主五子传》。
⑤ 同上。
⑥ 《南齐书》卷54。

峦迭起；东南丘陵缓延，平原坦荡，且港湾众多，岛屿星罗棋布，地理环境相当优越。清台州学者戚学标叙台州"山脉"云："台州古东瓯地，为南纪山河之终。南纪之山，首自岷嶓蠕蜿蜒迤逦，缘江南北。其北为湖北襄、邓、江、黄、舒、庐、广陵诸山；其南自荆山，南逾江汉至于衡阳。乃东循岭徼达于闽中，稍折而北达于东瓯。星传所谓：'南为越门是也。'越门之山，以会稽为望，然括苍最钜。由括苍而东北为天台，南为雁荡；复由雁荡折而东北至盘山，台境实在台、雁之间。"① 在中国道教的发展过程中，山是不可或缺的重要载体。不说十大洞天、三十六小洞天和七十二福地，尽在名山之间，就是多如牛毛的大小宫观，也与山川有缘。台州也是如此，宋陈耆卿云："台以山名州，自孙绰一赋，光价殆十倍。今以其所登载，质之见闻，秀概神标，炳炳如星日，非若野史浪记，谈河说海，诬诞而不经也。按道书，洞天福地于是邦为盛。夫神仙之事，虽圣贤所不齿，然必有灵区异境，而后宅焉。"② 确如所说，台州境内的诸如括苍、盖竹、天台、委羽等山，以其"诡异巉绝，独称雄于世"和"闿闾之间，家面帉帻，亦他邦所无也"的条件③，恰恰适应了道教衍生和发展的需要。

用历史的目光去找寻台州道教的历史与踪迹，境内大大小小、有名无名的山川岩石之间，均遗韵点点。

【大固山】在临海城内西北角，一名龙顾山，又名北山、白云山，为古城北面屏障。宋陈耆卿《嘉定赤城志》云：山"高八十丈，周回五里。按旧经，晋隆安末，孙恩为寇，刺史辛景于此凿堑守之，恩不能犯，遂以大固、小固名山。《壁记序》云：'隋平陈，并临海镇于大固山，以千人护其城。'则得名旧矣"。其山山势逶迤，抱州治如屏障，上多古木，风景幽静独特。

【巾子山】在临海城内东南隅，亦称巾山。南濒灵江，与小固山相叠，高约一百余米。上有两峰耸峙，中垂凹谷，形如巾帻。山突兀挺峻，登临眺览，"廛市山川之盛，一目俱收，故其胜概名天下，登临者必之焉"。④ 北宋台州郡守陆长倩有诗赞云："凌虚云磴陟崔嵬，轩槛仍从绝顶开。邑屋万家迷向背，江流三面自潆洄。金山每限波涛阻，星石曾登培嵝来。为是会稽东部郡，不教更号小蓬莱。"

---

① （清）戚学标：《台州外书》卷1《舆地记》。
② （宋）陈耆卿：《嘉定赤城志》卷19《山水门》。
③ 同上。
④ 同上。

【盖竹山】在临海汛桥镇，离城约三十里。南朝顾野王《舆地志》称："一名竹叶山"，周围为太平头、百丈岩、螺丝尖、牛牢尖等众山。山势雄伟，上杆毛竹，有香炉、天门二峰，景色十分秀美。上有一洞，洞前翠竹覆盖，洞内，一石柱砥崖而立，宛如天然门阙。前洞宽大开朗，岩壁如削；后室百孔千窍，高远莫测。清冯赓雪《台南洞林志》谓："洞中宽敞，灵异幽奇，其中岩泉点滴，东西无定，人每以手承之，以瑞应。"南宋陈耆卿以为"真灵区也。"① 宋台州郡守唐仲友有《游盖竹山》诗："篮舆东出初雨收，众山卷雾奔苍虬。麦田蒙蒙连千畴，去年见种今有秋。农家碗大即快活，使君不去能无羞。春光欲尽谁挽留，千林蘽蘽新绿柔。桐华远近澹无思，自开自落那关愁。洞天为我暂晴色，使我蜡屐穷冥搜。天门发秀万马下，水口离立群峰稠。瀑泉对面泻绝壁，宝剑却倚丹凤楼。溪声喷薄雷震动，石色古怪神剜锼。洞门唅呀风飕飕，香炉峰下蛟龙湫。中岑特色小为贵，左右旌节森戈矛。几年秘奥一日睹，谭笑指示君知不。精庐但欲占胜处，事事栋宇非良谋。飞廊跨水纳佳气，突兀殿堂居上头。轩窗高下有奇致，洗涤肺腑明双眸。我将于此栖羽流，凤笙鹤驾应来游。丹成一举凌九州，下观浊世如浮沤。灵祠款谒路阻修，层岩倾洞邃且幽。经营轮奂亦未就，挥金尔助何须求。晚云漠漠鸣雨鸠，仆痛泥滑我欲休。虹桥列炬趣归骑，城鼓已报更初筹。追攀别乘聊复尔，乘兴何如王子猷。习池不为倒载去，儿童不用拍手拦街讴。"

【白鹤山】在临海东南方向二十里，俗称马角山。山上有展旗峰、洗肠潭，又有剑崖。唐欧阳询《艺文类聚》卷九十《鸟部上》引南朝宋孙诜《临海记》云："周回六十里，高三百丈。有泄水悬注，遥望如倒挂白鹤，因以为名。古老相传云，此山昔有晨飞鹄，入会稽雷门鼓中，于是雷门鼓鸣，洛阳闻之。孙恩时，斫此鼓，见白鹤飞出，翱翔入云，此后鼓无复远声。"宋乐史《寰宇记》称："山上有湖，中多盘石。前有石槌、石鼓，鼓鸣则兵乱。昔有白鹤飞入会稽雷门鼓中，击之声震洛阳，故以为名。"又清张英、王士祯、王惔等所撰《渊鉴类函》亦引称：山"有石鼓、石槌，世云石鼓鸣则土寇乱。隆安初，此鼓屡鸣，果有孙恩之乱"。明陈函辉有《游白鹤山》诗并《序》："洗肠一泓如鉴，剑痕在石间，雷门鼓声久沉矣。赵炼师者何人，以幻术摄此。徐卿既去，子晋不还。华表柱头，题以志慨。'上天下天一双鹤，

---

① （宋）陈耆卿：《嘉定赤城志》卷19《山水门》。

城郭人民宛如昨。闲将石鼓撞雷门，九首侍臣尽惊愕。猴山挥手去不归，东寻辽海问合威。霜前夜半吹银篆，松子风高落翠微。'"

【龙符山】在临海涌泉镇，本名覆釜山。南朝顾野王《舆地志》云："章安（临海）县东五十里海际，有覆釜山。"①南朝刘宋孙诜《临海记》与宋乐史《寰宇记》也云："东海有山，形似覆釜。"

【寒玉山】在临海小芝镇，有水帘洞等诸胜迹。民国《临海县志》引宋氏《补志料》，以为"即童峙山之支山"。

【平岩洞】在临海县东八十里。

【玉岘山】在临海东与椒江接壤处，本名黄石山。山中有石洞，可容数百人，四面多林木。南朝刘宋孙诜《临海记》云："黄石山，洩水九层，沿崖如白练。"清顾祖禹《读史方舆纪要》谓："在府东百有九里海中，旧名黄石山。唐天宝六载改今名。山中泄水九层，沿崖泾落，宛如白练。又有石洞，容数百人，四围多林木，阴翳蔽天，今其地亦曰黄礁。"

【东刊山】在临海涌泉镇，又名天柱山。东南接黄石山。

【石鼓山】在临海东一百五里。宋陈公辅诗云："有山名石鼓，千古镇南溟。大手不劳力，动时天下惊。"

【仙石山】在临海东北二十里。清康熙《临海县志》引宋李昉《太平寰宇记》云："山有石步廊，触石云起，崇朝必雨……有筋竹四竿，风吹成宫徵，拂石皆净。"

【太平岩洞】在临海括苍镇，因宋"太平乡"而得名。宋陈耆卿《嘉定赤城志》云："异峰谽谺，上常有云气，其旁林木蔽映，泉瀑飞垂。"

【葛溪山】在临海括苍镇。清康熙《临海县志》云："有石如药碾状，碾上有礼斗坛。坛上有湫，颇深窅，雾雨昼冥，有龙宅焉。"

【上足山】在临海西南十一里，一名戏龙山，又名苍山，俗称龙潭岙山。唐宋诚《苍山庙记》称："苍山在州西，才十五里，水陆之途通焉。连属之势，亘于西南，隐隐崇崇，臻此而止。自郡城暨于山，嘉树修竹，映夹道侧，联联不绝，如在翠帐间行游……山之南又有澄潭，周环百余步，空阔沉碧，逗而不穷，旁倚峻岩，穴通溟涨，峭壁削以直耸，甫泉贯而下垂。潭承其泉，而龙是宅，每天将晦，必云物郁平其上，或清旭晚照，辉映相鲜，岚

---

① 章安县为台州之前身，随着建置的不断变化，区域逐渐缩小，后成临海郡属县。唐武德八年（625年）并入临海，从此不再设县。今属椒江。

障千里，永光一带，烟霭蒙幂，如列画屏，峻彼西郊，作镇兹土。"

【括苍山】在临海括苍镇，又名真隐山、天鼻山或苍山。山绵亘于临海、黄岩、仙居之间，位于临海境内的有米筛浪、纺车岩、猫鱼岩、九洞尖、天岗尖等峰。其中米筛浪海拔1382米，为浙东第一高峰。括苍之"括"原作"栝"字，以"山多栝木，郁郁苍苍"之故。宋乐史《寰宇记》云："高一万六千丈，周回三百里，与仙居韦羌山相接，本名栝苍，又名天鼻，唐天宝中改今名。"汉东方朔《五岳真形图序》云："括苍山，东岳之佐。"又晋吴勃《吴录》及南朝梁陶弘景《登真隐诀》注云："括苍山，登之俯视雷雨也。"

【灯坛山】在临海括苍镇，北连括苍山。宋陈耆卿《嘉定赤城志》引《旧经》云："上为石坛，每阴雨，则有光如灯，故名。"

【委羽山】在黄岩南郊，俗称俱依山。据宋杜范《黄岩县谯楼记》：其山"委蛇蜿蜒，介乎群峰，隐然有卑不可逾之势。如虎之踞，如凤之集，其融结巧特，实为众山之宗，为黄岩之望。"宋陈耆卿《嘉定赤城志》云："地所产石无大小，百碎皆方正有棱，以煮汤可愈疾。"历朝名人题咏甚多，南朝谢灵运有《委羽山》诗："山头方石在，洞口花自开。鹤背人不见，满地空绿苔。"又唐杜光庭诗云："窅然灵岫五云深，落翮标名振古今。芝术迎风香馥馥，松桧蔽日影森森。从师只拟寻司马，访道终期谒奉林。欲问空明奇胜处，地藏方石恰如金。"又宋左纬诗云："委羽不知何处是，倩人扶上木兰桡。欲寻去路花梢密，争认行云酒浪摇。流水忽随山脚转，洞天疑把杖头挑。逡巡不觉东风晚，殆有仙人弄玉箫。"又宋王十朋诗云："龟山软翠日开屏，羽客逍遥此闭扃。早起留云闲放鹤，夜来伴月静看经。岩前方石有多好，灶里丹砂且是灵。应有赤城鸾凤过，一声长啸入青冥。"

【夏乌山】在黄岩西六十里，旧有龙湫在山腰。

【黄岩山】在黄岩上郑萌菜垟，一名仙石山，宋陈耆卿《嘉定赤城志》谓："山顶有黄石，故名。"

【三会山】在黄岩西六十里，一会两山夹一水，二会两石蹲踞如石门，上会有洞空阔尤胜。宋陈耆卿《嘉定赤城志》谓："大率三会之势，高下皆可观，而田畴实少，居人以造楮为业云。"

【松岩】在黄岩西十五里，沿崖而上，凡七里始登石梯，梯数百级，劲直如削，名曰古仙百步街。宋陈耆卿《嘉定赤城志》云："其上平广，荫以古松。下有碧龙潭，出没能为云雨。"

【子晋岩】在黄岩西北六十里，上平夷可宴坐。

【西山】在今温岭温峤镇中部，南连大龙山。旧名西原，又名张老桥山，以山处张郎桥西得名。

【石盘山】在今温岭南二里，峰岩错列，泉石竞胜，山脊平衍如盘。清顾祖禹《读史方舆纪要》谓《志》云："山从雁荡山发脉，绵亘起伏，至此六十余里，其高数千丈，为县之南屏。"

【狮子山】在今温岭石塘镇西，蜿蜒起伏，形似狮子，中多美景。

【丹崖山】在今温岭泽国镇，一名檐牙崖。宋陈耆卿《嘉定赤城志》云："岩石俱赤，有金银星焉。"

【灵伏山】在今温岭大溪镇，一名小茅山，又名五峰山。因山形如龙布爪而伏，故名。明嘉靖《太平县志》谓："山如龙布爪而伏，其上有龙湫，其龙常伏不现，故名。"明永嘉黄淮诗云："灵伏之山高插天，云开叠嶂含青莲。镜川之水流寒玉，风荡晴波散文縠。川回路转林木丛，俘岚暖翠于万重。中有仙人练丹井，相传自昔居葛洪。仙翁一去渺无迹，夜夜丹光照泉石。云深芝草有余香，洞口桃花自春色。"

【紫高山】在今温岭，又名紫皋。山顶平旷，土质滋沃，产名茶，曰"日铸"。

【鹜屿】在今温岭北三十里，山形如鹜。

【王城山】在今温岭西北新建乡与乐清县交界处，本名方城山。山体端方如城，顶平如台，故名。

【锦鸡山】在今温岭新河城东南，相传天鸡鸣其上，故名。

【天台山】在天台县之西，仙霞岭山脉东北端。又称天梯山，或称灵越，或称台岳。山之形势高大，西南接括苍雁荡，西北接四明金华，蜿蜒东海滨，如衣之有缘。以山形如八叶覆莲，有八支八溪及上台、中台、下台等，似三星之台宿。唐李吉甫《十道志》云："'顶对三辰'，故称天台。一曰'大小台'。"按南朝梁陶弘景《真诰》："高一万八千丈，周回八百里。山有八重，四面如一。"南朝顾野王《舆地志》谓"天台山，一名桐柏，众岳之最秀者也。"唐徐灵府《天台山记》引长康《启蒙记》称："天台山在会稽郡五县界中，去人境不远，路经瀑布，次经犹溪，至于浙山。犹溪在唐兴县东二十里发源，知花顶从凤凰山东南流，合县大溪，入于临海郡溪江也。其水深冷，前有石桥，遥望不盈尺，长数十步，临绝溟之涧，忘其身者，然后能度。度者见天台山，蔚然凝秀，双岭於青霄之上，有琼楼玉堂，瑶林醴泉，仙物异种，偶或有见者，当时斫树记之，再寻则不复可得也。"南朝梁李巨仁《登天台山》诗："台山称地镇，千仞上凌霄。云开金阙迥，雾暗石梁遥。翠微横鸟道，珠涧入星桥。风急清溪晚，霞起赤城朝。寓目幽栖地，驾言逸绮季。避世桃源土，忘情漆园吏。抽簪傲九辟，脱屣轻千驷。沉冥负俗心，萧洒凌云意。苍苍耸极天，伏眺尽山川。叠峰如积浪，分崖若断烟。浅深闻过渡，轻重听飞泉。采药逢三岛，寻真值九仙。藏书凡几代，看博已经年。逝将追羽客，千载一来旋。"唐孟浩然《寻天台山》诗："吾爱太乙子，餐霞卧赤城。欲寻华顶去，不惮恶溪名。歇马凭云宿，扬帆截海行。高高翠微里，遥见石梁横。"唐刘禹锡《天台山》诗："常记游灵境，道人情不低。岩房容偃息，天路许相携。露散曙峰外，虹生凉瀑西。何当谢尘役，重去听猿啼。"宋赵湘《天台思古》诗："游人行尽天台路，仙家杳杳知何处。惟有山前一派溪，落花依旧留青暮。"

【赤城山】在天台县北六里，一名烧山，又名消山。石皆霞色，望之如雉堞，因以为名。唐徐灵府《天台山记》云："山高一百丈，周回七里，即天台南门也，古今即是于国家醮祭之所。"东晋孙绰《天台山赋》所谓"赤城霞起以建标"，即指此。

【瀑布山】在天台县平桥镇，一名紫凝山。山有瀑布垂流千丈，遥望如布。唐徐灵府《天台山记》云："瀑布迸流，落落西崖间，可千余丈，状素霓垂天，飞帛触地。"东晋孙绰《天台山赋》所谓"瀑布飞流以界道"，即指是处。

【折山】在天台县坦头镇，山以崖埒险折，故名。宋袁甫有《憩折山市》诗："折山山下簇人烟，一似吴儿笑语喧；始信胭脂溪水媚，木瓜分得也嫣然。"

【芦峰】在天台县街头镇后求，下有芦洋、芦坑。

【韦羌山】在仙居县淡竹乡。绝险不可升。明万历《仙居县志》引南朝宋孙诜《临海记》云："此众山之最高者，上有石壁，刊字如蝌蚪。晋义熙中周廷尉为郡，造飞梯以蜡摹之，然莫识其义。俗传夏帝践历，故刻此石。"

【石龛山】在仙居县东十五里。

【白冠山】在仙居县埠头镇八都垟北面，又名白鹳山，林谷深邃。

【冯师山】在仙居县西，与括苍岭相接。

【王姥山】在仙居县界，亦名天姥山。

【峡山】在仙居县下各镇。明万历《仙居县志》引吕宝琛记云："众峰拱揖，列岫迂回，辽展画屏，高襄翠幄，溪涧隐映，致俟川峡，故名峡山。"

【盖苍山】在宁海县（今属宁波）东部的象山港与三门湾之间，一名茶山。山濒大海，上有火焰岩，赤色闪烁欲动。

【桐柏山】在宁海县（今属宁波）前童镇，一名梁皇山，因南北朝时期梁宣帝为避侯景之乱曾至此隐居而得名。按唐释神邕《山图》云："桐柏，在天台极东宁海界上。"

【三十六雷山】在宁海县（今属宁波）黄坛镇黄瓜山一带，峰峦叠叠如贯珠，凡三十有六折。

【狮子山】在宁海县（今属宁波）南九十里。

【碗石门山】在宁海县（今属宁波）西北五十里。宋陈耆卿《嘉定赤城志》云："两峰夹起，矗立千仞，俗传神人欲以剡为海，夜驱阴兵，异石累于山趾，如堰堞之状，功未竟，比晓而止。"

台州的道教神话传说与以上诸山关联很大，最早和最集中的当首推天台山。东晋玄言诗的著名代表人物孙绰，曾在其所作"掷地当作金石声"的《天台山赋》中，对天台山作了十分动人的描写：

> 天台者，盖山岳之神秀也。涉海则有方丈、蓬莱，登陆则有四明、天台，皆玄圣之所游化、灵仙之所窟宅。夫其峻极之状，嘉祥之美，穷山海之瑰富，尽人神之壮丽矣。所以不列于五岳，缺载于常典者，岂不以所立冥奥，其路幽迥，或倒景于重溟，或匿峰于千岭，始经魑魅之域，卒践无人之境，举世莫能登陟，王者莫由禋祀，故事绝于常编，名标于奇纪。然图象之兴、岂虚也哉？非夫遗世玩道，绝粒茹芝者，焉能轻举而宅之？非夫远寄冥搜，笃信通神者，何肯遥想而存之？余所以驰神运思，昼咏宵兴，俯仰之间，若已再升者也。方解缨络，永托兹岭，不任吟想之至，聊奋藻以散怀。太虚寥廓，而无阂运自然之妙有，融而为川渎，结而为山阜，嗟台岳之奇挺，实神明之所扶持。荫牛宿以曜峰，托灵越以正基，结根弥于华岱，直指高于九疑，应配天于唐典，齐峻极于周诗，邈彼绝域，幽邃窈窕，近者以守见而不之，之者以路绝而莫晓，哂夏虫之疑冰，整轻翮而思矫，理无隐而不彰，启二奇以示兆；赤城霞起以建标，瀑布飞流以界道，睹灵验而遂徂，忽乎吾之将行。仍羽人于丹邱，寻不死之福庭。苟台岭之可攀，亦何羡于层城。释域中之常恋，畅超然之高情。被毛褐之森森，振金策之铃铃。披荒榛之蒙茏，陟峭崿之峥嵘。济楢溪而直进，落五界而迅征。跨穹窿之垂磴，临万丈

之绝冥。践莓苔之滑石，搏壁立之翠屏。揽樛木之长萝，援葛藟之飞茎。虽一冒乎垂堂，乃永存乎长生。必契诚于幽昧，履重险而逾平。既克济乎九折，路威夷而修通。恣心目之寥爽，任缓步之从容。藉萋萋之芳草，映落落之长松。睹翔鸾之裔裔，听鸣凤之嗈嗈，过灵溪而一濯，疏凡想于心胸。荡馀尘于旋流，发五盖之游蒙。追羲农之绝轨，践二老之玄踪。陟降信宿，迄于仙都。双阙云竦以夹路，琼台中天以悬居。珠阁玲珑于林间，玉堂荫映于高隅。彤云斐亹以翼櫺，曒日耀晃于绮疏。八桂森挺以凌霜，五芝含秀而晨敷。惠风伫芳于阳林，醴泉涌溜于阴渠。建木灭景于千寻，琪树璀璨而垂珠。王乔控鹤以冲天，应真飞锡以蹑虚。骋神辔之挥霍，忽出有而入无。于是游览既周，体静心闲，害马以去，世事都捐。投刃皆虚，目牛无全。凝思幽岩，浩咏长川。尔乃羲和亭午，游气高褰。法鼓琅以振响，众香馥以扬烟。肆觐天宗，爰集通仙。挹以玄玉之膏，漱以华池之泉。散以象外之说，畅以无生之篇。悟遣有之不尽，觉涉无之有间。泯色空以合迹，忽即有而得元。释二名之同出，消一无于三幡。恣语乐以终日，等寂默于不言。浑万象以冥观，兀同体于自然。

高度评赞了天台山，使天台山得以名声大振。

在天台山得天独厚的自然环境中，不但有轩辕黄帝，还有伯夷、叔齐，以及彭宗治赤城和王乔治桐柏等许多传说。

轩辕黄帝，姓公孙，名曰轩辕。"《索隐》案：皇甫谧云'黄帝生于寿丘，长于姬水，因以为姓。居轩辕之丘，因以为名，又以为号'。是本姓公孙，长居姬水，因改姓姬。生而神灵，弱而能言，《索隐》弱谓幼弱时也。盖未合能言之时而黄帝即言，所以为神异也。"[①] 在历史上，黄帝被尊为华夏族的祖先。我国早期的史籍《国语》、《左传》，都把黄帝说成是神话人物。台州各地多有轩辕黄帝的神话传说，元赵道一《历世真仙体道通鉴》卷一有轩辕黄帝"尝往天台山受金液神丹"的记载。

伯夷、叔齐为商末辽西诸侯孤竹君之子。据史籍记载，兄弟俩互相谦让，都不愿意自己去接替父亲留下来的位置，而先后逃出，准备到西伯姬昌那里。正赶上西伯去世，其子武王继承王位，并准备东向伐纣。因反对周武

① 《史记》卷1《五帝本纪》第一。

王讨伐商朝，在武王灭商后，逃避到首阳山，及饿且死，作歌，其辞曰："登彼西山兮，采其薇矣，以暴易暴兮，不知其非矣。神农、虞、夏忽焉没兮，我安适归矣？于嗟诸兮，命之衰矣！"不食周粟而死。按东晋葛洪《众真记》所说，伯夷、叔齐死后为九天仆射，掌治天台桐柏山。

彭宗，字法先，彭城（今江苏徐州）人。年二十岁时师事杜冲真人，得授丹经五千文，守一之道。"能三昼夜通为一息，或投水底竟日方出，或瞑目僵卧辄年不动，尘委其上积如纸。又能一气诵五千文，通为二遍。气禁蛇虎，亦能禁凶人，使手足不觉自拘或使幽灵击之。年一百五十岁，常如二十年少。周历王丙申太上遣仙官下迎为太清真人，治赤城宫。"①

王乔在天台山"主金庭治桐柏"，②掌吴越水旱。关于王乔的传说，原题西汉刘向《列仙传》的记载是："王子乔名晋，为周灵王太子。好吹笙，作凤鸣，游伊洛之间。遇道士浮丘生，接引上嵩山，修炼二十年，后在缑氏山巅，乘鹤仙去，受书为桐柏真人。"唐王松年《仙苑编珠》称："王乔字子晋，好吹笙，作凤鸣。道人浮丘公接上嵩山，三十年后，以七月七日于缑氏山控鹤冲天。《仙经》云：仙位为侍帝晨，领五岳，司桐柏真人，治天台金庭洞。"宋陈耆卿《嘉定赤城志》也有类似的记述："王乔字子晋，周灵王太子。好吹箫，作凤鸣，浮邱公接以上嵩高，三十余年后，人求之不得，偶见亘良曰：'告我家人，七月七日待我于缑氏山。'至时，果见乔乘白鹤而去。后为右弼真人，治桐柏山。"见于元赵道一《历世真仙体道通鉴》的记载为："王君名晋，字子乔。亦名乔，字子晋。周灵王有子三十八人，子晋太子也。生而神异，幼而好道。虽燕居宫掖，往往不食。端默之际，累有神仙降之，虽左右之人弗知也。"周灵王二十二年（前550年），得天台山浮丘公降授道要，修"石精金光藏景箓神"之法，并于数年后在嵩高山"乘白鹤谢时人，升天而去。远近观之，咸曰：'王子登仙。'……升天为右弼，主领五岳司侍帝晨，号桐柏真人，理金庭洞天。"另东晋葛洪《元始上真众仙记》称其位居"金阙侍中"。唐天台山著名道士杜光庭之《仙传拾遗》有这样的记载："天台僧陈惠虚曾游山过石桥，遂及宫阙，其门额曰会真府，左曰金庭，右曰桐柏，三门鼎峙，皆有金楼玉窗，高百丈。其右内之西，又一高楼，题曰右弼宫，见一叟，号弦老，言此神仙所都，周围百六十里，上真王君主之。

---

① （明）传灯：《天台山方外志》。

② （清）张联元：《天台山志》。

列仙三千人，仙王、力士、天童、玉女各万人，为小都会之所。太上一年三降此宫，校定天下学道之人功行品第。王君者，周灵王之子也。"王乔飞升上天的传说影响很大，五代时封元弼真君；北宋徽宗政和三年（1113年）封元应真人；南宋绍兴十年（1140年）加号善利广济真人。而台州各地的天台宗佛教寺院，更是把他作为护法伽蓝神进行供奉。

天台山其他一些白日升天和人间天堂的神话传说在古籍中还有记载，如唐蔡伟《魏夫人传》云："天台山下有祠堂方三里，乃司命君府。其东南二门，有日月三辰之精光烛洞天。"唐天台山著名道士徐灵府对天台赤城玉京洞更有一番细致的描述。他说："其下别有洞台，方二百里，魏夫人所治。南驰晋云，北接四明，东距溟渤，西通剡川，国有日月三辰，瑶花芝草，自晋宋梁隋暨唐天宝尝望秩焉。"[①] 明传灯《天台山方外志》则谓："王母及上元夫人、紫阳左仙公、太极仙公、清虚王君及携华存（魏夫人）同去东南行，俱诣天台山洞宫玉宇之下。"

天台山还有浮丘公、控鹤仙人、何凤儿、袁根、柏硕、李奉仙、王思真、阴长生、徐来勒、班孟等得道成仙的传说。

浮丘公，黄帝时期的炼丹师。清康熙《太平府志》谓："浮丘公周灵王时人，尝与王子晋吹笙。"其曾在天台山"降授道要"于王乔，"使修石精金光藏景箓神之法。"[②]

控鹤仙人，名属仁，为天台元虚老君华真师第七子。据传曾驾鹤游历武夷山安排地仙，正逢武夷山大旱，魏王子骞与张湛等十三人在龙潭设坛求雨。控鹤仙人见魏王子骞等十三人仙姿道骨，气度不凡，认为他们都有仙家缘分，就派何凤儿至天台取来仙籍，弄清了他们的来历。并传授给他们品丹书，指点其在大王峰升真洞修炼成仙。元赵道一《历世真仙体道通鉴》谓："天台山元灵老君华真仙师，遣第七仙子名属仁，秉云驾鹤游历此山（武夷山），安排地仙。今人号为控鹤仙人。"

何凤儿，控鹤仙人随从。控鹤仙人于武夷山遇魏王子骞、张湛、赵元奇、彭令昭、白石生、马鸣生等十三人，得知魏王子骞等人俱有仙缘。因受控鹤仙人之遣，于天台山取仙籍检视各有地仙之份。明传灯《天台山方外志》谓："乃遣何凤儿往天台山取籍检视仙籍，各有姓名。"张湛、赵元奇、

---

① （唐）徐灵府：《天台山小录》。
② （元）赵道一：《历世真仙体道通鉴》卷3。

彭令昭、白石生、马鸣生等十二人遂依魏王子骞开辟大王峰，在山上修炼，得控鹤仙人之助，于奉时登仙。

袁根（袁相）、柏硕（根硕），二人同为剡县（今浙江嵊州）人。"因驱羊度赤城山，忽有石门豁然，见二女方筓，遂为室家。后谢归，女以香囊遗之。根后羽化，硕年九十余。"① 关于袁根、柏硕赤城山遇仙女，东晋陶潜《搜神后记》作袁相、根硕，其所记的内容神话和浪漫色彩更浓。谓：

> 二人猎，经深山重岭甚多，见一群山羊六七头，逐之。经一石桥，甚狭而峻。羊去，根等亦随渡，向绝崖。崖正赤，壁立，名曰赤城。上有水流下，广狭如匹布。剡人谓之瀑布。羊径有山穴如门，豁然而过。既入，内甚平敞，草木皆香。有一小屋，二女子住其中，年皆十五六，容色甚美，着青衣。一名莹珠，一名□□。见二人至，欣然云，"早望汝来。"遂为家室。忽二女出行，云复有得婿者，往庆之。履于绝岩上行，琅琅然。二人思归，潜去归路。二女追还已知，乃谓曰："自可去。"乃以一腕囊与根等，语曰："慎勿开也。"于是乃归。后出行，家人开视其囊。囊如莲花，一重去，一重复，至五盖，中有小青鸟，飞去。根还知此，怅然而已。后根于田中耕，家依常饷之，见在田中不动，就视，但有壳如蝉蜕也。

佚名之《赤城事实》也有"晋柏硕因驰猎深入（天台赤城山），见其中有名花异草，香气不凡"的记载。

李奉仙，汉代女仙，东蜀（今川东地区）人。南宋陈田夫《南岳总胜集》云其："自幼不语，年十八，常欲寒栖，以避臭茹。人问之曰：知白守黑道贵昏默，我师南岳公云，吾周灵王太子吹箫者也。子三生奉道，而魔所试，由功之不著也。今授子朱纲之法，将升度南宫。吾师浮邱公授子，今付于子，子宜勤焉。若更迟此生，万劫不度。吾为南岳司命侍帝晨，又补桐柏真人。言讫遂隐。"后于衡山和天台山行道数年，驱役鬼神，除害兴利。是一位较早修道的女子。

王思真，汉代仙人。元赵道一《历世真仙体道通鉴》谓："不知其得道年代，位为太上侍经仙郎。"明传灯《天台山方外志》有"汉灵帝光和二年

---

① （明）传灯：《天台山方外志》引《搜神记》。

（179年）己未正月一日，太上老君降于天台山。命思真披九光之韫，书《洞元》、《太洞》等经三十六卷，以授太极左仙公葛玄"之记载。

阴长生，新野（今河南新野）人。东汉和帝阴皇后的高祖，生富贵之门而不好荣位，潜居隐身，专务道术。曾于南阳太和山（今湖北武当山）从马鸣生习神仙道术，受《太清神丹经》。后周游天下，据传在世一百七十年，颜面如童子。后于平都山白日升天，著有《太清金液神丹经》卷中、《金碧五相类参同契》、《周易参同契》阴真人注、《忠州仙都观阴真君金丹诀》、《阴真君五精论》、《阴真君金木火丹论》等九篇。东晋葛洪《神仙传》有所谓"阴君自序"，谓"维汉延光元年（122年），新野山北，予受和君神丹要诀。道成去世，副之名山。如有得者，列为真人，行乎去来，何为俗间。不死之道，要在神丹。行气导引，俯仰屈伸，服食草木，可得少延。不能永度，以至天仙。子欲闻道，此是要言。积学所致，无为为神。上士为之，勉力加勤；下士大笑，以为不然。能知神丹，久视长存。"明传灯《天台山方外志》云其："受太上之命住赤城。"

徐来勒，字元和，号太极真人。曾于天台山授道要于葛玄，唐李含光所撰《太上慈悲道场消灾九幽忏序》谓："太极左仙公葛玄于后汉桓帝时居天台上虞山，隐身修行，感太极真人徐来勒下降于仙公之室，以灵宝天书玉字，洞真、洞玄、洞神三十六部宝经授之于仙公焉。"又宋代张君房《云笈七签》卷六《三洞经教部》亦称："时太极真人徐来勒，与三真人以己卯年正月降天台山，传《灵宝经》以授葛玄。玄传郑思远，思远以灵宝及三洞诸经付玄从弟少傅奚，奚付护军悌，悌付子洪，洪即抱朴子也。"

班孟，晋代仙人。唐王松年《仙苑编珠》称："班孟者，是女子，能飞行，坐空入地，飞屋瓦，指地成井，能含墨喷纸成篇章。饮酒饵丹，四百余岁，后入天台山去也。"宋李昉《太平广记》卷六十一引《神仙传》云："班孟者，或云女子也。能飞行经日，又能坐空虚中与人语。又能入地中，初去时没足至胸，渐入，但余冠帻，良久而尽没不见。"明传灯《天台山方外志》亦记载，班孟身为女子，能飞行，也能终日浮坐空中与人说话；又能直入地下，或含墨喷纸成字，各有意义。清光绪《台州府志》谓其"饮酒饵丹，年四百余岁童颜鹤发。后入天台，不知所终"。

天台山神话传说最脍炙人口的一段材料，是南朝宋刘义庆在《幽明录》中所记载的一篇文字：

汉明帝永平五年，剡县刘晨、阮肇入天台山取谷皮，迷不得返。经十三日，粮食乏尽，饥馁殆死，遥望山上有一桃树，大有子实，而绝岩遂涧，永无登路。攀援藤葛，乃得至上，各啖数枚，而饥止体充。复下山，持杯取水，欲盥嗽，见芜青叶从山腹流出，甚新鲜。复一杯流出，有胡麻饭糁。相谓曰："知去人径不远"，便共没水，逆流二三里，得度山。出一大溪，溪边有二女子，姿质绝妙，见二人持杯出，便笑曰："刘、阮二郎，捉向所失流杯来。"晨、肇既不识之，缘二女便呼其姓，如似有旧，乃相见忻喜。问："来何晚耶？"因邀还家。其家铜瓦屋，南壁及东壁下各有一大床，皆施罗帐，账角垂铃，金银交错，床头各有十侍婢。敕云："刘、阮二郎经涉山，向虽得琼实，犹尚虚弊，可迷作食。"食胡麻饭、山羊脯、牛肉，甚甘美。食毕行酒，有一群女来，各持五三桃子，笑而言："贺汝婿来。"酒酣作乐，刘阮忻怖并交。至暮，令各就一帐宿，女往就之，言声情婉，令人忘忧。至十日后，欲求还去，女云："君已来是，宿福所牵，何复欲还耶？"遂停半年，气候草木是春时，百鸟啼鸣，更怀悲思，求归甚苦。女曰："罪牵君，当可如何？"遂呼前来女子，有三四十人，集会奏乐，共送刘、阮，指示还路。既出，亲旧零落，邑屋改异，无复相识。问讯，得七世孙，传闻上世入山，迷不得归。至晋太元八年，忽复去，不知何所。

以上这段文字，即是在民间广为流传的著名的《刘阮天台山遇仙》之传说。这个传说的时间跨度很大，从汉明帝永平五年（62年）始至晋孝武帝太元八年（383年）结束，中间相隔了三百二十一年。显然，这是神说传说中的一个"超时间经过传说"。

晋干宝《搜神记》、陶潜《搜神后记》，南朝梁吴均《续齐谐记》都载有这一故事，内容与南朝宋刘义庆《幽明录》中所记大同小异。这个传说，实际上是所谓"洞中方七日，世上已千年"情景的精练概括。与前面所说袁根、柏硕入赤城山遇仙女的传说是同一类型的，当是同一故事的分化。刘阮天台山遇仙的传说流传甚广，新昌、嵊州都有刘阮天台桃源遇仙之说。关于刘阮的来历，有这么一种说法。认为刘晨的故乡在今新昌刘门山，阮肇的故乡在今嵊州阮庙；而刘晨的后裔刘尚之，则在唐代时从剡地流寓至今广西贵县，后又携带全家流寓广东阳春县，据说歌仙刘三姐即其女儿。刘阮采药误入桃源的故事，在明初被王子一编为杂剧《刘晨阮肇误入天台》，简名《误入桃源》，在中国道教史和文学史上有相当大的影响。

台州道教神话传说其次为黄岩的委羽山。元代学者陶宗仪在《辍耕录》之《委羽山纪事》中说委羽山"长林郁郁，幽涧泠泠，千变万状不可胜其概。"明代胡昌贤的《委羽山赋》称其："西亘盖竹（山），东望蓬莱，南连雁宕，北控天台。永宁（山）崇崇于其左，天梯（山）峭峭于其右，长江澎潺而环绕，群峰峥嵘于先后。"清末康有为有《题委羽山》诗，云"松竹幽幽委羽山，空明洞口我来还。玉书金简如可见，别有天地非人间。"民国《黄岩县志》记载委羽山"白鹤翔翔，蟠松涛声"。自东晋潘端明始，南朝谢灵运、唐朝顾况、杜光庭，宋代左纬、朱熹、王十朋、王居安、戴复古等都曾在委羽山留下诗文。宋谢伋作有《委羽山记》，称："台州黄岩县西五里有山，冈阜连属，草木茂密，其洞曰委羽，父老相传，数十年前常有青衣童子戏洞口，居人以滓秽溷之，童因忽不见。绍兴中，有石城使君李侯端民令斯邑，暇日劝课农桑，至其处，始择道士董大方主之，稍给香火瓜华之用。大方以符水治疾病，辄即愈，邑人重之，以是二十年间堂殿门庑高明靓净，库厨湢浴具体而有，始变荆榛为胜地。按《大洞记》：'瓯粤之间，大海之涯，地产方石，真人刘奉林所居也。奉林嵩高逸士，避周季世栖焉。控鹤轻举，坠一大翮，人名其山曰委羽。'伋寓居三童山，钟鼓相闻，尝一再至，及守缙云，大方遗书求文记其事。复曰：'我本山林人，主郡非其好也。盍俟归。'及使浙右，又以书来曰：'公又渡浙而西矣，归其宁可以日月冀哉，且洪农寓公，重道相悦，欲成兹事，许列衔石上矣。敢固以请。'乃序而为之铭。铭曰：昔有仙人卯金刀，鸡犬同升记阡陌。九皋声闻至今存，上天下天曾委翮。仙人一去几千载，阅世真同驹过隙。长官好事经李侯，大洞主人亲推择。穹窿堂殿复一新，照映林峦非凤昔。寓公耆德上清都，岂有他杨毕兹石。碧落侍郎宁复来，叶令飞凫尘几隔。太乙青藜倘可寻，去共研朱点周易。"南宋毛晋曾为黄岩（今温岭）江湖派诗人戴复古作《石屏词跋》，谓其"归老委羽之下"。

委羽山也有轩辕黄帝的神话传说。称轩辕黄帝"慕道周游四方，求解三一真气之要。遂南浮于江，登会稽至天台受金液神丹之方，炼九鼎之丹于缙云……而付之以丹经，藏于委羽山"。[①] 唐王瓘《广黄帝本行记》也有黄帝"藏丹经于委羽之山，最后息驾返真，乘龙升天为太一君"等记载。元赵道

① （清）胡昌贤：《委羽山志》卷2。

一《历世真仙体道通鉴》亦云：轩辕黄帝"以中经所纪藏于……委羽"。

除了轩辕黄帝的传说外，委羽山尚有李八百、刘奉林、赵伯玄、西灵子都、司马季主、王探、鲍叔阳、周义山、刘讽、黄子阳等的神话传说。

李八百，李家道祖师。唐王松年《仙苑编珠》引《神仙传》谓："李八百，蜀人，莫知其名，时人计其数已八百岁，故呼之。游行不定。知唐公房可教，乃托疮痍试之。百药不可，云：须人舐之。房乃令二婢舐之，不可。房乃自为舐之，不可。又令妻舐之。云：须得美酒三斛浴之。浴讫，体如凝脂。遂令公房并妻、三婢并入酒中浴之，并颜如童子。乃以丹经授公房，房合服仙去。"清同治《委羽山志》云其："名脱，蜀人，修长生之道，初居筠阳的五龙岗，历夏、商、周三世，年八百岁。又动则行八百里，时人号称李八百。周穆王时归蜀金堂山，合九华丹，丹成，游五岳，涉王屋、登括苍、至天台、入委羽，遍历十大洞天二百余年。"后于四川三学山上升，号紫阳真君，封妙应真人。南宋谢守灏《混元实录》亦有仙人李八百"登括苍、至天台、入委羽，遍历十大洞天二百余年"之说。从以上记载可知，李八百曾长期栖止于台州境内括苍、天台、委羽诸山。然据东晋葛洪《抱朴子·道意篇》："吴大帝时，蜀中有李阿者，穴居不食，传世见之，号为八百岁公。人往往问事，阿无所言，但占阿颜色。若颜色欣然，则事皆吉；若颜容惨戚，则事皆凶；若阿含笑者，则有大庆；若微叹者，即有深忧。如此之候，未曾一失也。后一旦忽去，不知所在。后有一人姓李名宽，到吴而蜀语，能祝水治病颇愈，于是远近翕然，谓宽为李阿，因共呼之为李八百，而实非也。"考之史籍，李八百乃早期道教派别李家道的祖师。今人严振非《黄岩道教志》认为："李八百并无其人，实是李家道崇奉的神仙。为使李家道在向北方中原和江东地区传教顺利的进行，传教者均冒称李八百。在北方传教的李脱，自言八百岁；在江南一带传教的李宽，亦称八百岁。"李宽在江东传教期间，江东士族及普通百姓纷纷入教，李家道在江东形成了一股不小的力量。东晋葛洪《抱朴子》谓："自公卿以下，莫不云集其门"，"依宽为弟子者恒近千人"。史料的记载充分说明东汉末，台州即有李家道的流传。所谓李八百，即李宽，而非李脱。

刘奉林，道教仙人，周时人。初学道于嵩山四百年，三合神丹为邪魔所败。慕瓯地俱依山乃仙圣窟宅，自有神物护持，乃入山隐修。丹成后控鹤上升，坠大翻于山椒，后人因名其山为委羽山。佚名《素仙子传》和元赵道一《历世真仙体道通鉴》说他"能闭气三日不息，至千余年犹未升仙，但服黄连得不死"。号为"大有真人"。

赵伯玄，道教仙人，从万始先生受书成道，有《三九素语》。上相青童君《金真玉光太上隐书》谓："昔师万始先生，受书道成，当登金阙，而无招灵致真、豁落七元二符，于俯仰之格，方退还戎山，七百年后，诣清真小童，依盟受之，誓于委羽之山，今升为上清左司君。"宋张君房《云笈七签》称："漱龙胎而决死，饮琼浆而叩棺者，王西城及赵伯玄、刘子先是。"唐王松年《仙苑编珠》亦有"从诣真小童依盟受之誓，于委羽山得升为上清左司君"之记载。

西灵子都，一名颐和，即太玄仙女。宋张君房《云笈七签》云："居委羽石室大有宫中，有诸妙法，《五岳》备焉。"清张正茂《龟台琬琰》称其："入水不濡，入火不然。盛寒，着单衣行水上，可至积日。能徙宫殿城市于他所，指之则失所在。"佚名之《洞仙传》谓："四方从之者甚众，后白日升天。"

司马季主，著名方士，楚人。按西汉司马迁所著《史记》卷一百二十七《日者列传》第六十七记载，其善卜，知天地之道、日月之运、阴阳吉凶之本。常与弟子三四人于长安东市为人占卜。曾以老庄之道说中大夫宋忠、博士贾谊，"分别天地之终始，日月星辰之纪，差次仁义之际，列吉凶之符，语数千言，莫不顺理。"宋忠和贾谊深为折服，后携子女入委羽山。唐王松年《仙苑编珠》谓："《登真隐诀》云：受西灵剑解之法，在委羽山大有宫，服明丹之华，抱扶晨之晖，貌如女子，须长三尺也。"元赵道一《历世真仙体道通鉴》云其"入委羽山大有宫中，受石精金光藏景化形之道"。明张文介《广列仙传》和明陈继儒《香案牍》载其师事西灵子都，"受金光藏景化形之道。道成，颜如少女，须三尺黑如漆。"有子女二人，男名法育、女曰济华，俱在委羽山得道。

王探，字养伯，太原（今山西太原）人。本仕汉为中常侍中郎，以吕后专政，遂浪迹南山，居于楼观。常以炼朝元藏吐故纳新为务。后入委羽山修道，初遇西灵子都得"藏景篆形之道"。复师司马季主，受"神化无方之术。"唐王松年《仙苑编珠》谓："王探字养伯，汉文帝称为逸人。时年三十六，恒诵《五千文》。每散金帛拯济饥寒，投财要路。预是舍生，皆沾惠润。感赵真人化作狂人累岁求乞，心无厌怠。真人哀之，授以神方。又于终南遇太玄仙女授以藏景化形之术，遂能与日月同光，云霞合变。有故人谓曰：闻法师善于变化，试为一戏乎？乃化身为一树，其人乃持斧斫。又化为一石，复以火烧之。又化为波水，复以土壅之。又化为火，复以水沃之。又化为一鸟，复以纲罩之。又化为猛虎，复以刃击之。又化为死人，故人惧而走。至数里间，复见探如旧，乃礼谢之。复化为浮云高升，莫测其道也。"元赵道一《历世真仙体道通鉴》云其："以汉武帝元朔六年戊午正月，西灵金母遣仙官下迎，授书为太极真人，理于大有宫。"

鲍叔阳，广宁（今广东广宁）人。少好养生服桂屑，为汉高后时（前187—前180年），赵王张耳之大夫。后与司马季主同在委羽山师西灵子都，"得尸解之道。"①

周义山，字季通，汉汝阴（今安徽阜阳）人。自幼好道，年十六，读书外常以平旦日出时东向嗽咽，服气数百。相传得中岳仙人苏林授守三一之法、灵妙小有之书二百事。服神芝五年，能目视千里之外，日行五百里。巡礼天下名山，得诸家仙籍神方道术。东晋华侨《周君内传》谓其："乃登鹤鸣山，遇阳安君受《金液丹经》、《九鼎神丹图》。"宋李昉《太平御览》引《郡国志》称："开石函得李山经，读之得仙也。"明胡应麟《少室山房笔丛·玉壶遐览二》云："入蒙山遇羡门子，得长生要。"其曾来台州诸山寻访仙人，于委羽山遇司马季主得"石精金光藏景化形"之术②。又于方城（今温岭方城山）绝顶缚茅趺坐，所种田号仙人田。后在天台桐柏山遇王乔授《素奏丹符》得道，号为"紫阳真人"。

刘讽，字伟惠，颍川（今河南中部一带）人。南朝梁陶弘景《真诰》谓："颍川刘伟惠，汉帝时公车司马刘讽也。"其曾数至委羽山，事司马季主为入室弟子，"服日月精华得道"。③后归乡里，托形杖履而去。

黄子阳，后魏人。自幼即知长生之妙，初学道博落山中九十余年，但食桃皮，饮石中黄水。后入委羽山，问道于司马季主。南朝梁陶弘景《登真仙诀》谓季主"以导仙八方与之，遂能度世。"

此外，在委羽山得道成仙的还有青童君、中元丈人、青谷先生、青庐子、段季正等。

青童君，道教神仙，生平里籍无考。《太平经》卷一百一十四谓其："采飞根、吞日景，服开明灵符，服月华符，服除二符，拘三魂，制七魄……变

---

① （清）同治：《委羽山志》引《总仙传》。
② （清）同治：《委羽山志》引《石室登名记》。
③ （元）赵道一：《历世真仙体道通鉴》卷12。

化无窍，超凌三界之外，游浪六合之中。"北宋贾善翔《犹龙传》卷四称："《太平秘旨》一卷，上相青童君受，言守一之法。"清同治《委羽山志》引《石室登名记》云"尝至委羽山修道，神光四澈。遂遍游天下，不知所终。"

中元丈人，不知何许人。清同治《委羽山志》引《总仙传》云其"得道于委羽山。"

青谷先生，里籍不详。尝修九息服气之道，至委羽山从中元丈人得法。于山合炉炼大丹，服之而成仙。佚名《洞仙传》云："一日天降刘文饶于寝室，授其杖解法，得入太华山。文饶名宽，弘农人也，仕后汉，位至司徒、太尉，视民如赤子，怒不形颜，口无疾言，好行阴德，拯寒困，万民悦，而附之如父母焉。"

青庐子，里籍不详。尝与青谷先生同师中元丈人于委羽，"有变化之术。"①

段季正，代郡（今山西阳高县西北）人。"尝在委羽山修炼得仙。"② 佚名《道迹灵仙记》称："段季正，隐士也，晚从司马季主学道，渡秦川溺水而死，盖水解也。今在委羽山中。"

临海和仙居的括苍山也是台州道教神话传说流传比较集中的地方。括苍山的道教神话传说，除了清同治《委羽山志》所载仙人李八百"登括苍……遍历十大洞天二百余年"外，最著名的就是有关王方平和蔡经的神话传说。

王方平，名远，汉代神仙，东海（今江苏东海）人。年轻时举孝廉，东汉献帝中（189—220 年）历官中散大夫。博学五经，兼明天文图谶河洛之要，逆知盛衰吉凶如指诸掌。后弃官学道三十余年，至台州隐居，留下了许许多多的神话传说和活动遗迹。羽化后常任天曹事，主地上五岳生死之事。东晋葛洪《神仙传》载汉王方平"常治昆仑，往来罗浮、括苍山。此三山上皆有宫室如一。王君常平天曹事，一日之中，与天上相连，反覆者数十过，地上五岳生死之事，皆先来关王君。王君出，或不尽将百官，唯乘一黄麟，将十数人。每常见山林在下，去地数百丈。所到则山海之神，皆来奉迎拜谒也。"宋陈耆卿《嘉定赤城志》云王方平："威帝召不起，后强起，终不言，但题数百字于宫扇上，其语皆验。留太尉陈耽家三十年，忽自言当死，既死，敛三日，失其所在，后至括苍山（今属临海、仙居）与蔡经会焉。"

---

① （元）赵道一：《历世真仙体道通鉴》卷14。
② （元）赵道一：《历世真仙体道通鉴》卷12。

此外，临海的仙石山和黄岩的黄岩山也有王方平的传说。临海的仙石山，清康熙《临海县志》引宋乐史《太平寰宇记》称："即王方平所游之地。上有馆，土人谓之王公客堂。"黄岩的黄岩山，按清洪颐煊所辑南朝宋孙诜《临海记》云："山上有石驿，三面壁立，俗传仙人王方平居焉，号王公客堂。"

按早期道教派别之一的帛家道祖师帛和曾师事于王方平，得古人所刻《太清中经神丹方》，及《三皇天文大字》、《五岳真形图》。最后入林虑山（一名隆虑山），为地仙。据此，考虑到有关王方平在台州的有关记载，如果说当时帛家道已传入台州也是可能的。

蔡经，三国时临海郡括苍山（今属仙居）人。宋陈耆卿《嘉定赤城志》称蔡经，"括苍山人，遇仙人王远（王方平），已而羽化。"明万历《仙居县志》谓王方平："三国时游括苍，过经家谓曰：'汝有仙骨而未知道'，以金丹饵之。及卒，举棺甚轻，启视无有。越四年，复返。姿益少，谓家人曰：'七月七日王真人当来。'及期果至，驾五色云龙，旌节导从甚都。召经父兄见之，又邀麻姑至，曰：'不接奉五百年矣。'乃迭进肴膳，皆金盘玉斝，王以酒一斗勺水五升饮。经家人后尽室上升。"蔡经故宅处，"今有石臼杵尚存，事闻，诏建观（隐真宫）以奉之。"南宋潜说友《咸淳临安志》云："按颜鲁公《麻姑坛记》，王方平过括苍蔡经家，今台之仙居括苍洞之阳有经故宅，为隐真宫是也。"明《万历仙居县志》还记载，县东十七里有蔡经井。"旧传井有九，汲其一，则八皆波动。兵燹后存其五。"又《咸淳临安志》谓："蔡经，吴人也。吴记云：'织田有蔡经宅，杭州余杭县故基存焉。'吴天玺二年，有神仙四人自称曰东方朔等，往来经所居。孙皓将亡，四人预以告经，遂蛇蜕而往。"然按唐陆广微《吴地记》，蔡经为东汉人，有道术，炼大丹，脱菖蒲，得仙。并谓在今江苏吴县西北蔡仙乡有蔡经宅，即蔡经隐居修炼之处。元赵道一《历世真仙体道通鉴》曰：王方平"东入括苍山，过吴住胥门蔡经家。"考胥门在苏州，为春秋吴国建造都城时所辟古门之一，以遥对姑胥山（即姑苏山）得名。《苏州府志》云："胥门，西门也，在阊门南，一曰姑胥门。"而就《吴地记》所记："胥门，本伍子胥宅，因名。"又《吴地记》作："蔡经宅，在吴县西北五十步。"从《吴地记》的记载来说，胥门和蔡经宅不在一个方位，且也无与蔡经有关的麻姑的遗迹。因此，元赵道一《历世真仙体道通鉴》所谓王方平"过吴住胥门蔡经家"的说法实是矛盾的。然《嘉定赤城志》、《仙居县志》、《咸淳临安志》和《吴地记》、《历世真仙体道通鉴》等各有所记，不知孰是。

台州的道教神话传说在临海、黄岩、温岭、天台、仙居和宁海等地也还有显现。

临海的覆釜山，宋李昉《太平御览》卷四十引《郡国志》云："台州（临海）覆釜山（即龙符山）……有巨迹，云是夸父逐日之所践。"考夸父，即是不少文献中与黄帝并称的炎帝。《史记·晋语四》称："昔少典娶于有蟜氏，生黄帝，炎帝。"这里的炎帝均为夸父。《大荒经》云："大荒之中，有山名曰成都载天。有人王耳两黄蛇，把两黄蛇，名曰夸父。后土生信，信生父，夸父不量力，欲追日景（影），逮之于禹谷，将饮河而不足也，将走大泽，未至死于此。应龙已杀蚩尤，又杀夸父……"因此，夸父逐日事实上是各种神秘信仰致力于追求超越世俗的与神灵的合一体验。又东汉赵晔之《吴越春秋》载"吾得覆釜书，除天下之灾"。以及刘世轨记有"夏帝（禹子启）登此山，得龙符之瑞"的传说。

临海的龙顾山（大固山）、天台的赤城山都有茅盈之传说。《道史属词》说茅盈，"得道于临海镇东龙顾山，驾鹤上升。"天台山也有茅盈踪迹，唐王松年《仙苑编珠》谓："《登真隐诀》云：大茅君字叔申，年十八入恒山学道，师西城王君。诣龟山得九转还丹。至汉元帝时，仙官下降，授玉皇九锡，为太元真人、东岳上真卿、吴越司命君，治天台赤城洞。"元赵道一《历世真仙体道通鉴》云其："治宫赤城玉洞之府"，并"给玉童、玉女各四十人，以出入太微，受事太极也"。明传灯《天台山方外志》谓莅司命之任，在"哀帝元寿间（前2—前1年），乘云驾龙至太霍赤城玉洞之府"。茅盈（前145—？），字叔申，汉景帝时渭城（今陕西咸阳）人。十八岁时弃家修道，遇王君，即拜其为师，授"至真上道"，行服食调神养生之法。后隐于江南句曲山，修炼采药，为人治病。其弟茅固、茅衷弃官寻之，均得道成仙，世称"三茅真君"。茅盈曾遍访名山洞府，故台州境内的许多地方都留下了他的足迹。后南朝梁陶弘景创道教茅山派，遥尊茅盈兄弟为祖师。

临海巾子山上有华胥洞，一作皇华洞，相传为华胥子所居，亦云皇华真人修道处。清戚学标《台州外书·遗闻》云：华胥洞"在巾子山两峰交界山腰，洼处一穴，近仙人床"。考华胥子即皇华真人，亦即葛玄。其于山上炼丹，终于得道，后驾鹤飞升。清康熙《临海县志》载：葛玄"初在赤城山，后入括苍、盖竹山等处，遇三真人，授以秘诀符箓，号皇华真人"。民国项士元《巾子山志》称："按《列子》载黄帝游于华胥之国，在弇州之西，台州之北，不知离中国几千万里。华胥洞之得名，殆以此欤！但嘉定《赤城志》谓《列子》一时寓言，无庸援以为据。"清李元泰有《访华胥洞》诗："石床丹灶百年新，闻道皇华此养真。日月曾教壶里秘，风尘不接世间人。幽崖悬渚苔深积，古洞迷烟草自春。仙鹤不还松更老，竟从何处问前身。"此外，临海巾子山与葛玄有关的遗迹还有皇华阁、仙人床、仙人桥、葛仙井、皇华亭、金鸡石等。皇华阁在巾子山南山殿之后，奉皇华大仙像。仙人床在巾子山双峰间，清马承燧有《仙人床》诗："帢帻峰头风太狂，双巾吹落开竹房。皇华亘古留遗迹，石床千尺苔藓苍。"仙人桥在巾子山南山原望江楼前。葛仙井在巾子山西麓，一名龙井，俗称竹园井。唐任翻有《葛仙井》诗："古井碧沉沉，分明见百寻。味甘传邑外，脉冷应山心。圆入月轮净，直涵峰影深。自从仙去后，汲引到如今。"皇华亭在城外城南山金鸡岩上，清朱炤《皇华亭》诗云："帻峰高处洞门虚，传说皇华此地居。我爱任翻题壁句，半江帆影衬斜晖。"金鸡石"在皇华亭下，濒江有两足，巨潮冲突不动，即皇华真人上升处。石间有泓水极清。与报恩寺（今龙兴寺）前龙井通，昔有人浮梗井中，白石而出。"①清金一新有诗云："金鸡岩头苔花蚀，金鸡岩脚波涛阔。仙人一去不复还，金鸡叫破空江月。"可惜以上遗迹除葛仙井外，其他的今均已不存。

临海城南盖竹山有仙人介象。介象，字元则，会稽（今浙江绍兴）人。学通五经，博览百家之言，能属文。后入东山学道，善度世禁气之术。宋李昉《太平广记》卷十三谓："能于茅上燃火煮鸡而不焦，令一里内人家炊不熟，鸡犬三日不鸣不吠，令一市人皆坐不能起，隐形变化为草木鸟兽……后弟子见在盖竹山中，颜色转少。"

又盖竹山上的飞霞石，石叠三层，牧孺戏其上，以手转之不坠。"旧传仙人上升于此。"②

临海的白鹤山，宋陈耆卿《嘉定赤城志》谓："旧传赵炳留剑痕于此。"

临海的上足山，"是山。若造非常之境，群峰叠秀，烟树罗碧，清猿好鸟，叫啸其间，实神仙之所居，信东岳之佐命。"③

临海的太平岩洞，宋陈耆卿《嘉定赤城志》称："有石室、石枕、石床、

① （宋）陈耆卿：《嘉定赤城志》卷19《山水门》。
② 同上。
③ （唐）宋诚：《苍山庙记》。

石杵之类。”

临海的寒玉山，宋陈耆卿《嘉定赤城志》云：“有仙人迹石。”

临海的东刊山，按南朝宋孙诜《临海记》：“山极高远，盖禹随山刊木，因以为名。”

临海的石鼓山，按南朝宋孙诜《临海记》云：“黄石村有石鼓山，山上有石似鼓，兵革兴则鸣。”

临海城东八十里的平岩洞，旧传有仙人所栖。宋陈耆卿《嘉定赤城志》云：“有石门、石窗、石井、石床，鼎窟之属。”

临海的黄石山（玉岘山），相传道教神仙黄石公曾居此修炼，“有石棋盘尚存。”① 黄石公是中国道教史上的传奇人物。本为秦汉时人，后得道成仙，被道教纳入神谱。据明徐道《神仙通鉴》载：“神龙为帝，见一异人，形容古怪，言语颠狂，上披草衣，下系皮裙，蓬头跣足，指甲长如利爪，遍身黄毛覆盖，手执柳枝，狂歌乱舞，口称：‘予居黄石山，树多赤松，故名。’”《史记》卷五十五《留侯世家》称其避秦世之乱，隐居东海下邳。其时张良因谋刺秦始皇不果，亡匿下邳。与下邳桥上遇到黄石公。黄石公三试张良后，授与《太公兵法》，临别时有言：“读此则为王者师矣。后十年兴。十三年孺子见我济北，榖城山下黄石即我矣。遂去，无他言，不复见。”张良后来以黄石公所授兵书助汉高祖刘邦夺得天下，后世流传有《黄石公素书》和《黄石公三略》二书，盖为后人托名所作。

临海东南一百三十里的烧山（今温岭石夫人山，又名消山），山中“有仙人”。②

黄岩城西的夏乌山，按旧经：山之神名乌，人至此称“乌”字，辄为蛇虺所啮。

黄岩城西的三会山，其胜处号云庄风磴，“俗传仙人弈棋其上”。③

黄岩城西的松岩，“有石棋盘，仙人迹焉。岩上又有剪刀痕，或云王仙姑轻举之地”。④

黄岩城西的三童岙，黄岩高桥乡主庙之清《乡主庙碑记》载：“邑之西

① （宋）陈耆卿：《嘉定赤城志》卷19《山水门》。

② （南朝梁）陶弘景：《冥通记》。按宋《嘉定赤城志》卷19《山水门》，东南一百三十里有“赤山”，《真诰》云：“赤山一名烧山。”

③ （宋）陈耆卿：《嘉定赤城志》卷20。

④ 同上。

十五里许有山，名曰三童峦，山中有三仙岩。相传宋时有三仙童子修真于兹岩畔悟道飞升，为是乡主。"

黄岩城西北的子晋岩。"俗传王乔尝吹箫于此。"[1]

黄岩（今温岭）的西山，宋陈耆卿《嘉定赤城志》谓："世传仙人炼丹之地，绝顶有池尚存。"

黄岩（今温岭）的石盘山，"相传仙人弈棋其上。"[2]

黄岩（今温岭）的狮子山，宋陈耆卿《嘉定赤城志》云："上有石庵，方广五丈，高三丈五尺，修炼者尝居之，旁有道士岩。"

黄岩（今温岭）的王城山，俗呼方岩。东晋王羲之《游四郡记》云："临海南界有方城山，绝巘壁立如城。"清嘉庆《太平县志》谓："方言形，城言状，犹天台之赤城矣。或说越王失国，筑城保此山。唐天宝六年改今名，俗又呼方岩。中有渔翁岩、石柱峰、仙人濯足滩、烂柯石、鸡母石、平霞嶂、石棋盘、露台石、仙棺岩、牛脊陇、水帘、天窗诸境，皆绝胜。山顶平旷，可百余亩，号仙人田。相传汉汝阴人周义山，有道术，在绝顶上缚茅趺坐，田其所辟，后仙去为紫庭真人。"宋项诜曾筑室山下，慨然有超俗之志。戴景明寄诗，有"果然绝粒能轻举，底事仙人尚有田"之句。

黄岩（今温岭）的丹崖山，"世传仙人炼丹于此，故名。"[3]

黄岩（今温岭）的紫高山，"半山有洞，门内书'太乙'字，尝有羽人居之。"[4]

黄岩（今温岭）的鹜屿，清嘉庆《太平县志》云："相传尝有金鸡鸣，葛洪持杖斫其山成弄，鸡飞去。"又谓："葛洪未至台州，或当为葛玄矣。"明毛士阶有诗："历尽崎岖路始平，一川秋色漾新晴。寒烟孤起水村午，隔竹数家鸡犬声。"

黄岩（今温岭）的锦鸡山，清嘉庆《太平县志》称："又云葛仙翁赴丹崖经此，以杖击地成泉，至今崖刻'丹井'字。"

天台城东的折山，中有峰拔立孤秀，"旧传王乔控鹤于此。"[5]

仙居的韦羌山，险峻难升，上有石室巉至春深雾重，"樵者隐隐闻鼓声，

① （宋）陈耆卿：《嘉定赤城志》卷20。

② （明）嘉靖：《太平县志》卷1。

③ （宋）陈耆卿：《嘉定赤城志》卷20。

④ （清）嘉庆：《太平县志》卷2。

⑤ （宋）陈耆卿：《嘉定赤城志》卷21。

盖神仙所宅也。"① 宋陈耆卿《嘉定赤城志》载：按旧志载："韦羌山、亦名天姥，或又曰纬乡，俗语讹也。"南朝梁陶宏景《玉匮》云："括苍西南一百余里有伟羌山。"其《登真隐诀》则曰："伟羌山，多神异之事。"宋陈襄题云："去年曾览伟羌图，云有仙人古篆书。千尺石岩无路到，不知科斗字何如？""盘盘映气四纡余，定有神仙此地居。天子正求伊与吕，如何不见起耕渔。天鞠精灵久贮储，中间豪杰出无虚。乡民世世家居此，争使儿孙不读书？""峭壁回环几百区，其间岩石可耕锄。如何得片山如此，白首相将老母居。""古意嶙峋与世疏，一官羁绊可归欤？此山未及西山好，下有仙人结草庐。""四友之贤世莫如，白头终作一乡居。此山不惜将钱买，叹息无因共结庐。"

　　仙居的石窀山，宋陈耆卿《嘉定赤城志》云："上有石室，深三丈，广踰一丈，俗传神灵栖焉。"

　　仙居的白冠山，"旧传曾有仙人戴白冠往来其上。"②

　　仙居的冯师山，"旧传冯氏女学道于此。"③

　　仙居的王姥山，亦名天姥山，"相传仙人所居。"④

　　宁海（今属宁波）的盖苍山，宋陈耆卿《嘉定赤城志》云："有仙人棋局。"

　　宁海（今属宁波）的狮子山，"绝顶有巨人迹，长一尺五寸，入石一寸，世传为仙迹。"⑤

　　宁海（今属宁波）的硖石门山，"今有巨人迹丈余，崖上石刻怪奇不可读。"⑥

　　古代台州地域或人的神话传说见于文字的还有不少，如宋杨智远《梅仙观记》之《梅仙事实》云道教仙人梅福："访雁荡诸山，即会稽之南也。"清《乐清县志》称："按此梅福尝至吾邑。"据有关史籍记载，梅福字子真，寿春（安徽寿县）人。在汉代为官，曾任南昌县尉。因见当时王莽专权，叹曰："生为我酷，形为我辱，知为我毒，身为我桎梏。"⑦ 遂弃家求仙，遍游

---

① （民国）《仙居县新志稿》卷2。

② （民国）《仙居县新志稿》引《台州府志》。

③ （宋）陈耆卿：《嘉定赤城志》卷21。

④ （民国）《仙居县新志稿》引《名胜志》。

⑤ （宋）陈耆卿：《嘉定赤城志》卷22。

⑥ 同上。

⑦ （明）洪应明：《白话仙佛奇踪》。

雁荡南闽诸山。后遇空同仙君，得内外丹法。丹成于飞鸿山与金童玉女同乘
鸾凤而去，号为寿春真人。雁荡山汉时属回浦县，回浦县为古台州前称，故
此神话传说当于台州有关。

又东晋陶潜《搜神后记》卷五所记："晋太元中，乐安（今仙居）高衡
为魏郡太守，戍石头。其孙雅之，在厩中，云有神来降。自称白头公，拄杖
光辉照屋。与雅之轻举宵行，暮至京口来还。后雅之父子为桓玄所杀。"

又《搜神后记》卷十云："吴末，临海人入山射猎，为舍住。夜中，有
一人，长一丈，着黄衣，白带，径来谓射人曰：'我有仇，克明日当战。君
可见助，当厚相报。'射人曰：'自可助君耳，何用谢为。'答曰：'明日食
时，君可出溪边。敌从北来，我南往应。白带者我，黄带者彼。'射人许之。
明出，果闻岸北有声，状如风雨，草木四靡。视南亦尔。唯见二大蛇，长十
余丈，于溪中相遇，便相为绕。白蛇势弱。射人因引弩射之，黄蛇即死。日
将暮，复见昨人来，辞谢云：'住此一年猎，明年以去，慎勿复来，来必为
祸。'射人曰：'善。'遂停一年猎所获甚多，家至巨富。数年后，忽忆先所
获多，乃忘前言，复更往猎。见先白带人告曰：'我语君勿复更来，不能见
用。子已大，今必报君。非我所知。'射人闻之，甚怖，便欲走，乃见三乌
衣人，皆长八尺，俱张口向之。射人即死。"以上记载虽为妖异变怪之谈，
同时又加以悲剧的结尾。但可明显体验到神仙方术在当时社会的风行程度。

道教源于先秦道家，与中国古代社会的原始宗教意识、神话传说和殷周
时代的巫术、鬼神崇拜以及战国秦汉时代的神仙方术有关。台州的道教即起
始神话传说，而这些神话传说基本上属于历史神话，就是在道教历史事实上
加上神话的色彩而形成的。林惠祥先生认为："历史和神话的界限，常不很
分明，有些神话，实是根据历史的事实，不过加上神话的色彩。"[1]

第三节　早期道教在台州的传播

神仙固然是子虚乌有的，但台州各地流行的或白日飞升、或长生不老、
或无所不能的神话传说和方术、巫术等，客观上为道教在台州的传播和发展
提供了有利条件。历史事实证明，道教初创时期，道士多入山修道，大都居
山洞，或于其旁立茅舍。但道教何时进入台州，已难确考。可以肯定的是，

---

① 林惠祥：《神话论》。

道教传入台州的时间，要早于佛教的传入。任继愈先生在《道家与道教》一文中认为："道教形成于东汉末年，方术、巫术是它的前身。"确实如此，从现存的诸多史料记载来看，除去众多神仙方士的神话传说，道士之住台州，较早的要数东汉著名道士葛玄。

葛玄（164—244 年），字孝先，人称太极仙翁。本琅琊（今山东胶南）人，后迁丹阳句容。其出身宦族名门，自幼好学，博览五经。性喜老庄之说，十六岁名震江左。旋衣道家服入天台赤城山修炼，遇左慈，从受《九丹金液仙经》、《白虎七变经》、《三元真一妙经》等。尤擅符咒及避谷诸法，更得分形万化之术和灵感应变之法。行持三年，广积功效。东汉灵帝光和二年（179 年），"感太上老君敕太极真人徐来勒等，同降于天台山。……出《洞玄》、《大洞》、《灵宝》经凡三十六部，以授……"① 此后，东入括苍山，以卜修炼金丹之地。又删集《灵宝经诰》，精心研诵"上清"、"灵宝"诸部真经。于天台山嘱其弟子郑思远，在他死后将"上清"、"三洞"、"灵宝"中盟诸品经箓付阁皂宗坛及宾门弟子，世世箓传。后世道教徒因尊称为葛仙公，又称"太极左仙公。"

葛玄在台州的遗迹很多，相传曾于临海盖竹山修炼，宋陈耆卿《嘉定赤城志》记载，有"仙翁茶园。"又于临海的丹邱驿结茅修炼"九转金丹。"清康熙《临海县志》也称，临海的葛溪山，"旧传葛仙翁炼丹处。"唐王松年《仙苑编珠》谓："《灵宝经》云：葛仙公名玄，年十八，于天台山精思念道，感三真人降授灵宝诸经、金箓黄箓斋法。今修斋所请三师，即是此降经三真人也。"元赵道一《历世真仙体道通鉴》称："天台山桐柏观有法轮院三真降经之处，及（葛）仙公役鬼所筑受诰坛存焉。"明传灯《天台山方外志》也载葛玄，"道成，乃于天台山立坛授道。"天台县西七十里的芦峰，"旧传葛玄尝植芦于此。"② 天台西北十五里的丹霞小洞，"旧传葛玄炼丹于此。"③ 太平（今温岭）的丹崖山，明嘉靖《太平县志》载："世传葛洪（玄）炼丹于此……有池深可尺许，群鸟浴其上，俗名老鸦井，或曰即洪丹井。"宋胡融《葛洪井》诗云："荒巅有野井，古意窅冥搜。藓石已摧剥，云萝秘清幽。忆昔抱朴翁，炼液楼高丘。丹成已蝉蜕，岩花几春秋。"明嘉靖《太平县志》

---

① （元）赵道一：《历世真仙体道通鉴》。
② （宋）陈耆卿：《嘉定赤城志》卷 21。
③ （民国）《台州府志》引《抱朴子》。

还有太平（今温岭）的灵伏山"左峰顶有崦，地平旷可五六亩，有井有池，或云葛洪（玄）炼丹于此"的记载。黄淮诗云："灵伏之山高插天，云开叠嶂含青莲。镜川之水流寒玉，风扬晴波散文縠。川回路转林木丛，浮岚暖翠千万重。中有仙人炼丹井，相传自昔居葛洪。仙翁一去渺无迹，夜夜丹光照泉石。云深芝草有余香，洞口桃花自春色。"宁海（今属宁波）的桐柏山也有多处葛玄的遗迹，父老相传桐柏山即梁王山，"葛玄尝居之。初玄炼丹宁和山中，为鬼物窃去，遂徙此，后隐天台，故宁海、天台皆有桐柏焉。今梁王山下尚有桐柏里，旁复有仙人里，且多姓葛，盖玄之苗裔云。"① 宁海（今属宁波）南九十里的丹丘（今属三门），为"葛玄炼丹处。"② 东晋孙绰《天台山赋》所谓"仍羽人于丹丘，寻不死之福庭"即指此。宁海（今属宁波）的三十六雷山，宋陈耆卿《嘉定赤城志》称：有"葛玄炼丹处也。"又宁海的海游丹山和亭旁丹邱（今属台州三门），也有葛玄炼丹的故址。明《万历仙居县志》载：仙居的峡山也曾为葛玄的炼丹之所。还有仙居西北四十五里的葛井，"相传葛玄炼丹于此。"宋蒋晋有《葛井仙踪》诗："谁凿云根清气泄，混混源泉流不竭，味极太古比龙涎，饮之令人骨清沏。父老为云有葛仙，丹成此地经多年，寂寞烟霞洞云静，惟留斯迹令人传。"此外，葛玄还曾在玉环的大雷山结庐，遗迹有"葛玄丹室"。南朝梁陶弘景《吴太极左仙公葛公之碑》云："公（葛玄）驰涉川岳，龙虎卫从，长山、盖竹、尤多去来，天台、兰风，是焉游憩。"宋张君房《云笈七签》卷四《灵宝经目序》谓："老君降真于天师，仙公授文于天台。"从以上资料可见，葛玄之住台州修道，结论是肯定的。相传《灵宝经箓》传自葛玄，故后世灵宝道士奉他为阁皂宗祖师。北宋崇宁三年（1104年）封"冲应真人"；南宋淳祐六年（1246年）封"冲应孚佑真君"。

东汉时期居台州的著名道士，还有赵炳。赵炳，一名侯，字公阿，东阳（今浙江东阳）人。能为越方，善禁咒。"以气禁人，人不能起。禁虎，虎伏地低头闭目便可系缚。以大钉钉柱入尺许，以气吹之即跃出射去如弩箭之发。"③"又以盆盛水吹气作禁，鱼龙立见。"④ 与闽人徐登遇于乌伤溪上，各试其术，解时人之疾疫。南朝刘宋范晔《后汉书》称其在徐登死后"东入章

---

① （民国）《台州府志》引《抱朴子》。
② 同上。
③ （民国）《台州府志》引《异苑》。
④ 同上。

安，百姓未之知也。炳乃故升茅屋，梧鼎而爨，主人见之惊憷，炳笑不应，既而爨孰，屋无损异。又尝临水求渡，船人不和之，炳乃张盖坐其中，长啸呼风，乱流而济。于是百姓神服，从者如归。章安令恶其惑觽，收杀之。"相传赵炳死后，其尸由章安溯流止临海白鹤山。当地百姓乃于白鹤山起"灵康庙"，用以祭祀。隋唐以降，赵炳所化"白鹤大帝"叠显灵异。北宋崇宁三年（1104 年）封"仁济侯"，大观二年（1108 年）进"显仁公"，政和三年（1113 年）进"灵顺王"，宣和四年（1122 年）加"显佐"；南宋建炎四年（1130 年）加"广惠"，庆元二年（1196 年）加"善应"，开禧三年（1207 年）改"善应"为"威烈"；极尽显赫之事。临海灵康庙的建立，是与道教神话传说、山川社稷神灵祭祀相适应而产生的。

东汉时期又有临海人徐公，隐居临海白鹤山，炼以御气之功。《道史属词》云其"功成，以铁锥刺穴，有白鹤自石鼓飞出，驾之上升。"又宋陈耆卿《嘉定赤城志》引《郡国志》谓：临海白鹤山"汉末有徐公知于此山成道，控鹤而去。"

东汉时居临海盖竹山修炼的道士，还有陈仲林、许道居、尹林了、赵叔道等人。宋陈耆卿《嘉定赤城志》谓："陈仲林，汉末人。与许道居、尹林子、赵叔道三人，居盖竹山得道。"南朝梁陶弘景《真诰》云："竹叶山中仙人陈仲林、许道居、尹林子、赵叔道，此四人竝以汉末来入此山。叔道为下真人，仲林大试适过，行复去。此是竹叶山中旧仙人也。"

东汉时期居天台的道士有刘根和张皓。

刘根，汉代术士，长安（今陕西长安）人。东晋葛洪《神仙传》谓："刘根者，字君安，京兆长安人也。少明五经，以汉孝成皇帝绥和二年举孝廉，除郎中。后弃世学道，入嵩高山石室，峥嵘峻绝之上，直下五千余丈。冬夏不衣，身毛长一二尺，其颜色如十四五岁人，深目，多须鬓，皆黄，长三四寸。"其曾隐永嘉（今浙江永嘉）飞霞洞，"尝至天台赤城访紫极君。"[①]旧传"有孺子鬻糖遇一道人，引之入洞，见台阁森严。二人对弈，归语其母，其母往视之，至则岩壁合矣。"[②]晋嵇康《答难养生论》称："刘根遐寝不食，或谓偶能忍饥。"清济一子傅金铨《证道一贯真机易简录》有"仙人刘根曰：'不知房中之事，及行气、导引并神药者，不能得仙也。'"的记载。

---

① （清）张联元：《天台山全志》卷 8 引《仙家杂记》。
② （清）《温州府志》卷 26。

可见，刘根实为一个兼修外丹术的符箓派道士。

张皓，汉代楼观道道士，字文明，汝南（今河南汝南）人。年二十入道，曾于东汉安帝永初二年（108年），遇封衡授以《青腰紫书》、《金根上经》及神丹半两，并"勤则得之，替则失之"语。唐天台山道士王松年《仙苑编珠》谓："张皓字文明，汝南人。年二十，以汉安永初二年入道。乃遇封衡真人，三试皆过，遂授青腰紫书并神丹半两。入赤城山，勤修真道。道成，或变为白鹤，搏空而上。或化为飞云，浮游八外。年一百三十八，以魏明帝太和元年九月，仙官下迎，受书为太清高仙矣。"清张联元《天台山全志》称："久之，耳能洞听，目能彻视。有学者拜访之，或为白鹤，或为飞云；搏空游虚，隐没莫见。"三国吴大帝黄武六年（227年），以年一百三十八岁仙逝。

东汉末至三国，居台州各地修炼的道士还有左慈、徐太极、郑隐、王元真、朱孺子等。

左慈，字元放，庐江（今安徽庐江西南）人。少明五经，过星象，学道精思于天柱山。得石室中九丹金液经，尝为葛玄之师。东晋葛洪《抱朴子·金丹篇》有"葛玄从慈受之"的记载。清张联元《天台山全志》称葛玄："入天台山立坛授道，微《五岳真形图》曰：'吾昔受左元放先生，今付于汝。'"宋陈耆卿《嘉定赤城志》谓：左慈于"吴赤乌二年（239年），尝与（葛）玄游括苍洞，炼九华丹，服之得道"。左慈的影响很大，除《后汉书·左慈传》外，东晋干宝《搜神记》，以及宋祝穆《方舆胜览》、明曹学佺《天下名胜志》、清赵宏恩《江南通志》等亦有记载。从中国道教史来说，东汉时期的丹鼎派道术即是从左慈一脉相传的。

徐太极，生卒年代不详，上虞（今浙江上虞）人。少出家，依左慈学道。左慈教观人相，遂游行天下。据清《上虞县志》记载：其"桓帝时（147—167年），从葛孝先游天台学相。"

郑隐（？—302年），字思远，一字子华，里籍不详。少为儒生，明五经，善律历经纬。后师从葛玄，受《正一法文》、《三皇内文》、《五岳真形图》、《太清金液经》、《洞玄五符》等，并收藏道教经、记、符、图、文、箓、律、仪、法、言等二百六十种，共一千二百九十八卷。其中各类经书六百七十八卷、符六百六十卷，这些经籍为其徒葛洪撰述神仙理论提供了丰富的资料。相传郑隐曾游历阁皂山、天台山、括苍山、罗浮山以及南岳等名山洞府，精于修炼，擅长符咒诸法，甚有奇术。宋张君房《云笈七签》卷五称："徐来勒等三真，以己卯年正月一日日中时，于会稽上虞山传仙公葛玄。玄字孝先。后于天台山传郑思远、竺法兰、释道微。道微传吴主孙权等。仙公升化，令以所得三洞真经，一通传弟子；一通藏名山；一通付家门子孙，与从弟少传奚。奚子护军悌，悌子洪。洪又于马迹山诣思远，盟而授之。洪号曰'抱朴子'。"东晋葛洪《抱朴子内篇·遐览》云其在"太安元年（302年）知季世之乱，江南将鼎沸，乃负笈持仙药之扑，将入室弟子，东投霍山，莫知所在。"唐王松年《仙苑编珠》卷上谓"郑思远，葛洪之师也。尝于山岩间收得虎子两头，其母已死。君馁饲之，长大。俄有一雄虎来庵前，乃二虎之父也。三虎出入相随。驼药囊经书，隐于括苍山，仙去。"

王元真，生卒年代及里籍不详。东汉末至三国吴时，居临海的烧山（今温岭石夫人山）修道。相传曾与其徒朱孺子煮食朱孺子采得的二石枸杞三昼夜。王元真后饵枸杞根尽，隐西陶山（今属永嘉），不知其年寿。

朱孺子（？—345年），永宁（今黄岩，一说永嘉）人。三国吴时（222—280年）入山师道士王元真，"服菊花及术饵。"[1]居临海烧山（今温岭石夫人山）和临海郡安固（今浙江永嘉）大箬岩下修炼。勤苦修道，常登山岭，采黄精服饵，历十余年。元赵道一《历世真仙体道通鉴》云其："后遇西归子授以要言，入室存泥丸法三十年。还能致风雨于洞房中。晋穆帝永和元年八月五日，西王母遣迎，即日乘五色云车登天。"清乾隆《黄岩县志》称朱孺子："居大岩下。尝于溪畔见二花犬，逐之入枸杞丛中。遂与元真丛下，得枸杞根。类花犬，坚如石。孺子先取啖之，俄而飞立前峰，谢元真而去。"

台州道观以回浦开阳观（遗址在今椒江凤凰山北麓）为最古，史籍记载在临海"县东南一百八里，汉建武二年（26年）建"。[2]此说虽然并不一定可靠，但它作为当时供方士修道或祠神的茅屋出现则是可能的。

三国时，台州（章安县或临海郡）建有道观五所。

定光观，在章安县（宋黄岩县西北一里），旧名龙光，三国吴大帝黄武中（222—229年）建。宋陈耆卿《嘉定赤城志》云："初观北江流浑翳，中一潭独澄泚，有龙居之，时亢旱，忽水自潭涌，赤光烛天，故名其潭曰龙光，因以名观。赤乌中（238—251年）改今额。前有二池，葛玄尝以其一炼

---

① （南朝梁）陶弘景：《真诰》卷14。
② （清康熙）《临海县志》卷35。

丹，水特清，旱不枯涸，每有灵怪荡激而起，其波高丈余。"

　　降真庵，在始平县（今天台）桐柏山，三国吴赤乌元年（238 年）葛玄建，有降真台。唐徐灵府《天台山记》云："按《法轮经》，即太极三真人下降，授葛仙公修道于天台山，感降上真于此坛也。仙公真经并义注之所也，事迹具在《本起传》中，此不备载。坛西南下石上，有隶书刻记之，曰诰使徐公醮坛，授仙公经。"宋陈耆卿《嘉定赤城志》谓："吴赤乌元年葛玄卓庵于此，感三真人降，授以《真一劝诫法轮妙经》，按王简《行院记》，真人曰：'蔚罗翘光，妙音真妙光。'遂建台，号曰降真。"

　　天台观，在始平县（今天台）桐柏山西南瀑布岩。旧图经云：三国吴赤乌二年（239 年）"吴主孙权为葛仙公（玄）所创，最居形胜"。[①] 唐徐灵府《天台山记》云："观中流引瀑水萦绕廊院，灌注池沼，苟芰芬芳萝竹交暝，游者忘归，胜概之极也。观东一百五十步，先有故柳史君宅，号曰紫霄山居。南瞩苍岭，北接紫霄，峰左右皆烈小山，迤逦为势。东北连丹霞洞，洞有葛仙公练丹之初所也。宅中多植灵苑翠桱修筕，其卉曲池环沼，药院丹炉，斯亦炼化之奇景也。柳君名泌，宪宗十三年自复州石门山，诏征授台州刺史。不至郡，便止山下，领务备药，后浑家于丹霞洞隐仙也。"宋陈耆卿《嘉定赤城志》谓："西北枕翠屏，上有三井，号三绝之一，泄为瀑布，蔽崖而下，状垂蜺数百丈，有溅珠亭。观前对灵溪，东有柳泌史君宅，号紫霄山居，又有隐真中峰，盖梁徐则所居之处，唐咸通中刺史姚鹄因建老君殿，得玉简上之，刻曰：'海水竭、台山缺，皇家宝祚无休歇。'诏付史馆。"又《晏公类要》称："其额即仙翁亲篆。"唐柳泌有《三清行》诗："遥遥寒冬时，肃肃蹑太无。仰望蕊珠殿，横天临玉虚。下看白日流，上造真皇居。西牖月门开，南衢星宿疏。王母来瑶池，庆云拥琼舆。巍峨丹凤观，长曳紫霞裾。莹澈圣姿严，飘飘神步徐。仙郎执玉节，侍女捧金书。灵香散彩烟，北阙路骈阗。龙马行无迹，歌钟声沸天。驭风升宝座，停景宴华筵。妙奏三清曲，高罗万古仙。七珍飞满座，九液酌如泉。灵珮垂轩下，旗旛列帐前。狮麟威赫赫，鸾凤影翩翩。顾盼乃须臾，已是数千年。"宋张无梦诗云："天台瀑布落青天，观在天台瀑布边。道士只今烧药处，仙翁曾是种芝田。龙居古洞遗残雨，鹤出高巢点破烟。暂别灵溪游五岳，不知重到又何年！"

　　仙坛院，即王真君坛，在始平县（今天台）桐柏山玉泉峰，三国吴赤乌

---

① 《丛书集成初编》2998 册第 7 页。

二年（239 年）建。唐徐灵府《天台山记》云："真君即桐柏真人也。有小殿，即真君仪像俨焉。开元初玄宗创立之，度道士七人洒扫也。殿前有石泉名曰醴泉，南三步新立上真亭子，临万仞坐观千里，游者登之坐眺平陆。按正坛在真君殿西北二十步，有石坛方广四丈八尺一级，甃以古砖，今州县祈请水旱，皆于此坛。殿东二十步，又有古八角坛。自殿西北下山三百步，即至三井。一井今闉塞，俗传云，曾有尼师洗手触之，一旦自塞，二井其深不侧。"宋陈耆卿《嘉定赤城志》谓："殿前有石泉名醴泉，泉南有上真亭，坛东有八角坛，今废。独院东有太子庵、朝斗坛、吹箫台、瀛峰室，故址尚存。"

　　侯神馆，在始平县峡山（今属仙居），三国吴时道士葛玄建，有丹井。宋陈耆卿《嘉定赤城志》云："初玄游历至此山，有景云覆西北，遂筑室为炼丹之所。诏遣官吏建侯神馆，仍赐号焉。"

第二章　台州道教的初传

第一节　两晋南北朝时期的台州道教

两晋南北朝时期，五斗米道在孙恩起义失败后，逐渐发展为天师道。此后，又慢慢分化成了南天师道和北天师道。南天师道是由陆修静改革江南天师道而形成的，主要表现在他对于江南天师道组织的整顿和改造。过程为积极收集整理道经，制订道教斋醮科仪，由此而推动了南朝旧道教的改革和士族新道教的形成。陆修静改革的主要内容有两项：一是吸收儒家传统的忠孝礼义等伦理道德并作为道徒必须遵守的教规，强调忠孝为先；二是吸收佛教"三业清静"思想，即要求去贪、忿、痴，身除杀、盗、淫等，以制定斋仪，并特别强调"斋直为求道之本"。同时，他将所著的《灵宝经目录序》、《太上洞玄灵宝众简文》、《洞玄灵宝斋说光烛戒罚灯祝愿仪》、《太上洞玄灵宝授度仪》、《道门科略》和《洞玄灵宝五感文》等，以及收集的道经如药方、符图等，均采用"三洞四辅十二类"的方法，编成《三洞经书目录》。并于南朝宋明帝泰始七年（471年）上献朝廷，深得刘宋明帝的赞赏。

两晋南北朝时，台州属于李家道、帛家道、五斗米道和南天师道的势力范围。当时居临海郡（台州）修道的著名道士见于史籍记载的很多。东晋有宋君、平仲节、王玄甫、邓伯元、任敦、白云先生、葛洪、王世龙、赵道元、傅太初、夏馥等。其前为不知名道士，晋时于临海县西六十里地处，建观以居，号"宅仙"。宅仙观几经兴废，所废年代亦不详。

宋君，晋代道士，生平不详。东晋时居临海（仙居）括苍山修道。

平仲节（？—345年），晋代道士，河中（今山西永济）人。五胡乱华时渡江入临海（仙居）括苍山学道，受师宋君。存心镜之道，具百神行洞房事。东晋葛洪《神仙传》云："精思四十五年，身形更少，体有真气。"晋穆帝永和元年（345年）五月一日，中央黄老于沧浪云台遣迎，即日垂云驾龙，白日升天。宋李昉《太平御览》卷六百六十九谓其"入括苍山，体有真气，服饵仙去。"

王玄甫（？—345年），晋代道士，名诚，字玄甫，号华阳真人，又号东华帝君、紫府少君。元赵道一《历世真仙体道通鉴》谓汉代东海（今山东兖州）人。幼慕真风，白云上真引之入道，遂居于昆仑山烟霞洞，韬光晦迹。然据《徐州志》所载，其实为晋代人，学道于赤城霍山。清康熙《天台山全志》云其于"晋穆帝永和元年（345年）乘云驾龙，白日升举为中岳真人"。南宋秦志安《金莲正宗记》称之为全真道之第一祖，居紫府洞天，开辟玄宗，授度门人钟离权。元朝敕封为全真大教主、东华紫府辅元立极少阳帝君；元世祖时敕封"东华紫府少阳帝君"；元武宗时加封为"东华紫府辅元立极大帝君"；为钟吕金丹派的先驱。

邓伯元（？—345年），晋代道士，吴人。与王玄甫同学道于天台赤城山。明传灯《天台山方外志》说王玄甫"受服青精石饭，吞日精丹景之法。内思洞房积三十四年，乃内见五藏，冥夜中能书"。东晋永和元年（345年）与邓伯元·同登真。南朝梁陶弘景之《真诰》，则有"青精石饭之法"为吴人"道士邓伯元者"所授的记载。青精饭，亦叫"乌饭"，在台州道家，乃至民间盛极一时。它的做法据《登真隐诀》所说：系"以南烛草木煮汁渍米为之"，名曰"太极真人乾石饔饭"。青精饭始于何时无考，邓伯元或许就是它的创始者之一。

任敦，晋代道士。字尚能，生卒年代不详，博昌（今山东博兴）人。自幼即在罗浮山学道，初居茅山南洞，宋李昉《太平御览》云："永嘉中，投茅山讲道集众。敦窃叹曰：'众人虽云慕善，皆外好耳，未见真心可与断金者。'"晋太元中（376—396年），复往玉榴山（今玉环），南朝梁陶弘景在《登真隐诀》中谓："晋太元中，任敦自茅山往居之十余年。"后居临海等地，修步斗之道及《洞玄五符》。据说能役鬼召神，隐身分形，玄居山舍，虎狼不敢犯。曾往福建怀安县（今福建闽侯）建道观，宋梁克家《淳熙三山志》称："是以任敦又自临海，邓伯元自吴郡，王玄甫自沛国，褚伯玉自盐官，咸不远数千里而至，学成名著，后人间即其地慕求之。于是，有道观焉。"

白云先生，即天台紫真，是一位佚名的道士书法家。生卒年代及里籍不详，东晋初隐居于天台山灵墟。王羲之兰亭修禊，所书《兰亭序》三百七十五字，以"永"字为法，就是白云先生所传授。王羲之尝记其书诀云："天台紫真谓予曰：'子虽至矣，而未善也。书之气，必达乎道，同混元之理。

七宝贵，万古能名。阳气明，则华壁立。阴气大，则风神生。把笔抵锋，肇乎本性。力圆则润，势疾则涩。紧则劲，险则峻。内贵盈，外贵虚。起不孤，伏不寡。迥仰非近，背接非遥。望之惟逸，发之惟静。敬兹法也，书妙尽矣。'"①白云先生又曾与王羲之裂素，写黄庭经于天台华顶山所居洞中，后人因称此洞为"黄经洞"。

葛洪（283—363年），东晋道教学者、著名炼丹家、医药学家。字稚川，自号抱朴子，丹阳句容（今江苏句容）人。葛玄之侄孙，世称小仙翁。少好学，"家贫自伐薪贸纸笔，寻书问义不远数千里，尤好神仙导养之法"。自称："每以异闻，则以为喜。虽见毁笑，不以为戚。"②晋永康元年（300年）从葛玄的弟子郑隐（即郑思远）学，悉得其法。谓"弟子五十余人，唯余见受金丹之经及《三皇内文》、《枕中五行记》，其余人乃有不得一观此书之首题者"③。曾于临海的盖竹山、括苍山，始丰（今天台）的赤城山和桐柏山修道、炼丹。其所著《抱朴子·内篇》云："……今中国名山不可得至，江东名山之可得住者，有……天台山、盖竹山、括苍山，并在会稽。"又云"是以古之道士，合作神药，必入明山，不止凡山之中，正为此也。又按仙经，可以精思合作仙药者，有……大小天台山……盖竹山、括苍山，此皆是正神在其山中，其中或有地仙之人。上皆生芝草，可以避大兵大难，不但于中以合药也。若有道者登之，则此山神必助之为福，药必成。"此外，葛洪也曾在永宁的丹崖山（今属温岭）炼丹，遗迹有炼丹井。然清太平（今温岭）学者戚学标以为："是洪一生，不在吴则在洛，不在洛即在广。若自浙以东，足迹固未尝一至，何得台六邑中并有其迹？岂洪仙去后神游八极，可以无所不到，与其孰从而见之。"④

王世龙、赵道元、傅太初，晋代道士，生卒年代及里籍不详。三人初居临海赤山（今温岭石夫人山），后往临海盖竹山，为得道之人。南朝梁陶弘景《真诰》谓："此数子始以晋建兴元年渡江。入东山中学道耳。"后与许迈同居临海盖竹山"适来四年耳"。⑤

夏馥，字子冶，生卒年代不详，陈留（今安徽亳县）人。少好道，

①　（民国）《台州府志》，引陈思永《书苑精华》。
②　（清康熙）《天台山全志》卷8。
③　（东晋）葛洪：《抱朴子·内篇》。
④　（清）戚学标：《台州外书》卷19。
⑤　（南朝梁）陶弘景：《真诰》卷4。

服术饵和云母。初从吴山赤须先生受学炼魂法。后入天台桐柏山修道，明传灯《天台山方外志》谓："遇王真人授以黄水云浆之法，"行之得道。民国《台州府志》引宋李昉《太平御览》云其："得道，在洞中为明晨侍郎。"

东晋时还有著名道士许迈，居临海的烧山和盖竹山盖竹洞以及天台赤城山，修炼养生之道。

许迈，字叔玄，又名映，生卒年代不详，句容（今江苏句容）人。其博学多才，善于文章，性好清静无为、养生之道。元赵道一《历世真仙体道通鉴》云其："世为胄族，冠冕相承。"又谓"总角好道，潜志幽契。"曾拜南海太守鲍靓为师，得中部之法及三皇内文。初隐余杭雷山，继迁桐庐恒山。东晋永和二年（346年），移入临安西山。于是改名为玄，字远游。后转临海赤山，"赤山一名烧山，遇良友王世龙、赵道玄、傅太初者……并与相见。数人之业，皆胜于映矣，映遂师世龙。授解束之道，修反行之法。服玉液，朝脑精。二三年中，面有光华，还颜反少，极为成道"[①]。其在临海修道多年，"今已移在竹叶山中。或名此山为盖竹山。山之东面。两陇西上。其中有石井桥。桥之北小道直入。其间有六丛杉树。树之左右三百步有小石深室。室前有流泉水……竹叶山东上石桥。桥之北小道甚径易。勿从南山上山。南道绝险。"[②] 在盖竹山，并于盖竹洞建有一观，观曰"栖真"，有石室、登霞台，葛玄礼斗坛、卧龙墠等[③]。同时还于天台赤城山得授《洞真太微黄书天帝君石景金阳素经》一卷，经的卷末按语说："《太微黄书》本有8卷，真人昔于赤城山中，以大篆交带真文授许远游明君所有者是也。"许迈又是一个书法家，书有晋人风致而尤清逸。生平与王羲之交好，之间常有诗书往复。曾与王羲之书云："自山阴至临海，多有金台玉室，仙人芝草。"[④]《晋书·许迈传》谓："遗羲之书曰：'自山阴南至临安，多有金堂玉室，仙人芝草，左元夜之徒，汉末诸得道者皆在焉。'"清洪颐煊《台州札记》考证说："《太平御览》卷四十一'天台山'下引许迈与王羲之书作'自山阴至临海；'《太平寰宇记》'天台县'条下引亦作'自山阴至临海，'今本作临安者误也。"

---

① （南朝梁）陶弘景：《真诰》卷4。
② 同上。
③ （民国）《临海县志》卷35。
④ 见《会稽记》。

东晋升平五年（361年），临海郡太守郗愔，感于社会动荡，遂以疾去职，隐章安修道二十数载，著有《太清丹经》等道经百余卷。郗愔（313—384年），字方回，高平金乡（今山东金乡）人。成帝时袭爵南昌县公，拜中书侍郎；历征北褚裒长史，迁黄门侍郎，转临海太守。以疾去职，居章安十余年。后拜光禄大夫，加散骑常侍，出为辅国将军、会稽内史，迁都督徐、兖、青、幽、扬州之晋陵诸军事、领徐兖二州刺史、平北将军假节，转冠军将军会稽内史。东晋咸安元年（371年），晋简文帝即位，加镇军将军都督浙江东五郡军事。孝武帝时致仕，征拜司空不起。太元九年（384年）卒，年七十二岁，赠侍中司空，谥曰文穆。有集四卷。他的思想以道为主，《晋书》卷六十七《郗鉴传附子愔传》载其"转为临海太守。会弟昙卒，益无处世意，在郡优游，颇称简默，与姊夫王羲之、高士许恂并有迈世之风，俱栖心绝谷，修黄老之术。后以疾去职，乃筑宅章安，有终焉之志。十许年间，人事顿绝。"郗愔还常服符箓，南朝宋刘义庆《世说新语·术解篇》说："郗愔信道甚精勤，常患腹内恶，诸医不可疗。闻于法开有名，往迎之。既来，便脉云：'君侯所患，正是精进太过所致耳。'合一剂汤与之。一服，即大下，去数段许纸如拳大；剖看，乃先所服符也。"由于郗愔奉天师道甚深，还引起时人的讥讽。《晋书》卷七十七《何充传》谓："于时郗愔及弟昙奉天师道，而充与弟准崇信释氏，谢万讥之云：'二郗谄于道，二何佞于佛。'"郗愔也是一个著名的书法家，善章草、隶、草书。南朝宋王僧虔《论书》云："郗愔章草，亚于右军。"梁武帝评曰："郗愔书得意甚熟，而取妙特难，疏散风气，一无雅素。"

东晋文学家许恂（询）也是一个好道的高士。据南朝宋檀道鸾《续晋阳秋》等史料记载，许恂（询），字玄度，生卒年代不详，高阳（今河北蠡县）人。少有才藻，善属文，人称神童。长而风情简素，与孙绰并称为东晋玄言诗人的代表。好游山水，常与谢安等人游宴、吟咏，曾参与兰亭雅会。著有文集三卷。后隐居临海深山，宋陈耆卿《嘉定赤城志》引唐徐谦益《初学记》云其"游临海山不归"。《晋书》卷六十七《郗鉴传附子愔传》称其与郗愔等"并有迈世之风，俱栖心绝谷，修黄老之术"。

陶弘景（456—536年），字通明，自号华阳隐居，丹阳秣陵（今江苏南京）人。其传上清大洞经箓，开道教茅山宗，成为上清派的实际创始人。据《梁书》、《南史》等史籍记载，陶弘景幼有异操，年四五岁乃好书，九岁开始读《礼记》、《尚书》、《周易》、《春秋》、《孝经》、《毛诗》、《论语》等儒家经典，颇以属文为意。十岁得葛洪《神仙传》，"昼夜研寻，便有养生之志。"① 十五岁作《寻山志》，倾慕隐逸生活。十七岁以才学闻名，与江敩、褚炫、刘俣合称升明四友。齐高帝萧道成及其子萧赜在位时（477—493 年），曾先后出任巴陵王、安成王、宜都王等诸王侍读；兼管诸王室牒疏章奏等文书事务的书记职务。齐永明十年（492 年），上表辞官，挂朝服于神武门，退隐江苏句容句曲山（茅山），不与世交。梁武帝萧衍即位（502 年）后，屡请不出。但念其旧功，"恩礼愈笃，书问不绝"。② 天监三年（504 年），遣人送黄金、朱砂、曾青、雄黄等物，以供炼丹之用。弘景"后合飞丹，色如霜雪，服之体轻。及帝服飞丹有验，益敬重"。③ 天监十三年（514 年），敕于茅山为之建朱阳馆以居之。天监十五年（516 年）又为其建太清玄坛。且"国家每有吉凶征讨大事，无不前以咨询，月中常有数信，时人谓之山中宰相"。④ 一生隐居茅山达四十五年之久，享年八十一岁。梁武帝诏赠中散大夫，谥贞白先生。

陶弘景曾游历江左诸名山，在台州各地留下了许多的遗迹。

在天台山，陶弘景"谒褚僧标，及褚处宿旧道士，并得真人遗迹十余卷，游历山水，二百余日"。⑤

在宁海（今属宁波）盖苍山的阆风里，曾与道士张少霞炼丹。"尝梦神告曰：'山在后，海在前，金笈玉笥居两边，是中可以藏汝丹'。遂藏丹焉。"⑥

在临海，陶弘景游历了括苍山和灯坛山，并于灯坛山建灯坛观，居观修炼多年。

玉环的木榴山（时属永嘉郡）也有陶弘景的旧踪。贾嵩采《登真诀》作别传云陶弘景："梁天监中，自海道至永嘉，得木榴屿居之以作丹。"清《玉环厅志》谓："木榴屿即玉环旧名，在永嘉东海外，恭叔盖未之考也。齐息园宗伯修《府志》，亦以丹室在玉环无疑。今不知所在，俟考。"

南朝时，居台州境内的道士尚有不少，但可考者为数不多。

---

① 《南史》卷 76《隐逸传下》。
② 同上。
③ 同上。
④ 同上。
⑤ （宋）张君房：《云笈七签》卷 107，引《华阳隐居先生本起录》。
⑥ （清）张联元：《天台山全志》卷 8。

　　居临海修道的有郑玄。郑玄，字子阴，俗号"彭先生，"生卒年代不详，陆浑（今河南嵩县东北）人。其相貌与常人有异，"多须，缺前齿，左颊有赤痣。"① 常往来临海烧山（今温岭石夫人山）中，以观人情及修道，踪迹诡异不定。南朝梁陶弘景《周氏冥通记》卷四谓："临海烧山中有仙人，游在人间，自号'彭先生'。实是郑玄，字子阴，陆浑仙人也。朱交甫令其观上人情及修道者，其寻或当来，先昨已往建安，临海人书与道士邹尧云：某人彭公在此，不尧得而插静桹，故人得见之。其人亟乘一刀一刀小船。而歌曰：'太霄何冥冥，灵真时下游，命我嚣涂除，采察云中傃，世路多淫浊，真诚不可搜，促驾还陆岭，人间无与酬。'步行亦咏此，其若来，可不接之。其人形中人，面左边有紫痣，着黄绢帽，多髯，而前齿缺是也。"

　　居黄岩修道的有萧子云（489—549 年）。萧子云，字景乔，南齐高祖之孙，豫章文献王嶷之子，常州（今江苏常州）人。少有文才，但性沉静，不乐仕进。年三十时，方起家为秘书郎。仕梁至侍中、国子祭酒等，人称"萧祭酒"。侯景之乱，自东阳太守出逃，全家入山。后东奔晋陵，卒显灵寺。史载萧子云还是著名的书法家，工草、隶，又创小篆飞白，为世楷法，善效钟王而微变字体。其书深为梁武帝所重，以为能与钟繇争先。《梁书》卷三十五云："子云善草隶书，为世楷法，自云善效钟元常、王逸少而微变字体。答敕云：'臣昔不能拔赏，随世所贵，规摹子敬，多历年所。年二十六，著《晋史》，至《二王列传》，欲作论语草隶法，言不尽意，遂不能成，略指论飞白一势而已。十许年来，始见敕旨《论书》一卷，商略笔势，洞澈字体。又以逸少之不及元常，犹子敬之不及逸少。自此研思，方悟隶式，始变子敬，全范元常。逮尔以来，自觉功进。'其书迹雅为高祖所重，尝论子云书曰：'笔力劲骏，心手相应，巧逾杜度，美过崔寔，当与元常并驱争先。'其见赏如此。"民国《台州府志》称其好神仙，师事杜昺永得其秘诀，曾居委羽山炼丹，手书"大有宫"额。清同治《委羽山志》谓："一日有神人降庭中，言郁木溪可以久居，乃徙入矣。后得上帝玉册，封为袁州长史，无何轻举。"

　　居天台修道的有褚伯玉、诸僧标、刘元祖和徐则。

　　褚伯玉（393—479 年），字元璩，吴郡钱塘（今浙江杭州）人。少有隐操，寡嗜欲。十六岁为拒娶妻，妇人前门入，其从后门出。十八岁时始隐天

---

① （民国）《临海县志》引《冥通记》。

台瀑布山，"性耐寒暑，时人比之王仲。在山三十余年，隔绝人物"。① 好读《太平经》，兼修其道。南朝宋孝建二年（455年），散骑常侍乐询行风俗，表荐伯玉，加征聘本州议曹从事，不就。南朝齐建元元年（479年），高帝即位，即手诏以礼迎遣，又以疾辞不起。遂敕于剡白石山立太平馆居之，旋卒，年八十六岁。明传灯《天台山方外志》、清康熙《天台山全志》记载云："隐于天台中峰二十年。樵人见之，在重岩之下。颜色怡怡，左右惟松屑二裹。由是远近知之。"唐徐灵府称天台中峰"岭前豁然平陆数顷，四面持起，峰峦有若郛郭。乃神真之所休憩，巢许之所钦。自非噏沈凌霄汉，梦龟鹤之夭促，与天地而长久者何以居焉。昔褚先生修道之所"。② 宋陈耆卿《嘉定赤城志》引徐灵府《小录》又云："居桐柏观小岭，年百余岁。"③

诸僧标，即朱僧标，南朝齐道士，生卒年代及里籍不详。从褚伯玉学，居天台赤城山修道，有大名声。南朝梁陶弘景曾谒诸僧标，并得真人遗迹十余卷。《南齐书·乐志》载："永明六年，赤城山云雾开朗，见石桥瀑布，从来所罕睹也。山道士朱僧标以闻，上遣主书董仲民案视，以为神瑞。太乐令郑义泰案孙兴公赋造天台山伎，作莓苔石桥道士扪翠屏之状，寻又省焉。"

刘元祖，南朝道士，生卒年代不详，古瀛洲濮海郡（疑即今福建宁德）人。曾居天台山修道多年，承传上方真元派。据佚名《上方大洞真元图书继说终篇》记载："……爰昔抱朴真人得《元精》、《丹华》二经，授冲和先生，冲和先生授天台隐居刘君。刘君元祖，古瀛洲濮海郡人也。继拜般阳李真人，受金液之诀。时龙集己亥，适株林，于宇妪处获九鼎神丹。即感上方锡号太素真人蓬莱仙君，恒游世间，广阐大洞妙真之元。"

徐则，生卒年代不详，东海剡（今山东郯城县北）人。幼沉静寡欲，师从于周师正，善三玄，精于议论，名擅都邑。初于缙云山修道，常服巾褐。南朝陈太建中（569—582年）入隐天台山，"绝粒养浩，所资惟松水而已，虽隆冬沍寒，不服棉絮。"④ 左光禄大夫、太子少傅徐陵钦敬其风采，并为作颂。《北史》卷八十八谓："陈太建中，应召来憩于至真观，期月，又辞入天台山。因绝粒养性，所资惟松水而已，虽隆冬沍寒，不服绵絮。太傅徐陵为之刊山立颂。"隋文帝开皇中（581—600年），为晋王杨广所召，请授道法。

---

① 《南史》卷75《隐逸传上》。
② （唐）徐灵府：《天台山记》。
③ （宋）陈耆卿：《嘉定赤城志》卷32。
④ （清）张联元：《天台山全志》卷8。

"则辞以时日不便。其后夕中，命侍者取香火，如平常朝礼之仪。至于五更而死，支体柔弱如生，停留数旬，颜色无变。"① 遂送还天台山定葬。《隋书》卷七十七《隐逸传》称："晋王下书曰：'天台真隐东海徐先生，虚确居宗，冲玄成德，齐物处外，检行安身。草褐蒲衣，餐松饵术，栖隐灵岳，五十余年。卓矣仙才，飘然胜气，千寻万顷，莫测其涯。寡人钦承道风，久餐德素，频遣使乎，远此延屈，冀得虔受上法，式建良缘。至止甫尔，未淹旬日，厌尘羽化，反真灵府。身体柔软，颜色不变，经方所谓尸解地仙者哉。诚复师礼未申，而心许有在，虽忘怛化，犹怆于怀，丧事所资，随须供给。霓裳羽盖，既且腾云，空椁余衣，讵藉坟垄。但杖舄犹存，示同俗法，宜遣使人送还天台定葬。'"明传灯《天台山方外志》谓："枢自江都送还天台，多见则徒步返至旧隐，令弟子扫一室。曰：'有客至，宜延之。'于此有顷，跨石梁而去。翌日枢至，方知其异。"

南朝齐永泰元年（498 年），沈约于天台桐柏山作《桐柏山金庭馆碑》。详细记载了其建金庭馆于天台桐柏山的情况：

> 夫生灵为贵，有识斯同；道天云及，终天莫反。终天莫反，故仙学之秘，上圣攸尊。启玉笈之幽文，贻金坛之妙诀。驻景口谷，还光上枝。吐吸烟霞，变炼丹液。出没无方，升降自己。下栖洞室，上宾群帝。睹灵岳之骤启，见苍波之屡竭。望玄洲而骏驱，指蓬山而永骛。芝盖三重，驾螭龙之蜿蜓；云车万乘，载旗旆之逶迤。此盖栖灵五岳，未暨夫三清者也。若夫上玄奥远，言象斯绝，金简玉字之书，玄霜绛雪之宝，俗士所不能窥，学徒不敢轻慕。且禁誓严重，志业艰劬，自非天禀上才，未易可拟。自惟凡劣，识鉴鲜方，徒抱出俗之愿，而无致远之力。早尚幽栖，屏弃情累。留爱岩壑，托分鱼鸟。涂愈远而靡倦，年既老而不衰。高宗明皇帝以上圣之德，结宗玄之念，忘其菲薄，曲赐提引。末自夏口，固乞还山。权憩汝南县境，固非息心之地。圣主缵历，复蒙絷维。永泰元年，方遂初愿。遂远出天台，定居兹苓。所憩之山，实惟桐柏。灵圣之下都，五县之馀地。仰出星河，上参倒景，高崖万沓，邃涧千回，因高建坛，凭岩考室，饰降神之字，置朝礼之地，桐柏所在，厥号金庭。事炳灵图，因以名馆。圣上曲降幽情，留信弥密，置

① 《隋书》卷77《隐逸传》。

道士十人，用祈嘉祉。约以不才，首膺斯任。永弃人群，窜景穷麓。结
恳志于玄都，望霄容于云路。仰宣国灵，介兹景福。延吉祥于清庙，纳
万寿于神躬。又愿道无不怀，泽无不至。幽荒屈膝，戎貊稽颡。息鼓辍
烽，守在海外。因此自勉，兼遂微诚。日久勤劬，自强不已。翘心属
念，晚卧晨兴。食正阳于停午，念孔神于中夜。采三芝而延伫，飞九丹
而宴息。乘兔轻举，留舄忘归。以兹丹款，表之玄极。无日在上，日鉴
非远。铭石灵馆，以旌厥心。其辞曰：道无不在，若存若亡。于惟上
学，理妙群方。用之日损，言则非常。修焉灵化，羽衣霓裳。九重口
兀，三山璀璨。日为车马，芝成宫观。虹旌拂月，龙船渐汉。万春方
华，千龄始旦。伊余菲薄，窃慕隐沦。寻师讲道，结友问津。东采震
泽，西游汉滨。依稀灵眷，仿佛幽人。帝明绍历，惟皇篆位。属心鼎
湖，脱履神器。降命凡底，仰祈灵秘。瞻彼高山，兴言覆篑。启基桐
柏，厥号金庭。乔峰迥峭，擘汉分星。临云置口单，驾岳开口，谷间涂
塞产，林祈葱青。谁谓应远，神道微密。庆集官闱，祥流罕毕。其久如
地，其恒如日。寿同南山，与天无卒。栾生变炼，外示无功。少君飞
转，密与神通。因资假力，轻举腾空。庶凭嘉诱，永济微躬。①

沈约（441—513 年），字休文，吴兴武康（今浙江德清）人。少孤贫好
学，南朝宋时历官记室参军、法曹参军、尚书度支郎。齐时曾侍奉文惠太
子，校四部图书，撰定明帝遗诏，历官尚书左丞、御史中丞、东阳太守、国
子祭酒、司徒右长史、南清河太守等职。为竟陵八友之一，后参与萧衍嬗代
机密，与高云同被视为最有功劳之臣。入梁后，任吏部尚书、尚书左仆射、
丹阳尹、光禄大夫、尚书令，封建昌侯。撰有《四声谱》，创四声八病之说，
与南齐代表作家、尚书吏部郎谢朓等开创永明体，推动了诗歌向格律化的发
展。所著《宋书》、《晋书》、《齐纪》、《梁武纪》、《迩言》、《谥例》、《宋文章
志》等。除《宋书》外，余皆散佚。明人辑有《沈隐侯集》。明传灯《天台
山方外志》卷十一谓："永平中（508—512 年），弃官乞为道士，来憩桐柏。"
有鼓吹曲《桐柏山》行世："桐柏山，淮之首。肇基帝迹，遂光区有。大震
边关，殪獯丑。农既劝，民惟阜。穗充庭，稼盈亩。迨嘉辰，荐芳糗。纳寒
场，为春酒。昭景福，介眉寿。天斯长，地斯久。化无极，功无朽。"

---

① （唐）欧阳询：《艺文类聚》卷七十八。

又有魏夫人，《晋书·魏夫人传》和明徐道《神仙通鉴》记载："魏夫人，名华存，字贤安，任城人，晋司徒魏舒之女也。幼好道，慕神仙。年二十四，父母强适南阳刘文，生二子。初长成，夫人乃斋于别寝。逾三月，忽有群真来降，各赐琅函。后夫故，夫人安抚内外，至二子成，已年八十三。东华帝君降授夫人《黄庭经》及成丹二剂，乃托剑化形而去。"书中关于魏夫人的记载，尽管带有神话传奇的色彩，但也说明她确实是一位修养有素的女高道。书中还说她："曾游寓至天台炼丹，人见其住处有'日月三辰之精，光烛洞天'。"

又有周凯，字公武，临海横阳（今浙江平阳、苍南一带）人。其身长八尺，魁梧雄伟，头发垂地。善击剑，能左右射，且博闻而强记。曾与当时名士陆机兄弟到洛阳，西晋文学家、太常博士张华爱其才，欲荐其为官。然周凯知晋室将乱，独辞不就。明传灯《天台山方外志》卷十二谓："永康中（300—301年），三江逆流，邑将陆沉。凯援弓发矢，冲潮而入，水忽裂开。电光中，见凯乘白龙东去。光化末（898—901年），天台大饥，凯化形为商载米货，人已而投杖于江，变成赤龙骑而升天。"

还有杜京产（438—499年），字景齐，吴郡盐官（今浙江海宁市盐官镇）人。出身仕宦，自幼恬静自适，无意荣华，世传五斗米道。平日专修黄老，学遍玄儒，博通史子。一生隐居不仕，教学不辍。齐高帝时（479—482年），在始宁（今浙江上虞）东山开馆讲学。永明十年（492年），在会稽日门山聚徒讲学。曾应同乡顾欢之邀，在天台山讲学。明传灯《天台山方外志》卷十一谓其："盐官人，顾欢招之同隐欢岙，今招隐峰是其遗迹。"

另有道士张少霞，生卒年代及里籍亦不详。隐宁海（今属宁波）盖苍山修道，陶弘景曾从之游。又曾居玉环（时属永嘉郡）西青山麓仙人洞炼丹，清《玉环厅志》称此仙人洞为"少霞洞"，谓"张少霞炼丹处。"清陆玉书诗云："闻说仙人有少霞，浴丹捣药此为家。闲来洞口寻遗迹，惟见云封片片花。"又庞步元诗："少霞洞口夕阳红，双凤溪湾路自通。水镜倒涵天上下，翠屏横亘岭西东。白鸥暖泛桃花涨，紫燕轻翻杨柳风。满眼春光皆化境，何须丹室访仙踪。"

两晋南北朝时期兴建的台州道观有临海宅仙观、临海栖真观、临海灯坛观、临海崇真观、仙居隐元宫、临海成德观和黄岩大有宫。

临海宅仙观，在临海县西六十里。宋陈耆卿《嘉定赤城志》谓"晋时建"，兴废年代不详。

临海栖真观，在临海县南三十里盖竹山。宋陈耆卿《嘉定赤城志》云："盖许迈故居，晋时建。"隋大业中（605—614 年）废。

临海灯坛观，在临海县西南六十里灯坛山。宋陈耆卿《嘉定赤城志》引《旧经》云："晋陶弘景结庐于此，后以为观。隋大业中（605—614 年）废。"

临海崇真观，在临海县西三十里石塘，后山有仙人跃马迹。此观始建年代不详，但至迟应于南朝梁天监二年（503 年）已建成。宋陈耆卿《嘉定赤城志》谓："梁天监二年（503 年）筑塘观后，大旱不竭。"

仙居隐元宫，在仙居县东南二十里，后改名隐真。宋陈仁玉《隐真宫记》称："梁天监五年始即经宅建观，名隐元。"宋陈耆卿《嘉定赤城志》谓："梁天监五年（506 年）建，本吴蔡经故宅。"南宋蔡向《题隐真宫》诗云："福地流传号隐真，麻姑曾款蔡翁门。臼春云子自堪饱，井溢丹泉便可吞。山露五峰疑指爪，溪盘百叠想裙痕。我来既蹑灵踪后，知是仙家第几孙。"

临海成德观，在临海县西北三十里。宋陈耆卿《嘉定赤城志》云："梁时建。隋大业中废。"

黄岩大有宫，在黄岩城南约二公里处的委羽山麓，始建年代不详。明《委羽山志》谓南朝梁国子祭酒萧子云："每至委羽山炼丹，手书大有宫额。"如此可见，大有宫的创建时间不会晚于南朝梁武帝时期（502—547 年）。

第二节　孙恩五斗米道起义与台州

孙恩是东晋时期一位极有影响的五斗米道道士，以五斗米道组织领导农民起义，虽没有取得成功，但彻底动摇了东晋王朝的封建统治。这次起义对于中国道教的发展有着深远的影响，最直接的结果就是引起了南北朝时期道教著名人物寇谦之、陆修静对道教的"改革"和南北天师道的出现。

孙恩（？—402 年），字灵秀，原籍琅琊（今山东胶南县境南），后移居会稽（今浙江绍兴）。家族世奉五斗米道，是永嘉南渡世族。其叔父新安太守孙泰，字敬远，曾师事钱塘人杜子恭，得五斗米道秘术。杜子恭死后，"门徒孙泰、泰弟子恩传其业。"[①] 孙泰继传杜子恭道法后，"诳诱百姓，愚者

---

① 《宋书》卷100。

敬之如神，皆竭财产，进子女，以祈福庆。"①《晋书·孙恩传》称："太子少傅王雅先与泰善，言于孝武帝，以泰知养性之方，因召还。（司马）道子以为徐州主簿，犹以道术眩惑士庶。稍迁辅国将军、新安太守。"因东晋末年朝政腐败，浙东地区赋役苛重。东晋隆安二年（398 年），遂爆发了王恭之乱，孙泰以教主身份私募义兵数千人征讨王恭。黄门郎孔道、鄱阳太守桓放之、骠骑谘议周勰等皆敬事孙泰，"会稽世子元显亦数诣泰求其秘术。"② 孙泰"见天下兵起，以为晋祚将终，乃扇动百姓，私集徒众，三吴士庶多从之。"③ 乃举行起义。孙恩作为孙泰密谋反晋的最坚定追随者，在孙泰被摄政的会稽王司马道子诱杀后，逃往翁州（今浙江舟山）海岛，聚众自保。并继续以五斗米道招引流亡，图谋复仇。隆安三年（399 年），会稽王世子、扬州刺史司马元显征调浙江诸郡免奴为客者，号曰"乐属，"以充兵役。此举激起了广大民众的反抗，孙恩趁民心骚动之际，乘机率领义军从海岛登陆，攻克上虞。又袭破会稽（今浙江绍兴），俘杀会稽内史、五斗米道徒王凝之。会稽、吴郡、吴兴、义兴、临海、永嘉、东阳、新安八郡，"一时俱起，杀长吏以应之，旬日之中，众数十万。"④ 孙恩于是占据会稽，自称"征东将军，"设立官职，号其徒众为"长生人。"随后带领义军与东晋卫将军谢琰、辅国将军刘牢之进行激烈的战斗。谢琰在战斗中不但率军攻下义兴，还击杀起义军头领许允之。接着又进兵吴兴，屯兵乌程（今浙江吴兴县南）。又分兵配合刘牢之，向钱塘江推进。孙恩在接连战败的情况下，携男女二十万口退入海岛，其时"其妇女有婴累不能去者，囊篱盛婴儿投于水，而告之曰：'贺汝先登仙堂，我寻后就汝。'"⑤ 隆安四年（400 年），孙恩复从浃口（今浙江宁波甬江口）登陆，相继攻克余姚（今属浙江）、上虞，进而攻邢浦（今绍兴东）、会稽。杀会稽内史谢琰及其二子后，转攻临海。战斗过程中，再次败退海岛。隆安五年（401 年），孙恩又出浃口。甫登陆即击杀吴国内史袁山松，进逼京口（今江苏镇江），并一度逼近建康，攻破广陵（今江苏扬州）。转而渡海攻郁州（今江苏连云港东北），生俘宁朔将军高雅之。元兴元年（402 年），孙恩第五次登陆，旋攻临海，因战败乃赴海自沉。五斗米道信

---

① 《晋书》卷 100《孙恩传》。

② 同上。

③ 同上。

④ 同上。

⑤ 同上。

徒认为他已成"水仙,"投水从死者百有余人。至此,这场轰轰烈烈的起义活动接近了尾声。据《隋书·经籍志》载录,孙恩颇有文才,曾著《孙恩集》五卷,今已佚。

孙恩五斗米道起义是继东汉张角黄巾起义之后,又一次利用道教组织举行的农民大起义,也是五斗米道发展史上的一件大事。据史载,五斗米道是早期道教的一个重要派别,于东汉时由张陵创立。东汉顺帝时(126—144年),张陵学道于鹤鸣山(位于今四川大邑城北12公里的鹤鸣乡)中,自称得到太上老君亲授,并制订了一系列的宗教仪式,要求入道的人都要交五斗米,病人请医生诊治也要出五斗米,以符水为医疗手段。因此,后人称张陵为"天师",他的儿子张衡、孙子张鲁被称为"系师"和"嗣师"。张鲁时期,处在关中平原和成都平原之间的汉中盆地在张鲁政权的统治下,政教合一,"不置长吏,皆以祭酒为治,"① 形成了"鬼卒"、"祭酒"、"治头大祭酒"和"师君"的由低到高的宗教统治秩序。这些措施的施行,使五斗米道得到了发展和壮大。《后汉书·刘焉传》云:

> (张)鲁字公旗。初,祖父陵,顺帝时客于蜀,学道鹤鸣山中,山在今益州晋原县西。造作符书,以惑百姓。受其道者辄出米五斗,故谓之"米贼。"陵传子衡,衡传于鲁,鲁遂自号"师君"。其来学者,初名为"鬼卒",后号"祭酒"。祭酒各领部众,众多者名曰"理头。"皆校以诚信,不听欺妄,有病但令首过而已。《魏志》曰:"大抵与黄巾相似"。诸祭酒各起义舍于路,同之亭传,县置米肉以给行旅。食者量腹取足,过多则鬼能病之。犯法者先加三原,然后行刑。不置长吏,以祭酒为理,民夷信向。《典略》曰:初,熹平中,妖贼大起,三辅有骆曜。光和中,东方有张角,汉中有张修。骆曜教民缅匿法,角为太平道,修为五斗米道。太平道师持九节杖,为符祝,教病人叩头思过,因以符水饮之。病或自愈者,则云此人信道,其或不愈,则云不信道。修法略与角同,加施净室,使病人处其中思过。又使人为奸令祭酒,主以《老子》五千文,使都习,号"奸令。"为鬼吏,主为病者请祷。请祷之法,书病人姓字,说服罪之意。作三通,其一上之天,著山上,其一埋之地,其一沉之水,谓之"三官手书。"使病者家出米五斗以为常,故号

---

① 《三国志》卷8《张鲁传》。

"五斗米师"也。实无益于疗病，但为淫妄，小人昏愚，竞共事之。后角被诛，修亦亡。及鲁自在汉中，因其人信行修业，遂增饰之。教使起义舍，以米肉置其中，以止行人。又教使自隐，有小过者，当循道百步，则罪除。又依《月令》，春夏禁杀。又禁酒。流移寄在其地者，不敢不奉也。朝廷不能讨，遂就拜鲁镇夷中郎将，领汉宁太守，通其贡献。

张鲁政权灭亡后，五斗米道不仅未被消灭，反而随着天下大乱到天下三分的历史进程，从巴蜀一隅发展到北方、南方，成为了全国性的大教派。晋代以降，五斗米道在民间的影响越来越大。除了众多的下层群众外，大批的高级士族和封建贵族也参加到了五斗米道中来。可以这样说，两晋时期造就了五斗米道的壮大和发展。

五斗米道在台州的传播应始于东晋。这一时期，道教在台州的活动也越来越活跃，一些派别纷纷流入。如蜀中传入的李家道，北方传入的帛家道和杜子恭传授的五斗米道等。李家道是一个影响较大的派别，自三国吴大帝时（222—252 年）传入临海郡，以崇奉神仙"李八百"而得名，活动范围在今黄岩一带。东晋葛洪《抱朴子内篇·道意》载，至东晋时，李家道之"弟子转相教授，布满江表，动有千许。"帛家道萌芽于太平道，在东晋时流传到临海郡，由于其走的是上层路线，因此它的活动范围基本上局限于郡治，即今临海。南朝梁陶弘景《真诰》卷四十七谓，许映（许迈）"本属事帛家之道。"陈国符先生在《道藏源流考》中也指出："疑郑君（郑隐）、葛洪皆奉帛家道。"许迈曾居临海赤山和盖竹山修炼、传道多年，郑隐与葛洪在临海也多有遗迹。因此，帛家道在临海的影响应该是比较大的。五斗米道在临海及台州流传的，当即杜子恭一派。《宋史·道学传》卷四载：杜炅，字子恭，吴郡人。"及壮，识信精勤，宗事正一。少参天师治箓，以之化导，接济周普。行己精洁，虚心拯物，不求信施。遂立治静，广宣救护，莫不立验也。"杜子恭在传教过程中，采用了带有浓厚巫医色彩的治病方法，诸如"符水咒说"、"跪拜首过"等，为下层贫民医治疾患，还废除了入道者必须交纳五斗米的规定。杜子恭弟子中的著名者，皆出身江南世家大族。如琅琊王氏、孙氏，陈郡谢氏、殷氏，高平郗氏，会稽孔氏，义兴周氏，丹阳许氏、葛氏、陶氏，东海鲍氏等。《南史·沈约传》谓："钱塘人杜子恭，通灵有道术，东土豪家及都下贵望，并事之为弟子，执在三之敬。"沈约的高祖沈警也"累世事道，亦敬事子恭。"除了沈约的高祖沈警沉迷于五斗米道外，史籍还有许多关于江东士族崇信五斗米道的记载，如《晋书·王羲之传》云："王羲之字逸少，司徒导之从子也。祖正，尚书郎。父旷，淮南太守。元帝之过江也，旷首创其议……羲之雅好服食养性，不乐在京师，初渡浙江，便有终焉之志。会稽有佳山水，名士多居之，谢安未仕时亦居焉。孙绰、李充、许询、支遁等皆以文义冠世，并筑室东土，与羲之同好。"又如《晋书·王羲之传附子凝之传》称："王氏世事张氏五斗米道，凝之弥笃。孙恩之攻会稽，僚佐请为之备。凝之不从，方入靖室请祷，出语诸将佐曰：'吾已请大道，许鬼兵相助，贼自破矣'。既不设备，遂为孙恩所害。"再如《晋书·殷仲堪传》曰："仲堪能清言，善属文，每云三日不读《道德论》，便觉舌本间强。"又谓"仲堪少奉天师道，又精心事神，不吝财贿，而怠行仁义，啬于周急，及玄来攻，犹勤请祷。"从以上记载可知，王羲之及子王凝之和殷仲堪等，都是狂热的五斗米道迷信者。杜子恭死后，其子孙也继承了其所传播的五斗米道（天师道）信仰。史载，其子运，运子道鞠，道鞠子京产，京产子栖，都是五斗米道的信徒。《南史·杜京产》载："京产高祖子恭以来及子栖，世传五斗米道不替。"又说杜京产曾"于会稽日门山聚众教授。"更有郗愔，不但自己笃信五斗米道，"愔事天师道。"[①] 而且还与姊夫王羲之、高士许恂同修黄老之术，"十许年间，人事顿绝。"[②] 郗愔东晋时曾任临海太守，故当时临海乃至临海郡（台州）五斗米道的存在，应与他有极大的关联。同时，与五斗米道有一定渊源关系的帛家道的影响，客观上推进了临海和临海郡（台州）五斗米道的发展。

由于五斗米道时在台州和临海已拥有相当数量的教徒，五斗米道的影响大大超过了佛教的影响。因此，当孙恩组织五斗米道起义时，"畿内诸县处处蜂起，"[③] 其中有临海人周胄率众响应，也就不足为奇了。周胄生平不详，但身为五斗米道教徒，这应该是可以肯定的。孙恩在起义过程中，曾两次攻打临海。第一次是隆安四年（400年）五月，孙恩率军从浃口（今浙江宁波甬江口）一举登陆成功，目标直指余姚。攻破上虞后，进至距山阴县（今绍兴）以北仅三十五里的邢浦时，会稽内史谢琰派参军刘宣之拒战，义军失

---

①　《晋书·郗鉴传》。

②　同上。

③　《晋书》卷100《孙恩传》。

利。数日后，孙恩率军再攻邢浦，打败上党太守张虔硕，并乘胜向山阴进军。谢琰亲自出战，两军对垒，结果官军大败，谢琰和其二子均死于阵中。山阴之战后，东晋王朝加紧了对义军的军事活动。吴兴太守庾桓残杀男女数千人，以削弱义军在吴兴的群众基础，战争的发展态势迫使孙恩转攻临海。先前，"临海太守新蔡王崇……并委官而遁。"① 朝廷派冠军将军桓不才，辅国将军孙无终，宁朔将军高雅之围攻堵截。五月至十月，两军相峙，不分胜负。第二次在元兴元年（402 年）三月，孙恩又率军进攻临海。在与临海太守辛景的作战中，义军战败。随同孙恩起义的三吴五斗米道教徒死亡殆尽。《晋书·天文志》谓："孙恩寇临海，人众饿死，散亡殆尽。"在这种情况下，孙恩完全丧失了继续战斗的信心。"自奔败之后，徒旅渐散，惧生见获，乃于临海投水死。"② 五斗米道教徒信奉长生久视之道，信仰天、地、水三官，尤其相信水仙；在孙恩投水自尽后，都认为他变成了水仙，随同他一起投水者，有一百多人。"妖党及妓妾谓之水仙，投水从死者百数。"③ 孙恩起义在台州各地留下了众多的遗迹，首先是临海的大固山。宋陈耆卿《嘉定赤城志》云："大固山，一名龙顾山，在州西北三百步。高八十丈，周回五里。按旧经，晋隆安末，孙恩为寇，刺史辛景于此凿堑守之，恩不能犯，遂以大固、小固名山。"其次是黄岩的灵石山。宋临海陈耆卿谓："灵石山，在县西五十里。与乌岩接，以甘露降，名甘露山。按《临海记》云：'山上有寺，当孙恩叛，毁木为船，石从空自坠，贼以伤去，故号灵石。'"④ 又孙恩城。宋陈耆卿《嘉定赤城志》曰："在黄岩县南九十里峤岭（今属温岭）。高四丈许，周回六百步，《永嘉记》云：'妖贼孙恩所筑。'按《晋史》安帝隆安二年贼孙恩陷会稽，元兴元年临海太守辛景击斩之。"

第三节　顾欢与"夷夏之争"

　　南朝宋、齐之际，著名的道教理论家、思想家顾欢，隐居于天台山酉溪畔的竹林深处开馆授徒。其初治儒学，进服食，事黄老，崇奉道教，是上清派的信奉者和重要传人，也是把玄学与道教融合的重要人物和道教老学一

---

①　《晋书》卷 10《安帝纪》。

②　《宋书》卷 1《武帝纪》。

③　《晋书》卷 100《孙恩传》。

④　（宋）陈耆卿：《嘉定赤城志》卷 20。

大家。

顾欢（420—483 年），字景怡，一字玄平，吴郡盐官（今浙江海宁市盐官镇）人。关于顾欢的生卒年，史籍语焉不详。总的有三种说法，一是生卒年不详，这也是目前学术界普遍的说法；二是认为其生于南朝宋武帝永初元年（420 年），卒于南朝齐武帝永明元年（483 年）；三是卒于南朝宋文帝元嘉三十年（453 年），年六十四岁。三种说法各有其证，考之《南齐书·高逸传》和《南史·隐逸传》，当以第二种说法为是。顾欢家世贫穷，"祖赳，晋隆安末，避乱徙居。"① 其自幼好学，"年六七岁，知推六甲。"② 因家贫，无力就学，"父使田中驱雀，欢作《黄雀赋》而归，雀食稻过半。父怒欲挞之，见赋乃止。"③ 乡中有学舍，常于舍壁后倚听。"夕则然松节读书，或然糠自照。"④ 八岁时，即能熟诵《孝经》、《诗》、《论语》。及长，笃志好学。左将军吴郡太守顾觊之盐官视事，"见而异之，遣诸子与游，及孙宪之［南朝宋元徽（473—477 年）中建康令］，并受经句。"⑤ 年二十余，就南昌（今江西南昌）雷次宗咨儒、玄、史、文诸义，尤明《三礼》、《毛诗》。母亡故后，据称水浆不入口者六七日，又筑草庐于墓次守孝，旋隐居天台山不仕。并聚徒开馆，受业者常近百人。因父母双亡，顾欢每授课至《诗经·小雅·蓼莪》"蓼蓼者莪，匪莪伊蒿，哀哀父母，生我劬劳"时。"辄执书恸泣，由是受学者废《蓼莪篇》，不复讲焉。"⑥ 及好神仙导养之术，与道士杜京产、戚景玄、朱僧标等为方外友。《南齐书·高隐传》称其："晚节服食，不与人通。每旦出户，山鸟集其掌取食。事黄老道，解阴阳书，为数术多效验。"南朝宋升明中（477—479 年），齐高帝萧道成为太傅时，"以旌币之礼，征为记室参军，不至。"⑦ 及萧道成创建南朝齐，即帝位，才出天台山而至，自称山谷臣顾欢上表。曰："臣闻举网提纲，振裘持领，纲领既理，毛目自张。然则道德，纲也。物势，目也。上理其纲，则万机时序。下张其目，则庶官不旷。是以汤、武得势师道则祚延，秦、项忽道任势则身戮。夫天门开阖，自古有之，四气相新，绨裘代进。今火泽易位，三灵改宪，天树明德，对时

---

① 《南齐书》卷 54《高逸传·顾欢传》。
② 《南史》卷 75《隐逸传上·顾欢传》。
③ 同上。
④ 同上。
⑤ 《南齐书》卷 54《高逸传·顾欢传》。
⑥ 《南史》卷 75《隐逸传上·顾欢传》。
⑦ 《南史》卷 50《刘瓛传》。

育物，搜扬仄陋，野无伏言。是以穷谷愚夫，敢露偏管，谨删撰《老氏》，献《治纲》一卷。伏愿稽古百王，斟酌时用，不以刍荛弃言，不以人微废道，则率土之赐也，微臣之幸也。"① 又谓："臣志尽幽深，无与荣势，自足云霞，不须禄养。陛下既远见寻求，敢不尽言。言既尽矣，请从此退。"② 时员外郎刘思效表陈谠言，优诏并称美之。齐高帝为之景仰，诏曰："朕凤旦惟寅，思弘治道，伫梦岩滨，垂精管库，旰食萦怀，其勤至矣。吴郡顾欢、散骑郎刘思效，或至自丘园，或越在冗位，并能献书金门，荐辞凤阙，辨章治体，有协朕心。今出其表，外可详择所宜，以时敷奏。欢近已加旌贲，思效可付选铨序，以显谠言。"③ 东归之日，乃赐尘尾、素琴。永明元年（483年），齐武帝萧赜又诏征为太学博士，仍力辞不就。同年，顾欢自知将终，赋诗言志云："五途无恒宅，三清有常舍。精气因天行，游魂随物化。鹏鷃适大海，蜩鸠之桑柘。达生任去留，善死均日夜。委命安所乘，何方不可驾？翘心企前觉，融然从此谢。"克死日，卒于天台山酉溪，时年六十四岁。萧赜诏其诸子撰欢《文议》三十卷。

顾欢一生著作很多，史载有《尚书百问》一卷、《毛诗集解叙义》一卷、《老子义纲》一卷、《老子义疏》四卷、《论语注》一卷、《注王弼易》一卷、《三名论》一卷、《文议》三十卷。其中大多虽已亡佚，但影响殊为深远。如《老子义纲》和《老子义疏》，使之成为"老子学"大家。唐末道士杜光庭在论述前代诠疏笺注《老子》六十家时称："道德尊经包含众义，指归意趣，随有君宗。河上公、严君平皆明理国之道；松灵仙人、魏代孙登、梁朝陶隐居、南齐顾欢，皆明理身之道；苻坚时罗什、后赵图澄、梁武帝、梁道士窦略皆明事理因果之道；梁朝道士孟智周、臧玄静，陈朝道士诸糅，隋朝道士刘进喜，唐朝道士成玄英、蔡子晃、黄玄赜、李荣、车玄弼、张惠超、黎元兴皆明重玄之道；何晏、钟会、杜元凯、王辅嗣、张嗣、羊佑（祜）、卢氏（卢裕）、刘仁会皆明虚极无为理家理国之道。此明注解之人意不同也。又诸家禀学立宗不同：严君平以虚玄为宗；顾欢以无为为宗。"④ 顾欢还撰有《真迹经》、《道德真经注疏》，以及《上清源流经目》等。关于《真迹经》，相传晋哀帝兴宁三年（365年），南岳魏夫人及上清诸仙真下降，以上清诸经及仙

---

① 《南齐书》卷54《高逸传·顾欢传》。
② 同上。
③ 同上。
④ （唐）杜光庭：《道德真经广圣义》。

真传记、修行杂事等传授道士杨羲。杨先用隶书写出，再传许谧、许翙父子二人书写。其后三君所造上清经诀在江东各地广为流传，难免真伪混杂。顾欢遂根据道士楼慧明所得的《上清经》写成《楼间经》，后来又从杜京产手中得到杨、许手书的上清真迹，连同一些修行杂记和来往书信，加以整理、加工，编撰了《真迹经》。南朝梁陶弘景云："孔璪贱时，杜居士京产将诸经书（指杨羲、许谧手写上清经）往剡南墅大墟住，始与顾欢、戚景玄、朱僧标等数人共相料视。顾先已写在楼间经（指道士楼慧明所得上清经），粗识真书，于是分别选出，凡有经传四五卷，真□七八篇。"① 《真迹经》又名《道迹经》，现已佚，明《道藏》所收《无上秘要》中尚有此书残篇《道迹灵仙记》。陶弘景的《真诰》就是以《真迹经》为底本，加以增删改写并注释而成的。《道德真经注疏》八卷，收于明《正统道藏》。然据近人蒙文通先生研究，证其非顾氏亲撰，乃是宗顾氏学派之徒所作。但他指出："隋唐道宗之盛，源于二孟（指孟景翼和孟智周）……孟氏之传，出于顾氏，而道士之传此为最早，诚以景怡所造之宏也。"② "其径题顾欢作者，应自有故。"③ 另《上清源流经目》，详述了上清派诸经籍的源流始末。宋张君房《云笈七签》卷四收有《上清源统经目注序》，近人陈国符先生在《道藏源流考》中认为，"按《上清众经诸真圣秘》卷七引《源统经目》，此即其序也。按此序仅述至真经复归马氏为止，或较陶弘景《真诰叙录》更早。弘景《真诰》卷二十谓顾欢云杨羲是简文帝师，与序文说合。故疑此文本顾欢撰。"

顾欢一生最有影响的著作是为《夷夏论》，南朝宋明帝泰始三年（467年）撰写于天台山。全篇共计八百余字，内容系辩论佛道二教之异同。论云：

> 夫辩是与非，宜据圣典。道经云："老子入关之天竺维卫国，国王夫人名曰净妙，老子因其昼寝，乘日精入净妙口中，后年四月八日夜半时，剖右腋而生。坠地即行七步，于是佛道道兴焉。"此出《玄妙》内篇。佛经云"释迦成佛，有尘劫之数，"出《法华无量寿》。或"为国师道士，儒林之宗。"出《瑞应本起》。

① 《道藏》第20册第606页。
② 蒙文通：《校理成玄英疏叙录》。
③ 同上。

　　欢论之曰：五帝三皇，不闻有佛；国师道士，无过老、庄；儒林之宗，孰出周、孔？若孔、老非圣，谁则当之？然二经所说，如合符契。道则佛也，佛则道也，其圣则符，其迹则反。或和光以明近，或曜灵以示远。道济天下，故无方而不入；智周万物，故无物而不为。其入不同，其为必异，各成其性，不易其事。是以端委搢绅，诸华之容；剪发旷衣，群夷之服。擎跽磬折，侯甸之恭；狐蹲狗踞，荒流之肃。棺殡椁葬，中夏之风；火焚水沉，西戎之俗。全形守礼，继善之教；毁貌易性，绝恶之学。岂伊同人，爰及异物，鸟王兽长，往往是佛。无穷世界，圣人代兴。或昭五典，或布三乘。在鸟而鸟鸣，在兽而兽吼，教华而华言，化夷而夷语耳。虽舟车均于致远，而有川陆之节；佛道齐乎达化，而有夷夏之别。若谓其致既均，其法可换者，而车可涉川，舟可行陆乎？今以中夏之性，效西戎之法，既不全同，又不全异。下育妻孥，上绝宗祀。嗜欲之物，皆以礼伸；孝敬之典，独以法屈。悖礼犯顺，曾莫之觉，弱丧亡归，孰识其旧？且理之可贵者，道也；事之可贱者，俗也。舍华效夷，义将安取？若以道邪？道固符合矣。若以俗邪？俗则大乖矣。

　　屡见刻舷沙门，守株道士，交诤小大，互相弹射。或域道以为两，或混俗以为一，是牵异以为同，破同以为异，则乖争之由，淆乱之本也。寻圣道虽同，而法有左右，始乎无端，终乎无末，泥洹仙化，各是一术。佛号正真，道称正一，一归无死，真会无生。在名则反，在实则合。但无生之教赊，无死之化切。切法可以进谦弱，赊法可以退夸强。佛教文而博，道教质而精；精非粗人所信，博非精人所能。佛言华而引，道言实而抑；抑则明者独进，引则昧者竞前。佛经繁而显，道经简而幽；幽则妙门难见，显则正路易遵。此二法之辨也。圣匠无心，方圆有体，器既殊用，教亦易施。佛是破恶之方，道是兴善之术。兴善则自然为高，破恶则勇猛为贵。佛迹光大，宜以化物。道迹密微，利用为己。优劣之分，大略在兹。

　　夫蹲夷之仪，娄罗之辩，各出彼俗，自相聆解。犹虫跃鸟聒，何足述效。

　　《夷夏论》一开始就引《玄妙内篇》之老子托胎于天竺维卫国夫人净妙、《法华经》与《无量寿经》所举之释迦成佛于尘劫之数，及太子《瑞应本起经》所载之释尊为国师、道士、儒林之宗等文。以论述"道则佛也，佛则道也；其圣则符，其迹则反"之理。认为从老子化胡的角度来看，佛教和道教虽然是同源的，但实际上两者有着很大的差异。因为二教的表现形式完全相反，道教为中华正教，佛教乃西夷异法。在风俗习惯上，强调了中外异性。"是以端委搢绅，诸华之容；剪发旷衣，群夷之服。擎踞罄折，侯甸之恭；狐蹲狗踞，荒流之肃。棺殡椁葬，中夏之风；火焚水沉，西戎之俗。"因此，道教属于"全形守礼，继善之教"，而佛教则是"毁貌易性，绝恶之学"。顾欢以为道教最适用于中国，而佛教只适用于西戎。谓："虽舟车均于致远，而有川陆之节；佛、道齐乎达化，而有夷夏之别。若谓其致既均，其法可换者，而车可涉川，舟可行陆乎？"从人性论来说，产生于西戎的佛法，有些思想是与中国的礼教不相容的。"今以中夏之性，效西戎之法，既不全同，又不全异。下育妻孥，上绝宗祀。嗜欲之物，皆以礼伸；孝敬之典，独以法屈。悖礼犯顺，曾莫之觉，弱丧亡归，孰识其旧？且理之可贵者，道也；事之可贱者，俗也。"如果"舍华效夷，义将安取？若以道耶？道固符合矣。若以俗耶？俗则大乖矣。"而二教的特点也不同，"佛教文而博，道教质而精；精非粗人所信，博非精人所能。佛言华而引，道言实而抑；抑则明者独进，引则昧者竞前。佛经繁而显，道经简而幽；幽则妙门难见，显则正路易遵。此二法之辨也。圣匠无心，方圆有体，器既殊用，教亦易施。佛是破恶之方，道是兴善之术。兴善则自然为高，破恶则勇猛为贵。佛迹光大，宜以化物。道迹密微，利用为己。优劣之分，大略在兹。"可见，华夷地域不同，人性有别，故立教应因地制宜，不能错杂，中国只能用孔、老之教治理，佛教不适用于中国。华夏之邦只能施行道教，不能"述效"戎法，佛教应该回到它的本土去。

　　由于顾欢是站在道教立场上，用中国传统的尊夏卑夷观点来反对佛教的。故此论一出，立即遭到佛教徒及其信仰者的强烈反对，他们纷纷著文反驳，引发一场空前激烈并波及朝野的"夷夏之争。"

　　首先是南朝宋司徒袁粲，其"托为道人通公驳之。"[①] 袁粲，字景倩，陈郡阳夏人。初为扬州从事，南朝宋泰始元年（465年）转司徒左长史，冠军将军，南东海太守。升明元年（477年）攻萧道成，兵败见诛。按学术界主流的说法，"道人通公"疑即冶城寺沙门慧通。但也有学者认为，此或系袁

---

① 《南齐书》卷54《高逸传·顾欢传》。

粲自作，而托通公之名，或系慧通另作者，不能确考。在驳论中，袁粲以这样的说辞表达了对外来文化的宽厚态度：

> 白日停光，恒星隐照，诞降之应，事在老先，似非入关，方炳斯瑞。
>
> 又老、庄、周、孔，有可存者，依日末光，凭释遗法，盗牛窃善，反以成蠹，检究源流，终异吾党之为道耳。
>
> 西域之记，佛经之说，俗以膝行为礼，不慕蹲坐为恭，道以三绕为虔，不尚踞傲为肃。岂专戎土，爰亦兹方。襄童谒帝，膝行而进。赵王见周，三环而止。今佛法在华，乘者常安。戒善行交，蹈者恒通。文王造周，大伯创吴，革化戎夷，不因旧俗。岂若舟车，理无代用。佛法垂化，或因或革。清信之士，容衣不改。息心之人，服貌必变。变本从道，不遵彼俗，教风自殊，无患其乱。
>
> 孔、老、释迦，其人或同，观方设教，其道必异。孔、老治世为本，释氏出世为宗。发轸既殊，其归亦异。符合之唱，自由臆说。
>
> 又仙化以变形为上，泥洹以陶神为先。变形者白首还缁，而未能无死。陶神者使尘惑日损，湛然常存。泥洹之道，无死之地，乖诡若此，何谓其同？[①]

针对袁粲的诘难，顾欢又撰《答通公驳夷夏论》予以回答：

> 案道经之作，著自西周，佛经之来，始乎东汉，年逾八百，代悬数十。若谓黄老虽久，而溢在释前，是吕尚盗陈恒之齐，刘季窃王莽之汉也。
>
> 经云，戎气强犷，乃复略人颊车邪？又夷俗长跽，法与华异，翘左跂右，全是蹲踞。故周公禁之于前，仲尼戒之于后。又舟以济川，车以征陆，佛起于戎，岂非戎俗素恶邪？道出于华，岂非华风本善邪？今华风既变，恶同戎狄，佛来破之，良有以矣。佛道实贵，故戒业可遵。戎俗实贱，故言貌可弃。今诸华士女，民族弗革，而露首偏踞，滥用夷礼，云于翦落之徒，全是胡人，国有旧风，法不可变。

---

① 《南齐书》卷54《高逸传·顾欢传》。

又若观风流教，其道必异，佛非东华之道，道非西戎之法，鱼鸟异渊，永不相关，安得老、释二教，交行八表。今佛既东流，道亦西迈，故知世有精粗，教有文质。然则道教执本以领末，佛教救末以存本。请问所异，归在何许？若以蕣落为异，则胥靡蕣落矣。若以立像为异，则俗巫立像矣。此非所归，归在常住。常住之象，常道孰异？

神仙有死，权便之说。神仙是大化之总称，非穷妙之至名。至名无名，其有名者二十七品，仙变成真，真变成神，或谓之圣，各有九品，品极则入空寂，无为无名。若服食茹芝，延寿万亿，寿尽则死，药极则枯，此修考之士，非神仙之流也。①

其次是南朝宋谢镇之的《与顾道士书》（又称《折夷夏论》）。谢镇之在《与顾道士书》中，反驳《夷夏论》云："故人参二仪是谓三才，三才所统岂分夷夏，则知人必人类兽必兽群。近而征之七珍人之所爱，故华夷同贵。恭敬人之所厚，故九服攸敦。是以关雎之风行乎四国，况大化所陶而不洽三千哉？若据经而言，盖闻佛兴世也，古昔一法万界同轨。释迦文初修菩萨时广化群生，于成佛而有其土，预沾慈泽皆来生我国。我阎浮提也，但久迷生死随染俗流，暂失正路未悟前觉耳。以圣人俯三达之智，各观其根知区品不同，故说三乘而接之。"② 他从人类的共同本质出发，高度强调人鸟殊类，华夷同贵。认为天下的人民都属于"三才"的范围，华夏之民是人，夷狄之民当然也是人，不能将夷狄当非人看待，更不能视他们为"鸟兽"。至于风俗习惯，他以为"修淳道者务在反俗，俗既可反，道则可淳，反俗之难，故宜祛其甚泰，祛其甚泰必先坠冠削发，方衣去食，坠冠无世饰之费，削发则无笄栉之烦，方衣则不假工于裁制，去食则绝情想于嗜味，此则为道者日损，岂夷俗之所制。"③ 针对顾欢在《夷夏论》中佛道二者"器既殊用，教亦异施"，是迥然相异的"二法"之说法。谢镇之也指明："佛法以有形为空幻，故忘身以济众；道法以吾我为真实，故服食以养生。"④ 佛道之间实无夷夏之分，而如果要认真追究，则佛教要比道教高明得多。

---

① 《南齐书》卷54《高逸传·顾欢传》。
② 《弘明集》卷6谢镇之《与顾道士书》。
③ 同上。
④ 同上。

谢镇之，南朝宋明帝时散骑常侍，生卒年不详。在其作《与顾道士书》反驳顾欢《夷夏论》后，顾欢曾作《答谢镇之书》予以应对；可惜此文已佚。谢镇之又作《重书与顾道士》二次诘难：

猥辱反释究详渊。况既和光道佛而泾渭释李。触类长之爱至棋弈。敷佛弥过精旨愈昧。夫饰横贺珍曜夜不集。所谓驰走灭迹跳动息影焉可免乎。循雅论所据。正以虫鸟异类夷夏殊俗。余以三才均统人理是一。俗训小殊法教大同。足下答云。存乎周易非胡书所拟。便谓素旗已举不复申检。玄旐为素麾。异乎曹子之观旗。辄复略诸近要以标大归。然髻珠虽隐幕四易显。聊以寄谴傥不贻忏。夫太极剖判两仪妄构。五阴合兴形识谬彰。识以流染因结。形以爱滞缘生。爱皇之前民多专愚。专愚则巢居穴处饮血茹毛。君臣父子自相胡越。犹如禽兽。又比童蒙道教所不入。仁义所未移。及其沈欲沦波触崖思济。思济则祈善。祈善则圣应。夫圣者何耶。感物而遂通者也。夫通不自通感不自感。感恒在此通每自彼。自彼而言悬镜高堂。自此而言万像斯归。故知天竺者。居姿婆之正域。处淳善之嘉会。故能感通于至圣土中。于三千圣应既彼声被。则此睹日月之明。何假离朱之察闻雷霆之音。奚事子野之听。故卑高殊物不嫌同道。左右两仪无害天均。无害天均则云行法教。不嫌同道。则雨施夷夏。夫道者一也。形者二也。道者真也。形者俗也。真既犹一俗亦犹二。尽二得一宜其法。灭俗归真必其违俗。是以如来制轨玄劫同风。假令孔老是佛则为韬光潜导匡救偏心。立仁树义将顺近情。是以全形守祀恩接六亲。摄生养性自我外物。乃为尽美不为尽善。盖是有崖之制未鞭其后也。何得拟道菩提比圣牟尼。佛教敷明要而能博。则精疏两汲。精疏两汲则刚柔一致。是以清津幽畅诚规可准。夫以规为圆者易。以手为圆者难。将不舍其所难。从其所易耶。道家经籍简陋多生。穿鉴至如灵宝妙真。采撮法华制用尤拙。及如上清黄庭所尚。服食咀石餐霞。非徒法不可效道亦难同。其中可长。唯在五千之道全无为用。无为用未能违有。遗有为怀灵芝。何养佛家三乘所引九流均接。九流均接则动静斯得。禅通之理是三中之一耳。非其极也。禅经微妙境相精深。以此缔真尚不能至。今云。道在无为得一而已。无为得一是则玄契千载。玄契不载不俟高唱。夫明宗引会导达风流者。若当废学精思不亦怠哉。岂道教之荃耶。敬寻所辩非徒止不解佛。亦不解道也。①

顾欢与谢镇之的第二次论战，朱昭之的《难顾道士夷夏论》："谢生亦有参差，足下攻之已密且专。"② 朱广之的《疑夷夏论顾道士》："见与谢常侍往复夷夏之论。"③ 再次证实了顾欢与谢镇之的二次论战。

又有南朝宋朱昭之的《难顾道士夷夏论》。朱昭之亦反驳《夷夏论》云：

> 夫圣道虚寂，故能圆应无方。以其无方之应，故应无不适。所以自圣而检心本无名，于万会自会而为称，则名号以为之彰。是以智无不周者，则谓之为正觉。通无不顺者，则谓之为圣人。开物成务无不达也，则谓之为道。然则圣不过觉，觉不出道，君可知也。何须远求哉。但华夷殊俗情好不同，圣动因故，设教或异。然曲礼净戒数同三百威仪，容止又等三千。所可为异，正在道佛之名形服之间耳。达者尚复以形骸为逆旅，衮冕岂足论哉。所可为嫌，只在设教之始。华夷异用，当今之俗，而更兼治迁流变革一条宜辩耳。今当言之，圣人之训动必因顺。东国贵华则为衮冕之服，礼乐之容。屈申俯仰之节，衣冠簪佩之饰，以弘其道，盖引而近之也。夷俗重素故，教以极质。髡落徽容衣裳不裁，闲情开照期神旷劫。以长其心，推而远之也。道法则采饵芝英餐霞服丹，呼吸太一，吐故纳新。大则灵飞羽化，小则轻强无疾，以存其身，即而效之也。三者皆应之感之，一用非吾所谓至也。④

朱昭之，南朝钱塘（浙江杭县）人，生卒年代不详。他的《难顾道士夷夏论》一文，从"至道"的高度出发，认为应对各种学说取不偏不倚、不毁不誉的客观态度，强作夷夏之别是不可取的。由于华夷风俗习惯不同，设教也就会有差别，而这些差别只是形式上的，比如名称、穿着打扮等。对顾欢重视道教、欲置道教于佛教之上等问题，予以批判问难。文中提出了"十恨"，请顾欢"更为申之"。值得注意的是，朱昭之与顾欢是儿女亲家。据《南史》卷六十二记载，顾欢的女儿嫁于朱昭之儿子朱选之为妻。有学者认

---

① 《弘明集》卷 6 谢镇之《重与顾道士书》。
② 《弘明集》卷 7 朱昭之《难顾道士夷夏论》。
③ 同上。
④ 同上。

为，亲家公间的学术观点不同，并没影响到两者的亲戚关系。但事实是否如此，已难详考。

又有南朝宋朱广之的《谘顾道士夷夏论》。文中说，朱广之

> 见与谢常侍往复夷夏之论辩章。同归之义。可谓简见通微清练之谈也。至于耽尚端冕之饰屏。破甂落之素申。以擎跪之恭辱。以狐蹲之肃桎。束华人杜绝外法。舟车之喻虽美。平恕之情未笃。致会之源既坦。筌寄之涂方壅。然则三乘之悟窅望兹土。六度之津于今长诀。披经玩理怅怏良深。谢生贬没仙道襃明佛教。以羽化之术为浮滥之说。残形之唱为履真之文。徒知已指之为指。不知彼指之无殊。岂所以通方得意善同之谓乎。仆凤渐法化晚味道风。常以崇空贵无宗趣一也。蹄网双张义无偏取。各随咮人唯心所安耳。何必龙衮可袭而璎珞难乘者哉。自贫来多务研学沈替。缄卷巾牒奄逾十载。幼习前闻零落顿尽。蕴志空年开瞻靡阶。每独慷慨遥夜辄启。旦忘寐而清心。远信缠苦弥笃。若夫信不口理。则轻泛无主转诮之宾因斯而起。①

并提出了 12 个方面的疑问，请顾欢"启诲敷导厥疑"。特别是对于顾欢所提出的"佛是破恶之方，道是兴善之术。又以中夏之性，不可效西戎之法"的华善夷恶人性论，朱广之反驳说："兴善之谈美矣，勿效之言悔矣，意所未安。请问，中夏之性与西戎之人，为夏性纯善戎人根恶？如令根恶则于理可破，使其纯善则于义可兴？故知有恶可破，未离于善有善可兴？未免于恶，然则善恶参流深浅互别？故罗云慈惠非假东光。桀跖凶虐岂钟西气。何独高华之风鄙戎之法耶？若以此善异乎，彼善彼恶？殊乎此恶则善恶本乖。宁得同致？"② 认为应平等对待异域文化的观点，并从人性平等的角度提倡夷夏民族及其文化的平等。

朱广之，字处深，吴郡钱塘（今浙江杭州）人。生平事迹不详，有关身世信息仅见于《南史》卷七十五《隐逸传上·顾欢传》等零星记载。《南史·顾欢传》云："（欢）于是著《三名论》以正之。尚书刘澄、临川王常侍朱广之，并立论难，与之往复。而广之才理尤精诣也。广之字处深，吴郡钱

---

① 《弘明集》卷 7 朱广之《谘顾道士夷夏论》。
② 同上。

塘人也，善清言。"又《南史》卷四十二《齐高帝诸子传》谓："（永明五年）武帝尝问临川王映居家何事乐，映曰：'政使刘瓛讲《礼》，顾则讲《易》，朱广之讲《庄》、《老》，臣与二三诸彦兄弟友生时复击赞，以此为乐。'"由此可见朱广之也是道家者流，但何以会与顾欢往复诘难，令人费解。

又有慧通的《驳顾道士夷夏论》。慧通，俗姓刘，沛国（今徐州）人。治城寺僧人，与东海徐湛之、陈郡袁粲等交好。袁粲曾著《蓬颜论》示通，通与之难诘往返，著文于世。又有《大品》、《胜鬘》、《杂心》、《毗昙》等义疏，并撰《驳顾道士夷夏论》、《显证论》、《法性论》及《交象记》等，皆传于世。南朝宋升明中（477—479年）卒，年六十三岁。在《驳顾道士夷夏论》中，慧通云："披顾生之论照如发蒙。见辩异同之原。明是非之趣。辞丰义显文华情奥。每研读忘倦慰。若萱草真所谓洪笔君子有怀之作也然则察其旨归疑笑良多。譬犹盲子采珠怀赤菽而反以为获宝。聋宾听乐闻驴鸣。而悦用为知音。斯盖吾子夷夏之谈。以为得理其乖甚焉。见论引道经益有昧。如昔老氏著述文。只五千。其余淆杂并淫谬之说也。而别称道经。从何而出。既非老氏所创。宁为真典。庶更三思谠祛其惑。论云。孔老非佛谁则当之。道则佛也。佛则道也。以斯言之。殆迷厥津。故经云。摩诃迦叶彼称老子。光净童子彼名仲尼。将知老氏非佛其亦明矣。实犹吾子见理未弘故。有所固执。然则老氏仲尼佛之所遣。且宣德示物祸福。而后佛教流焉。然夫大道难遵小成易习。自往古而致叹非来今之所慨矣。老氏著文五千。而穿凿者众。或述妖妄以回人心。或傅淫虐以振物性。故为善者寡。染恶者多矣。"①不但批驳了道教歪曲老子学说，还批判了道教长生不老的主张及服食与房中术。认为佛教在夷夏都适用，"夫圣教妙通至道渊博，既不得谓之为有，亦不得谓之为无，无彼我之义并异同之说矣"②。

又有南朝宋僧愍的《戎华论折顾道士夷夏论》。僧愍以《戎华论》来责骂顾欢的《夷夏论》，论中云："夫佛者。是正灵之别号。道者。是百路之都名。老子者是一方之哲。佛据万神之宗。道则以仙为贵。佛用漏尽为妍。仙道有千岁之寿。漏尽有无穷之灵。无穷之灵故妙绝杳然。千岁之寿故乘龙御云。御云乘龙者。生死之道也。杳然之灵者。常乐永净也。"③又云："故经

---

① 《弘明集》卷7慧通《驳顾道士夷夏论》。

② 同上。

③ 《弘明集》卷7《戎华论折顾道士夷夏论》。

云。大士迦叶者老子其人也。故以诡教五千翼匠周世。化缘既尽回归天竺。故有背关西引之邈。华人因之作化胡经也。致令寡见之众咏其华焉。君未详幽旨辄唱老佛一乎。"① 以此来说明老子为大士迦叶的化身。僧愍还认为顾欢说的《夷夏论》是以华夏为中心、以"四裔"为周边的传统观念。但是"戎华"的概念就不一样，按照佛经的说法，"佛居天地之中而清导十方，故知天竺之土是中国也。周孔有雅正之制。如来有超俗之宪。雅正制故有异于四夷。超俗宪故不同于周孔。制及四夷故八方推德。宪加周孔故老子还西。老子还西故生其群戎。四夷推德故蝓增其迷。夫正礼巨易真法莫移。正礼巨易故太伯则于吴越而整服。真法莫移故佛教则东流而无改。"② 着重强调了佛教的世界性。

僧愍，生活于南朝宋、齐之际，广陵（江苏江都）人，生平事迹无考。《佛光大辞典》作南朝梁代僧，尝住建业寺。昭明太子撰《解二谛义》，令诸臣、名僧咨论，师亦奉旨明示己说。学者以为，"然昭明太子萧统咨二谛事距夷夏之争垂五十年，建业僧愍恐非广陵僧愍。"③

南朝齐明僧绍撰有《正二教论》以驳斥《夷夏论》。明僧绍称，"道家之指其在老氏二经，敷玄之妙备乎庄生七章。而得一尽虚，尤闻形变之奇。彭殇均寿未睹无死之唱，故恬其天和者。不务变常，安时处顺夫何取长生。若乘日之精入口剖腋，年事不符托异合说。称非其有诞议神化，秦汉之妄妖延魏晋，言不经圣何云真典乎。"④ 指出顾欢所引用的《玄妙内篇》是伪经，并不是什么"真典"，而是汉魏妖妄之书。道家的要旨，仅限于"老氏二经"，而《庄子》内篇七章才是《老子》学说的真正发挥。而佛、道二教并非同本共源，"今之道家所教，唯以长生为宗，不死为主。其练映金丹口霞饵玉，灵升羽蜕尸解形化。"⑤ 且道教标榜《老》、《庄》，但所行却是炼丹服药、成仙不死之说，以及张陵、葛洪之徒的"神变化俗怪诞惑世"之术。"永惑莫之能辩，诬乱已甚矣。"⑥ 认为"佛明其宗，老全其生；守生者蔽，明宗者通。然静止大方乃虽蔽而非妄。动由其宗则理通而照极故。必德贵天全自求

---

① 《弘明集》卷7《戎华论折顾道士夷夏论》。
② 同上。
③ 玉斋《 '夷夏论'著作时间》。
④ 《弘明集》卷6《正二教论》。
⑤ 同上。
⑥ 同上。

其道。崇本资通功归四大。不谋非然守教保常。孔老之纯得所学也。超宗极览寻流讨源。以有生为尘毒故。息敬于君亲不惊议其化异。不执方而骇奇妙。寂观以拓思。功积见而要来。则佛教之粹明于为也。"① 故佛教是究明终极之道的，因此佛教要优于道教。

明僧绍，字承烈，山东平原人，南朝宋、齐时的著名隐士。宋元嘉中（424—453 年）曾举秀才，博通三教，尤精于佛学。宋齐之交时隐居山中，聚徒讲学。后迁住金陵摄山（今南京栖霞山），与沙门僧远、法度等相交。齐高帝素仰其道德学识，希能谋求一面之见，便请僧远为致其意。又屡派专人转致问候或召其出山，皆称疾不就。适顾欢的《夷夏论》引起了巨大反响，遭到了佛教信徒的反对。僧绍此时也撰写了《正二教论》，意思要改正顾欢的二教之说。

在南朝士人欲根本推翻佛学之法时，顾欢采用联合儒家的策略，根据中夏与西戎民性不同，以及佛教与华夏在传统思想、道德观念、风俗习惯、宗教特点等方面的矛盾，于佛教日趋发达的天台山发动夷夏之辩。表面上是为了维护王道政治和传统礼教，实际上却是为了抑制佛教，而以土生土长的道教来代替外来的佛教。《夷夏论》出台后，维护佛教的袁粲、谢镇之、朱昭之、朱广之和佛教徒释慧通、释僧愍等人的"折顾"、"难顾"、"谘顾"文章纷纷出现。他们采取的策略是，以集体的力量来诘难顾欢。并尽量避免攻击儒家，对佛教与儒家学说的矛盾尽力回避。而将道家和道教区分开来，将矛头集中对准了道教，迫使道教不得不改变主题。

"夷夏之争"的结果对于促进佛教中国化，加速佛道两家教义与思想的发展，以及确立儒释道三教鼎立地位，都具有极其重要意义。自此开始中国传统文化以儒释道为基本架构，"以儒治世、以释治心、以道治身"，三教分工，相辅相成。这或许是顾欢当初撰写《夷夏论》所没有想到的。

---

① 《弘明集》卷 6《正二教论》。

第三章　台州道教的兴盛

第一节　隋唐五代时期的台州道教

隋唐五代时期，是中国道教的发展兴盛时期。隋代实行道佛并容政策，隋文帝杨坚和隋炀帝杨广，既笃信佛教，又利用和扶持道教。唐杜光庭《历代崇道记》称，杨坚在"迁都龙首原"时，"乃于都下畿内造观三十六所，名曰玄坛，度道士二千人"。又于开皇二十年（600年），专门下诏禁止毁坏佛、道等神像，违者"以不道论"或"以恶逆论"。杨广执政期间，"迁都洛阳，复于城内及畿甸造观二十四所，度道士一千一百人"。可见，当时的道教已有了很大的发展。《隋书》卷三十五《经籍四·集志》所谓："受道之法，初受《五千文箓》，次受《三洞箓》，次受《洞玄箓》，次受《上清箓》。"表明上清经法在当时已成为上品道法。唐代虽秉承隋代的道佛并容政策，但以崇道为主。李渊和李世民曾分别下诏，规定道士女冠的称谓，可在僧尼之前。唐高宗李治同样采取崇道措施，不但追封老君为"太上玄元皇帝"，而且以《老子》为上经，并列为科举取士的考试内容。又兴建道观，提高道士地位和优宠道士。唐玄宗时期，是中国道教和唐代道教的全盛时期。胡道静先生认为，唐玄宗采取了七个方面的措施来推动道教的发展：一是尽量神化"玄元皇帝，"掀起崇拜狂热。二是尽量提高道士的社会地位。三是规定天下诸州均须遵守道教节日制度。四是设置崇玄馆，规定道举制度，以"四子真经"开科取士，并设置玄学博士。五是规定以《道德经》为诸经之首，亲自为之作注，颁示天下。六是搜集天下道书并进行整理和传播。七是大力倡导斋醮和道教乐曲。此后，唐肃宗李亨、僖宗李儇、武宗李炎等，无不继续采取崇道措施，使道教在中唐以后继续发展。按唐杜光庭《历代崇道记》记载，唐代从立国以来，"所造宫观约一千九百余，所度道士计一万五千余人，其亲王贵主及公卿士庶或舍宅舍庄为观并不在其数"。充分表现了唐王朝对道教的支持。五代时，各国的统治时间虽都很短促，但帝王中仍有不少崇信道教者。特别是吴越国王，尊宠道士，修宫观，编道藏等，对道教的继续发展产生了极大的作用。

隋唐五代，台州道教也进入了鼎盛时期。上清派日臻兴起，先后有大批知名道士相继入住天台的天台山、黄岩的委羽山、临海的盖竹山等地。

隋代住台州修道的著名道士主要有王远知、王轨等。

王远知（530—635年），一作"远智"，字广德，本籍琅琊（今山东临沂县西），后为扬州（今江苏扬州）人。其家世显赫，《旧唐书·隐逸传》云："祖景贤，梁江州刺史。父昙选，陈扬州刺史。"母济阳丁夫人"尝因昼寝，梦身为飞凤所集。既寤，见赤光贯乳，遂感而娠"①。名僧宝志见之对其父说："生子当为神仙之宗伯也。"② 甫生即心冥至道，年七岁日读万言，博览群书。十五岁时入茅山从陶弘景受三洞正一法，后又师事宗道先生臧兢，并于茅山立靖室清修。南朝陈宣帝闻其高名，召入重阳殿，"令讲论，甚见嗟赏。"③ 旋归茅山靖室，太建中（569—582年），"靖室中忽有一神人，醉卧呕吐。先生然香礼候。神人曰：'卿是得道之人，张法本亦甚有心。吾欲并将游天台山，石桥广阔可过得，彼多散仙人，又常降甘露，以器盛之，服一升可寿得五百岁。卿能去否？'先生便随出，上东岭，就法本。至山半，忽思未别二三弟子付嘱经书。背行三十步，回望神人，化为鹤飞去"④。因至天台，居桐柏山多年，故后人曰为天台道士。隋文帝开皇十二年（592年），晋王杨广出镇扬州，使王子相、柳顾言相次召之，乃出天台山谷，旋又复还。大业七年（611年），隋炀帝杨广遣崔凤举再次迎请，并见于涿郡之临朔宫。见面之时炀帝亲执弟子礼，请教神仙之事。后于京师洛阳置玉清玄坛以居之。入唐后，唐高祖恩宠犹胜于前朝，以龙潜时其曾密告符命，"方作太平天子，愿自爱也"⑤，授朝散大夫，赐金缕冠、紫丝霞帔。贞观九年（635年）又于茅山为其造太平观，度道士二十七人，但观还未完工，即身先死。宋张君房《云笈七签》记云："时有窦德玄，先经扬州，遇司命使者言其有重禄，以九九数当终命。德玄求哀于使者。云：'真人王法主是少室仙伯，

---

① 《全唐文》卷923《唐国师升真先生王法主真人立观碑》。
② 《旧唐书》卷192《隐逸传》。
③ 同上。
④ （宋）张君房：《云笈七签》卷5。
⑤ 同上。

检录人鬼之任。关奏天曹，无不即应。'德玄遂恳祈于先生。先生不得已，因与请命。使者报曰：'更延十三年。'至高宗朝，德玄为左相。捐馆舍之日，言皆如之。故举世呼先生为'法主，'又知已授仙职。后谓潘师正曰：'吾昨见仙格，以小时误损一童子吻，不得白日升天。署少室仙伯，将行在近。'翌日，沐浴加冠衣，焚香而瘆。告化时年一百二十六岁。"调露二年（680年），唐高宗追赠太中大夫，谥曰升真先生。武则天临朝，追赠金紫光禄大夫。天授二年（691年），改谥升玄先生。唐玄宗时，令道士李含光于太平观中新造影堂，悬挂写真像，以旌仙迹。弟子中以潘师正、徐道邈等最著名。宋陈耆卿《嘉定赤城志》称王远知："郡道士，善易，作《易总》十五卷。唐上元中，一日雷雨，螟雾中有老人叱曰：'所著书何在？上帝俾遣六丁至取。'且责曰：'此上方禁文，汝何为藏之。'远知曰：'青邱元老传授。'老人曰：'帝谓汝仙品已及，斯今展二纪。'光宅中死，长寿中有人过海见之。"

明传灯《天台山方外志》也有王远知的记载，内容与宋陈耆卿《嘉定赤城志》所记基本相似。谓："天台道士也……远知善易，知人死生祸福，作《易总》十五卷。一日，雷雨云雾中，老人叱之曰：'汝所著书何在，上帝命吾摄六丁雷电追取。'远知方惧，旁有青衣人已捧书立矣。老人责曰：'何敢辄藏缃帙。'远知对曰：'青丘之老传授。'老人曰：'上帝敕下，汝仙品已及，受度期展四年之纪数也。'又以小时误伤一童子吻，不得白日升天，署少室仙伯。将行，沐浴焚香而化，年一百二十六岁。后于东海借迅风与人飞渡至登州。"

民国《临海县志》对于王远知的记载，较宋陈耆卿《嘉定赤城志》和明传灯《天台山方外志》要详细得多。云其：

善《易》，于观感间曲尽微妙，善知人生死祸福。作《易总》十五卷，世秘其本。一日因曝书，雷雨忽至，阴云腾沓，直入卧内。雷殷殷然，赤电绕室，暝雾中，一老人下，身所衣服，但认青翠，莫识其制也。远知再拜伏地，若有所待。老人叱起，怒曰："所泄者书何在？上帝命吾摄六丁雷电追取。"远知方惶惶据地起，旁有六人青衣，已捧书立矣。老人责曰："上方禁文，自有飞天保卫。玉笈金科，秘藏元都，汝是何者，辄泯藏湘帙？据有所得，实以告我。"远知战悸对曰："青邱元老以臣不逮，故传授焉。"老人颐颔顷，曰："上帝敕下，汝仙品已及于寿度，期展二十四年，二纪数也。"远知拜命次，旋风飓起，坼帷裂幕，时已二鼓，明月在东，星斗灿然，俱无影响。所取将书，乃《易总》耳，颇自失。后闭户不出，人窥之，但闻劝酬交欢，不知为谁也。光宅中（684年），召至京，玉清安泊，问式逃去，如此者数次。天后封紫金光禄大夫，但笑而不谢。一日告殂，遗言尸赴东流湍水中，天后不允，敕葬开明原上。后长寿中（692—694年），有台州人过海，阻风飘荡不知所止。忽见画船一叶，渺自天末来。惊视之，乃远知也。渐相近，台人拜而呼之。远知曰："君涉险何至于此？此洋海之东十万里也。"台人问归计，远知曰："借子迅风，一夕可到登州，为传语天坛观张光道士。"台人既辞去，舟回如飞羽，但觉风习习而过。明日至登州，方知远知死亡久矣。访天坛道士，其徒云："死两日。"方验，二人皆仙去。[①]

王轨（580—667年），字洪范，一字道模，号桐柏先生，琅琊临沂（今山东临沂）人。生于南朝陈太建十二年（580年），卒于唐高宗乾封二年（667年），年八十七岁。其自幼从道，二十岁时始事王远知，凡十六年。每座下听《道德》、《西升》、《灵宝》、《南华》诸经，退席则为人曲解。又摹写上清尊法、洞玄洞神符图秘宝。隋大业十一年（615年），奉诏于河南二十四郡遍访有道术异能、杂技德行、讲说灼照、堪供养者及精通道法之士。不久因天下大乱，遂避居其师王远知曾隐修的天台桐柏山修道多年。唐太宗闻其高名，常咨访道要。贞观二年（628年），为于茅山建华阳观。王远知对其赏识有加，称之："夙挺机缘，幼恭德宇，钻仰闻于奥室，举措循于纲常，清言余论，演畅有归。"[②] 高宗乾封二年（667年），将逝之际谓门人曰："吾昨夜梦三人羽衣执简前曰：华阳天官用师为神仙主者兼知校领省官。吾昔在桐柏山已感斯梦，辞不获今乃复然，殆将去矣。"[③] 及就榇，但空衣结带而已。

唐代台州最著名的道士为司马承祯及所传之弟子。

司马承祯（646—735年），字子微，法号道隐，又号赤城居士，河内温（今河南温县）人。二十一岁入道，师事嵩山道士潘师正。得道后遍游名山，

① （民国）《临海县志》卷28引《龙城录》。
② 《全唐文》卷923《唐国师升真先生王法主真人立观碑》。
③ （元）赵道一：《历世真仙体道通鉴》卷25。

旋即隐居天台山玉霄峰凡三十余年。与陈子昂、卢藏用、宋之问、王适、毕构、李白、孟浩然、王维、贺知章等结为"仙宗十友。"武则天闻其声名，召至京都延问，亲降手敕，赞美他道行高操。唐睿宗和唐玄宗多次召见，玄宗还亲受道箓，称之为道兄。并命于王屋山自选形胜，筑阳台观以居。其间，曾往南岳衡山住过短暂一段时间。按南宋陈田夫《南岳总胜集》记载，其于开元（713—741 年）初，自海上乘桴炼真南岳，结茅九真观北，名白云庵。考之史籍，大诗人李白与司马承祯的交往，佐证了司马承祯往居衡山的确切时间。开元十三年（725 年），二十五岁的李白离家远行，经巴渝，出三峡，抵江陵，作《大鹏遇希有鸟赋》，赋云："伟哉鹏乎！此之乐也。吾右翼掩乎西极，左翼蔽乎东荒；跨蹑地络，周旋天纲；以恍惚为巢，以虚无为扬。我呼尔游，尔同我翔！"在《大鹏赋序》里，李白记载了自己专门拜谒了欲往南岳衡山的司马承祯，而作《大鹏赋》的情景："昔于江陵见天台司马子微，谓余有仙风道骨，可与神游八极之表，因著《大鹏遇希有鸟赋》以自广。此赋已传于世，往往人间见之，悔其少作，未穷宏达之旨，中年弃之，及读《晋书》，睹阮宣子《大鹏赞》，鄙心陋之。遂更记忆，多将旧本不同，今复存于集，岂敢传诸作者，庶可示之了弟而已。"在南岳期间，司马承祯传有弟子薛季昌等。

薛季昌，汉州绵竹（今四川绵竹）人，一说河东人。世皆宦族，自幼不好虚荣，不茹荤腥。一日游青城，父母谓不远而从之，遂南游桃源。唐开元十三年（725 年）后，遇正一先生司马承祯于南岳，"授三洞经箓，研真穷妙，勤久不懈，故高真屡降，异香妙乐，时闻于静室中。"[①] 曾随司马承祯修道于天台桐柏山。开元中（713—741 年），唐玄宗召入禁掖延问道德，因谈辩通博，恩宠有加。还山之时，玄宗命赋诗赠序曰："练师志慕玄门，栖心南岳，及登道录，忽然来辞，愿归旧山，以守虚白。不违雅志，且重精修，若遇至人神药，时来城阙也。"[②] 并作诗一首以赠："洞府修真客，衡阳念旧居。将成金阙要，愿奉玉清书。云路三天近，松溪万籁虚。犹宜传秘诀，来往候仙舆。"[③] 归山后居九真降圣观，又复华盖旧隐修炼。焦静真升仙后曾降于衡山，对薛季昌说："先生得道，高于陶都水之任，当为东华上清真人。"[④]

---

① （宋）贾善翔：《高道传》卷1。

② 同上。

③ 同上。

④ 同上。

"一日，忽谓弟子曰：'祝融峰令夕有天真之会，予被召当往。'遂凌虚而去，不复返。"① 著有《金绳》十卷，《事数》一卷行世。

此后，薛季昌传田虚应，田虚应传冯惟良、陈寡言、徐灵府、刘元静，冯惟良再传应夷节、叶藏质，陈寡言再传刘介，徐灵府再传左元泽，应夷节再传杜光庭，叶藏质再传闾丘方远。以上除薛季昌、刘元静长居衡山外，田虚应和冯惟良、陈寡言、徐灵府则先居衡山，元和十年（815 年）同来天台山，其余及以后诸人皆长住天台。

田虚应，字良逸，齐国人。宋陈耆卿《嘉定赤城志》谓："得大洞法，每水旱请祷，但敝衣岸帻而坐，应不旋踵。元和中入天台，屡诏不起。"

冯惟良，字云翼，长乐（今福建长乐）人，或说相州（今河南安阳市西）人。师从田虚应于降真堂。宋陈耆卿《嘉定赤城志》谓："修道衡岳，元和中入天台，廉使元稹闻其风，常造请方外事，后以三洞法行于江表，屡诏不起。"

陈寡言，字太初，越州暨阳（今浙江诸暨）人。初于衡山受学田虚应，后隐于天台山玉霄峰。天台科法有遗缺者，拾而补之。宋陈耆卿《嘉定赤城志》谓："隐玉霄，号曰华琳，以诗咏自娱，临化以诗别其徒。"

徐灵府，号默希子，后号桐柏征君，浙江钱塘天目山（今浙江余杭）人。先学于衡山，后居天台山云盖峰虎头岩修炼，有著作行世。宋陈耆卿《嘉定赤城志》谓："居天台云盖峰，目为方瀛，以修炼自乐。会昌初，频诏不起。"

应夷节，字适中，东阳郡（今浙江金华）人，十三岁入道士籍，十五岁入天台山，师冯惟良受上清法。武宗会昌三年（834 年），栖止天台桐柏观西南翠屏岩，别建净坛以居。及后栖真此地五十余年，师礼者莫知其数。宋陈耆卿《嘉定赤城志》谓："母梦流星入牖而生，后游天台，与叶藏质、刘处静为林泉友，会昌中于桐柏观建坛以居，凡五十年。年八十五卒，及窆，惟空棺，罗隐为之赞。"

叶藏质，字含象，处州松阳（今浙江遂昌）人。初隶安和观为道士，后诣天台山冯惟良受三洞经箓。晚年尤精符术，请之者如织。宋陈耆卿《嘉定赤城志》谓："咸通初创道斋玉霄峰，号石门山居，精于符箓，懿宗从其奏，以所居为玉霄宫。"

---

① （宋）贾善翔：《高道传》卷1。

刘介（801—873年），字处静，一字道游，号"天台山耕人，"遂昌（今浙江遂昌）人。据传与李泌为友，遇异人授以吐纳之术。闻陈寡言之高名，遂就天台山玉霄峰清教，尽得寡言之道。唐咸通元年（860年）退居仙都山隐真岩。

左元泽，永嘉（今浙江温州）人。师事徐灵府，得其秘要。后居玉霄峰，绝粒不语。宋遂昌《嘉定赤城志》谓："居玉霄峰。三年绝粒不语。"

杜光庭，字宾圣，号东瀛子，括苍（今浙江缙云）人。咸通间（860—873年）应九经举不第，遂入天台山学道，师事应夷节。七八年后，道学与诗文名闻朝野，一生道学著作甚丰，共计三十部二百五十多卷。宋陈耆卿《嘉定赤城志》谓其："天台人，或曰括苍人，号东瀛子。为时巨儒，懿宗朝与郑云叟试万言不中，遂入道。初从僖宗入蜀，有文集百卷，终于上都太清宫内供奉。"

间丘方远，字大方，号玄同先生，舒州宿松（今属安徽）人，曾问大丹于左元泽，学道于刘介，最后受法篆于叶藏质。居天台山玉霄宫阐扬圣化，启发蒙昧，真灵事迹显闻吴楚，从学者甚众。宋陈耆卿《嘉定赤城志》谓："幼学出世术，受篆于玉霄道士叶藏质。诠《太平经》为三十篇，昭宗屡诏不起，天复六年沐浴端坐而逝，举棺但空衣。后人于仙都及庐山见之。"

又有谢自然（？—794年），唐代女道士，果州（今四川南充）人。幼而入道，善笔札，能属文。明传灯《天台山方外志》谓："华阳女冠，幼而入道，慕南岳魏夫人之操。至天台从司马子微学道，后白日仙去。"

又有焦静真（贞），唐代女道士，生卒年代及里籍不详。曾至天台山，从司马承祯学。清张正茂《龟台琬琰》引宋贾善翔《高道传》有"静贞谓薛季昌曰：司马承祯得道，高于陶都水，当为东华上清真人"之记载。

又汪子华（714—789年），字时美，蔡州汝阳（今河南汝阳）人。少业儒，四书五经无所不读。因年四十三举不第，愤而弃家。明传灯《天台山方外志》云其："三举不第，叹曰：'年逾不惑，不登仕版，何面目见朋友乎'，遂与颜真卿同事于白云先生张约。"曾于南岳祝融峰下结庵修道，历时九载。后至天台山，从司马承祯受清静之道。道成，另创神霄派，被誉为雷师，主要著作有《火师汪真君雷霆奥旨》、《混合秘诀》、《玉枢灵文》、《斩勘五雷大法》等。《雷霆奥旨》卷首云："昔日弃儒学庄老，坐断祝融九春草。忽朝一日遇元君，授我清虚无上道。修持再历四七春，六贼三尸如电扫。身轻体健绿毛生，至此绝无饥渴恼。贞元五年月建寅，玉皇有敕赐飞升。瑶池沐浴锡宴罢，位证火师居雷霆。"唐贞元五年（789 年）而化，谥号雷霆大师。

除上述颇为知名者外，唐代居台州的著名道士另有叶法善、张元同、甘泉先生、吴筠、贺知章、王旻、刘方瀛等。

叶法善（616—720 年），字道元，一字道素，松阳（今浙江松阳）人。其家四代修道，皆以阴功密行和劾召之术，救物济人。生即灵异，好古学文。"七岁溺于江中，三年不还。父母问其故，曰：'青童引我饮以云浆，朝于太上，太上领而留之。'"① 十二岁学礼乐，研究《周易》，耽味老庄，河洛图纬，悉皆详览。"年十五时中毒死，见青童曰：'天台苗君飞印相授，于是获苏。'"② 后志愿修道，栖迟林泉。先后隐遁于临海括苍山、天台山和天台赤城山，以及卯山、白马山、四明山、金华山、天柱山、天目山、勾曲山、衡山、霍山罗浮山等处，"凡名山胜地，自江汉之南，无不经历。"③ 曾师事豫章万法师，求炼丹辟谷、导引胎息之法。于青城赵元阳受遁甲步玄之术，又得嵩高韦善俊传八史云之道。后入蒙山，访求隐术。因身负役使鬼神之术，为唐高宗所宠，应诏内廷，问以道法。尝于"显庆（656—661 年）中，奉命修黄箓斋于天台山桐柏观。"④ 曾任银青光禄大夫、鸿胪卿，封越国公，主景隆观。开元八年（720 年）五月，年一百零七岁时于西京景龙观中羽化。"京城之人咸见院中有青烟直上，与天相接，终日不灭。"⑤ "葬后一年，棺椁自开，但见衣冠剑舄，始知真人不死，实轻举耳。帝缅想仙风，眷慕不已，于观立碑，宠以宸翰，及命太子题额。"⑥

张元同，生卒年代及里籍不详，唐初居天台山修道。宋乐史《太平寰宇记》谓：唐永徽二年（651 年），天台山道士张元同至茶陵云阳山"采药练丹饷人，"显庆三年（658 年）于云阳山羽化。

甘泉先生，生平事迹不详。宋陈耆卿《嘉定赤城志》云："隐华顶峰，频诏不起。开元十六年（728 年），特于王屋山置阳台观居之。"

吴筠（？—778 年），字贞节，华阴（今陕西华阴）人。少通经，善属文。性高洁，不随流俗。因举进士不第，乃入嵩山，师事潘师正，与司马承

---

① （宋）李昉：《太平广记》卷 66。

② 《李白集》卷 25。

③ 《道藏》洞神部八《唐鸿胪卿越国公灵虚见素真人传》。

④ （明）冯梦龙：《太平广记钞》卷 4，引《集异记》，又《仙传拾遗》。

⑤ 《道藏》第 18 册第 79 页。

⑥ 同上。

祯同门。司马承祯居天台之际，其亦来天台，传上清法。《旧唐书》卷一百九十二谓："尝于天台、剡中往来，与诗人李白、孔巢父诗篇酬和，逍遥泉石，人多从之。"宋陈耆卿《嘉定赤城志》云其"天宝初游天台，观沧海，与名士相娱乐，文词传京师，玄宗召见大同殿，献《玄纲论》三篇。大历中卒剡中，谥宗元先生。"主要著作有《玄纲论》、《神仙可学论》、《心目论》、《复淳论》、《形神可固论》、《明真辩伪论》、《辅正除邪论》、《契真刊谬论》、《道释优劣论》和《辩方正惑论》等。

贺知章（659—744年），字季真，一字维摩，号石窗，晚年更号四明狂客。因排行第八，人称"贺八"，会稽永兴（今浙江萧山）人。唐证圣元年（695年）进士，初授国子四门博士，转太常少卿、集贤院学士。开元十三年（725年）擢礼部侍郎，加集贤院学立，改授工部侍郎。俄迁秘书监。故人称"贺秘监"，又简称"贺监"。天宝三年（744年）辞官还乡为道士，建千秋观以居。未几卒，享年八十六岁。宋陈耆卿《嘉定赤城志》云："按许鼎撰《通和先生祖贯碑》云：贯学黄老。初，贺监得摄生之妙，负笈卖药，数百年不死，后于天台山升仙。元和中贯尝遇之，授断谷丹经，谓曰：'子宽中而柔外，叶语道也。道以退节为首，退节则寡欲，寡欲则神逸，神逸则无为无不为，反此而求道，如却走以追奔尔。'"

王旻，生卒年代及籍贯不详，为得道之人，号"太和先生"。曾于唐开元中（713—741年）居天台山修道，"诣司马白云受三洞宝箓"①。其貌如三十余人，所在俱有异迹。天宝时（742—756年），唐玄宗诏征至内道场安置，访以道术。"人有传世世见之，而貌皆如故，盖及千岁矣。"②"尝言：'张果天仙也，在人间三千年矣；姜抚地仙也，寿九十三矣。抚好杀生命，以折己寿，是仙家所忌，此人终不能白日升天矣。'"③王旻的父亲也有道术，有姑亦得道，道高于父。王旻姑尝居天台山，王旻自言其姑年已七百岁。"貌如童婴，其行比陈夏姬。唯以房中术致不死，所在夫婿甚众。"④

刘方瀛，天台山道士，生卒年代及里籍不详。受天师剑法及符箓，精道·

---

① （元）赵道一：《历世真仙体道通鉴》。

② （宋）李昉：《太平广记》卷72。

③ 同上。

④ （明）冯梦龙：《太平广记钞》卷9引《湖海纪闻》（陈夏姬，即夏姬。春秋时郑国穆公之女，嫁与陈国大夫御叔为妻。同陈灵公、孔宁、仪行父等私通。后楚灭陈，以夏姬与连尹襄老。襄老死，楚申公巫臣娶之为妻）。

术，能役使鬼神。用符水治人，疾无不愈。唐咸通中（860—874 年）无疾而终。清戚学标《台州外书》以为其"乾符中（874—879 年）"人，实误。唐杜光庭《道教灵验记》云其"师事老君，精修介洁，早佩毕道法箓，常以丹箓救人。与同志弋阳县令刘翔，按天师剑法，以五月五日，就弋阳葛溪炼钢造剑，敕符禁水，疾者登时即愈。尝于黄岩县修斋敕坛，以救疫毒。有见鬼巫者，潜往视之，见鬼神数千，奔北溃散，如大阵崩败，一县之疫，数日而愈。"① 刘方瀛羽化后，"戒其门人使与剑俱全葬，莫敢违之。乾符、中和间（874—885 年），台州帅刘文下裨将李生，领其徒发其墓，欲以取剑。见其尸柔软，容色不变，如醉卧而已，顾视其剑，哮吼有声，群党惊惧，卒不敢取，李生命瘞之而去。不独剑之有灵，刘方瀛亦阴景炼形，得道之流也。"②

又有李元，生卒年代及籍贯不详，唐开元间（713—741 年）游华山采药。"一日，骑白鹿谓山下人曰：'我今游天台，有三老人留之不可。'"③

又有范惠趋，唐天台山桐柏观道士，生卒年代不详，昆陵（今江苏武进）人。天宝元年（742 年），为立《崔尚桐柏观碑》。

又有吴善经（731—814 年），缙云仙都（今浙江缙云仙都）人。幼从儒学，因读《道德经》，至"为学日益，为道日损，"遂改习四真《灵宝》等经。年十七岁始入道，遍历匡庐、天台、茅山，遂隶太清宫籍。曾居天台山清修，"泛隶然不囿于物，虚己以游代"④。后从冲虚申先生学三洞经法，号三洞法师，传三景真箓者五百余人。所注《道德经》，并著文二十篇，"元览至颐，通乎徽妙。"⑤ 元和九年（814 年）羽化。

又有羊愔（805—?），乐安（今浙江仙居）令羊忻之弟，泰山（今山东泰安）人。以明经擢第，授峡江尉。后因遭杨弁之乱，罢官归隐括苍山。一日，与缙云馆道士数人于阮郎亭花时饮酒。醉梦入洞府遇灵英，请食青灵芝。"灵英乃引见仙官，戴远游冠霞帔三人，文武侍从甚多。灵英示之曰：'一小有天王君，一华阳大茅君，一隐元天佐命君'，愔历拜之，咸曰：'有仙骨未能飞升，犹宜地上修炼。'俄而灵英送出，乃括苍洞西门也。"⑥ 自是

---

① （宋）张君房：《云笈七签》卷 117。
② 同上。
③ （民国）《台州府志》，引王简《凝仙传》。
④ 《全唐文》卷 499《唐故太清宫三洞法师吴先生碑铭》。
⑤ 同上。
⑥ （民国）《台州府志》卷 139 引《续仙传》。

不喜谷气，惟日饮水三升，食百合一盏，觉百节俱轻。"往乐安访兄一日到，又往天台亦一日到，日行二四百里。"① 后南归黄岩委羽山得道。

又有许碏，生卒年代不详，唐高阳（今河北高阳）人。少为进士，累举不第，晚年愤而入道，周游五岳名山洞府。尝于台州隐天台山和黄岩委羽山。据载："到处皆于石崖峭壁人不及处，题云：'许碏自峨眉山寻偃月子到此。'"② 曾醉吟曰："'闻苑花前是醉乡，踏翻王母九霞觞。君仙拍手嫌轻薄，谪向人间作酒狂。'好事者或诘之，曰：'我天仙也，方在昆仑就宴，失仪见谪。'"③ 人们皆以为疯狂，一笑了之。后当春景，插花满头上酒楼醉歌，升云而去。

又有夏侯隐，生卒年代及里籍无考，唐大中年间（847—859年）因寻仙而止天台山。"常携布囊竹杖而已。饮食同常人，而独居一室，不杂于众，或露宿坛中，草间树下。人窥觇之，但见云彩气翁郁，不见其身。每游三十、五十里，登山渡水，而闭目善睡，同行者闻鼻鼾声，而步不差跌，足无蹶碍，至所止即觉，时号睡仙，后不知所终。"④

又有王仙姑，小名子松，生卒年代不详，黄岩岱石村人。后于黄岩柜石山遇仙成道，唐咸通七年（866年）白日飞升。宋陈耆卿《嘉定赤城志》云："今其乡有王仙姑村。"

又有黄道士，生平事迹不详，唐时居黄岩方城山（今属温岭）。宋陈耆卿《嘉定赤城志》云："山旁有石驿，即仙人王方平所居也。"

又有陈世安，生卒年代不详，唐京兆（今陕西西安）人。禀性慈仁。行见鸟兽，下道避之，不欲惊动；不践生虫，未尝杀物。好道，"遇仙白日飞升，治小（天）台山。"⑤

又有宋玄白，生卒年代及里籍无考，唐道士。身材高大，相貌端美，言谈秀丽。元赵道一《历世真仙体道通鉴》云其："颇有道术，夏则衣绵，冬则单衣。卧于雪中，去身一丈余，周匝气出如蒸，而雪不凝。"其曾游历天台山和缙云仙都山，又至仙居"入括苍洞辟谷服气。"南唐沈汾《续仙传》谓其居括苍洞辟谷服气间，"或时食彘肉五斤，以蒜韭一盆，撮吃毕，即饮

---

① （元）赵道一：《历世真仙体道通鉴》。
② （明）冯梦龙：《太平广记钞》卷5引《神仙传》。
③ （民国）《台州府志》卷139引《续仙传》。
④ （明）冯梦龙：《太平广记钞》卷3引《仙传拾遗》。
⑤ （清）张联元：《天台山全志》卷8引《总仙传》。

酒二斗，用一白梅。人有求得其一片蒜食之者，言不作蒜气，味如异香，终日在齿舌间，香不歇。得食之者颇多，而毕身无病，寿皆八九十。玄白到处，住则以金帛求置二三美妾，行则舍之。人皆以为得补脑还元之术。"后于江西南城县，白日飞升而去。

又有张兆期，唐代道士，生卒年代及里籍无考。天宝中（742—756年）在黄岩西原山（今属温岭）寓坐二十年，后得道仙去。

又有徐道士，名号、生卒年代及里籍不详。唐元和、大和间（806—835年）居天台山，王屋山《唐贞一先生庙碣》碑阴尾有女道士柳凝然和赵景玄题记："唐长庆元年遇真士徐君元游于（天台）桐柏山，见传此文，以今太和三年己酉建申月纪于贞石。"

又有陈惠虚（？—858年），江东（今南京一带）人。初为僧，居天台国清寺。尝游天台山，渡石桥而遇异人。自此慕道，后服大还丹升天。唐杜光庭《仙传拾遗》卷一谓：

> 陈惠虚者，江东人也。为僧，居天台国清寺。曾与同侣游山，戏过石桥。水峻苔滑，悬流万仞，下不见底。众皆股栗不行，惠虚独超然而过。径上石壁，至夕不回，群侣皆舍去。惠虚至石壁外，微有小径，稍稍平阔。遂及宫阙。花卉万丛，不可目识。台阁连云十里许。见其门题额曰会真府，左门额曰金庭宫，右额曰桐柏，三门相向鼎峙，皆有金楼玉窗，高百丈。入其右内之西，又一高楼，黄门，题曰右弼宫，周顾数千间，屈曲相通。瑶阶玉陛，流渠激水，处处华丽。殆欲忘归。而了无人迹。又入一院，见青童五六人，相顾笑语而去。再三问之。应曰："汝问张老。"须臾回顾，见一叟挟杖持花而来。讶曰："汝凡俗人，何忽至此？"惠虚曰："常闻过石桥即有罗汉寺，人世时闻钟声。故来寻访，干僧幸会，得至此境。不知罗汉何在？"张老曰："此真仙之福庭，天帝之下府，号曰金庭不死之乡，养真之灵境。周回百六十里，神仙右弼桐柏上真王君主之。列仙三千人，仙王力士、天童玉女各万人，为小都会之所。太上一年三降此宫，校定天下学道之人功行品第。神仙所都，非罗汉之所也。王君者，周灵王之子，瑶丘先生之弟子，位为上真矣。"惠虚曰："神仙可学之否？"张老曰："积功累德，肉身升天，在于立志坚久耳。汝得见此福庭，亦是有可学之望也。"又问曰："学仙以何门而入？"张老曰："内以保神炼气，外以服饵丹华，变化为仙，神丹之

力也。汝不可久住，上真适游东海，骑卫若还，恐有咎责。"因引之使出门，行十余步，已在国清矣。惠虚自此慕道，好丹石，虽衣弊履穿，不以为陋。闻有炉火方术之士，不远而诣之。丹石所费，固亦多矣。晚居终南山捧日寺。年渐衰老，其心愈切，寝疾月余，羸惫且甚。一旦暴雨后，有老叟负药囊入寺，大呼曰："卖大还丹！"绕廊数回。众僧皆笑之，乃指病僧惠虚之门，谓老叟曰："此叟颇好还丹，售之可也。"老叟欣然诣之。惠虚曰："还丹知是灵药，一剂几钱？"叟曰："随力可致耳。"惠虚曰："老病，沉困床枕月余，昨僧次到，自行不得，托邻僧代斋。得钱少许，可致药否？"叟取其钱，而留药数丸，教其所服之法。惠虚便吞之。老叟乃去。众僧相率来问。言已买得还丹，吞服之矣。顷间，久疾都愈，遥止众僧曰："勿前，觉有臭，吾疾愈矣，但要新衣一两事耳。"跳身起床，势若飞跃，众惊叹之。有新衣与之者，取而着焉。忽飞殿上，从容久之，挥手相别，冉冉升天而去。时大中十二年戊寅岁，是年归桐柏观，与道流话得道之由。云："今在桐柏宫中，卖药老叟，将是张老耳。"言讫隐去。

又有叶琼秀，生平里籍无考，唐道士。居天台道元院，唐乾符二年（875年）为《天台道元院记》书碑。

又有叶孤云，生平里籍无考，唐道士。居天台道元院，唐乾符二年（875年）为《天台道元院记》碑书额。

又有莫道士，生卒年代及籍贯不详，唐道士，居天台山修道。明传灯《天台山方外志》谓："不知何名，孙邻有《与天台莫道士书》。"

又有何宁，唐代道士，生卒年代不详，西蜀（今四川盆地）人。富家之子，少即好道。弃家隐天台山学道十余年，道成返家。复往居天台山，不知所终。宋隐夫玉简《疑仙传》卷下谓：

　　何宁者，西蜀富人之子也。少好道，弃家远访天台山，学道十余年，复来。家人问曰："学得道邪？何复来邪"？宁曰："我自入天台山，方悟道，故不学而得之。"家人曰："道可悟邪？"宁曰："道不可学，我今知之。道止在悟，我今亦知之矣。道本在人之性也，人之性有道，即终得道。人之性无道，即终不得道。我性有道，固得之也。既复在家，唯食鲜果、饮酒焉。"其后每至木叶落，塞鸦来，风悲日惨，即叹曰：

"人间须有此时以伤悴人也。"乃策杖而去，及其春至景和，红花绿叶，堆林积丛，即又复来。后因邻人有死者，闻哭之哀，以问家人。家人白之。宁遽起，于杖头取一药囊，出一丸丹，急使家人令纳在死者口中。邻人死者得药，寻复苏。宁乃辞家人曰："我今复游天台，不来矣。"尔各当自爱。又出囊中药，普与家人，谓之曰："且可百岁。"既去，人有郊野见之，乘一虎去者。果不复。得药者后皆及百岁焉。

又有王文果，生卒年代及籍贯不详，唐道士，居天台山修道。明传灯《天台山方外志》谓："天台道士，有诗集一卷，见《崇文总目》。"

又有金柔，生卒年代及籍贯不详，唐道士。长居天台山，与温州刺史郑册为方外之交。宋李昉《太平广记》卷四十九载云：

"温州刺史郑册，好黄老之术，常密为之。因疾，自见女仙三百余人。云：'迎公'，乃命设馔，焚香礼拜。又邀兄冉，同于空中礼拜。少顷，命烛五炬引，兄冉与左右人皆无所见。明日天明，又阳，官来催曰：'员外禄运见终，今请速登驾。'又命酒果祭之，云：'员外授职，六月朔视事，至午时当奉迎。'先是，公与天台道士金柔为方外之友。至其日食时，造省公。公说前事，即与柔共入净堂中礼拜，又曰：'受牒身一道，'公空中引手接之。又自开封，以右手点笔空押之，自书六字。谓使者曰：'以有前约，的不逾时。'便言时至，揖金柔向按，不令闭却四门。又催家人阿鹿下饭，先令做蒸饼，犹热，唯六七牒脯及酒而已。遣兄冉出外，家人排床七只。云：'六押衙来迎矣。'公命坐，如再三辞让之状。公跪拜再三，便低头不起。家人走报兄冉及室人。少时而逝，形体柔软，颜色不改。"明传灯《天台山方外志》谓："天台道士，与刺史郑册为方外之友。册见女仙三百余人来迎，与柔共入静室。礼拜已，揖柔向按，不令闭四门。跪拜再三，少时而逝。形体柔软，颜色不变。后柔亦得道。"

又有张令闻，生卒年代不详，唐天台人。隐居不仕，遁迹黄冠，号天国山人。"杜光庭隐天台山，僖宗召充麟德殿文章应制，令闻诗讽之。"①

---

① （清）戚学标：《台州外书》卷2。

又有周朴（？—878年），字见素，一作太朴，福州长乐人。曾为道士，隐居天台山和嵩山。后避地福州，寄食乌石山僧寺。黄巢陷闽，因不为所用，遂为所杀。其工于诗，为诗极雕琢，当时诗家称为"月煅年炼，"未及成篇，已播人口。有诗百余篇，编为二卷传于世。宋陈耆卿《嘉定赤城志》谓："泉州人，张为《唐诗主客图》有'清奇雅正，入室周朴'之语。为天台道士，后入仕。"

另有徐仙姑，生卒年代不详，北朝齐仆射徐之才女，祖籍东莞姑幕（今山东诸城），寄籍丹阳（今江苏南京）。唐时尝居天台山和临海括苍山修道多年，元赵道一《历世真仙体道通鉴》称："不知师奉何人，已数百岁，状貌常如二十四五岁，善禁咒之术。独游海内，三江、五岳、天台、四明、罗浮、括苍，名山胜境多所览玩。"唐杜光庭《墉城集仙录》谓其："多宿岩麓林窟之中，亦寓止僧院。"还记载了这样一个故事："忽为豪僧十辈，微词所嘲，姑骂之。群僧激怒，欲以力制，词色愈悖。姑笑曰：'我女子也，而能弃家云水，不避蛟龙虎狼，岂惧汝鼠辈乎？'即解衣而卧，遽撤其烛。僧喜，以为得志。迟明，姑理策出山，诸僧一夕皆僵立尸坐，若被拘缚，口噤不能言。姑去数里，僧乃如故。来往江表，吴人见之四十余年，颜色如旧。其行若飞，所至之处，人畏敬若神明矣，无敢戏侮者。"唐杜光庭集《墉城集仙录》还云："咸通初，谓剡县白鹤观道士陶蒉云曰：'我先君仕北齐，以方术闻名，阴功及物，今亦得道。故我为福所及，亦延年长生耳。'以此推之，即之才女也。"据《北齐书》，徐之才，丹阳人。幼而俊发，五岁能诵《孝经》，八岁略通义旨。年十三岁时，召为太学生，粗通《礼》、《易》。"彭城刘孝绰、河东裴子野、吴郡张嵊等每共论《周易》及《丧服》仪，酬应如响。咸共叹曰：'此神童也。'孝绰又云：'徐郎燕颔，有班定远之相。'"[①] 陈郡袁昂领丹阳尹时，辟为主簿。豫章王综出镇江都，复除豫章王国左常侍，又转综镇北主簿。北朝齐天统四年（568年），累迁尚书左仆射。年八十而卒。赠司徒公、录尚书事，谥曰文明。徐之才少解天文，兼图谶之学。徐仙姑作为他的女儿，身上具有那么一点烟霞之气，应该是可能的。

唐代台州道教的兴盛，与封建统治者的扶持是分不开的。唐元和十三年（818年），宪宗皇帝委派道士柳泌为台州刺史，以便为他采制仙药。《旧唐书》卷十四《宪宗本纪》载："丁亥，以山人柳泌为台州刺史，为上于天台

---

① 《北齐书》卷33。

山采仙药故也。"柳泌本名杨仁力,少习医术,言多诞妄。唐宪宗晚年喜好神仙,宰相皇甫镈因荐柳泌能合长生药,诏居兴唐观炼药。泌上言:"天台山多灵草,群仙所会,臣尝知之,而为不能致。愿为天台长吏,因以求之。"① 遂起徒步授以台州刺史,赐金紫。关于柳泌出任台州刺史之事,"谏官论奏曰:'列圣亦有好方士者,亦与官号,未尝令赋政临民。'宪宗曰:'烦一郡之力而致神仙长年,臣子于君父何爱焉。'由是莫敢有言者。裴潾以极言被黜。"② 柳泌抵达台州后,逼迫当地的官吏率领百姓上天台山,为唐宪宗采摘草药,经过一年多时间的炼制,毫无所获。柳泌害怕担当欺君的罪名,携带全家老小逃进了天台深山。唐徐灵府《天台山记》则谓:"柳君名泌,宪宗十三年自复州石门山,诏征授台州刺史。不至郡便山,山下领务备药,后浑家于丹霞洞隐仙也。"宋司马光《资治通鉴》卷二百四十一称:"元和十四年(819年),柳泌至台州,驱吏民采药,岁余,无所得而惧,举家进入山中。"又元释念常《佛祖历代通载》卷二十二载:宝历元年(825年),唐敬宗又命中使及道士赵常盈、刘从政等至天台观设醮,采求灵药。《旧唐书》卷十七云:"戊午,遣中使往湖南、江南等道及天台山采药。时有道士刘从政者,说以长生久视之道,请于天下求访异人,冀获灵药。仍以从政为光禄少卿,号升玄先生。"又桐柏山仙坛院之三井,系国家投龙璧醮祭祈福之所。宋陈耆卿《嘉定赤城志》云:"高宗永淳二年,投龙于此。玄宗开元二十五年,诏令太常卿修礼仪使韦绍赍金龙白璧投于井。宝历元年,主上遣中使王士昇、道门威仪赵常盈、太清大德阮幽闲、翰林待诏禄通玄,五月十三日到山,于天台观设醮,许往三井投龙璧也。"以上的种种事实说明,唐王朝历代皇帝对台州道教的扶持是十分积极的。

唐时,台州有关道教传说和灵验故事的记载很多。

临海有"采药民"的传说。据宋李昉《太平广记》卷二十五载:

> 唐高宗显庆中,有蜀郡青城民,不得姓名。尝采药于青城山下,遇一大薯药,劚之深数丈,其根渐大如瓮。此人劚之不已,渐深五六丈,而地陷不止,至十丈余。此人堕中,无由而出。仰视穴口,大如星焉。分必死矣。忽旁见一穴,既入,稍大,渐渐匍匐,可数十步,前视,如

---

① 《旧唐书》卷135《皇甫镈传》。

② 同上。

有明状。寻之而行，一里余，此穴渐高。绕穴行可一里许，乃出一洞口。洞上有水，阔数十步。岸上见有数十人家村落，桑柘花物草木，如二三月中。有人，男女衣服，不似今人。耕夫钓童，往往相遇。一人惊问得来之由，遂告所以。乃将小舸子渡之。民告之曰："不食已经三日矣。"遂食以胡麻饭柏子汤诸菹。止可数日，此民觉身渐轻。问其主人，此是何所，兼求还蜀之路。其人相与笑曰："汝世人，不知此仙境。汝得至此，当是合有仙分。可且留此，吾当引汝谒玉皇。"又其中相呼云："明日上巳也，可往朝谒。"遂将此人往。其民或乘云气，或驾龙鹤。此人亦在云中徒步。须臾，至一城，皆金玉为饰。其中宫阙，皆是金宝。诸人皆以次入谒。独留此人于宫门外。门侧有一大牛，赤色，形状甚异，闭目吐涎沫。主人令此民礼拜其牛，求乞仙道。如牛吐宝物，即便吞之。此民如言拜乞。少顷，此牛吐一赤珠，大逾径寸。民方欲捧接，忽有一赤衣童子拾之而去。民再求，得青珠，又为青衣童子所取。又有黄者白者，皆有童子夺之。民遂急以手捧牛口，须臾得黑珠，遽自吞之。黑衣童子至，无所见而空去。主人遂引谒玉皇。玉皇居殿，如王者之像，侍者七人，冠剑列左右，玉女数百，侍卫殿庭。奇异花果，馨香非世所有。玉皇遂问民。具以实对，而民贪顾左右玉女。玉皇曰："汝既悦此侍卫之美乎。"民俯伏请罪。玉皇曰："汝但勤心妙道，自有此等；但汝修行未到，须有功用，不可轻致。"敕左右，以玉盘盛仙果，其果绀赤，绝大如拳，状若世之林檎而芳香无比，以示民曰："恣汝以手捧之，自其果绀赤起，至恣汝以手捧之止。"（原作示民曰："恣汝以手拱之，所得之数也。其果绀赤，绝大如拳，状若世之林檎而芳香无比，自手拱之。"今据明抄本改）所得之数，即侍女之数也。自度尽拱可得十余。遂以手捧之，唯得三枚而已。玉皇曰："此汝分也。"初至未有位次。且令前主人领往彼处。敕令三女充侍，别给一屋居之。令诸道侣，导以修行。此人遂却至前处，诸道流传授真经，服药用气，洗涤尘念。而三侍女亦授以道术。后数朝谒，每见玉皇，必勉甚至意。其地草木，常如三月中，无荣落寒暑之变。度如人间，可一岁余。民自谓仙道已成，忽中夜而叹。左右问。曰："吾今虽得道，本偶来此耳。来时妻产一女，才经数日，家贫，不知复如何，思往一省之。"玉女曰："君离世已久，妻子等已当亡，岂可复寻。盖为尘念未祛，至此误想。"民曰："今可一岁矣，妻亦当无恙，要明其事耳。"玉女遂以告诸邻。诸邻共嗟叹之。复白玉皇。玉皇命遣归。诸仙等于水上作歌乐饮馔以送之。其三玉女又与之别，各遗以黄金一铤，曰："恐至人世，归求无得，以此为费耳。"中女曰："君至彼，倘无所见，思归，吾有药在金铤中，取而吞之，可以归矣。"小女谓曰："恐君为尘念侵，不复有仙，金中有药，恐有固耳。吾知君家已无处寻，唯舍东一捣练石尚在，吾已将药置石下。如金中无，但取此服可矣。"言讫，见一群鸿鹄，天际飞过。众谓民曰："汝见此否，但从之而去。"众捧民举之，民亦腾身而上，便至鹄群，鹄亦不相惊扰，与飞空。回顾，犹见岸上人挥手相送，可百来人。乃至一城中，人物甚众。问其地，乃临海县也，去蜀已甚远矣。遂鬻其金资粮，经岁乃至蜀。时开元末年，问其家，无人知者。有一人年九十余，云："吾祖父往年因采药，不知所之，至今九十年矣。"乃民之孙也，相持而泣，云："姑叔父皆已亡矣，时所生女适人身死，其孙已年五十余矣。"相寻故居，皆为瓦砾荒榛，唯故砧尚在。民乃毁金求药，将吞之，忽失药所在。遂举石，得一玉合，有金丹在焉。即吞之，而心中明了，却记去路。此民虽仙洞得道，而本庸人，都不能详问其事。时罗天师在蜀，见民说其去处。乃云："是第五洞宝仙九室之天。玉皇即天皇也。大牛乃驮龙也。所吐珠，赤者吞之，寿与天地齐；青者五万岁；黄者三万岁；白者一万岁；黑者五千岁；此民吞黑者，虽不能学道，但于人世上亦得五千岁耳。玉皇前立七人，北斗七星也。"民得药，服却入山，不知所之，盖去归洞天矣。

乐安（今仙居）有"任项救龙"的传说。据唐张读《宣室志》载：

唐建中初，有乐安任项者，好读书，不喜尘俗事，居深山中，有终焉之志。尝一日，闭关昼坐，有一翁叩门来谒，衣黄衣，貌甚秀，曳杖而至。项延坐与语。既久，项讶其言讷而色沮，甚有不乐事，因问翁曰："何为而色沮乎，岂非有忧耶不然，是家有疾而翁念之深耶！"老人曰："果如是。吾忧俟子一问固久矣。且我非人，乃龙也。西去一里有大湫，吾家之数百岁，今为一人所苦，祸且将及，非子不能脱我死，辄来奉诉。子今幸问我，故得而言也。"项曰："某尘中人耳，独知有诗书礼乐，他术则某不能晓，然何以脱翁之祸乎？"老人曰："但授我语，非藉他术，独劳数十言而已。"项曰："愿受教"。翁曰："后二日，愿子为我晨至湫上，当亭午之际，有一道士自西来者，此所谓祸我者也。道士当竭我湫中水，且屠我。子伺其湫水竭，宜厉声呼曰：天有命，杀黄龙者死。言毕，湫当满。道士必又为术，子因又呼之。如是者三，我得完其生矣。必重报，幸无他为虑。"项诺之。已而祈谢甚恳，久之方去。

后二日，项遂往山西，果有大湫。即坐于湫旁以伺之。至当午，忽有片云，自西冉冉而降于湫上，有一道士自云中下，颀然而长，约丈余，立湫之岸，于袖中出墨符数道投湫中。顷之，湫水尽涸。见一黄龙帖然俯于沙。项即厉声呼："天有命，杀黄龙者死。"言讫，湫水尽溢。道士怒，即于袖中出丹字数符投之，湫水又竭。即震声呼，如前词，其水再溢。道士怒甚，凡食顷，乃出朱符十余道，向空掷之，尽化为赤云，入湫，湫水即竭。呼之如前词，湫水又溢。道士顾谓项曰："吾一十年始得此龙为食，奈何子儒士也，奚救此异类耶！"怒责数言而去。项亦还山中。

是夕，梦前时老人来谢曰："赖得君子救我，不然，几死道士手。深诚所感，千万何言。今奉一珠，可于湫岸访之，用表我心重报也。"项往寻之，果得一粒径寸珠于湫岸草中，光耀洞澈，殆不可识。项后特至广陵市，有胡人见之曰："此真骊龙之宝也。而世人莫可得。"以数千万为价而市之。①

天台有王可交遇仙的传说。王可交，生卒年代不详，世传为"王仙人"，苏州昆山（今江苏昆山）人。其初以耕钓自业，后于天台山入道籍，事迹多有灵异。唐王松年《仙苑编珠》谓：

王可交者，华亭县人也。眼有神光，夜行如昼。乃灸眉后小空中，而光断。以咸通十年十一月一日与邻人同出，顾会草市河次，见一艘舫子，有童子唤云：王五叔要见。乃下船中，见二三道士对蓦，云：可惜一具仙骨，灸破却也。乃与栗子一个，吃一半，味如枣。云：且上岸去，更十年后与子相见。足才踏岸，乃在天台山下瀑布寺前。问时日，

---

① 有唐一代，无"建初"年号。"建初"为东汉章帝（76—84 年）、十六国成李特（303—304 年）、十六国后秦姚苌（386—394 年）和十六国西凉（405—417 年）等朝年号。此处"建初"当为"建中"（780—783 年）之误。

已是十一月二十七日。

宋张君房《云笈七签》卷二十九称：

> 王可交者，苏州昆山人也。本农亩之夫，素不知道。年数岁，眼有五色光起，夜则愈甚，冥室之中，可以鉴物。或人谓其所亲曰：此疾也，光尽即丧其目矣。父母愚，召庸医以灸之，光乃绝矣。咸通十年十一月，可交自市还家，于河上见大舫一艘，络以金彩，饰以珠翠，张乐而游。可交立而观之，舫舣于岸，中有一青童，引之登舫。见十余人，峨冠羽服，衣文斑驳，云霞山水之状，各执乐器。一人唱言曰：王三叔，欲与汝相见。亦不知何许人也。傍一人言曰：好仙骨为火所损，未可与酒，但不食十年，方可得道耳。以栗子一枚与之，令食，可交食一半，留一半在手中。遂奏乐饮酒，童子复引之上岸。忽如梦中，足才及地，已坠于天台山瀑布之岩下，顷刻之间，水陆千里。台州刺史袁从疑其诈妄，移牒验其乡里。自失可交之日，泊到天台之时，已三十日矣。可交自此不食，颜状鲜莹。袁以羽褐授之，使居紫极宫。越州廉察御史大夫王讽奏曰：始以神游，天上之《箫韶》一曲；俄如梦觉，人间之甲子三旬。虽云十载为期，终恐一朝飞去。诏曰：神仙之迹，具载缣缃，灵异可称。忽详听鉴，定非凡骨。况在名山，今古不殊，蓬瀛何远。委本道切加安鹊，遂其栖隐。于是任其游息，数年犹在江表间。

五代后唐沈汾《续神仙传》的记载与之基本相似，谓：

> 王可交，苏州昆山人也，以耕钓自业，居于松江南赵屯村。年三十余，莫知有真道。常取大鱼，自喜以槌击杀，煮之，捣蒜韭以食，常谓乐无以及。一旦棹渔舟，方击楫高歌入江，行数里间，忽见一彩画花舫，漾于中流。有道士七人，皆年少，玉冠霞帔，服色各异，侍从十余人，总角云鬟。又四人黄衣，乘舫。一人呼可交以姓名，方惊异，不觉渔舟已近舫侧。一道士令总角引可交上舫，见七人面前，各有青玉盘酒器果子，皆莹彻有光，可交莫识。又有女妓十余人，悉持乐器。可交远立于筵末，遍拜。七人共视可交，一人曰："好骨相，合仙，生于凡贱，眉间已灸破矣。"一人曰："与酒吃。"侍者泻酒，而樽中酒再三泻之不

出，侍者具以告。道士曰："酒是灵物，必得入口，当换其骨。泻之不出，亦乃命也。"一人又曰："与栗吃。"俄一人于筵上取二栗，付侍者与可交，令便吃。视之，其栗青赤，光如枣，长二寸许，啮之有皮，非人间之栗，肉脆而甘如饴，久之食方尽。一人曰："王可交已见之矣，可令去。"命一黄衣送上岸。于船边见所乘渔舟不见，黄衣曰："不必渔舟，但合眼自到。"于是合眼，若风水林木浩浩之声。令开眼，已到，失黄衣所在，但见峰峦重叠，松柏参天，坐于草中石上。及望见有门楼，人出入。俄顷采樵者并僧十余人到，问可交何人，可交具以前事对。又问何日离家，可交曰："今日早离家。"又问今日是何日，对是三月三日。樵者与僧惊："今日是九月九，去三月三日已半年余。"可交问地是何所，僧曰："此是天台山瀑布寺前也。"又问此去华亭多少地，僧曰："水陆千余里。"可交自讶不已。乃为僧邀归寺，设食，可交但言饱，不喜闻食气，唯饮水耳。众僧审问，极异之，乃以状白唐兴县，以达台州，以闻。越州廉使王沨素奉道，召之见，极以为非常之事，神仙变化不可测也。可交身长七尺余，仪貌殊异，言语清爽。沨叹曰："此诚真仙人也。"又以同姓，益敬之，饰以道服。而遣人至苏州，以诘其实。具言三月三日，可交乘渔舟入江不归，家人寻得渔舫，谓堕江死，沥之无迹，妻子以招魂葬讫。王沨具以表闻，诏甚称异。后可交却归乡里，备话历历，及与乡人到江上，指所逢花船之处依然。可交食栗后，已绝谷，动静若有神助。不复耕钓，乃挈妻儿往四明山。二十余年，复出明州卖药，使人沽酒，得钱但施于人。时言药则壶公所授，酒则余杭阿母。相传药极去疾，酒甚醉人。明州里巷，皆言王仙人药酒，世间不及。道俗多图其形像，有患疟及邪魅者，图于其侧即愈。后三十余年，却入四明山，不复出，今人时有见之者。

天台山又有"石文呈瑞"故事。唐咸通十三年（872年），台州刺史姚鹄于天台观（桐柏观）讲堂堂后创老君殿。掘得一石，上有文曰"台山灭，海水竭，皇家宝祚无休歇。"并上之于朝。唐懿宗以为吉祥之兆，特此下诏：

"上天降祉，厚地呈祥。爰有白简灵书，出于混元宝殿。告国祚灵长之兆，示坤珍启迪之符。顾此殊休，宜为上瑞。宣付史馆，颁示四方。"①宋张君房《云笈七签》卷一百一十七记载了此事的全过程，云："台州刺史姚鹄，因游天台山天台观（桐柏观），命于讲堂后凿崖伐木，创老君殿焉。将平基址，于巨石下得石函，方可三尺。发之，中有小石函，得丹砂三两，玉简一枚。长九寸、阔二寸、厚五六分，上有文曰：海水竭，台山缺，皇家宝祚无休歇。具以上闻，敕曰：上天降祉，厚地呈祥，爰有白简之灵书，出于玄元之宝殿，告国祚廷洪之兆，示坤珍启迪之符。惟此休征，实为上瑞，宣付史馆，颁示万方。乃咸通十三年壬辰之岁也。

鹄塑老君像，而山中土石相浑，求访极难。梦青童告之曰：殿东丈余，所有土如垩，可以用之。求而果得，塑太上之容，侍卫凡八九身，土无余矣。既成，天仪粲然，睟容伊穆。月玄日角，若载诞于涡川；双柱三门，疑表灵于相野。洎洁斋以赞之，则景气融空，奇光炜烁，似间笙磬丝竹之音，咸以为休瑞。昔桐柏初构天尊之堂，有云五色，浮霭其上，三井有异，云气入堂，复出者三书于国史，以纪符应。清河崔尚碑文详焉。此圣祖殿亦自有记。"

天台再有"月光童子"的传说。有关月光童子的传说，开始是佛教的，在北齐时已广为流传。北齐天保八年（557年）的《高定国寺塔铭碑》即云："月光童子戏天台之旁，仁祠浮图绕嵩高之侧，行藏比于幻化，出没放于净土。"②《首罗比丘经》也说，月光童子出世时，天台山为之引路。按佛教的说法，月光童子，又作月明童子、月光菩萨、月光儿，为佛世时王舍城长者申日之子。依《月光童子经》所载，申日听信不兰迦叶等六师外道之言，设火坑欲加害于佛，月光童子谏之而不听。及佛至，火坑忽变作浴池，申日大为惊悔，归佛开悟，得不退转法忍。另据《申日经》所述，佛谓于己般涅槃千岁之后，月光童子当生于秦国（中国）做圣君，持守经法，兴隆道化。此后，月光童子与道教发生了联系，据唐欧阳询《艺文类聚》卷第六："《仙经》云，嵩高山东南大岩下石孔，方圆一丈，西方北入五六里，有大室，高三十余丈，周圆三百步，自然明烛，相见如日月无异，中有十六仙人，云月

---

① 《全唐文》卷84。
② 陆增祥：《八琼室金石补正》卷20。

光童子，常在天台，时亦往来此中，人非有道，不得望见。"明传灯《天台山方外志》也有这样的记载："有人误入嵩高，见东南大岩下石孔中有大宫阙，自然明灯与日月无异。有六仙人云：'月光童子在天台，往来此中，非有道不得见。'"

天台还有方响女的传说。方响女，道教女仙，唐长安乐人郑方家女，尝游天台山。宋隐夫玉简《疑仙传》卷中谓："生而能言，及年七岁，容貌端庄，而善于方响，其亲族皆呼为方响女。贵妃知之，因欲取焉。父母问之，方响女曰：我岂是官人邪？杨妃自与我同辈也，那得如此。其夜忽失之。父母哀悯，无以求寻。后三年复至家，父母惊问其由，谓父母曰：'我暂到上清宫中，人言我父母悲号不止而忆念我，我故再来耳。'父母因曰：'尔若是仙家之人，何来我家为我女也？'女曰：'我上清方响伎女也，因窃观下界而罚我，必不久住此人间，父母当勿忆念。'父母曰：'尔仙家何乐？我人间亦有富贵之乐尔，奚不且住人间，以慰我心？'女曰：'人间忧恼多而又奚乐邪？我在上清，无俗事以累我也，无俗心以恼我也，侍立之外，即每乘云御气驾鸾凤嬉游天外，时酌琼浆，亦有时诣蓬岛，上天台，揖嫦娥于月宫，戏织女于银河。人间何乐也？若以富贵为乐，殊不知富与贵但多事也。况才见生，俄见死邪？'父母乃曰：'当且住以慰我心，无优劣人间天上之事，且以生尔之父母为念。'女谓父母曰：'我若且住，必不得还上清之宫阙也。'父母悲言之次，忽不见其女，不知所之。"

另据唐杜光庭《神仙感遇传》云："天台山东有洞，入十余里，有居人市肆，多卖饮食。乾符中（874—879 年），有游僧入洞，经历市中，饥甚，闻食香，买蒸餡之。同行一僧，服气不食饭。行十余里，出洞门，已在青州牟平县。而食僧俄变为石。"

五代时，道士王乾符和朱霄外也颇知名。

王乾符，生卒年代不详，临海人。少司举子业，善属文。时遇杜光庭授以栖真口诀，遂得神仙变化之法，居临海城内白云庵修炼。吴越王钱俶闻其高道，尊为"神霄教主"。"一日，命工图其形。乾符曰：'此幻尔，若欲图之，则更有异者。'遂现身丈余，皂袍金甲、披发跣足，如天神状"[①]。其曾劝钱王纳土归宋，钱王赠以诗，有"颜如寒梅眉紫青，泥丸夜诵蕊珠经"

---

① 《台郡识小录》引《乾隆临海县志稿》。

之句。

朱霄外，名还，又名环，号逸民，生卒年代不详，五代临海大石人。自幼入道，师事王乾符。洞晓天文，精究医药，善河图谶纬。初居临海城内白云庵练气养神，因其持法严谨，道行高洁，为钱王所重。宋陈耆卿《嘉定赤城志》谓："钱忠懿王给驿以进，赐赍一不受。"后封为"吴越两街道统天台道门威仪"，命主天台山桐柏崇道观，赐"栖真明德大师通玄正一天师"号。五代后周广顺二年（952 年）于观建藏院。题梁云："吴越两街道统天台道门威仪，栖真明德大师通玄正一天师，特进检校太傅守太保上柱国、吴郡开国公食邑一千五百户朱霄外建。"广顺三年（953 年）退居临海，茸白云庵为观，号"栖霞宫"。北宋元丰中（1078—1085 年）羽化，时见彩云覆室。又临海《大石朱氏宗谱》称其："能参性命宗旨，三业俱空。寂灭火日，薪坐化。立像别峰庵右。"

居天台山修炼的王松年也有大名声。

王松年，生卒年代及籍贯不详，唐末五代时道士。长居天台山修道，自号"天台山道士"。修行炼道之暇，博览群书。尤重历代"修真学道，证果成仙者"事迹，撰成《仙苑编珠》一书。《仙苑编珠》共三卷，书中采用《列仙传》、《神仙传》、《登真隐诀》、《真诰》、《元始上真记》、《楼观传》、《灵验传》、《八真传》、《十二真君传》、《道学传》和《庄子》、《列子》、《魏夫人传》、《正一经》等书，以及梁唐以来"接于闻见者"一百三十二人等资料，仿效《蒙求》体裁，四字比韵，"撮其枢要，笺注于下"。全书共记神仙在三百人以上，记事始于"大道自然，混沌之先"，接演述盘古真人化生，继以东王父、西王母、伏羲氏、轩辕氏、颛顼高阳氏、虞舜、夏禹等，一直迄于唐末五代。突出帝王圣迹在神仙故事中的地位。对于启迪未闻和研究道教神仙系统具有重要的参考价值。

此外，五代后晋天福五年（940 年），尚有名道黄永乾居临海天庆观修炼，并修复天庆观。黄永乾，生卒年代及里籍不详，五代末宋初道士。事唐永嘉玉清观道士叶后已为师，善祷雨除灾，号太元大师。宋夏竦《三官堂记》谓："台之郡治东出百步。且北而抵山，有古宫室，旧传茅盈驾鹤上仙，始建为白鹤观。既废，至唐明皇兴之，筑'天宝'之台于庭，书以'开元'之榜。唐命既革，栋宇将杇，自天福五载，永嘉威仪叶后已之门人太元大师黄永乾惠然来居，始议兴茸。"据载："解化后半月，有州快足回，自金陵于道中邂逅。叙问欸密，且俾寄音观中道旧。暨归，则知以其日尸解矣。"①

还有厉归真（？—950 年），号迂疏子，天台人。既是一名道士，又是一位著名的画家。平常唯着一布裘，入酒肆如故。每有人问其所以，辄大张口茹其拳而不言。其画工八分，善山水、林木禽兽。山水多作寒林，气韵萧爽；尤工鸷鸟，善画牛虎。唐末五代道士王松年《仙苑编珠》谓："厉归真者，天台县人也，性嗜酒，冬夏常衣单衣。妙于水墨，见屋壁即画鹊。时人不知其得道也。"宋龙明子《葆光录》卷一云："道士王松年说，厉归真在丹丘（古时台州别称），善画，常至人家。有好事者将绢素铺于案上，即自下笔，预知人之所欲禽兽松竹之类。如请之，却多不允。饮酒数斗不醉，或人在州城竟日饮，其日有人于桐柏宫见之，或来国清寺游，又有见在开元宫。"其画曾得到后梁太祖朱温的赏识。"召问：'君有何道理。'对曰：'衣单爱酒，以酒御寒，用画偿酒，此外无能，'"②"尝游南昌信果观，中有三官殿夹纻塑像，乃唐明皇所作。患雀鸽秽其上，归真画一鹞于壁间，自是无复有栖止者。"③ 五代王仁裕《玉堂闲话》称："唐末江南有道士厉归真者，不知何许人也。曾游洪州信果观，见三官殿内功德塑像，是玄宗时夹纻，制作甚妙，多被雀鸽粪秽其上。归真遂于殿壁画一鹞，笔迹奇绝，自此雀鸽无复栖止此殿。其画至今尚存。归真尤能画折竹野鹊，后有人传。归真于罗浮山上升。"后"以天祐三年十一月于河中府中条山白日冲天，告时人曰：吾本台州唐兴县人也，有弟在彼。乃脱下破布衫服、星簪羽袂而轻举云中，寥寥有箫管之声也"④。今有《渡水》、《牧牛》、《牛》、《虎》、《鹞子》、《柘竹》、《野禽》等画传于世。

另据史籍记载，唐吕洞宾遍游天下时，曾历天台山居福圣观。吕洞宾，原名吕岩，号纯阳子，山西芮城永乐镇人。民间称之为吕真人、吕祖，而誉为八仙之一。其出生于世代官宦之家，自幼熟读经史，青壮年时醉心于功名科举，六十四岁考中进士，两调县令。后弃官游历，因游华山，遇钟离权，传授金丹大药之方。遂舍弃人间功名富贵，修化学道。道成之后，发宏大誓愿，以度尽众生为己任。踪迹遍及江河南北，曾先后至江西庐山、山西九峰山等处潜修，出没隐秘，不知所终。金元之间，全真教大兴，被崇奉为祖

---

① （宋）陈耆卿：《嘉定赤城志》卷 35 引《道史属辞》。
② （民国）《台州府志》卷 139。
③ （民国）《台州府志》引《图画见闻志》。
④ （唐）王松年：《仙苑编珠》。

师，遂使吕祖庙、纯阳宫遍及南北各地。

吕洞宾尝题一绝于天台山壁间，云："青蛇绕地月徘徊，夜静云闲鹤未回。欲度有缘人换骨，暂留踪迹在天台。"[①] 清张联元《天台山全志》卷八谓其"灵应事迹甚多"，云："宋绍兴间（1131—1162 年），一丐者负其母歌于市。但云：'只两口。'既久，询群丐所聚，则无是人。一日到台州，出崇和门（今临海崇和门）至泉井洋（今临海泉井洋）。掷其母于水，乃一巨瓢，跨而升空。人方思两口，乃吕字也。"

"琪树"是隋唐五代时期台州关于道教的一个热门话题。所谓"琪树"，即是神仙道教之神话传说要数之一。"琪"，宋陈彭年《广韵》释为"玉也"。秦汉时所作的《尔雅·释地》云："东方之美者，有医无闾之绚玕琪焉。"注曰"玉属"。因而顾名思义，"琪树"也就是玉树。古人认为台州多洞天福地，境内之天台山、括苍山、委羽山和盖竹山等为仙山，上有"琪树"，故多以诗歌咏之。"琪树"之名最早见于列御寇所著之《列子》。其中之《汤问篇》说：在渤海之东很远的地方，有一大壑，名叫归墟，为仙人所居之处。归墟中一共有五座山，山名号岱舆、员峤、方壶、瀛洲及蓬莱等。这五座山，"……高下周旋三万里，其顶平处九千里，山之中间相去七万里，以为邻居焉。其上台观皆金玉，禽兽皆纯缟，珠玕之树皆丛生，华实皆有滋味，食之皆不老不死"。此后，《山海经·海内西经》亦有"昆仑之虚，方八百里，高万仞……面有九门，门有开明兽守之，百神之所在……开明北有视肉珠树、文玉树、玕琪树、不死树"之说。以上记载中所说的"玕"或"玕琪树"，就是"琪树"。可见，"琪树"似乎只是一种在仙境中存在的树，在神话中出现的树。值得注意的是《列子·汤问篇》的记载，其所说"琪树"果实"食之"能"不老不死"。这"不老不死"或许就是"琪树"逐渐成为道教洞天福地的仙树的根本之原因。"琪树"是随着道教的产生而产生的，在台州诸山中均有显现。但大量的"琪树"，则是出现在天台山。据有关资料表明，最早运用"琪树"对台州现实境界进行的描述为东晋孙绰的《天台山赋》。在赋中，大文豪以"建木灭景于千寻，琪树璀璨而垂珠"这样的佳句，来唤起人们对天台山美妙的遐想和神秘的揣测。孙绰的《天台山赋》不但使天台山以绮丽的风采称誉海内，而且也是除了《列子·汤问篇》和《山海经·海内西经》等以外，较早用"琪树"来比拟仙境、仙树的文学作品。在

---

① 《全唐诗续补遗》卷 17。

唐代诗人的歌咏中，把"琪树"作为台州洞天福地的标志或描绘天台山之景色，以唤起人们对人间仙境的向往。如皎然的《送邢济牧台州》："海上名山属使君，石桥琪树古来闻"；刘禹锡的《答衢州徐员外使者》："闻道天台（台州）有遗爱，人将琪树比甘棠"；许浑的《思天台山》："昨夜西斋宿，月明琪树林"；施肩吾的《送端上人游天台》："只可且论经夏别，莫教琪树两迴春"；寒山子的《我闻天台山》："我闻天台山，山中有琪树。欲言永攀上，莫晓石桥路"；鲍溶的《寄天台准公》："闲踏莓苔绕琪树，海光清净一心灯"；崔湜的《寄天台司马先生》："尚惜金枝晚，仍攀琪树荣"；等等。以上所列的诗句，尽管诗人歌咏的角度不同，但"琪树"作为诗作中的重要内容，始终还是一样，并没有因作者的变化而变化，而是在人们的心目中已成为洞天福地或仙境、仙树的代名词。实际上，"琪树"这个道教神仙世界的产物，是某些人寄托隐居求仙之意愿的精神体现，这恰恰也正是"琪树"的艺术魅力之所在。

"琪树"之所以吸引人，是因为它是玉树，是仙树。然而，"琪树"到底是一种什么样的树，属于什么科目，史籍并无确载。唯唐李善说它是"仙都所产"。其所谓"仙都"，明传灯《天台山方外志》认为，在天台山"正指桐柏、石桥等处"。唐传李绅的《琪树诗》序说："琪树垂条如弱柳，结子如碧珠，三年子可一熟，每岁生者相续。一年者绿，二年者碧，三年者红，缀于条上，璀错相间"，明确其状。可见，"琪树"乃是一种实实在在的树。据《大辞典》载，所谓"琪树"实为"南烛"（亦名"南天烛"），属杜鹃花科，是一种落叶或常绿灌木。《中国高等植物图鉴》言其性温味甘，能止泻、止痛，长期服用可活血祛淤，强筋益气。主要分布于南方各地，生长在向阳草坡及灌木丛之中。再据《辞海》"南烛"条目称："据考证，我古籍所载南烛指'乌饭树'。"而乌饭树，《辞海》说它："多分枝，叶互生，卵形或椭圆形，草质。总状花序腋生，秋季开花，花简状卵形，白色。浆果球形，熟时紫黑色，味甜，可食。"其状与唐李绅所云"琪树"之状相比较，颇多相似之处，与文献资料之记载相佐证，说"琪树"即是"南烛"，或说"琪树"即是"乌饭树"，应该是没有问题的。

"琪树"之所以为玉树、仙树，是因为它那可以吃、吃后能"不老不死"的果实。正是这果实，才使"琪树"得以扬名，备受道家以及文人的推崇。但"琪树"并不单单只是它的果实可以吃，它的枝叶等也可以吃，这就是在道家乃至民间盛极一时的"青精饭"。"青精饭"亦叫"乌饭"，它的做法据南朝梁陶弘景之《登真隐诀》说：系"以南烛草木煮汁渍米为之"，名曰"太极真人乾石饕饭"。"青精饭"始于何时无考，然陶弘景之《真诰》，有"青精石饭之法"为吴人"道士邓伯元者"所授的记载，这或许就是它的起源之一。"青精饭"在道家中很是风行，唐陆龟蒙的《道室书事》诗云："乌饭新炊笔臒香，道家斋日以为常。"《上元宝经》则说："子服草木，五气与神通，子食青烛之津，命不复殒。"说明"青精饭"之功效。而天台山之"青精饭"更有它的神秘色彩，明传灯《天台山方外志》曾有这样一段文字，说道士王玄甫"同吴人邓伯元学道于赤城"，受服"青精饭"后"与邓伯元垂云驾龙白日升天为中岳真人"。虽然以上记载只是一种神话传说，但是"青精饭"在道家心目中的重要地位却是无可置疑的。"青精饭"后来在漫长的历史发展过程中，同道教的某些教义轨式一样，逐渐传至民间，为社会所接受。至今台州各地仍沿袭旧习惯，多于每年的四月八日吃"青精饭"，或在此基础上加以变化的"乌饭馍粢"。

第二节　台州的洞天福地

隋唐五代台州道教的兴盛和发展，还表现在"洞天福地"说和宫观规模的日益宏大。洞天与福地，道家谓神仙所居之所。"洞天"意谓山中有洞室通达上天，贯通诸山，为真仙所居；"福地"则意谓得福之地，由真人治之。据《恒真人升仙记》称，洞天福地："有长年之光景，日月不夜之山川。宝善层台，四时明媚，金壶盛不死之酒，琉璃藏延寿之丹，桃树花芳，千年一谢，云英珍结，万载圆成。"洞天福地始胪列于南朝齐顾欢的《道迹经》、南朝梁陶弘景的《真诰》和南北朝的《敷斋威仪经》，至唐司马承祯总其成。司马承祯在《洞天福地天宫地府图》中，将这一体系得以系统地总结。第一次将王屋山洞等十大洞天，霍桐山洞等三十六小洞天，地肺山等七十二福地的名称、方圆面积、地点以及所属真仙的名号一一排明次序。《洞天福地天宫地府图并序》云："夫道本虚无，因恍惚而有物；气元冲始，乘运化而分形。精象玄著，列宫阙于清景；幽质潜凝，开洞府于名山。元皇先乎象帝，独化卓然，真宰湛尔，冥寂感而通焉，故得琼简紫文，方传代学；琅函丹诀，下济浮生。诚志攸勤，则神仙应而可接；修炼克著，则龙鹤升而有期。至于天洞区畛，高卑乃异；真灵班级，上下不同。又日月星斗，各有诸帝，并悬景位，式辨奔翔，所以披纂经文，据立图像，方知兆朕，庶觊希夷，则临目内思，驰心有诣，端形外谒，望景无差。乃名曰《天地宫府图》。其天元重叠，气象参差，山洞崇幽，风烟迅远，以兹缣素，难具丹青，各书之于文，撰《图经》二卷。真经所载者，此之略备；仙官不言者，盖阙而未详。"台州多洞天福地，宋陈耆卿《嘉定赤城志》谓："台以山名州……按道书，洞天福地于是地为盛。"据司马承祯《洞天福地天宫地府图》记载，以及多方考证，台州有洞天福地十三处，其中黄岩委羽山洞，天台赤城山洞，仙居括苍山洞为十大洞天之一；临海盖竹洞，天台金庭洞，为三十六小洞天之一；黄岩东仙源、西仙源（今属温岭），玉环玉溜山，黄岩清屿山（今属温岭），仙居麻姑岩，天台灵墟、天姥岭、司马悔山为七十二福地之一。

关于十大洞天，司马承祯的《天宫地府图》谓："太上曰，十大洞天者，处大地名山之间，是上天遣群仙统治之所。"

"第二委羽山洞，周回万里，号曰'大有空明之天'，在台州黄岩县，去县三十里，有青童君治之。"[1] 然唐杜光庭则以为委羽洞"大有虚明天，周回万里；司马季主所理，在武州"[2]。据《中国历史地名辞典》：中国历史上有八处武州，一是西魏置，隋大业三年（607年）废；唐武德初复置，后又废；治所在安育县（今甘肃武都县东南）的武州。二是南朝梁中大通五年（533年）以东徐州改名，北朝东魏武定八年（550年）复为东徐州，治所在下邳县（今江苏睢宁县西北古邳镇东三里）的武州。三是南朝梁置，隋开皇九年（589年）改名辰州，治所在武陵县（今湖南常德市）的武州。四是东魏武定元年（543年）置，北齐改名北灵州，治所在雁门川（今山西繁峙县西）的武州。五是唐初以安州改名，武德七年（624年）州废，治所在武康县（今浙江德清县千秋镇西余英溪南）的武州。六是唐光启中（885—888年）置，后改为毅州；五代唐复为武州，晋天福初入辽，改名归化州。治所在文德县（今河北宣化县）的武州。七是唐大中五年置，中和四年（884年）徙废，治所在萧关县（今宁夏同心县东南）的武州。八是辽重熙九年（1040年）置，明洪武九年（1376年）废，治所即今山西神池县，金移宁远县（今山西五寨县北大武州）的武州。杜光庭排定"洞天福地"的时间是在唐天复元年（901年），从中国历史上八处武州的设置和变迁情况来看，对得上号的，只有唐光启中（885—888年）置，治所在文德县（今河北宣化县）的武州。但

---

① （唐）司马承祯：《天宫地府图》。

② （五代）杜光庭：《洞天福地岳渎名山记》。

这一武州并无其他史料佐证，故委羽洞"在武州"说当不足取。又杜光庭《白玉上经》云"委羽洞……在兖州东岳"。考兖州在山东，即今兖州县。"若兖州之东岳，不闻有奉林遗迹，故至今志地理者概以委羽属黄岩。"① 按南朝梁陶弘景《登真隐诀》和《真诰》，皆云：委羽山，天下第二洞，号大有空明之天。宋陈耆卿《嘉定赤城志》云："委羽山，在（黄岩）县南五里。俗号俱依山，东北有洞，世传仙人刘奉林于此控鹤轻举，尝坠翮焉，故以为名。"宋谢伋《委羽山观记》也称："台州黄岩县西五里，有山冈阜连属，草木茂密，其洞曰委羽洞。"宋张君房《云笈七签》载："司马季主携其子女隐兹山，鲍叔阳、段季正亦于此得解化之道。"道书《十大洞天记》谓："瓯、粤之间，大海之涯，地产方石，真人刘奉林所居也。奉林嵩高逸士，避周委世栖焉。控鹤轻举，坠一大翮，人名其山曰委羽。"台州古属东瓯地，濒临东海。故《十大洞天记》所指，亦即黄岩无疑。唐杜光庭曾有《委羽山》诗："窈然深秀云岫深，落翮标名振古今。芝术迎风香馥馥，松桧蔽日影森森。从师只拟寻司马，访道终期谒奉林。欲问空明奇胜处，地藏方石恰如金。"清管世骏认为"委羽在黄岩，即以光庭诗断之可也"②。元陶宗仪在所著《辍耕录》中云："吾乡台之黄岩，诸山脉络相连，属大江越州治北。自州出南门，陆行四五里许有委羽山。特立不倚，形如落舞凤，故得名。然州人与之朝夕者，俱弗自知其为胜。山旁广而中深，青树翠蔓，荫翳蓊郁，幽泉琮琤。若鸣佩环于修竹间，千变万态，不可状其略。中藏洞穴，仙家所谓'空明洞天'者是也。"清同治《委羽山志》的记载源于宋陈耆卿《嘉定赤城志》，曰"委羽洞"在委羽山之东北（今浙江黄岩南2.5公里），洞因山而名，高2米，深30米。洞西侧赤鲤岩为道士司马季主垂钓处，洞前有南朝梁时所建的大有宫。大有宫里尚存"古洞仙自在，鹤支羽还留"对联一副，洞的周围还可拾到许多方石，光泽五色错杂；又有"大有亭"、"迎仙桥"等遗迹。

　　"第六赤城山洞，周围三百里，名曰'上清玉平之洞天'，在台州唐兴县，属玄洲仙伯治之。"③唐时的唐兴县即今天台县，县北六里赤城山"其山积石，石色艳然如朝霞，望之如雉堞，故名赤城，亦名烧山。故赋云：'赤

① （清）管世骏：《台州外书订》。
② 同上。
③ （唐）司马承祯：《天宫地府图》。

城霞起以建标'，即此山也"①。山之西有玉京洞，就是所说的赤城山洞。唐徐灵府《天台山记》谓："《名山福地记》云：'洪波不登，三灾莫至。'又云：'经丹水南行，有洞交会从中过，即赤城丹山之洞，上玉清平之天，周迥三百里。'……群峰峥嵘，碧障合沓，磨霄凌汉，日蒸云起，雾桑迸芳，瑶花间发，光彩辉烛，四时如春，凤翔神鸾，栖于其上，丰狐文豹，隐于其中。南驰缙云，北接四明，东距溟，西通剡川。又多产柽，松桂垂珠，积翠于重岩；玄光灵芝，吐耀于幽谷。至于碉烟匿景，匪徒与五岳争雄；考异搜奇，自可引三山为匹。爰泊晋宋，至于梁陈，咸以日中星鸟；望秩兹山，藏璧献琛，率为常典。"宋陈耆卿《嘉定赤城志》称："在县北七里赤城山右。盖第六洞天，茅司命所治，或号太上玉清天，或号玉真清平天，或号上清玉平天。按道书云：'天尊在元都玉京山说法，令众仙居此'"。明传灯《天台山方外志》取《嘉定赤城志》之说，也称玉京洞"在赤城山右胁，盖十洞天之第六，茅司命真君所治。或号太上玉清天，或号玉真清平天，或号上清玉平天"。据史载，"长存子者，学道成，为玄洲仙伯"②。而茅司命真君即茅盈，字叔申。传说十八岁弃家入恒山修道，后隐于江南句曲山，修炼采药，为人治病。其弟茅固、茅衷弃官寻之，均得道成仙，世称"三茅真君"。这第六洞天的确是有其洞，然所治者，司马承祯所说的"玄洲仙伯"与传灯所说的"茅司命真君"，却完全是品次不同的"玄仙"和"真仙"。按宋张君房《云笈七签》卷三《道教三洞宗元》记载："第一上仙、二高仙、三大仙、四玄仙、五天仙、六真仙、七神仙、八灵仙、九至仙"。"玄仙"和"真仙"，两者性质相同，只不过在品级上"玄仙"要高于"真仙"。赤城山洞既属玄洲仙伯治之，又何为茅司命真君所治，《嘉定赤城志》和《天台山方外志》此说当误。又晋孔晔《会稽记》亦云："赤城山有玉室璇台，许迈尝居之，因与王羲之书云：'自天台山至临海，多有金台玉室、仙人芝草。'"宋施宿《嘉泰会稽志》还谓，越之诸暨（今浙江诸暨）亦有玉京洞。北宋元丰年间（1078—1085年）的大理寺丞吴处厚有《五泄山玉京洞》诗，云："秉烛携筇口步前，玉京迢递访神仙。四时自有壶中景，一罅都迷物外天。"但此洞与第六洞天却是没有任何关系。

"第十括苍山洞，周围三百里，号曰'成德隐玄之洞天'，在处州乐安县

---

① （唐）徐灵府：《天台山记》。

② （宋）张君房：《云笈七签》卷110。

（今仙居县），属北海公涓子治之"①。宋陈耆卿《嘉定赤城志》云："在县东南三十里括苍山之间。按《尘外记》：'括苍，成德隐元之天，盖第十洞天，列仙所居。在台之乐安，即仙居旧邑也。'"明万历《仙居县志》载：洞在"县南30里，旁有礼斗坛，道书第十洞天"。按司马承祯《天宫地府图》所说，括苍山洞为北海公涓子治之。宋张君房《云笈七签》卷一百零四《玄洲上卿苏君传》载："涓子者，真人也。"其为齐人，名姓不详，师从青童君，为苏林之师。少饵术黄精，授守一玄丹之道，在世二千八百年。谢世时"告林曰：'我被帝召，上补中黄四司大夫，领北海公，去世无复日也。'"②然据《宝藏名山记》："括苍洞，周回三百里，徐真人所治。真人名来勒，尝得道上升。至东汉，为太极法师莅职洞天，总司水旱罪福之籍。"明万历《仙居县志》谓："汉徐来勒，字元和。按《本际经》云：昔在赤明劫一百八身，为道士济生度死，后白昼乘火上升，至东汉为太极法师，隐括苍洞。"括苍山洞所治者，考之史籍也是各有其说，当以司马承祯《天宫地府图》所记为是。"旧传此洞与处之玉虚宫通，自括苍岭而言，东则属台，西则属处，是谓天门地户，故不特处名括苍，而台之括苍门与此邑之括苍驿亦皆以是得名焉"③。唐天宝七年（748年），有庆云覆洞，"太史奏：'有真气见于台宿。'诏建洞宫，榜曰'成德隐元'"④。唐宝历中（825—827年），道士叶藏质重修之。宋刘光有《括苍洞》诗："古洞藏真不记年，翠崖苍壁故依然。怪来一夜清无梦，身在仙家第十天。"宋吴咏也曾诗云："玉灵隐隐夸层空，路曲溪山一径通；夜半弥明诗太捷，古来常岳道难穷。桃源花涨门前水，石壁流云洞口风；妙处苦为容笔舌，尚能收拾付胸中。"

关于三十六小洞天，司马承祯《天地宫府图》云："太上曰：其次三十六小洞天。在诸名山之中，亦上仙所统治之处也。"

"第十九盖竹山洞，周围八十里，名曰'长耀宝光天'，在台州黄岩县，属仙人商丘子治之"⑤。但据史料记载，所谓盖竹洞，共有东阳、乐清、衢州、临海、黄岩和天台六处之多。《东阳志》云："在县东南三十里泗渡涧之南岩，有石室三间，号为盖竹福地。"《乐清志》云："盖竹山，去县二三里，

① （唐）司马承祯：《天宫地府图》。
② （宋）张君房：《云笈七签》卷104《玄洲上卿苏君传》。
③ （宋）陈耆卿：《嘉定赤城志》卷22。
④ 同上。
⑤ （唐）司马承祯：《天宫地府图》。

后山绝顶有岩洞。可环坐数十人，俗名杨八洞。"《天宫地府图》云："第二，盖竹山，在衢州仙都县，真人施存治之。"《七十二福地图》云："第二福地盖竹山，在台州黄岩县。"《玉清璇极洞天图》云："第十九盖竹洞，周回一百八十里，在台州黄岩县西。"《天台志》云："旧传石梁侧有盖竹洞天。"以上史志各有记载，然多有谬误。如乐清的杨八洞，温州地方文献《萧台清音》认为杨八洞即盖竹洞天，属于"乐成八景"之一。举出的证据是，该山有奇岩称"宝光"，岩上有摩崖"盖竹长耀宝光洞天"。又有宋人邱天佑的诗："盖竹芳名两面传，商邱开发是何年。宝光长耀山中月，仙迹深藏洞里天"为证。但温州的史学研究者认为，所谓的"盖竹山洞"，"最后是被温州人一相情愿争来，其实不在温州"①。又如衢州仙都县的盖竹山，按唐代衢州并没有设置仙都县，于是有的说它与第十九洞天同址。考之史籍，洞实在临海。《舆地志》称："临海郡之章安县西北有盖竹山，山有石室，晋许迈住此。"又云"一名竹叶山，中有洞，名长耀宝光之天"。葛洪说"此山可合神丹，有仙翁茶园，旧传葛玄植茗于此"②。又东晋葛洪《枕中书真记》曰："葛玄受金阙命为太极左仙公，治盖竹山，又在女几山，常驾乘虎骑。"南朝梁陶弘景称自己"昔又入在临海赤山中……今已移在竹叶山中。或名此山为盖竹山"③。北宋洪炎《尘外记》以为山在临海，有洞周回八十里，仙人陈仲林等居之："中有石井，桥北小道直入，有杉六丛，左右有石室，晋许迈尝居之。旧传汉末有陈仲林等四人入此山得道，真灵区也。"清顾祖禹《读史方舆纪要》卷九十二谓：山"在（台州）府南三十里，上有石室、香炉、天门三峰，一名竹叶山，《道书》以为第十九洞天，第二福地。《图经》：山周百八十里，起于临海之长石，绵亘黄岩之西，以至婺之东阳，温之乐清，盖郡境大山矣"。《道藏洞天记》及《名山记》皆云："盖竹山福地，观、坛各一所，有竹如盖，故以为名。"宋李思聪《洞渊集》云临海盖竹山，所谓"第十九洞天也"。汤君达作记号为"宝光长耀洞天"。明王士性《广志铎》云："临海南三十里，第十九盖竹洞，为长耀宝光之天。"清齐召南曾为撰《盖竹洞碑记》，云："盖竹山，土人呼为竹叶。有洞幽深，呼为仙人。自天门峰高插霄汉，十数里层峦叠峰，蜿蜒翔舞，回旋起伏，钟秀于是。中岑当

---

①　南航：《温州洞天福地考》。
②　（东晋）葛洪：《抱朴子》。
③　（南朝梁）陶弘景：《真诰》。

深山之奥，迥隔尘寰，水口罗列群峰，所谓香炉作案者，高与天门颉颃；所谓丹凤楼者，其前岗峭壁绣绮；所谓石室、石井、石臼、石几、石床、石砚者，形似俨然，在洞左右前后；是道书称第十九长耀宝光洞天，古商丘子所治。"晋时，许迈曾据此建观以居，内有礼斗坛、石窗、石几、石床、石臼、石砚等。今洞、观尚存。

"第二十七金庭山洞，周围三百里，名曰'金庭崇妙天'，在越州剡县，属赵仙伯治之"①。按《嵊县志》，洞在嵊县东南三十五公里金庭乡瀑布山。然据南朝梁沈约《桐柏山金庭馆碑》："桐柏所在，厥号金庭，事炳灵图，因以名馆。"南朝梁陶弘景《真诰》谓："桐柏山高万八千丈，其山八重，周回八百余里，四面视之如一。金庭有不死之乡，在桐柏之中，方圆四十里，上有黄云覆之。"原题司马承祯《上清侍帝晨桐柏真人图赞》则称："天台山一名桐柏山，山有洞府曰金庭洞，是养真之福境，成神之灵墟。"唐崔尚也说"桐柏山中有洞天，号金庭宫，即右弼王乔子晋之所处也。故老相传云：昔葛仙公始居此地，洎乎我唐，有司马炼师居焉，景云中新作桐柏观"②。唐徐灵府在《天台山记》中谓："山去州一百四十八里，去县有一十八里，一头亚入沧海中，有金庭不死之乡，在桐柏之中，方圆可三十里，上常有黄云覆之，树则苏玕琳碧，泉则石髓金浆，《真诰》所谓金庭洞天，是桐柏真人之所治也。"唐末道士王松年在其所编之《仙苑编珠》中亦认为，王乔"真人治天台金庭洞"。另据宋陈耆卿《嘉定赤城志》载，瀑布山在天台"县西四十里。山有瀑布，垂流千丈，遥望如布，盖与福圣观、国清寺二瀑为三。其山出奇茗。《神异记》云：余姚人虞洪，入山采茗，遇一道士，引三青羊，至此山，曰：'吾丹邱子也，闻子善具饮，今以茗奉给，祈子他日有瓯牺之余相遗也。'后常与家人入山，获大茗焉"。由此可见，金庭山洞实在天台桐柏山。清人临海洪颐煊以为"是梁之金庭馆，即唐之桐柏观"。至于造成剡县金庭和桐柏金庭两者混淆的原因是："元和中，裴通撰《金庭馆记》，别以小香炉峰为金庭洞天，在剡县东南七十里，后人因之，非是。"③

关于七十二福地，司马承祯《天宫地府图》称："在大地名山之间，上帝命真人治之，其间多得道之所。"

---

① （唐）司马承祯：《天宫地府图》。
② （唐）崔尚：《天台山新桐柏观颂并序》。
③ （清）洪颐煊：《台州札记》。

"第四东仙源，在台州黄岩县，属地仙刘奉林治之"①。按"东仙源"，宋陈耆卿《嘉定赤城志》无载。明万历《黄岩县志》云："在县北五里，地仙刘奉林主之。"清同治《委羽山志》称在委羽山委羽洞"洞前百余步"。然唐杜光庭《洞天福地记》则指东仙源在乐安，即今仙居。为之，清卢廷干作有《黄岩东西二仙源辩》，谓："《台志》之称，东西二仙源由来旧矣。旧志以东仙源在黄岩县东北五里，地仙刘奉林主之；西源在台州峤岭，似乎仙源止此二所。但记西源者无异词，而东源之说则不同焉。尝思之郡志，采六属县志而成书，仙源之纪实本黄邑，旧志而云其说可据。至于杜书，乃统纪神仙福地，非郡邑之记载也。故其于东源虽有所指，而并不言在乐安。何处乐安，即今仙居，虽其地亦有仙源，但不著东西名号。意光庭所记之东仙源，即此仙源，特其所以。云东者别有所指，不可以甲为乙也。峤岭即今太平之温岭，左侧为西源山，志称绝顶有丹灶，唐时张兆期修真于此。太平由黄岩而分，山既以西源名，则其为黄之西源，已无可疑。西源既定，则东源亦对西源得名，其为黄之东偏，又何疑哉。乐安于台为西邑，黄则其东也，即一郡形势之东西，可以定二仙源之东西。今以乐安为东，是以西为东也。据杜之书，无论仙源之是与不是，而东西已不可辩，惟依旧志而定之。不特仙源显有其处，即其所云东西者，亦确不可移，而台志必合两说而存之，亦见载笔者之慎也。（案）黄岩有上下二仙浦，下仙浦在县东北五里，盖即东仙源也；然则西仙源当在县西十里之上仙浦矣，如此则东西合适。若杜光庭所记，则乐安在西，何以反属东源；峤岭在东，何以反属西源乎？"② 新《黄岩县志》疑县东 5 公里朱砂堆山上的叠石山即东仙源，不知何据？

"第五西仙源，亦在台州黄岩县峤岭一百二十里，属地仙张兆期治之"③。西仙源即西原山，亦名西山，在今台州温岭市温峤。宋陈耆卿《嘉定赤城志》云："在（黄岩）县南九十里。旧名西原，与峤山相望，世传仙人炼丹之地，绝顶有池尚存。"明嘉靖《太平县志》称："西原山，在县西十二里，亦名西山。其绝顶有丹灶、丹井，唐张兆期修真之地。"清嘉庆《太平县志》谓："西源山，在县西十二里。本名西仙源，见杜光庭《洞天福地记》及《云笈七签》，并云在峤岭，唐张兆期修真于此。顶有丹灶、丹井，至今存。

---

① （唐）司马承祯：《天宫地府图》。
② （清光绪）《黄岩县志》卷 23。
③ （唐）司马承祯：《天宫地府图》。

西源庵在其下，环庵种竹，徐竹隐赋诗指为‘清凉国’者也。有桥日西源桥，一名张老桥。”宋陈耆卿《访赵公戴》诗曰：“西源仙境即西山，流水桃花隔世间。自笑重来湖海客，红尘惹到白云关。”地仙张兆期，东汉时人。与毛伯道、刘道恭、谢稚坚等学道于王屋山中，积四十余年，共合神丹。毛伯道先服之而死，道恭服之又死。张兆期、谢稚坚见之如此，不敢服用。并捐山而归去。后见伯道和道恭在山上，张兆期、谢稚坚二人悲愕，遂就请道。与之茯苓持行方服之，皆数百岁。司马承祯说西仙源在黄岩峤岭，因温岭古时属黄岩故。

“第七玉溜山，在东海近蓬莱岛，上多真仙居之，属地仙许迈治之”①。玉溜山即玉环山，在今台州玉环县。三国时，为临海郡永宁县境，东晋南北朝属乐成县。唐会昌二年（842 年），置玉溜镇。王演《山记》云：“木榴山，一名地肺。”南朝宋谢灵运《游名山志》称：“玉溜山，一名地肺山，一名浮山。”南朝宋郑辑之《永嘉郡记》谓：“名地肺山，在乐成县东大海中。”宋乐史《太平寰宇记》曰：“一名木陋屿，又名地肺山，在海中，周五百余里，去郡二百里。上有流水，洁白如玉，因以为名。”《浙江通志》也云：“一名木榴屿，又名地肺山。在海中，周五百余里，去郡二百里。”清光绪《台州府志》则云：“一名木榴山，避钱王讳改今名。”梁天监中（502—519 年），陶弘景自海道至永嘉，曾同弟子周子良居此处。周子良得道后，也居之炼丹传道。陶弘景在《登真隐诀》谓：“玉溜山在海中。赤鬓子谓之地肺，肺门，晋太元中，任敦自茅山往居之十余年。”又谓“郗司空先立别墅于此”。清路觐有《玉环山歌》：“海外神山数千百，相传一一仙人宅。蓬莱方丈有无间，欲往从之云气隔。百雉宠岚辟玉环，灵山榴屿探荒僻。蚕丛渐次呈天巧，冠盖过从恣游屐。嶙峋拔地鬼斧削，中界飞泉一道白。沫激涡旋喷复咽，玉盘抛落还珍惜。须臾天风洒然来，斜缀轻扬润巾帻。细磨成屑撚成丝，缕缕迥文随手辫。忽然雨过泉源浚，倒泻天河砵崖隙。宫商迭奏金铁鸣，素羽银铠耀霜戟。摄衣更上百折盘，压面腾身度山脊。攀援虬树憩云窝，药苗丹粒寻仙迹。蒲团寂寂棋枰闲，洞府烟霞封玉册。直上千仞意萧爽，极目沧溟入胸膈。安知我辈非真仙，羡门安期肩可拍。”

“第八清屿山，在东海之西，与扶桑相接，真人刘子光治之”②。清屿山，

① （唐）司马承祯：《天宫地府图》。

② 同上。

又称青屿，山南濒乐清湾，古时属黄岩县，即今台州温岭清屿。据清嘉庆《太平县志》："山势凹深如壶，土人名月壶谷。有池在高处，广数亩，夏多白莲。石圆如卵，重或数十斤，色青紫，粗皮剥去数层，石心纯青坚润，可琢为砚。崖际日光悬映，苔藓中隐露舟状者四，帆橹毕具，名画船岩，云曾有仙过，视海上商船往来，戏以指画，迹遂不泯。其下有屿，自江中望见，竹木丛茂，翠发如点黛，故得青名。"刘子光，汉时人。唐李冗《独异记》曾载有这样一个故事，云："汉刘子光西征，遇山而渴，无水。子光在山南，见一石人，问之曰：'何处有水？'石人不言。乃拔剑斩石人，须臾，穷山水出。"

"第十丹霞洞，在麻姑山，是蔡经真人得道处，至今雨夜多闻钟磬之声，属蔡真人治之"①。考《中国历史地名辞典》：麻姑山在今江西南城县西南。山顶有古坛，相传麻姑得道于此。东晋葛洪《神仙传·麻姑传》云："汉孝桓帝时，神仙王远，字方平，降于蔡经家……与经父母、兄弟相见。独坐久之，即令人相访（麻姑）。继云：麻姑至……是好女子，年十八九许。于顶中作髻，余发垂至腰。其衣有文章，而非锦绮，光彩耀目，不可名状。入拜方平，方平为之起立。坐定，召进行厨……麻姑自说云：'接待以来，已见东海三为桑田。向到蓬莱，水又浅于往者会时略半也，岂将复还为陵陆乎？'方平笑曰：'圣人皆言海中复扬尘也。'又说：'麻姑鸟爪。'蔡经见之，心中念言，背大痒时，得此爪以爬背，当佳。方平已知（蔡）经心中所念，即使人牵经鞭之。谓曰：'麻姑神人也，汝何思谓爪可以爬背耶？'但见鞭着经背，亦不见有人持鞭者。宴毕，方平、麻姑命驾，升天而去，箫鼓、道从如初焉。"然据宋陈耆卿《嘉定赤城志》所记：台州仙居有麻姑岩，"在县西南25里，一名仙姑。巨石嶙峋，矫如人立，昔麻姑访王方平、蔡经，尝隐于此，故以名岩。其上有洞，旁两石相峙，高深各踰丈，俗呼风门。有麻姑像存焉"。又按明万历《仙居县志》，蔡经乃仙居人，麻姑岩即为其家乡，因师从王方平于此而得道。因此，司马承祯所谓第十丹霞洞"在麻姑山，蔡经真人得道之处"说，当为"在麻姑岩……"。实在今台州仙居。叶发《麻姑岩》诗云："怪石任空碧，传有神仙迹。元放古来游，孝先应当历。山前无断碑，往事杳难觅。麻姑去不来，青鸟无消息。"

---

① （唐）司马承祯：《天宫地府图》。

"第十四灵墟，在台州唐兴县北，是白云先生隐处"①。唐兴县即天台县，灵墟在县北六十里天封村后。白云先生乃天台紫真，南朝宋刘义庆《世说新语》云晋王羲之得笔法于天台白云先生。又按野史，唐会稽僧辨才说："右军《兰亭序》三百七十五字，始梦天台白云子真传，授笔诀以'永'字为法。"② 唐司马承祯曾居灵墟修炼，于院中营大丹炉，修镜制剑，并皆克就。

"第十六天姥岭，在剡县南，属真人魏显仁治之"③。天姥山得名很早，但具体方位却不详。南朝任窦的《述异记》，有鲁班刻木为鹤在此山放飞，后来汉武帝曾派人去取的记载。《宋书·州郡志》云："天姥山与括苍山相连，石壁上有刊字科斗形，高不可识。春月樵者闻箫鼓笳吹之声。元嘉中，遣名画师状于团扇即此。"以此记载观之，应为仙居韦羌山。民国《仙居县新志稿》与之相左，以为即王姥山。"在仙居县界，亦名天姥山，相传仙人所居"。按宋乐史《太平寰宇记》："天姥山在越州剡溪县南八十里。"《名山志》云："山有枫千余丈萧萧然。"《后吴录·地理志》称："剡县有天姥岭，传云登者闻天姥歌谣之响。"唐徐灵府在《天台山记》中明确指出："自天台山西北有一峰，孤秀迥拔，与天台相对，曰天姥峰，下临剡县路，仰望宛在天表。"唐杜光庭在《洞天福地岳渎名山记》中也称："天姥山在台州天台南刘阮迷路处。"《一统志》取唐徐灵府《天台山记》之说："天姥峰在台州天台县西北，与天台山相对，其峰孤峭，下临嵊县，仰望如在天表。"南朝宋谢灵运有《登临海峤》诗，诗云："暝投剡中宿，明登天姥岑。高高入云霓，还期那可寻。"今人许尚枢先生撰有《道书第十六福地天姥山》一文，对天姥岭的地点进行了考证。认为新昌、天台交界线天台一侧的山势，与《旧志》天姥岭"山状如髻女，因名"的记载完全吻合；充分体现了李白《梦游天姥吟留别》诗中的景象和无穷境界。据此，天姥岭实在天台，具体的地点即在与新昌交界的万马渡畔。真人魏显仁，长乐人，号大梁真人。

"第六十司马悔山，在台州天台山北，是李明仙人所治处"④。宋陈耆卿《嘉定赤城志》云："在县北一十三里天台山后，盖第十六福地（十六当为六十之误），仙人李明治之。"明传灯《天台山方外志》谓："司马悔山在天台县北十三里十一都，道书此为第十六福地（十六当为六十之误）。会稽志载

---

① （唐）司马承祯：《天宫地府图》。

② （明）传灯：《天台山方外志》。

③ （唐）司马承祯：《天宫地府图》。

④ 同上。

司马悔桥在新昌县，旧传司马承祯应召至此而悔，因以为名。又《云笈七签》载，司马悔山在台州府天台山北，李明仙人所治之处。山在天台、新昌二境间，故桥以山得名。按此，则非司马承祯矣。岂尝有司马悔者居此而名，欸然不可考。"清人天台齐周华称：从天台福圣观"数里至司马悔山，乃承祯应召下山，至此而悔得名，故桥曰司马悔桥。道书称为第六十福地，今之所谓天宫者是"。认为"按道里所经，当在于此。且其佳境，足当'福地'二字。《云笈七签》云，悔山在天台山北，非也"①。

唐五代兴建、续建、重建的宫观也不少，著名的有：

临海白鹤观，唐高宗封鹤时所建，唐诗人、太子少詹事沈佺期为之记。开元十二年（724年）铸钟。宋陈耆卿《嘉定赤城志》云："在州东北一里一百步。面挹双峰，背负重冈，号城闉胜地……按尤守裦《昊天殿记》未详建立岁月，夏英公竦《三官堂碑》云'因茅盈驾鹤上仙故名'，然按杜光庭《灵验记》云：'天皇东封、鹤集其坛，俾诸州为老子筑宫，号以白鹤。'陈师道《诗话》亦曰：'唐高宗东封，有鹤下焉，乃诏诸州为老子筑宫，以白鹤为名。'此建观之始，夏说误也。后废，至开元中获《天宝度人经》，建天宝台，匾榜乃徐浩书，上有铜钟，开元十二年所铸。复建观，榜曰开元。天宝中铸铜老子像，晋天福五年道士黄永乾居之。"

临海龙兴观，宋陈耆卿《嘉定赤城志》云："在县东北三里。唐神龙元年（705年）建，沈佺期为之记。后废。"

天台仙坛院，唐景龙二年（707年）新铸铜钟。

天台桐柏观，唐景云二年（711年）为司马承祯建。"初构天尊堂五，虚其上三，而良吏书之，以记祥也"②。天宝元年（742年），台州郡守贾长源及司马承祯之徒玄静先生李含光等立《天台山新桐柏观碑》。碑云：

天台也，桐柏也，代谓之天台，真谓之桐柏，此两者同体而异名。同契乎元，道无不在。夫如是，亦奚必是桐柏耶？非桐柏耶？因斯而谈，则无是是、无非非矣。而稽古者言之：桐柏山高万八千丈，周旋八百里，其山八重，四面如一。中有洞天，号金庭宫，即中右弼王乔子晋之所处也，是之谓不死之福乡、养真之灵境。故立观有初，强名桐柏焉

---

① （清）齐周华：《台岳天台山游记》。

② （唐）徐灵府：《天台山记》。

耳。古观荒废，则已久矣。故老相传云：昔葛仙公始居此地，而后有道之士往往因之。坛址五六，厥迹犹在。洎乎我唐，有司马炼师居焉。景云中，天子布命于下，新作桐柏观。盖以光昭我元元之丕烈，保绥我国家之永祉者也。夫其高居八重之一，俯临千仞之余，背阴响阳，审曲面势，东西数百步，南北亦如之。连山峨峨，四野皆碧；茂树郁郁，四时并青。大岩之前，横岭之上，双峰如阙，中天豁开。长涧南泻，诸泉合漱，一道瀑布，百丈悬流，望之雪飞，听之风起，石梁翠屏可倚也。琪树珠条可攀也。仙花灵草，春秋互发；幽鸟清猨，晨暮合响，信足赏也。始丰南走，云嶂间起；剡川北通，烟岑相接。东则亚入沧海，不远蓬莱；西则浩然长山，无复人境。总揽奥秘，郁为秀绝，苞元气以混成，镇厚地而安静。非夫神与仙宅，仙得神营，其孰能致斯哉？故初构天尊之堂，昼日有云五色，浮霭其上。三井投龙之所，时有异气，入堂复出者三。书之者记祥也。然后为虚室以鉴户，起层台而垒土，经之殖殖，成之翼翼。缀日月以为光，笼云霞以为色；花散金地，香通元极。真侣好道，是游斯息，微我炼师，孰能兴之？

炼师名承祯，一名子微，号曰天台白云。河内温人，晋宣帝弟太常馗之后。祖晟，仕隋为亲侍大都督。父仁最，唐兴为朝散大夫襄州长史。名贤之家，奕代清德；庆灵之地，生此仙才。以为服冕乘轩者，宠惠吾身也；击钟陈鼎者，味爽人口也。遂乃捐公侯之业，学神仙之事。科□教戒，博综无所遗；窈冥夷希，微妙讵可识？无思无为，不饮不食。仰之弥峻，巍乎其若山；挹之弥深，湛乎其若海。夫其通才练识，赡学多闻，翰墨之工，文章之美，皆忘其所能也。炼师蕴广成之德，睿宗继黄轩之明，齐心虚求，将倚国政，侃侃然不可得而动也。我皇孝思维则，以道理国，协帝尧之用心，宠许由之高志。故得放旷而处，逍遥而游。闻炼师之名者，足以激厉风俗；睹炼师之容者，足以脱落氛埃。以慈为宝，以善救物，神以知来，智以藏往。允所谓名登仙格，迹在人寰，奥不可测矣！夫道生乎无名，行乎有精，分而作三才，播而作万物，故为天下母。修之者昌，背之者亡，故为天下贵。况绝学无忧，长生久视也哉？道之行也，必有阶也；行道之阶，非山莫可。故有为焉，有象焉，瞻于斯，仰于斯。若舍是居，教得奚依？损之又损，以至于无为。元门既崇，不名厥功。朝请大夫使持节台州诸军事守台州刺史上柱国贾公名长源，有道化人，有德养物，尝谓别驾蒋钦宗等曰："且道以含德，德以致美，美而不颂，后代何观?"乃相与立石纪颂，以奋至道之光。其辞曰：

邈彼天台，嵯峨崔嵬。下临沧海，遥望蓬莱。漫若天合，呀如地开。烟□路通，真仙时来。顾我炼师，于彼琼台。炼师炼师，道入元微。□翕日安坐，凌霄欲飞。兴废灵观，炼师攸赞。道无不为，美哉轮奂! 窈窈茫茫，通天降祥。保我皇唐，如山是常。

此碑由太史崔尚制文，翰林学士韩择木书，玄宗皇帝亲书碑额。元和中（806—820 年），冯惟良又建降真堂、白云亭、悠闲亭、上清室。太和、咸通年间（827—874 年），徐灵府、叶藏质等先后重修，元积、刘处静为之作记。咸通十三年（872 年），台州刺史姚鹄于观之讲堂后创老君殿。五代梁开平时（907—910 年），改桐柏宫额。宋陈耆卿《嘉定赤城志》云："在县西北二十五里。唐景云二年为司马承祯建。回环有九峰，玉女、卧龙、紫霄、翠微、玉泉、莲华、华琳、香琳、玉霄。自福圣观北盘折而上，至洞门，长松夹道，孙绰赋所谓'荫落落之长松'是也。吴赤乌二年葛玄即在此炼丹，今有朝斗坛。洎承祯建堂，有云五色，因禁封内四十里毋得樵采。又传承祯所居黄云常覆其上，故有黄云堂、元晨坛、自颂云：'堂号黄云，俯荫真炁；坛名元晨，仰窥清景。'炼形堂、风轸台、朝真龙章阁，又有众妙台，盖以篆隶八分三体写《道德经》于巨幢，置台上，故云。台下有醴泉，后皆芜废。大和、咸通中道士徐灵府、叶藏质新之。梁开平中改观为宫，有钱忠懿王所赐金银字经二百函及铜三清像。忠懿自为记，夏英公竦亦有《经藏记》。周广顺二年，朱霄外建藏殿。"

关于唐崔尚《天台山新桐柏观颂》碑，明传灯《天台山方外志》云："在妙山，碑仆三截，中截犹存。"民国《台州府志》王舟瑶案："明都穆《金薤琳琅》载，是碑仅阙廿四字，可见其时尚存完石。至释传灯《天台山方外志》则云，碑仆三截，中截犹存，是万历时已残缺。齐氏《志要》，即本传灯语。而黄氏乃目为乾隆中所仆，误甚。光绪乙未（1895 年），余纂郡志，属叶伯丹明经书访金石。伯丹重得残碑中截于妙山下池畔，尚存七十余字。今为陈氏所藏。"

仙居凝真宫，在今仙居下各镇羊棚头村西山。宋陈耆卿《嘉定赤城志》云："在县东南三十余里括苍洞，唐天宝三年（744 年）因洞而建。"

临海景星观，宋陈耆卿《嘉定赤城志》云："在县南一里，唐乾元中

（758—760 年）建。后废。"

天台方瀛山居，唐长庆元年（821 年）徐灵府建，宝历元年（825 年）赐号。宋陈耆卿《嘉定赤城志》云："在县西北二十八里。按唐徐灵府《小录》：'南桐柏，北上一峰，可五里许，长庆元年（821 年）灵府定室于此，宝历元年（825 年）赐号方瀛。'"

天台白云庵，宋陈耆卿《嘉定赤城志》云："在县西北二十五里桐柏观西，唐大中六年（852 年）建。"

天台道元院，唐会昌中（841—846 年）道士刘处静建。有圣祖殿，咸通间（860—874 年）另创七星阁，乾符二年（875 年）立《天台道元院记》碑。宋陈耆卿《嘉定赤城志》云："在县西北二十五里。旧名佛窟，唐大中六年建，盖僧遗则卓庵之地。唐会昌中废，后道士刘处静复创圣祖殿，越州刺史李褒奏闻，赐号导元。张仁颖为之记。"

天台莲峰道院，宋陈耆卿《嘉定赤城志》云："在县西北三十五里，唐咸通六年（865 年）叶藏质建。"明传灯《天台山方外志》谓："以层峦叠出，状似莲花，故号莲峰道院。"

天台石门山居，在天台县西北三十五里玉霄峰。重崖叠蟑，松竹忽情，地产香茅，直南巽隅有两石峙，状如门扉，人呼为小桐柏。唐咸通五年（864 年）道士叶藏质创，十三年（872 年）奏改玉霄宫。五代后汉乾祐三年（950 年）铸大钟。宋陈耆卿《嘉定赤城志》云："在县西北三十里玉霄峰上。唐咸通五年（864 年）道士叶藏质创道斋，号石门山居，十三年奏为玉霄宫。周广顺元年（951 年）朱霄外建三清殿。"元佚名《天台山志》引唐徐灵府《小录》谓："道士陈寡言尝隐居玉霄峰，号华琳。有经《钟一楼经》，皆咸通十一年书，后题云：上清三洞弟子叶藏质为姊刘氏四娘造永镇玉霄藏中。"

天台福圣观，唐咸通中（860—873 年），台州刺史姚鹄于观内续建老君殿。

临海白云庵，唐中和间（881—885 年）建。宋陈耆卿《嘉定赤城志》云："在州西北二百六十步。唐中和中建，道士王乾符、朱霄外主之。霄外以道术为钱忠懿王所知，遂葺庵为观，与天庆观（白鹤观）号东西二宫。"

天台降真庵，五代后汉乾祐中（948—950 年），道士朱霄外重新修葺，并造檀香像一百躯。

天台延寿观，在县北二十五里，后周广顺元年（951 年），道士朱霄外建。

仙居纯熙观，五代时观之龙虎神见梦于吴越王，复加崇辑。宋《嘉定赤城志》云："后周长寿中诏加崇饰。唐中和中火，乾祐中观之龙虎神梦于吴越王，复新之。"

第三节　天台道藏的创建

道藏为道经道书总集，是集中国文化之大成者之一。《道藏》的内容，主要是由道家书、方书、道经和传记四大部分组成。据现有史料考证，《道藏》的编纂大约始于南朝。南朝宋泰始七年（471 年），道士陆修静撰成《三洞经书目录》，著录道书一千二百二十八卷（实有者一千零九十卷），正式作为道书分类法。实际上包括了以《上清大洞真经》、《灵宝五篇真文》和《三皇经》为首的三组道经。继之南朝梁道教学者孟智周撰《玉纬七部经书目》，以"四辅"佐"三洞"，即以太玄辅洞真部，以太平辅洞玄部，以太清辅洞神部，正一兼辅诸部，总称为七部经书。南朝梁陶弘景又作《陶隐居经目》、《太上众经目》和《三十六部尊经目》，而北周玄都观有《玄都经目》，著录道书六千余卷（实有者二千零四十卷）。北周通道观道士王延也有《三洞珠囊》，"校三洞经图，缄藏于观内。延作《珠囊》七卷，凡经传疏论八千三十卷，奏贮于通道观藏。由是玄教光兴，朝廷以大象纪号"①。可惜的是，这些经目今皆已不存。

天台道藏肇端于唐司马承祯。唐景云二年（711 年），睿宗皇帝为司马承祯在天台山建桐柏观，并置藏经殿。而作为藏经首批进入藏经殿的即是司马承祯整理的天台山历代道士遗留下来的道经，以及自己经数十年之力编纂而成的著作。主要内容有：《修真秘旨》、《修真秘旨事目历》、《天隐子》、《坐忘论》、《修身养气诀》、《服气精义论》、《将服松叶法》、《洞玄灵宝五岳名山朝仪经》、《洞天福地天宫地府图并序》、《上清含象剑鉴图》、《上清侍帝晨桐柏真人真图赞》、《太上升玄经注》、《太上升玄消灾护命妙经颂》、《素琴传》、《登真系》等，总数约三百余卷。这就是天台道藏，即桐柏山道藏的雏形。

唐开元中（713—741 年），唐玄宗发使搜访道经，由张仙庭主事纂修成藏。经过整理，按三洞四辅十二类分类法进行编纂，最后成就中国第一部"道藏"，目曰《三洞琼纲》，亦名《开元道藏》。总三千七百四十四卷，或曰

---

① （宋）张君房：《云笈七签》。

五千七百卷，诏令传写，以广流布。这其中就有天台道藏（桐柏道藏）三百余卷，约占 12% 左右。其后，天台山道士叶藏质对天台道藏（桐柏道藏）继续进行整理和编目，并不断增加藏经数量。又在所居之桐柏石门山居，专门建斋藏经。咸通十三年（872 年），叶藏质奏乞所居为玉霄宫，遂将原桐柏观藏经殿的道书七百余卷，移藏于此。元佚名《天台山志》"洞天宫"条云："宫在县西北三十五里，重崖叠嶂，松竹忽情，地产香茅，直南巽隅有两石峙，状如门扉，人呼为小桐柏。唐咸通间，道士叶藏质尝于玉霄峰创道斋，号为石门山居。后奏乞为玉霄宫，懿宗许之。"唐徐灵府《天台山小录》谓："玉霄宫有经、钟二楼。经皆咸通十一年（870 年）书。后题云：上清三洞弟子叶藏质，为姊刘氏四娘造，永镇玉霄藏中。"陈国符先生也称："天台山，唐代有经一藏，道士叶藏质造。"[①]

按五代孙夷中《三洞修道仪》的说法："五季之衰，道教微弱。星弁霓襟，逃难解散。经籍亡逸，宫宇摧颓。巍然独存者，唯亳州太清宫矣。次则北邙、阳台、阳辅、庆唐数观，尚有典刑。天台、衡湘、豫章、潜岳，不甚凌毁，山东即邻于地矣。"天台道藏于唐末五代时，也已毁灭。事实恰如所说，唐大中十三年（859 年），天台裘甫起义，翌年与唐军决战于天台桐柏宫，战乱使天台道藏难逃厄运。陈国符先生认为："至五季重建道藏，其可考者，一在蜀中，杜光庭建。一在天台桐柏宫，吴越钱忠懿王建。"[②] 其前，唐末五代天台山道士杜光庭为天台道藏（桐柏道藏）的重建作出了重要的贡献。杜光庭初居天台山修道时，在山中勤于著述，有《道教灵验记》、《录异记》、《神仙感遇传》、《历代崇道记》、《洞天福地岳渎名山记》、《墉城集仙录》、《太上正一阅箓仪》、《洞神三皇七十二君斋方忏仪》等。他晚年随唐僖宗入蜀，临行前所撰的著作，均藏于天台玉霄宫。据记载，重建天台道藏的主事者，为道士朱霄外。朱霄外于周广顺元年（951 年）受吴越王钱俶召见，赐以金、银字《道藏经》二百函。回天台山后，特在桐柏观重建藏经殿，入藏御赐经书和新增道经。吴越立国后，由于吴越王坚持"保境安民"的国策，使吴越境内得到了相对的安定。安定的政治局势，使得台州的社会在唐末的战乱后，能够很快地得到休养生息。重建道藏的条件也逐渐成熟。此外，吴越国统治台州八十二年间，派到台州来的二十八任台州刺史中，钱氏

---

① 陈国符：《道藏源流考》。
② 同上。

王族就占了九任。开运三年（946 年）在任的钱俶，就是钱忠懿王，其离任后当了三十一年的吴越国王。广顺二年（952 年），他又将台州刺史吴延福从临海调入杭州，入参相府事。同时以弟弟钱弘仰接任台州刺史，直到显德五年（958 年）。关于天台道藏的重建，宋夏竦《重建道经藏记》谓："五代相竟，中原多事。吴越钱忠懿王，为道士朱霄外新之。遂筑室于上清阁西北，藏金篆字经二百函，勤其事也。"宋金允中则称："天台桐柏崇道观，乃五代之末，吴越王钱氏所建。藏中诸经，拘集道童及僧寺行者，众共抄录，以实其中。碧纸银书，悉成卷轴。"① 同时，金允中也认为："当时四方割据，钱氏处于偏方，随其境内所有之书，一时欲应限数；故其间颠倒错谬，不可胜纪。有脱字漏句，全不可读。有言辞鄙俚，昭然伪撰者。于今几三百年，更数世之后，不知始末，谓是道典果有此等经文。高识之士，自能剖决是非。浅学之人，执为正典，或者取而引用，可乎？允中所见诸方经教混淆，不失于天台。况允中足迹所不经行之地，耳目所未涉猎之书尤多。遐方僻郡，道馆琳宫，经籍失正者甚众。学者所当深加详酌，不宜一例轻用。"② 尽管重建后的天台道藏，"金允中谓甚多颠倒错误"③。但是作为当时全国两大道藏之一，天台道藏在中国道教史上的地位却不是能一笔抹杀的。

---

① （宋）金允中：《上清灵宝大法》卷 24。
② 同上。
③ 陈国符：《道藏源流考》。

第四章 台州道教的繁荣

第一节 两宋时期的台州道教

两宋时期，朝廷对道教依然是采取扶持政策。赵匡胤取得政权后，利用"符命"为其制造舆论，并优渥道士，颁赐封号财物。太宗皇帝不但大兴宫观，而且积极搜集道书，命散骑常侍徐铉、知制诰王禹偁等校正、写演分赐宫观。宋真宗时，改封"老子"为"太上老君混元上德皇帝"，并诏令天下并建天庆观。还钦定天庆节、天贶节、天祺节，每逢三大节日，全国上下建醮祭礼。又命王钦若领校道经，任张君房为著作佐郎，专修《道藏》。宋仁宗承袭唐制举行投龙简仪式，曾令道箓院保留投龙地点二十处。范镇《东斋记事》谓："道家有《金龙玉简》，学士院撰文，具一岁中斋醮数，投于名山洞府。天圣中，仁宗皇帝以其险远穷僻，难赍送醮祭之具，颇为州县之扰，乃下道录院裁损，才留二十处，余悉罢之。河南府平阳洞、台州赤城山玉京洞、江宁府华阳洞、舒州潜山司真洞、杭州大涤洞、鼎州桃源洞、常州张公洞、南康军庐山咏真洞、建州武夷山升真洞、潭州南岳朱陵洞、江州马当山上水府、太平州中水府、润州金山下水府、杭州钱塘江水府、河阳济渎北海水府、凤翔府圣湫仙游潭、河中府百丈泓龙潭、杭州天目山龙潭、华州车箱潭。所罢处不可悉记。予尝于学士院取《金龙玉简》视之，金龙以铜制，玉简以阶石制。"宋神宗更增神仙封号，初真人，次真君。又补道职，差官考试，以《道德经》、《灵宝度人经》、《南华真经》等命题，仍试斋醮科仪祝读。宋徽宗崇道比宋真宗更加热衷，时以道教教主自居，授意道录院正式册封他为"教主道君皇帝"。又大兴宫观，令天下洞天福地普遍修建宫观，塑造圣像。为神仙人物加封赐号，如加封玉皇为"太上开天执符御历含仁体道昊天玉皇上帝"，还加封历史上的道教人物和当朝著名道士为"真人"，或"真君"等。同时，对岳渎、城隍、山神、龙神以及江河神等神也大加封赐。

他崇道的措施还有设立道官道职，置道官二十六等，道职八等。搜访道行高超的道士，并规定道士序位在僧上、女冠在尼上。提倡学习道经，设立道学制度和道学博士。编修道教历史，访求道经，编修《道藏》等。南宋朝廷对待道教的态度一如北宋，宋高宗及以后历朝同样支持道教的发展。特别是都城临安，成为了国家的斋醮中心。每逢诸神诞辰，节日庆典。如宋吴自牧《梦粱录》所载："北极佑圣真君圣诞之日，佑圣观侍奉香火，其观系属御前去处，内侍提举观中事务，当日降赐御香，修崇醮录，午时朝贺，排列威仪，奏天乐于墀下，羽流整肃，谨朝谒于陛前，吟咏洞章陈礼。士庶烧香，纷集殿庭。诸宫道宇，俱设醮事，上祈国泰，下保民安。诸军寨及殿司衙奉侍香火者，皆安排社会，结缚台阁，迎列于道，观睹者纷纷。贵家士庶，亦设醮祈恩。贫者酌水献花。杭城事圣之虔，他郡所无也。"总之，两宋的道教在各个方面都有很大的发展，是道教史上的鼎盛时期。

两宋时期，台州道教续有发展。境内的道派除天师、上清、灵宝等三山符箓外，尚有从天师道衍化而来的神霄派，由上清派衍化而来的清微派，从灵宝分化而来的东华派和净明派，以及临海张伯端所创立的金丹派南宗。所居道士亦多著名人物，其中以张伯端影响最大。

张伯端，字平叔，后改名用成，号紫阳。他既是道教金丹派南宗的开创者，又是道教紫阳派的祖师。张伯端世居临海城内璎珞街，年轻时聪明好学，虽然热衷于道教和道法的研究，但对内丹之法，始终不得要领。五十岁以后，由于世态炎凉和仕途的失意，而对道教的信仰愈来愈强烈，急切向往神仙长生不老的生活。熙宁二年（1069 年），八十五岁高龄的张伯端终于遇到了明师"得金液还丹之妙道"，使自己在精神和思想上获得了解脱。而熙宁八年（1075 年）完成的《悟真篇》，给内丹修炼之术和当时的道教内部带来了新气象，使之出现了与当时三种趋向有别的新趋向，即向老庄归复，与禅学融合，摒弃夸诞鄙俗的羽化飞升、祭醮禳禁等巫仪方术。从而逐渐巩固了其以内丹炼养为旨的宗教地位，不但开创了道教金丹南宗一派，也为后人留下了一笔巨大的精神和物质财富。

除了张伯端，宋时居台州修道的著名道士主要有：

张契真（？—1006 年），字齐一，钱塘（今浙江杭州）人。性沉默，声利不容于心。唯嗜文，擅草隶，尤善弈。自幼失怙，依上清宫胡法师游历江浙。元赵道一《历世真仙体道通鉴》谓："上会稽、探禹穴、历缙云、游赤城，以访仙道。"时道士朱霄外尚居天台桐柏观，"目而器之，以其有清骨方瞳，因度为道士"①。遂留天台山修炼多年，后还钱塘，居吴山真圣宫。周显德五年（958年），又受正一盟威灵宝法箓于大元樊先生，由是名震江湖。五代吴越时，吴越王钱俶曾命其总三箓斋事。入宋后，宋太宗闻其道高命主醮，又命刊正道书，事毕，赐号"元静大师"，景德三年（1006年）卒。

张无梦，字灵隐，号鸿濛子，生卒年代不详，凤翔盩厔（今陕西周至）人。少出身于儒生家庭，幼好清虚，穷《老》、《易》，笃孝闻于乡里。及冠，委资产于其弟，出家为道士。初入华山，师事陈抟，多得微旨，与种放、刘海蟾等结为方外友。后至天台，登赤城，游桐柏，最后于琼台结庐修炼。宋陈耆卿《嘉定赤城志》称："庐于琼台，行赤松导引法，间以修炼事形歌咏，题曰'还元'，真宗召问长久之策，不对，令讲《易》，即说谦卦曰：'方大有之时，宜守以谦。'上喜。除著作佐郎，不受。复召讲《还元篇》，答曰：'国犹身也，心无为则气和，气和则万宝结，有为则气乱，气乱则英华散；此还元大旨也。'赐处士先生号，亦不受。"辞还天台山之时，宋真宗作《送天台道士张无梦还天台》诗以赠："混元为教含醇精，视之无迹听无声。唯有达人臻此理，逍遥物外事沉冥。浮云舒卷绝常势，流水方圆靡定形。乘兴偶然辞涧户，谈真俄尔谒王庭。顺风已得闻宗旨，枕石还期适性情。玉帛簪缨非所重，长歌聊复宠归程。"令台州给著作郎俸以养其老，无梦仍不受，飘然而归。回归天台山后，张无梦又居琼台十余年，有黄白术秘而不言。传弟子陈景元，又有《还元篇》、《学仙辨真诀》，以及诗集《琼台集》等行世。其后，转隐于终南山鹤池。后游嵩山，泛湘汉，抵金陵保宁寿宁佛舍，杜门不出。士人有见而问之者，则答以耳聋，而后近废人事。以年九十九高龄，终于金陵（今江苏南京）。宋刘攽《中山诗话》谓："无梦善摄生。梅昌言知苏州，无梦求见之，先与诗云：'壶中一粒长生药，待与苏州太守分。'好为大言，处之不疑，自比李少君。然无梦年九十死。无梦语人，少时绝欲，屏居山中十余岁，自以为不动。及出见妇人美色，乃复歉然。又入山十余年，乃始寂定。劝人饮食毋用盐醋，煮饼淡食，更自有天然味。无梦老病耳聋，其死亦无他异。"

张无梦的学术思想主要体现于《还元篇》中，他把《道德经》和《周易》运用于内丹修炼。主张"自家神气自家身，何必区区问外人"，尤重"抱朴守静，静之复静，以至于一"。云："一者，道之用也；道者，一之体

---

① （元）赵道一：《历世真仙体道通鉴》卷48。

也。一之与道，盖自然而然者焉。是以至神无方，至道无体，无为而无不为，斯合于理矣。故得其道者，见造化之功，颐鬼神之妙，而无所不变焉。"强调内丹修炼应该清虚恬淡，认为修道者要做到"心无为"，至少由人变成仙。所谓"老子明开众妙门，一开一阖应乾坤。只于罔象无形处，有个长生不死根。密密勤行神暗喜，绵绵常用命常存。忻然了达逍遥地，别得嘉祥及子孙"①。

陈景元（1025—1094 年），字太虚，师号"真靖"，自称"碧虚子"，建昌南城（今江西南城）人。自幼即有方外志，北宋庆历二年（1042 年）从高邮天庆观道士韩知止为师，次年试经为道士。后辞其师，负笈云游，入天台山阅三洞道经。及遇张无梦，遂得其《老子》、《庄子》等微旨。明传灯《天台山方外志》谓："游天台，遇张无梦授秘术。宋神宗诏开讲，赐左右街道录及师号。所居以道、儒、医书为斋馆而区别之，所役二奴曰'黄精'、'枸杞'，驯而不狡。王安石、王珪直与之游，善正书，祖述乐毅《论黄庭经》；下逮欧阳询《化度寺碑》。年七十沐浴，改衣作韵语云：'昔之委和，今之蜕质。非化非生，复吾真宅。'长啸一声，正坐而逝。所著《道德经注》、《老氏藏室纂微》、《庄子注》、《高士传》百卷，《大洞经集注》、《度人经传》文集三十卷。"史载陈景元居天台修道十余年，以老、庄哲理为本，糅合宋代流行的炼丹思想和实践，修道论主于清静说。以"顺从自然之道"、"忘缘无累"、"归于虚静"为旨要，认为虚静悟道，与万物合一，就是"神合常道"，而清净无为，修身治国，即是"能用常道者也"。主要思想体现于《道德真经藏室纂微篇》和《南华真经句音义》二书中，且于道教学术颇有贡献。时人对其评价甚高，称他兼有司马承祯之坐忘，吴筠之文章和杜光庭之扶教。

徐守信（1032—1108 年），号"神翁"，人称"徐二翁"，泰州海陵（今江苏泰州）人。十九岁时入泰州天庆观，供洒扫之役。后从道士余元吉得法，北宋熙宁（1068—1077 年）中度为道士。一生多有灵异事，因号"虚静冲和先生"。徐神翁的神话传说流传相当广泛，并与王乔、陈戚子、刘伶、陈抟、毕卓、任风子、刘海蟾等位于下洞八仙之列。临海也有徐神翁的神话传说。按元陶宗仪《辍耕录》所载："初宋高宗在潜邸日，泰州人徐神翁云，能知前来事。群阉言于徽宗，召至以宾礼接之。一日，献诗于帝曰：'牡蛎滩头一艇横，夕阳西去待潮生。与君不负登临约，同上金鳌背上行。'及两

---

① （宋）张无梦：《还元篇》。

宫北狩，匹马南渡。建炎庚戌（1130年）正月三日，帝航海次章安镇（今属椒江）。滩浅阁州，落帆于镇之福济寺前。以候潮顾问左右曰：'此何山'；曰：'金鳌山。'又问：'此何所'；曰：'牡蛎滩。'因默思神翁之诗，乃屏去警跸，易衣徒步登岸。见此诗在寺壁间，题墨若新，方信其为异人也。"

　　叶士表，字文叔，南宗道士，生卒年代不详，临海人。南宋高宗绍兴三年（1133年）时，曾为张伯端的《悟真篇》作注。退居临海的太尉曹勋闻其高道，采访入朝。皇帝召见问曰："有无子孙"，对曰："无有"。后因思念故乡心切，遂降敕送归临海，赐号"冲虚先生"。可惜的是，叶士表所注的全本今已不存，现所能看到的只是道教南宗的丛书《修真十书》第二十六至三十三卷所录南宋嘉泰二年（1202年）袁公辅的选批本。

　　南宋有范子珉，名叔宝，生卒年代不详，处州遂昌人（今浙江遂昌）。少出家，有道行。性嗜酒，善丹青。为人作烟江寒林，深入妙品。宋洪迈《夷坚丙志》称其"嗜酒落魄，初自雁荡游天台，至会稽中道。得异石宝之，赏玩不去手，后为同行道士窃去，遂若有所失，语多不伦。谈人意外事，时时奇中"。北宋徽宗宣和（1119—1125年）间，随师到汴京，一日遇长髯道人授画牛术，由此得名，浙东人以故呼为范牛。曾居临海天庆观修道多年。临海天庆观之"牛及来禽"壁画，即为其手笔。宋陈耆卿《嘉定赤城志》谓："人传其妙云"。南宋乾道二年（1166年），"钱竽为缙云守，范自衢往访之，曰：'负公画四轴，故来相偿，毕则行矣。'画成，俨然就逝。将敛，得片纸于席间。书曰：'庚申日天地诏范子珉'，盖其亡日也"[1]。

　　范子珉画牛影响很大，南宋诗人、资政殿大学士楼钥有《赠范纬文秀才》诗并序："括苍范牛自题云'中兴道士范子珉'，异人也。淳熙间，武昌罗端良使君远寄诗篇，有《赠画牛范秀才》一诗，爱玩不能去手，时时诵之，以写云亡之悲。今十八年矣。有范纬文叩门，初谈风鉴，旋及墨戏事。自言视子珉为大父行，罗使君赠诗，即其人也。既试其说，草数语界之。'中兴道士以牛鸣，淡墨百果尤著声。妙入神品仍有灵，我不识之钦其名。曾得乌犍两横轴，又有石榴才一幅。武昌使君旧寄诗，未言秀才乃其族。忽有纬文来款门，自言真是当家孙。口诵罗诗若翻水，他诗历历俱能言。一见前画叹真迹，愿得生绡奋吾笔。为作来禽对石榴，一扫横枝生意出。我诗不

---

① （宋）洪迈：《夷坚丙志》卷6。

工人已陈，有诗岂复能动人。为君一写使君语，更求知己如罗君'。"① 南宋
"中兴四大诗人"之一范成大有《题范道士二牛图》诗二首，一为"目光炯
炯狞而驯，点缀毫末俱逼真。不癫不狂笔有神，妙哉吾宗散仙人"。二是
"西畴涤场兆无尘，原头远牧秋草春。一牛疾行离其群，一牛返顾如怒嗔"。
晚年休官后居住临海的南宋太尉曹勋，作有《山居杂诗》九十首。其中二首
也是写范子珉的，一云："道人范子珉，隐迹朝市端。笔墨作峰岭，气象争
巉屼。稍变烟云态，便觉风雨寒。鹤举忽冲霄，大罗得遐观。"二云："范仙
最所长，画牛诚绝笔。围模大小定，毛孔不少失。膊腕与腹胯，一牛动数
日。惟我颇得之，卧起尽纤悉。"

皇甫坦，字履道，生卒年代不详，夹江（今四川夹江）人，一说临淄
（今山东临淄）人。《九江通志》称其遇妙通真人朱桃椎得法，"尽得坎离虚
实之旨，内外二丹之秘，常宴坐不寐，其两足外踝皆平偃，顶有珠光"。又
善医，尤精眼科。南宋绍兴十九年（1149 年），显仁太后患目疾，"国医不能
愈，诏募他医，临安守臣张第以坦闻。高宗召见，问何以治身，坦曰：'心
无为则身安，人主无为则天下治。'引至慈宁殿治太后目疾，立愈。帝喜，
厚赐之，一无所受。令持香祷青城山，还，复召问以长生久视之术，坦曰：
'先禁诸欲，勿令放逸。丹经万卷，不如守一。'帝叹服，书'清静'二字以
名其庵，且绘其像禁中"②。隆兴时（1163—1164 年），始住天台十数年，
"会康寿殿产灵芝，遣两府传宣抚问于天台山，赐沉香二百两"③。期间，凡
四赴召命，灵迹甚著。

谢守灏（1134—1212 年），字怀英，瑞安（今浙江瑞安）人。少为举子
业，博览群书，自六经诸子百家靡不精究。上庠后，馆于临海太尉曹勋府。
时遇清虚真人皇甫坦，因仰慕其道德，遂脱儒冠参礼真人，为入室弟子。故
南宋陈傅良有"尝为举子，已而脱儒冠，去为道士，以推尊孔氏者尊老子"
之言④。及游历江海、名山，初遇道士沈若水得许真君石函秘文。后入天台
山，师从皇甫坦十余年。精于道学，尤擅金丹理论，有大名声。数随师入见
宋孝宗，淳熙十三年（1186 年）领西山玉龙万寿宫，绍熙初任寿宁观管辖高
士。绍熙四年（1193 年）再任玉隆万寿宫住持。嘉泰元年（1201 年）复任

① （宋）楼钥：《攻媿集钞》。
② 《宋史》卷 462《皇甫坦传》。
③ （清）《天台山全志》卷 8。
④ （宋）谢守灏：《混元圣纪·陈傅良序》。

焚修，管辖宫事。他认为："天下无二道，万殊同一初，至理昭然，何疑之有？"①及光宗即位，赐号"观复先生"。有《老子注》及《混元实录》等十二卷行世。

许明道，南宋净明派道士，字子微（知微），生卒年代不详，山西人，一说新建（今江西新建）人。少出家，师从上清大洞玄都三景法师萧应叟得法。著有《还丹秘诀养赤子神方》一卷，卷首自称南宋淳熙年间（1174—1189年）于天台桐柏山遇真师彭梦蓬，跪受金液还丹之道，记之成书，以示后学。书中言内丹修炼秘诀，分作神室、刻漏、时晷、迫二气、会三性、簇五行、进火、温水、脱胎、神化等小节。其说融合禅宗忘境顿悟之法，道教专心守一之术，倡导性命合修。以元精元气元神为三性，心肾之间为神室，以二气、金木为水火之机。后传其学于林元鼎。南宋俞琰《席上腐谈》卷下谓："许知微《先天正宗修真秘诀》，用十二时之交处候。自序云：淳熙间（1174—1189年）得汉州彭梦蓬所传。其后有萧观复《丹序》、《宝鉴内象丹旨》，与许知微所传同。"

戴从老（1227—？），黄岩太平乡（今属温岭）人。天台佑圣观道士、赐紫大师。生于南宋宝庆三年（1227年），秀眉而广额。五岁时曾得风淫疾，病好后，右手却为之残。"年十余，至诚乐道。书以左手，笔法瘦劲，无不嗟异"②。淳祐二年（1242年），天台佑圣观道士洪大同"闻其志趣超俗，欣然以捧香恩度牒授之披戴"③。淳祐四年（1244年），随洪大同入内，"该恩赐紫"④。

杨至质，字休文，号勿斋，丰城（今江西丰城县南）人。生卒年代不详，约南宋宁宗、理宗前后在世。初习儒业，后随父为阁皂山道士，历讲师，管辖。南宋淳祐（1241—1252年）中，敕赐右街鉴仪。善诗，尤工四六。曾居天台山修炼，有"攀赤城而眺桐柏"之句⑤。著有《勿斋集》二卷传世，《四库全书总目》卷一百六十四谓其所作"虽边幅稍狭，而对偶工致，吐属雅洁，犹有《樊南甲乙集》之遗，正未可以方外轻之矣"。

白玉蟾（1134—1229年），本名葛长庚，字如晦，号海琼子，闽县（今

---

① （宋）谢守灏：《太上老君混元圣纪》。
② 温岭市文化局藏《宋·戴从老圹志》。
③ 同上。
④ 同上。
⑤ （宋）杨至质：《勿斋集》卷上。

福建闽清）人。后继为白氏子，遂改名白玉蟾。其自幼聪慧，熟谙九经，能诗赋，擅书画，曾举童子科。后求道于陈楠，学内丹丹法及雷法。经九年始得其道，曾居天台桐柏方瀛山传道授徒，自谓："有时掇过天台山，相对雁荡烟雨寒。"① 清康熙《天台山全志》云其："得法于张伯端之再传，往来天台，遍游名山。博洽群书，文思汪洋，顷刻千言。又善书，封紫清明道真人。"

王中立，字定民，号足庵，生卒年代不详，天台人。"母初生时，夜梦乘白鹤寻止于庭"②。自幼好清净，读书颖悟，后入天台桐柏观为道士。南宋淳祐十三年（1253 年），访道于黄岩大有宫。因潜心教典，宋理宗、度宗宠锡优渥，"命随朝充高士，升监义左右街道箓，主领西太乙宫"③。元至元（1264—1294 年）中，辞请归台州。元世祖赠以金冠服、宝剑、上真寿星玉像等，并赐号"仁靖纯素真人"。后居黄岩大有宫，修妙道，新宫观。其妙于大道义理，会通玄旨，有《语录》行于世，史孝祥为之序。

林灵真（1239—1302 年），一名伟夫，号君昭，自号"水南先生"，温州平阳（今浙江平阳）人。出身于官宦世家，少而博通经纬史传、诸子百家及方外之书。及长，于四辅、三奇、阴符、毕法之旨，尤加精究。屡试不第，乃弃儒入道，并舍宅为观。又投礼提点戴煟为师，匾其宅曰"丹元观"，榜其门称"水南福地"。自谓学道法于林虚一、薛东华，闻临海括苍山有道隐者某，企其高，渴其道，因访之，扣以真机玄奥。曾为温州路道箓，旋退居于林宇，览三洞领教诸科及历代祖师所著内文秘典，撰辑《济度之书》十卷，《符章奥旨》二卷等传世。后主温州天清观，有"灵宝通玄弘教法师教门高士"之号。

此外，两宋时期尚有稽常一、孟玄岳、屈元应、胡道崇等道士居台州各地修道。

稽常一，北宋天台山道士，生卒年代及里籍不详。曾为天台桐柏观山门都监，号冲一大师。

孟玄岳，里籍无考，北宋天台桐柏观道士，号灵静大师。北宋太平兴国七年（982 年），受桐柏观山门都监冲一大师稽常一之托，出掌经藏。至道元

---

① （南宋）白玉蟾：《武夷集》卷1。
② （明）《天台山方外志》卷9。
③ （民国）《台州府志》卷138。

年（995 年），"募台越右族并率己钱共二十万，召工治材，更腐替朽，丹漆黝垩，皆逾旧制"①。重新桐柏观藏室。

屈元应，北宋道士，生卒年代不详，临海人。深于易，善琴，北宋大中祥符（1008—1016 年）间居关中修炼，与范仲淹为方外交。关于屈元应的记载，见于宋范仲淹的《户郊友人王君墓表》，谓："祥符纪号之初载，某薄游至止及公之门，因与君交执。复得二道士，汝南周德宝，临海屈元应者蚤暮过从。周精于篆，屈深于《易》，且皆善琴。"宋陈耆卿《嘉定赤城志》取范之说，称屈元应："临海道士。范文正仲淹表友人王居墓，言屈深于《易》，且善琴，盖祥符初尝与范过从者也。"

胡道崇，生卒年代及里籍不详，仙居侯神馆道士。北宋庆历（1041—1048 年）中，于侯神馆创昊天阁。

杜有廷，生卒年代及里籍不详，天台山道士。善书，北宋熙宁四年（1071 年）为书《天台观碑》。

何法师，名号、生卒年代及里籍不详，天台山道士。北宋熙宁（1068—1077 年）间为天台山道正。

徐显，生卒年代不详，黄岩人。以挑贩为业，性嗜酒。一日醉失道上，忽感悟，弃妻子而入道。民国《台州府志》云其："入金鹅潭山露坐，人为结草庵。更饷之夜，或鬼异绕山行。显安卧曰：'住住莫劳尔'，既而鬼避去。素不识字而能偈颂，年逾八十死。"

范锜，北宋道士，生卒年代不详，黄岩后范人。生时神光满室，异香三日不散。自幼好道，长而出家，修炼于黄岩委羽山得道，善医。北宋政和（1111—1118 年）中，宋徽宗有疾，范锜应诏见医，以丹药而愈。清光绪《黄岩县志》称："赐爵与金皆不受，问所欲，曰：'愿游内府足矣。'许之，遍阅诸宝，见上清玉像及一剑一镛，抚玩再三。内官以闻，上以三物赐之，并赐'真人'道号。锜以三物投御沟书符置其上，须臾不见。既而还山，三物自委羽山井水浮出，遂纳于大有宫。"民国《台州府志》谓："一日，锜外至，诸神失迎迓礼。锜怒甚，口中吐火，宫倏自焚。其上真及剑凌空飞去，人以溺秽之，镛得留。后忽一夕，沐浴登楼，时夜将半，里人闻天乐声及。旦视之，趺坐而化。赐葬邑鲍夯，赠朝奉郎，所制有祛邪天蓬尺云。"

毛洞元，宋天台山道士，生卒年代不详，吴（今江苏吴县）人。明传灯

---

① （宋）夏竦：《重建道藏经记》。

《天台山方外志》谓:"不知何许人,隐莲花峰。"南宋著名诗人、参知政事范成大有《寄题毛君先生莲花峰庵》诗"天台一万八千丈,莲花峰在诸峰上。峰前结屋屋打头,独有幽人自来往。湖海云游二十春,归来还作住庵人。漫山苦荬食不尽,绕屋长松为四邻。丹诀三千满云笈,往来且喜无交涉。清晨石上一炉香,此时天地皆忻合。我衰无力供樵苏,尚能相伴暖团蒲。但愿瘦筇缘未断,会把莲峰分一半"以赠。

张日损,生卒年代及里籍不详,临海天庆观道士。居临海天庆观,从道士黄永乾得道。北宋真宗大中祥符三年(1010年)建天庆观三官堂,宋夏竦为之记。谓:"太和冲融,恟愊无华,黄老之教,择其正而后学药石,赴人之急,不避风雨,时议以为长者。上即位之十二载,敕本郡以礼遣至阙,辞疾不起,由是远民始知日损有高尚之节。"[1] 有《寄天台王炼师兼呈邑宰》诗:"百里凄清古县城,阮郎陶令自相应。非无柳影含彭泽,别有花光胜武陵。间醉想同莎外石,冷吟知共夜深灯。红尘未得寻高兴,心过青山第几层。"

无名道姑,姓名、里籍不详,宋时居临海后岭之巅修炼。宋陈耆卿《嘉定赤城志》谓:"不知何许人。居临海后岭之巅,樵者见之,以告居人忻生。生访焉,见庵畔有一蛇护守,遇不善人至则逐之,故号蛇姑。邑人张得一往谒,授之诀,曰:'心湛湛而无动,气绵绵而徘徊,精涓涓而运转,神混混而往来。'张矍然解悟,遂游方不归矣。"

费德泓,南宋道士,生卒年代及里籍不详。卓庵临海北山修炼,颇有名声。南宋绍兴十年(1140年),于所居掘地得东晋永和九年(353年)断碑,上有"龙顾山"之字。

董大方,南宋道士,生卒年代不详,黄岩人。清光绪《黄岩县志》谓:"有道术,绍兴(1131—1162年)中,邑令李端民令大方居大有宫。大方治疾辄愈,人争礼之。"

邝守宁,天台山白云昌寿观道士,生卒年代及里籍不详。原为南宋朝廷内侍,《尚书省白云昌寿观牒劄》谓:"乾道四年(1168年)弃官入道,乞改庵为观,遂赐今额。"

石庆瑞,天台桐柏宫观门都监。生卒年代及里籍不详,南宋乾道(1165—1173年)中在任。

---

① (宋)《嘉定赤城志》卷31。

厉永年，天台桐柏宫道副正。生卒年代及里籍不详，南宋乾道（1165—1173 年）中在任。

唐知章，天台桐柏宫道士，生卒年代及里籍不详。南宋乾道中（1165—1173 年），出资重修桐柏道藏及藏经殿。

蒋允崇，天台桐柏观赐紫道士，生卒年代及里籍不详。南宋乾道二年（1166 年）赐紫。

曹葆遫，天台山道士。南宋乾道（1165—1173 年）中住天台白云寿昌观，生平事迹不详。

李道士，南宋道士。南宋乾道（1165—1173 年）中临海栖霞宫知宫，生平事迹不详。

祝元善，南宋道士。南宋乾道（1165—1173 年）中居临海栖霞宫，生平事迹不详。

石葆璋，天台山桐柏宫道副正，生卒年代及里籍不详。曾与石庆瑞、厉永年等重修桐柏宫，宋曹勋《重修桐柏记》谓："时观门都监石庆端，道副正厉永年、石葆璋，皆捧手相勉，诚山门不世之幸，独葆璋愿竭力任土木之役，罔敢懈息。"南宋乾道六年（1170 年）充天台山都道正，提点白云寿昌观香火。

张道清（1136—1207 年），字得一，号三峰，湖北郢州（今湖北京山）人。自幼神异而不茹荤酒，壮达性命，悟玄慕道，修道练功，给人治病甚验，道术之名远播。后云游访道，先后入巴蜀、下江东，在庐山遇道士皇甫坦，因机缘而结为忘年交。南宋淳熙元年（1174 年），朝礼龙虎山天师府，受以正一法箓。淳熙四年（1177 年），从天台国清寺僧祖超之请，遂往居天台山修道。淳熙十年（1183 年），受道士皇甫坦之荐，出天台为齐安郡主治病立愈，道术声名更显。淳熙十四年（1187 年），辞归在九宫山兴坛设教，建三宫十二院。曾受封"太平护国，真牧真人"号。

陈会真，仙居凝真宫道士，生卒年代及里籍不详。南宋淳熙九年（1182 年）得内赐道藏一部，藏仙居凝真宫。曾为《周易参同契》作注，称为陈会真本。

彭梦蓬，字伯玉，天台山道士，生平卒年代不详，汉州（今四川广汉）人。传净明派，著名道士许明道在《还丹秘诀养赤子神方》卷首中自称，南宋淳熙年间（1174—1189 年），曾于天台桐柏山遇真师彭梦蓬，跪受金液还丹之道。

樊邴，天台山道士，生平事迹不详。南宋嘉定（1208—1224年）中，白玉蟾有《赠天台老樊》诗，谓："别后俄经几许春，相逢一笑挹南薰。灰头土面无人识，木食草衣嫌俗纷。在浙之台今已久，姓樊名邴寂无闻。为君传此新诗去，寄与铅山赵翠云。"

祝通玄，南宋天台桐柏观道士，生卒年代及里籍不详。专事修炼，有《修真诗》五首。

王梀，字和甫，号元漠子，生卒年代及里籍不详。南宋嘉定（1208—1224年）中居台州某地修道，名闻一时。有《冬日与白玉蟾联句》诗："凿冰添砚水，燃干发梅花。踏破霜苔迳，烧红雪树槎。闭门风愈怒，送客日将斜。寒甚酒无力，闲多道有芽。楮衾眠不暖，苇壁破难遮。他日瑶台上，流传仙子家。"宋著名道士夏元鼎在所著《入药镜笺序》中谓："天台元漠子王和甫，皆学仙弟子也。"又有《水调歌头》词以赠："采取铅须密，诚意辨妍媸。休教错认，夺来鼎内及其时。二物分明真伪，一得还君永得，此事契天机。记取元阳动，妙用在虚危。法寅申，行子午，总皆非。自然时节，梦里也教不属精津气血，不是肺肝心肾，真土亦非脾。言下泄多矣，凡辈奈无知。"并序说："天台元漠子王梀，炷香问道，初意未降。后以子午寅申之说，破其胎息注想之迷，因与酬唱水调歌头于后。"

高惟几，天台玉京观道士，生卒年代及里籍不详。南宋嘉熙元年（1237年）重建玉京观，号冲静大师。

范善迁，天台玉京观道士，生卒年代及里籍不详。南宋嘉熙元年（1237年）助建玉京观，号演道大师。淳祐（1241—1252年）中居临安灵隐观，南宋周密《武林旧事》卷五《湖山胜概》谓："宁宗朝张知宫创，御书'冲隐庵'。淳祐中，道士范善迁重建，赐名今额。今庵在观右，面观改仕寿院矣。"

王庆升，字吟鹤，号果斋，道号爱清子，鲔州人。从桃源子得道，传金丹南宗一脉。曾居临海及天台山，所作《三极至命筌蹄》序称："续观《悟真篇》云：'若云九载三年者，总是推延款日程。'又云：'十月霜飞丹始熟，怠时神鬼也须惊。'乃知内丹九年成功，外丹十月脱胎。由是蓬头草足，浪走台温。有莱隐先生杨师古，邂逅永嘉尘隐，一见倾心，授以药物鼎器之旨，时淳祐癸卯十一月也。"南宋淳祐九年（1249年）又著《爱清子至命篇》二卷。

洪大同，天台佑圣观道士，生卒年代不详，天台人。曾任台州都道正，南宋淳祐四年（1244年）时应召入朝。

张云友，天台山元明宫道士，生卒年代不详，南宋天台人。师从白玉蟾，为其所重，精内丹。明传灯《天台山方外志》云："邑人，元明宫道士。白玉蟾以其有仙风道骨，劝往琼台卓庵。张亦师事玉蟾，得其道要。"

王可道，南宋天台山道士，号天台山宾，又号真常子，生卒年代及里籍不详。曾为山东潍县玉清宫《玉清宫摹刻圣旨碑》书丹。善诗，与南宋夏宗禹、陈了空、郁庐庵相唱和，著有《众妙义集》。

陈嗣隆，仙居隐真宫道士，生平事迹不详。南宋宝祐三年（1255年），住持仙居隐真宫，立有《宋隐真宫庄田记》碑。

吴嗣昌，仙居隐真宫道士，生平事迹不详。南宋宝祐三年（1255年），同知仙居隐真宫，与陈嗣隆共立《宋隐真宫庄田记》碑。

应智锡，字子信，生卒年代不详，仙居人。少出家，精于道法，尤善辞章。南宋咸淳间（1265—1274年），至吴爱虞山之胜建致和院以居。颇受时人敬慕。

刘澜（？—1276年），字养源，号江村，南宋天台人。少为道士，通诗文。后还俗，以诗游走江湖间，并与周密交游唱和，声名甚大。有《江村集》四卷行世。元韦居安《梅涧诗话》谓其："以诗游江湖，后村西涧二公尝跋其吟稿。集中有《桐江晓泊》诗云：'风萧萧，水瑟瑟，淡烟空涝冠朝日。滩头枯木如画出，鸲鹆飞来添一笔。'又《登昭亭》一联云：'东风半绿官圩草，西日遥红别岸山。'皆警策可喜。"另存词四首。其一《庆宫春·重登峨眉亭感旧》："春翦绿波，日明金渚，镜光尽浸寒碧。喜溢双蛾，迎风一笑，两情依旧脉脉。那时同醉，锦袍湿、乌纱欹侧。英游何在，满目青山，飞下孤白。片帆谁上天门，我亦明朝，是天门客。平生高兴，青莲一叶，从此飘然八极。矶头绿树，见白马、书生破敌。百年前事，欲问东风，酒醒长笛。"其二《端鹤仙·海棠》："向阳看未足。更露立阑干，日高人独。江空佩鸣玉。问烟鬟霞脸，为谁膏沐。情间景淑。嫁东风、无媒自卜。凤台高，贪伴吹笙，惊下九天霜鹄。红蹙。花开不到，杜老溪庄，已公茅屋。山城水国。欢易断，梦难续。记年时马上，人酣花醉，乐奏开元旧曲。夜归来，驾锦漫天，绛纱万烛。"其三《齐天乐·吴兴郡宴遇旧人》："玉钗分向金华后，回头路迷仙苑。落翠惊风，流红逐水，谁信人间重见。花深半面。尚歌得新词，柳家三变。绿叶阴阴，可怜不似那时看。刘郎今度更老，雅怀都不到，书带题扇。花信风高，苕溪月冷，明日云帆天远。尘缘较短。怪一梦轻回，酒阑歌散。别鹤惊心，感时花泪溅。"其四《买陂塘·游天台雁荡东湖》：
"御风来、翠乡深处，连天云锦平远。卧游已动蓬舟兴，那在芙蓉城畔。巾
懒岸。任压顶嵯峨，满鬓丝零乱。飞吟水殿。载十丈青青，随波弄粉，菰雨
泪如霰。斜阳外，也有新妆半面。无言应对花怨。西湖千顷腥尘暗。更忆鉴
湖一片。何日见。试折藕占丝，丝与肠俱断。退征渐倦。当颖尾湖头，绿波
彩笔，相伴老坡健。"

徐自明，天台山道士，生平事迹不详。南宋咸淳七年（1271 年），建天
台熙宁道院以居。

赵孟，宋宗室，生卒年代不详，南宋黄岩人。少聪颖，尝游庐陵（今江
西吉安），入著作郎欧阳守道和中书省架阁刘辰翁之门。文天祥开阃浙西，
辟为从事，但偕行仅五十日，而大势已去。遂隐为道士，又曾为僧，因自号
三教遗逸子孙，后居家华亭（今上海）。工诗，有《河山汗漫集》。

还有王温，字如玉，乐安（今仙居）人。传为道教神仙，其善造夹纻
像，世好善。明万历《仙居县志》云："一日，有二癫者钟门，温怜之谓：
'有药可愈乎？'癫者云：'得新酒浸其中即愈尔！'温家酿适热，遂听之。越
宿，癫者出，则皆美少年出！谢而去。酒有异香，温与妻孥饮之，其糟以食
鸡犬，遂拨宅上升。时，宋景德四年也。县之改名以此，社坛即其遗址。"

又有沈仙翁，天台人。宋代道士，传为道教神仙。旷荡戏嬉，问其世
事，笑而不答，常顶一冠，穿一青衫，到县正值天旱祈雨急，仙翁说："求
神不若求我。"众以为狂，仙翁遂执一净瓶睡于太平乡支严殿，须臾空中云
生，大雨如注。相传人见仙翁在云端倾倒为雨。明传灯《天台山方外志》
云："岁旱遇人曰：'请我以瓜酒，必雨。'果如其言。"升仙时，七十余岁。

又有沈小仙翁，天台人，沈仙翁之子。明传灯《天台山方外志》云：
"灵异如父。"与其父沈仙翁二人同塑像于天台尖山庙。

又有姜仙翁，名纲，天台人。宋代道士，传为道教神仙。民国《台州府
志》谓："三吴大帝时天台人，牧牛山谷中，夏热招云覆盖之，旱则呼雨，
多著神异。"后坐化，天台士人以其真身骨架塑像，供奉于丰饶坑庙，旱涝
有祷必应。明崇祯时（1628—1644 年），临海陈寒辉曾作赞纪其事。

又有童瑞，字伯祥，号一斋，宋代道士，生卒年代不详，黄岩童洋里
人。幼年即有远大志操，但因时运不济，遂学黄老之术。传其"所居楼前有
樟大合抱，其高五丈许，覆盖屋上。一日，于楼上以箸蘸羹书几上云：'唤
石大人来'。须臾，有神人长丈余，跪楼下曰：'有何指挥'；曰：'吾所居樟

木烦，移至屋后塘侧。无伤根枝，无兴风雨，伤害民物。'神曰：'移植须假风雨。'次日，山上云气奔腾，昼瞑如夜，风雨骤至。其木忽在舍后植立如土，出根枝不伤原土，拔处宛如人力筑成。乡人异之，遂名其地樟树下塘，时太平兴国戊寅季夏也。"①

又有彭文昌，生卒年代不详，仙居彭溪人。早年入道，行天心法，道行高超。宋陈耆卿《嘉定赤城志》谓："有道行，行天心法。政和（1111—1118 年）中，令晁昌之女惑于崇，以告文昌，乃市之淫祠为妖也。焚其庙，闻鬼神哭声，其怪遂绝。"

又有蔡达荣，字华甫，生卒年代不详，新昌（今浙江新昌）人。自幼警敏，略涉书史，后为县从事。曾遇道人授以道术，遂能驱使鬼神，又能以符水行幻术。清《绍兴府志》谓："又驯化二虎于园中，其异术颇多。晚年作丹将成，使弟子护之，夜登橐驼山坐石棋坪上望颜色，即归取服之。对诸子说将远游，便尸解。有侄子在天台清溪见他乘青骡，有二童子随从而去，说'道友邀我游桐柏宫'。"

又有韩夫人，居天台赤城山，为天台山女高道。虽生平事迹不详，但多有其名闻都城的记载。宋《陈与义词序》云："有道人携乌衣女子买斛酒独饮。女子歌词以侑，凡九阕皆非人世语。或记之，以问一道士，道士曰：'此赤城韩夫人所制《水府蔡真人法驾导引》也。'"清戚学标《三台诗话·赤城韩夫人》条谓："（宋）绍兴间（1131—1162 年），都下有乌衣椎髻女子歌云：'东风起，东风起，海上百花摇。十八风鬟云半动，飞花和雨著轻绡，归路碧迢迢。烟漠漠，烟漠漠，天淡一檐秋。自洗玉舟斟自醴，月华微映是空舟，歌罢海西流。'类非人间语。或记之，问一道士。道士惊曰：'此赤城韩夫人所制《水府蔡真君法驾导引》也。'"明杨慎《词品》亦有："南宋绍兴中，杭都酒肆中，有道人携乌衣椎髻女子，买斗酒独饮，女子歌以侑之。歌词非人世语。或记之，以问一道士。道士曰：'此赤城韩夫人作法驾导引也。乌衣女子盖龙云。'其词曰：'朝元路，朝元路，同驾玉华君。千乘载花红一色，人间遥指是祥云。回望海光新。'二叠云：'东风起，东风起，海上百花摇。十八风鬟云半动，飞花和雨著轻绡。归路碧迢迢。'三叠云：'帘漠漠，帘漠漠，天淡一帘秋。自洗玉舟斟白酒，月华微映是空舟。歌罢海西流。'此辞即法曲之腔。文士好奇，故神其事以传尔。岂有天仙而反取开元

---

① （清乾隆）《黄岩县志》卷 37。

人间之腔乎"之记载。

又有蒋之道,宋好道者,字行甫,生卒年代不详,临海人。生平清标绝俗,行止轻骈,善书画。常三日不食,神采愈旺。能知未来事,以诗酒自娱。长于五七言古体,尝自吟云:"日出无所累,不为外物牵。欲专凡籍玩,且理丹青妍。"又精黄白吐纳之术,以一百一十一岁高龄而化。著有《内经》一卷,《撷芳亭稿》四卷等。

宋好道者还有武承规,洪迈《夷坚甲志》卷二谓:"字子正,长安人。政和七年(1117年),监台州宁海县县渚镇酒税,好延道流,日食于门者常数辈。家君时为主簿,戒之曰:'君官卑俸薄,而冗食若此,何以给邪?'曰:'吾无美酒大肉与之,但随缘而已。遇有酒则醉,有海鱼则一饱,他无所费,其无能者旬日自去,安知吾不遇至人哉?'他日,复劝之不听。一日气貌洋洋,若有得色。曰:'公笑有接道人,近有授我内交法者,每日子午时,运虎龙气相摩,移时美畅,不减房室之乐,而无所损。虽未可度世,亦安乐奇术也?'家君曰:'公妻甚少,又未有子,奈何?'曰:'亦得一术仿此者授之,渠亦自得其乐。舍弟多男,兄弟之子犹子也,夫人有后足矣?'家君欲闻其略,曰:'公方效官,又有父母妻子,与承规异,六十岁以后,傥再相遇,是时方可。'旬日复来,曰:'承规欲往闽中访先生,旦夕遣妻孥归侍下,才有可配即嫁之。'其父揿时为越州将领,家君曰:'既托身于公,何忍如此?已绝欲事,异室而居可也,何必遣。'曰:'毕竟为累,无此人则吾身轻,要行则行矣。'曰:'胡不一归与亲别?'曰:'骨肉之情,见面必留,卒未可脱。'及再见,曰:'妻已行矣,承规替期已及,官课皆不亏,而代者未至,愿为白州郡。遣牙校交界。'如其言,郡吏方至,其室虚矣。"

又有张镃(1153—1211年),字功甫,号约斋,西秦(今甘肃西南部)人,居临安(今浙江杭州)。南宋孝宗隆兴二年(1164年)为大理司直,淳熙五年(1178年)直秘阁通判婺州,宁宗开禧三年(1207年)累官司农少卿,开禧兵败,与史弥远合谋,诛杀韩侂胄。后被除名,编管象州,卒于贬所。南宋孝宗淳熙二年(1175年),福州闽县九仙山巅报恩光孝观所庋藏的《政和万寿道藏》五百四十函被送往临安府,太乙宫即抄录一藏,其后又写录成数藏,因加入道书不详,又名《琼章宝藏》,分赐诸道观收藏。淳熙九年(1182年),张镃为仙居凝真宫缘化《道藏》一部。并作有一诗纪此事:"羽帔褊衫下赤城,烧松秃兔气尤清。书成胝手怜心苦,神护锁肩觉担轻。

万笈云讖来北阙，一朝宝翰得东明。明年我欲游仙去，要听岩肩晓诵声"①。

还有黄之奇。黄之奇（1191—1241 年），字瑞卿，临海人。受道家箓，法名道真。一生"主乡曲公论，息人之争，决众所疑，义事永往莫夺。创义学，延名师，以来学者，其间贫不自给，待以有养，人皆德之"②。

此外，《吕祖全书·海山奇遇》谓："乾兴间（1022 年），夏竦为台州郡佐。山水横发，率僚属祷于山椒，忽见黄衣道士冒雨而来，衣不沾湿，目竦曰：若遂修道可登真箓。竦不答，道士笑曰：亦须位极人臣。言讫而去，水亦随退。盖吕祖欲往江州，见竦心虔，故晤之。后竦果居台铉焉。"

黄岩委羽山又有关于仙女的记载："尝有素服靓妆、飘飘若仙之女者。当风清月白时，则逍遥乎松杉竹柏之下，或时变服叩里人门求水火。里人所居去洞所不能百步，异其状，密觇之迤逦。从洞中去，里人以为怪粪其地。越数日，里人家夜失，火势张甚不可灭。室宇一空，妻子以身免，流离他处。识者以为厌秽仙境，故致此奇祸。自此仙女不复出矣。"③

天台山桃源"仙子洞"亦有关于"神由心生"的故事。北宋元祐二年（1087 年），天台县令郑至道作《刘阮洞记》，谓护国寺僧介丰言："洞居寺云东北二里，斜行山谷，隐于榛莽间，人迹罕及。景祐中（1034—1038 年），先师照明大师尝采药，见金桥跨水，光彩炫目，二女未笄，戏于水上，如刘阮所见，此水仙之洞府也。"

南宋洪迈的《夷坚丙志》卷十七则载有这样的故事："越民沈氏，世居山阴道旁。郡人奉诸暨东岳庙甚谨，每三月二十八日天齐帝生朝，合数郡伎术人毕集祠下，往来者必经沉生门。绍兴乙亥岁，三道流归天台，以是日至门少憩。一人老矣，衣服蓝缕，二人甚壮，颇整洁。随身赍干糒及马杓之属，坐久，沈出见之。三人长揖，求汤沃饭。沈并遗以蔬菜浊酒，皆喜谢。毕饭，老者从容告曰：'子将有目疾。'解腰间小瓢，奉药三粒，云：'疾作时幸可用此。'沈唯唯。须臾辞去，复言曰：'中秋日当再过此，千万候我于门，若不相遇，后不复会矣。'沈亦唯唯，置药佛堂隐奥处，未尝以语家人，亦莫之信也。夏六月，真苦赤目，肿痛特甚，寝食俱废。凡可用之药无不试，有加无瘳，始忆道人语，而忘药所在，命遍索之，经日得于佛堂尘埃

---

① （清）宋世荦：《台郡识小录》，引《南湖集》。

② 马曙明、任林豪主编《临海墓志集录·宋黄之奇圹记》，宗教文化出版社 2002 年 1 月版。

③ （元）陶宗仪：《辍耕录·委羽山》。

中。取一粒沃之以汤，铜箸点入眼，如冰雪冷彻脑间。痛即止，肿亦渐退。是夜熟睡，明旦起，双目如常。"

还有一段有意思的记载，说的是日僧与临海道士的书面对话。据日僧成寻《参天台五台山记》，北宋熙宁五年（1072年），成寻自日本来天台山参礼祖庭。在临海"……巳时，参府，依有使者也。衙南面向山有斋处，少卿对坐。奥有一座，老宿道士着白练衫，付黑裳，袖口付黑绢，广二寸许，不用带，头有口背长垂之。前以银器筋匙安置，斋了。置钱五文，以白系贯之，系长垂。道士三□□，卿问云：法空华而名经其义何？书口义文，答了。众生与如来一偈，是大摩诃衍一偈。书献了。次书问：仙佛二经何胜？答：以佛教最为胜"。

两宋时期的本命信仰达到了一个顶峰，为帝后设本命斋醮或建本命殿，已有制度化的倾向。宋傅洞真《太上北斗本命延生经注》谓："凡人性命五体，悉属本命星官主掌。因而要人于本命生辰及诸斋日，清静身心，焚香诵经，叩拜本命所属星君。随力章醮，广陈供养，陈念真君名号，自可消除罪业，福寿臻身，永离轮回。"特别是帝后本命星官的信仰在宋代蔚然大观，十分兴盛。天台山即是宋代为帝王崇奉本命香火的重要地方，著名的道观大多建有皇帝本命殿。如天台桐柏宫，元佚名《天台山志》称："政和六年（1116年），又建徽宗元命殿于其后。"南宋乾道二年（1166年），《崇道观尚书省帖》又有"准都省批状，台州天台县桐柏观赐紫道士蒋允崇，状本观建造微宗皇帝本命宝殿，应朝拜崇奉事件"之记载。天台山玉京观也是崇奉徽宗皇帝的本命香火之处，元佚名《天台山志》谓："正殿崇奉皇帝本命星君，名清平万寿殿。"南宋孝宗皇帝亦有本命殿，在天台山白云寿昌观。清阮元所编《两浙金石志》卷九《宋白云寿昌观敕牒碑》云："尚书省牒台州白云寿昌观：五月二十五日奉圣旨，台州崇道观西白云庵一所……可令见住道士曹葆达领众焚修，专一崇奉皇帝本命香火，以白云昌寿观为名……乾道五年（1169年）五月日牒。"

有宋一代，台州境内道派繁多，上清派、灵宝派、东华派、神霄派、净明道、金丹派南宗等各派并存。另据宋陈耆卿《嘉定赤城志》记载，南宋嘉定十五年（1222年）时，台州有道士一百二十四人。其中临海三十人，黄岩九人，天台五十七人，仙居二十五人。当然这仅仅只是所知道的一部分，不知道或未统计的应该还有很多。

宋代台州道教拥有大批的宫观，一是旧有的宫观得到改名、赐额、重修、扩建和重建等。

临海白鹤观，北宋大中祥符元年（1008年）改名"护国"，二年（1009年）诏改"天庆"，五年（1012年）创圣祖殿，南宋淳熙四年（1177年）钱端礼重修。宋陈耆卿《嘉定赤城志》谓："国朝大中祥符元年更名护国。先是，景德五年乙丑，左承天门天书降，戊辰改元，大中祥符以其日为天庆节。二年诏东京建昭应宫，天下建天庆观，且加九天司命尊号曰保生天尊。五年十月二十四日天尊降延恩殿。按《应天降落碑》，上亲奉圣言：吾人皇九人中一人也。是赵之始祖有功于世，再降，乃轩辕黄帝凡世所知少典之子，非也。吾于后唐时奉玉皇命典赵族，已百年矣。诏以其日为降圣节。创圣祖殿，赐金宝牌，以玉清昭应宫成，天尊万寿，金宝为文。政和六年创昊天殿，淳熙四年钱参政端礼复新之。"

天台山方瀛山居，北宋大中祥符元年（1008年）改名元明宫。宋陈耆卿《嘉定赤城志》谓："国朝大中祥符元年改今额（元明宫）。"

天台山降真庵，北宋大中祥符元年（1008年）改"法轮院"额。明传灯《天台山方外志》谓："宋大中祥符元年（1008年）改法轮院。"

天台山石门山居，北宋大中祥符元年（1008年）改名洞天宫。宋陈耆卿《嘉定赤城志》谓："国朝大中祥符元年（1008年）改今额。有禹钟高二尺，其状如铎，上有隐文。"

天台道元院，北宋大中祥符元年（1008年）改名"昭庆"，至道元年（995年）重修藏室。宋陈耆卿《嘉定赤城志》云："国朝大中祥符元年（1008年）改今额。中有七星阁，唐咸通中物也。"

天台桐柏宫，北宋大中祥符元年（1008年）改桐柏崇道观。治平元年（1064年），成都道士姚若谷等人颁《道藏》于观。政和六年（1116年）又于后山建徽宗元命殿。南宋绍兴二十二年（1152年）和王杨存中又重建，曹勋为建山门，并作《重修桐柏记》。宋陈耆卿《嘉定赤城志》云："国朝大中祥符元年改今额。政和六年建元命殿，又有御书阁，阅三朝宸翰及高宗所临晋唐贴。阁今不存，绍兴二十二年杨和王存中重建三清殿，曹开府勋建三门，曹又于观北结庵，赐号冲啬云。"乾道二年（1166年），《崇道观尚书省帖》谓："准都省批状，台州天台县桐柏观赐紫道士蒋允崇，状本观建造徽宗皇帝本命宝殿，应朝拜崇奉事件。并依天宁万寿寺观体例，改赐以报恩光孝寺为额，乞依宣政旧例蠲免科敷，送户部依条施行。"乾道三年（1167年）时，"其殿宇则三清宝殿，殿前经钟二楼，后有上清阁、御书阁、众妙台。

政和六年，又建徽宗元命殿于其后，前建山门，外临女梭溪，上有会仙亭，直南岭表见洞门一座。内则方丈齐堂、云堂、土地堂、三真殿、水确、水磨等坊有六院，一曰经藏院，二曰三元院，三曰延宾院，四曰清虚院，五曰白云院，六曰浴院。宋朝宣赐，则有太宗真宗御制及御书，共五十三卷轴。高宗所临汉晋帖，史汉事实翰墨志，用高丽僧统所织成经帘二帐盛襄。又有真宗祥符，中设罗天大醮，所赐御衣四事奉安御书阁，上吴越国王所舍铜像天尊一十身，连火焰台座，周金铜钢三实铸成檀香三清像一宠，计二百六十身。玉花八珠，在上清阁供养铜铸三清圣像，正殿供养睦亲宅昭成太子宫舍到圣积四十轴。藏清虚院至其穹楼杰阁之雄丽，云窗雾阁之高下，皆隐约于乔林翠霭之中，崇饰像丽，无以加矣。"①

天台山天台观，北宋大中祥符四年（1011 年）赐"福圣观"额，天圣五年（1027 年）重修。南宋绍兴十一年（1141 年）置九天祠，三十年（1160年）以老君殿建三清殿。嘉泰二年（1202 年），天台县令丁大荣立碑刻"习养之瀑"四字于观旁石崖上。宋陈耆卿《嘉定赤城志》谓："国朝大中祥符四年改今额。天圣五年遣中侍投金龙，有布衣孟合附诗以进，诏重新之。绍兴十二年置九天仆射祠，按《众真记》：夷齐死，为九天仆射，治天台山。三十年杨侍郎契妻赵以老君殿建三清殿。"

临海栖霞宫，北宋大中祥符时（1008—1016 年）赐额，元丰三年（1080年）建岳殿。宋陈耆卿《嘉定赤城志》谓："国朝淳化中颁宸翰，大中祥符中赐今额。元丰三年建岳殿于其西，有五岳真形图在焉。"

仙居凝真宫，北宋天禧二年（1018 年）改今额，宣和（1119—1125 年）中毁，南宋建炎（1127—1130 年）初重建。淳熙九年（1182 年），获得《道藏》一部。宋陈耆卿《嘉定赤城志》谓："国朝天禧二年改今额。宣和中毁于寇，建炎初重建。淳熙九年道士陈会真得内赐《道藏》以归，镇之。"

仙居侯神馆，北宋庆历年间（1041—1048 年），邑人吴用尧修堂殿和廊庑，道士胡道崇创昊天阁。政和时（1111—1118 年）吴用尧裔孙请改"纯熙观"额，宣和二年（1120 年）毁于寇。南宋绍兴五年（1135 年）又重建。宋陈耆卿《嘉定赤城志》谓："国朝庆历中又梦于邑士吴用尧，修堂殿、廊庑，道士胡道崇创昊天阁，政和中用尧之裔孙请改今额。宣和二年毁于寇，绍兴五年又重建。"

---

① （元）佚名：《天台山志》。

天台仙坛院，北宋治平三年（1066 年）改名"妙乐院"。宋陈耆卿《嘉定赤城志》谓："国朝治平三年改今额。"

天台莲峰院，北宋治平三年（1066 年）改名"法莲院"。宋陈耆卿《嘉定赤城志》谓："国朝治平三年改今额。"

天台圣寿观，北宋治平三年（1066 年）改额"圣寿"。宋陈耆卿《嘉定赤城志》云："国朝治平三年改今额。"

临海栖真观，北宋政和八年（1118 年）重建。宋陈耆卿《嘉定赤城志》谓："国朝政和八年重建，宣和元年（1119 年）改今额，淳熙八年（1181年）唐守仲友徙今地。"

临海成德观，北宋政和八年（1118 年）重建，并改名"丹丘"。宋陈耆卿《嘉定赤城志》谓："国朝政和八年重建。改今额。"

黄岩大有宫，南宋绍兴十二年（1142 年）县令李端民重修，号"委羽道观"。淳熙十三年（1186 年）县令郑克已又修，咸淳三年（1267 年）道士王中立重建，诏赐"大有宫"旧名，祥兴元年（1278 年）改建。清乾隆《黄岩县志》谓："宋绍兴间，邑令李端民使道士董大方主之。淳祐癸丑（1253年），道士王中立以县南委羽山大有空明洞天居天下第二，因自天台之玉京观平谒。至夕，野宿梦一羽衣手握一扇题云：'念于明处须坚守，事到空时好力行。'举以授王曰：'三五为期，当复会此，若有所属者。'宋理、度两朝命王随朝充高士，升鉴义左右街道录，主领西太一宫。一夕，复梦前羽衣曰：'尚记前约否'，王悟前梦赠诗中有空明二字，此必委羽仙人属我以香灯之传。屈指今十五年，盖三五期也。即以前事上闻，颁度牒以营建，赐额'大有宫'。甲乙传授于是，筑基建宫于洞山之阳。"

天台白云庵，南宋乾道四年（1168 年）改名白云寿昌观。宋陈耆卿《嘉定赤城志》谓："乾道四年内侍邝守宁弃官入道，乞改庵为观，遂赐今额。"乾道六年（1170 年），见住持道士曹葆逵领众焚修，专一崇奉皇帝本命香火。

二是新建了一批宫观：

宁海天庆观，在宁海县东北五里道士桥侧，北宋大中祥符三年（1010年）建。宋陈耆卿《嘉定赤城志》称："大中祥符三年（1010 年），诏县镇亦立圣祖殿，邑人陈继能舍宅而建。"康定元年（1040 年）徙建于县东二里处。

天台玉京观，在天台赤城山玉京洞天之右，北宋政和八年（1118 年）赐额建观。宋范镇《东斋记事》载为宋代二十处"投龙简"地之一。元佚名《天台山志》云："自晋宋齐梁盘唐天宝，皆以日中星鸟望秩于兹。宋咸平天圣中屡投金龙玉简。政和八年赐额建观。"明传灯《天台山方外志》云："未几中废，嘉熙改元，朝廷设醮祈祷。天使诣投龙简，籍地行礼，殊亏昭事。时冲静大师高惟几辟田度址，兴建观宇。观妙演道大师范善迁同盟助就，郡守张号奏拨公田以助堂厨。御前宣赐沉香斗、真钟磬及御书观额，拱辰殿匾，安镇观门。正殿崇奉徽宗本命圣君，名清平万寿殿。县令姚德辉叙其事。"

黄岩集真观，在黄岩县南四十五里白峰山下，南宋绍兴年间（1131—1162年）建。宋陈耆卿《嘉定赤城志》云："绍兴中厮地得石，镌'集真'二字，故以为名。"

天台熙宁道院，在天台县西北二十五里。明传灯《天台山方外志》谓："宋咸淳七年（1271年），道士徐自明建。"

天台玄静观，在天台县，南宋末贾似道施宅建。

黄岩三元道院，在黄岩县北拱辰门外永宁江侧。清乾隆《黄岩县志》云："朱文公以江水如反弓，大街径直如箭，其俗尚口，乃建道院障焉。"

临海玉皇宫，在临海县治东北。民国《临海县志》云："宋太学生陈建中建。"

临海悟真祠，在临海城内悟真坊，南宋时建。宋陈耆卿《嘉定赤城志》云："悟真坊，在州东北二百五十步。庆元三年（1197年）叶守籀以张平叔居此著《悟真篇》名。今有祠。"

临海丹山观，在临海。具体始建年代及地址不详，至迟建于宋代。宋陈耆卿《嘉定赤城志》卷十四载，丹山观有"田一十三亩、地二亩、山四十七亩"。

天台佑圣观，在天台县东一百步妙山之上。明传灯《天台山方外志》云："宋南渡后，曹开府勋建观而境民，崇奉香火不废，韩择木断碑在焉。"

天台松隐道院，在天台县西二里，南宋时所建。明传灯《天台山方外志》云："即曹忠靖勋公松隐园。"

宋代台州道教的宫观，大都拥有自己的田地。宋陈耆卿《嘉定赤城志》卷十四谓：

临海天庆观，田 837 亩、地 590 丈又基 247 丈、山 34 亩。

临海栖霞宫，田 469 亩、地 115 亩、山 450 亩。

临海栖真观，田 109 亩、地 9 亩、山 1000 亩。

临海丹山观，田 13 亩、地 2 亩、山 47 亩。

天台桐柏崇道观，田 1618 亩、山 1345 亩。

天台福圣观，田 974 亩、地 44 亩、山 1160 亩。

天台元明宫，田 347 亩、地 74 亩、山 410 亩。

天台昭庆院，田 832 亩、地 178 亩、山 669 亩。

天台法轮院，田 15 亩、地 2 亩、山 20 亩。

天台妙乐院，田 124 亩、地 13 亩、山 68 亩。

天台法莲院，田 70 亩、地 33 亩、山 421 亩。

天台圣寿院，田 25 亩、地 5 亩、山 60 亩。

仙居纯熙观，田 641 亩、地 275 亩、山 111 亩。

仙居隐真宫，田 1169 亩、地 1276 亩、山 1858 亩。

黄岩定光观，田 244 亩、地 22 亩、山 43 亩。

宁海（今属宁波）天庆观，田 280 亩、地 107 亩、山 80 亩等。

这些宫观除了拥有大量的田地外，像临海天庆观、仙居隐真宫、黄岩定光观在乡间还有自己专门的庄园。官府有时也划拨公田，居士们还经常筑田于宫观。如南宋乾道六年（1170 年），《尚书省白云昌寿观牒劄》称："以白云昌寿观为名，旧有江州庐山田产三千余亩，拨充本庵常住供赡。"天台山都道正石葆璋"以江州庄所往来四千余里，每岁差前去收租，其耗极大。请旨将田变价，欲以临海县靖安乡徐怀绝户没官田地伍百亩拨充"[1]。又如南宋宝祐三年（1255 年）的《隐真宫庄田记》，所述内容即仙居县怀仁村隐真宫，记邻峰洞天主者高思义买田助宫事。由此可见，当时台州道教的道教宫观经济，是比较发达的。

第二节　台州的州祠禄官与其他祠禄

宋代曾设祠禄之官，以佚老优贤。祠禄之官为宋朝特有的职官制度。宋朝历代皇帝崇尚道教，于京城内外建立许多道教宫观。在京者为京祠，在外者为外祠。开始，外戚、宗室和宰执罢官留京师，多任宫观官；随之，疲老不任事而又未致仕的官员也多任此职。于是此法形成制度，凡大臣罢现任，令管理道教宫观以示优礼；无职事，但借名"以食其禄"，称为"祠禄"。据史载，宋代的祠禄之官始于北宋太平兴国年间（976—984 年）。南宋李攸

---

[1]　（民国）《台州府志》卷 87。

《宋朝事实》卷七十一《道释》称，宋太宗建凤翔上清太平宫成，"命常参官一人主宫事"，又云："太平兴国中，驾部员外郎李铸尝知凤翔府……俄复奉诏监'上清太平'宫，凡十余年。"清徐松辑《宋会要辑稿补编·太一宫》谓，太平兴国八年（983年）京师建成太一宫，"命廷臣及骨待各一人专监，掌其宫，三岁一代"。又《职官分纪》卷四十三《五岳四渎》载："太平兴国中，以令录州官老不给治者为庙令、判司簿尉为主簿，由是不置丞，亦有专置者。"随后，大中祥符七年（1014年），朝廷"置景灵宫使，以向敏中为之"①。学者们认为这也是宫观使较早的记载。同年又在十一月八日，"以修玉清宫昭应宫，参知政事丁谓，进工部尚书，充玉清昭应宫副使。二十七日，以右正言直集贤院夏竦，为玉清昭应宫判官，赐金紫入内内侍省押班周怀政，为玉清昭应宫都监"②。同年，首相王旦充玉清昭应宫使，为宰相兼宫观使的开始。南宋江东安抚制置大使、石林居士叶梦得谓："玉清昭应宫成，王魏公为首相，始命充使，宫观置使自此始，然每为现任宰相兼职。"③天圣七年（1029年），玉清昭应宫因大雷雨而灾。遂"罢辅臣，所领诸宫观使名，从吕夷简、张旻、夏竦之请也"④。此次罢宫观使，时间达二十年之久。在整个宋代，这只是例外而已。皇祐元年（1049年），重设宫观使，以"山南东道节度使，同平章事，祥源观使，贾昌朝为观文殿大学士"⑤。从此，宋代的祠禄制度，一直延续到南宋灭亡。

　　一般来说，祠禄之官是为安置老病无能的大臣及高级冗官闲员而设，坐食俸禄而不管事。但事实上可能有少数人担任提举、提点或管勾宫观及监庙者是实职的。首先，北宋熙宁三年（1070年）以前任此官者大多可能都是实理其事的，因为当时有一人兼管几处宫观的，而基本上没有一处宫观同时设多名提举、提点或管勾的。清徐松辑《宋会要辑稿》职官五十四之六云：北宋熙宁四年（1071年），"诏应提举、管勾内外宫观及岳庙常留一员在彼，余听如分司致仕例，任便居止"。从以上记载来说，此被"留"者显然是要实理其事的，但史书中却未见载有实例。

　　关于祠禄之官，《宋史》卷一百二十三是这样记云的：

---

① 《宋史》卷8。
② （宋）李焘：《续资治通鉴长编》卷68。
③ （宋）叶梦得：《石林燕语》卷7。
④ （宋）李焘：《续资治通鉴长编》卷83。
⑤ 同上。

先时员数绝少，熙宁以后乃增置焉。在京宫观，旧制以宰相、执政充使，或丞、郎、学士以上充副使，两省或五品以上为判官，内侍官或诸司使、副政和改武臣官制，以使为大夫，以副使为郎。

为都监，又有提举、提点、主管。其戚里、近属及前宰执留京师者，多除宫观，以示优礼。时朝廷方经理时政，患疲老不任事者废职，欲悉罢之。乃使任宫观，以食其禄。王安石亦欲以此处异议者，遂诏："宫观毋限员。并差知州资序人。以三十月为任。"又诏："杭州洞霄宫、亳州明道宫、华州云台观、建州武夷观、台州崇道观、成都玉局观、建昌军仙都观、江州太平观、洪州玉隆观、五岳庙自今并依嵩山崇福宫、舒州灵仙观置管干或提举、提点官。""奉给，大两省、卿、监及职司资序人视小郡知州，知州资序人视小郡通判，武臣仿此。"四年，诏："宫观、岳庙留官一员，余听如分司、致仕例，人便居住"。六年，诏："卿、监、职司以上提举，余官管干。"又有以京官为干当者。又诏："年六十以上者乃听差，毋过两任。"又诏："兼用执政恩例者，通不得过三任。"

元丰中，王安石以左仆射、观文殿大学士为集禧观使，吕公著、韩维以资政殿学士兼侍读、仍提举中太一宫兼集禧观公事。元祐间，冯京以观文殿学士、梁焘以资政殿学士为中太一宫、醴泉观使。范镇落致仕，以端明殿学士提举中太一宫兼集禧观公事。三年，诏："横行使、副无兼领者，许兼宫观一处。"六年，诏："横行狄谘、宋球既领皇城司，罢提点醴泉观。"元符元年，高遵固年八十一，乞再任宫观，高遵礼年七十六，乞再任亳州太清宫，又从其再任之请，以待遇宣仁亲属故也。大观元年，赵挺之以观文殿大学士为佑神观使。政和六年诏："措置宫观，如万寿、醴泉近百员，更不立额"。靖康元年，诏内外官见带提举、主管神霄玉清万寿宫并罢。大抵祠馆之设，均为佚老优贤，而有内外之别，京祠以前宰相、见任使相充使，次充提举；余则为提点，为主管，皆随官之高下，处以外祠。选人为监岳庙，非自陈而朝廷特差者，如黜降之例。

绍兴以来，士大夫多流离，困厄之余，未有阙以处之。于是许以承务郎以上权差宫观一次，续又有选人在部无阙可入与破格岳庙者，亦有以宰执恩例陈乞而与之者，月破供给。非责降官并月破供给，依资序降二等支。

　　理为资任，意至厚也。然初将以抚安不调之人，末乃重侥求泛与之弊。于是臣僚交章，欲罢供给以绝干请，变理任以抑侥幸，严按格以去泛滥。上并从之。自是以后，稍复祖宗条法之旧。又有年及七十，耄昏不堪牧养而不肯自陈宫观者，复申明旧法，著为定令以律之。旧制，六十以上知州资序人，本部长官体量精神不致昏昧堪厘务者，许差一任，兼用执政官陈乞者加一任。绍兴二十二年，臣僚言："郡守之职，其任至重，昨朝廷以年及七十，令吏部与自陈宫观，乞将前项指挥永为著令。"从之。

　　盖不当请而请，则冗琐者流竞窃优闲廪稍；或当请而不请，则知进而不知退，识者羞焉。一祠馆之与夺，不可不谨如是。故重内祠，专使职，所以崇大臣之体貌，一次以定法，再任以示恩，绍熙五年庆寿赦，应文武臣宫观、岳庙已满，不应再陈者，该今来庆寿恩，年八十以上，特许更陈一次。

　　京官以上二年，选人三年，凡待庶僚者，皆于优厚之中寓闲制之意焉。

　　从以上记载可知，北宋熙宁以前，任宫观使者员额很少。熙宁时（1068—1077 年），王安石执政，为安排反对变法官吏，规定宫观官不限名额，知州资序以上官即可派遣，并规定了任宫观祠禄官按不同级别应得的俸给和任期。此制施行后，宫观官的员额不断扩大。统计数据表明，政和时（1111—1118 年）全国有祠禄之官近百员。靖康元年（1126 年），宋钦宗曾下诏罢去一批宫观官。宋室南渡以后，宫观官仅保留醴泉观使、万寿宫使及佑神观使三职。南宋绍兴时（1131—1162 年），士大夫流离失所，朝廷无多余官缺安置，于是许"承务郎以上权差宫观一次"[①]；又有选人众多，无官缺可补的，也破格给予岳庙祠禄。宋朝还有一种传统，即凡年六十岁以上（南宋为年及七十）不能理事的知州资序官员，应自己陈请罢现任为宫观。非自陈而朝廷特差宫观者，则属于黜降；但吏部仍可按"自陈宫观"处理，以示优礼。对于官僚士大夫的这些优待，北宋仁宗朝参知政事、平章军国事文彦

---

① （宋）李焘：《续资治通鉴长编》卷 221。

博认为其实质就是："为与士大夫治天下，非与百姓治天下也。"①

台州的祠禄之官可分为两种类型，一是客籍、本籍出任本地宫观的宫观官，如提举台州崇道观，或主管台州崇道观，或监岳庙等。二是本籍出任外地宫观的宫观官，如主管华州云台观，或监南岳庙等。这些祠禄之官又可分成六种，以佚老优贤的；政见分歧的；被黜降，朝廷差遣的；予恩泽的；因战功的；亲宗室的。据宋陈耆卿《嘉定赤城志》记载，台州的州祠禄官有"台州崇道观"和"监岳庙"两职，无定员。

提举台州崇道观的有石公弼、洪炎、赵亿、汤东野、李友闻、黄潜厚、詹至、王仲嶷、李谊、程俱、沈晦、樊宾、叚恩、王安道、赵子彦、汪召嗣、苏符、蔡伸、陈仲坚、张深、潘长卿、李光、蒋璨、张修、韩世良、刘纲、张焘、李如冈、刘岑、杨从仪、李显忠、钱端礼、刘章、宋赎、蔡必胜、徐谊、汪洙、杨应诚、董棻、陈宥、兰整、王健、杜平、申世景、潘粹卿、韩京、叶三省、廖虞弼、钱恺、张俧、刘宝、宋朴、秦琪、王弗等。

石公弼（1061—1115 年），字国佐，原名公辅，越州新昌（今浙江新昌）人。北宋元祐六年（1091）进士，调卫州司法参军。寻知广德县，召为宗正寺主簿。徽宗中（1101—1125 年），累官御史中丞，兵部尚书。后改述古殿直学士、知襄州。蔡京再辅政，罗致其罪。政和五年（1115 年），"遂为秀州团练副使、台州安置。未几，以皇太子赦，提举（台州）崇道观。卒年五十五"②。

洪炎（1067—1133 年），字玉父，洪州南昌（今江西南昌）人。为黄庭坚外甥。北宋元祐九年（1094 年）进士，累官谷城县令，郢州守，著作郎，秘书少监。南渡后历官中书舍人，宋李心传《建炎以来系年要录》卷七十谓："癸丑，徽猷阁待制、提举台州崇道观洪炎"，"卒于高宗绍兴三年"③。其工诗，诗风沉郁，内容充实，风格酷似黄庭坚。著有《西渡集》、《尘外记》、《侍儿小名录》一卷等。汇编黄庭坚《豫章先生集》。

赵亿（1079—1135 年），里籍不详。北宋宣和三年（1121 年），为发运副使。累官右中大夫、右文殿修撰、知漳州。宋李心传《建炎以来系年要录》卷九十六谓，绍兴五年（1135 年）"右文殿修撰致仕赵亿，落致仕提举

①　《宋史》卷 170。

②　（宋）王称：《东都事略》卷 105。

③　王兆鹏：《宋南渡六诗人生卒年考辨》。

台州崇道观。用给事中吕祉等奏也，命下而亿已卒矣。汪藻撰亿墓志云，朝廷知公未衰，起提举崇道观，命及门而公卒，时乙卯十二月丙申也。按亿之卒在此前十七日，藻所云小误"。

汤东野（？—1135年），里籍不详。南宋建炎三年（1129年），以工部侍郎知平江府兼浙西制置使。历官徽猷阁直学士，江淮发运使，淮东安抚使，尚书户部侍郎，宣抚处置使司参赞军事，试工部侍郎兼知建康，提举应副六宫事务随行等。宋李心传《建炎以来系年要录》卷七十五谓，绍兴四年（1134年）"徽猷阁直学士、知扬州汤东野，落职提举台州崇道观"。又《建炎以来系年要录》卷八十五称，绍兴五年（1135年）"右太中大夫、提举台州崇道观汤东野，并复徽猷阁待制"。

李友闻（？—1136年），河南籍，新宁（今广东台山）人。北宋宣和（1119—1125年）间以右选出身，授忠翊郎，御前干办。谏和议失官，流南雄府。靖康元年（1126年），以朝议大夫、集英殿修撰知福州。宋李心传《建炎以来系年要录》卷七十八谓：南宋绍兴三年（1133年）"集英殿修撰李友闻，提举台州崇道观。友闻李俦之父"。

黄潜厚（？—1137年），邵武（今福建邵武）人。北宋末年为官直显谟阁，除京东转运副使。后历户部侍郎、户部尚书。南宋建炎元年（1127年）为延康殿学士、同提举措置财用，迁刑部尚书。绍兴五年（1136），诏责授中大夫、秘书少监分司南京黄潜厚，落分司"提举台州崇道观"[1]，次年卒。

詹至（1073—1140年），字及甫。严州（今浙江桐庐、建德、淳安）人。北宋崇宁中（1102—1106年）进士，历陕西转运使、江淮招讨使司随军转运副使，知徽州、外州，累官中奉大夫。宋李心传《建炎以来系年要录》卷一百三十二谓，南宋绍兴九年（1139年）"直秘阁、提举台州崇道观詹至，提点永兴军等路刑狱公事，至辞不行"。著有《瀛山集》十卷。

王仲嶷（？—1143年），字丰父，一作丰甫，生卒年代不详，华阳（今四川成都）人。北宋政和四年（1114年）知越州，后擢待制。南宋建炎三年（1129年）知袁州，金兵入江西，坐弃城失守削籍。秦桧为其兄仲山婿，其当政时，因缘复原官。绍兴十三年（1143年），"左正议大夫、提举台州崇道观王仲嶷，复显谟阁待制致仕"[2]。以年八十余卒，诸孙皆奏京秩。

---

① （清）陆心源辑《宋史翼》卷40。

② （宋）王明清：《挥麈录余话》。

李谊（？—1143年），字宜之，生卒年代不详，济州任城（今山东济宁）人。历官奉议郎、秘阁修撰，右谏议大夫，试中书舍人兼直学士院兼侍讲。南宋绍兴十三年（1143年），知庐州。宋李心传《建炎以来系年要录》卷一百四十八谓："左奉议郎、提举台州崇道观李谊，复秘阁修撰知庐州。"又《建炎以来系年要录》卷一百四十九称："秘阁修撰、知庐州李谊卒，诏复敷文阁待制致仕。"

程俱（1077—1144年），字致道，号北山，开化（今浙江开化）人。北宋绍圣四年（1097年），以外祖尚书左丞邓润甫恩荫，补吴江县主簿，监舒州太湖茶场。建中靖国元年（1101年），因上疏触怒当局被黜。政和元年（1111年），任临淮县知县。宣和二年（1120年），赐上舍出身，历任将作监丞、著作佐郎、礼部员外郎等职。后因病乞归。南宋建炎三年（1129年），以太常少卿知秀州。绍兴元年（1131年），任少监，迁中书舍人兼侍讲。绍兴六年（1136年），任徽猷阁待制。绍兴九年（1139年），秦桧荐领史事兼任万寿观提举、实录院修撰。宋李心传《建炎以来系年要录》卷一百三十二谓："徽猷阁待制、提举台州崇道观程俱，提举万寿观、充实录院修撰。"著有《北山小集》、《北山律式》、《麟台故事》等。

沈晦（1084—1149年），字元用，一字文明，号胥山，钱塘（今浙江杭州）人。北宋宣和六年（1124年）状元，除校书郎，迁著作佐郎。南宋建炎元年（1127年），为集英殿修撰，知信州。旋知明州，移处州、婺州。历徽猷阁待制，集英殿修撰，知制诰，知宣州，移知建康府。绍兴元年（1131年），起知镇江府，两浙西路安抚使。宋李心传《建炎以来系年要录》卷七十八谓："辛亥，徽猷阁待制、提举台州崇道观沈晦，知镇江府兼两浙西路安抚使。"后贬洞霄宫提举，起为广西经略兼静江府，进为徽猷阁直学士，知衢州，改潭州，提举太平兴国宫。病逝于任上，享年六十六岁。

樊宾（？—1149年），河中人。南宋绍兴元年（1131年），除荆南镇抚司同措置营田官。六年（1136年）迁司农少卿，七年（1137）知袁州。宋李心传《建炎以来系年要录》卷一百五十九谓，绍兴十九年（1149年）"庚戌，左中大夫、提举台州崇道观樊宾卒"。

段恩（？—1150年），里籍不详。历官正侍大夫、华州观察使，提举台州崇道观。宋李心传《建炎以来系年要录》卷一百六十一谓，南宋绍兴二十年（1150年）"正侍大夫、华州观察使，提举台州崇道观段恩卒。恩初见建炎三年，是时不知为何官，于此始见于日历故表出之"。

王安道（？—1151年），字时中，河阳（今河南孟县）人。南宋绍兴十年（1140年），以左朝散郎、新沿海制置使司参议官，直秘阁、提举淮南东路茶盐公事兼措置料角斥堠。十四年（1144年），直秘阁、主管台州崇道观知庐州。历右武大夫、保宁军承宣使，两浙西路马步军副都总管。十八年（1148年）落阶，官为宣州观察使。十九年（1149年），为武泰军承宣使。二十一年（1151年）卒。宋李心传《建炎以来系年要录》卷一百六十二谓，绍兴二十一年（1151年）"右中奉大夫、直秘阁、提举台州崇道观王安道卒"。

赵子彦（？—1152年），宋太祖六世孙，生卒年代及里籍不详。南宋绍兴六年（1136年），官武翼郎添差温州兵马钤辖，特迁武翼大夫。历右武大夫，忠州团练使，提举台州崇道观。宋李心传《建炎以来系年要录》卷一百六十一谓，南宋绍兴二十年（1150年）"十有一月甲戌，诏右武大夫、忠州团练使、提举台州崇道观赵子彦，特许久任俸赐如总管"。

汪召嗣（？—1153年），祁门（今安徽祁门）人。南宋绍兴二年（1132年），官广东转运副使。历江西盐司转运使，右中大夫、直秘阁、知袁州，太府少卿、总领四川财赋军马钱粮，直龙图阁、提举台州崇道观。宋李心传《建炎以来系年要录》卷一百六十四谓，绍兴二十三年（1153年）"辛亥，直龙图阁、提举台州崇道观汪召嗣，知潭州。召嗣以失职罢茶马，才四十日便除大藩，前未有此当，考召嗣未至官而卒"。

苏符（1086—1156年），字仲虎，晚号白鹤翁，眉山（今四川眉山）人。以三苏遗恩授假将仕郎，后改宣教郎，擢国子丞，改司农丞，迁仓部职方外郎，知蜀州（今四川崇庆）。南宋绍兴五年（1135年），赐进士出身。除尚书司勋外郎，起居郎，中书舍人，试给事中，充贺金正旦使。十年（1140年），权礼部尚书。十二年（1142年），提举江州长太平观，除知遂宁府。十六年（1146年），复敷文阁待制。二十四年（1154年），知饶州。宋李心传《建炎以来系年要录》卷一百六十七谓："敷文阁待制、提举台州崇道观苏符知饶州。"二十六年（1156年）卒，享年七十岁。有制诰表章十卷、文集二十卷，特赠左中奉大夫，累封眉山开国伯，食邑七百户。

蔡伸（1088—1156年），字伸道，号友古居士，仙游（今福建仙游）人。北宋政和五年（1115年）进士，历太学正，太学博士，知潍州北海县，通判徐、楚、饶、真州，知滁州。秦桧当国，以赵鼎党被罢，主管台州崇道观。南宋绍兴九年（1139年），知徐州，因金人渝盟，未赴，改知德安府，又知和州。后除浙东安抚司参议官，秩满，提举台州崇道观。官至左中大夫。绍兴二十六年（1156 年）卒，年六十九岁。其善词，词风疏快淡净，雅丽圆润，题材广泛，章法娴熟。有《友古居士词》传世。

陈仲坚（？—1156 年），开封（今河南开封）人。宋李心传《建炎以来系年要录》卷一百十二谓，南宋绍兴七年（1137 年）"丙子，右金吾卫大将军、提举台州崇道观陈仲坚，复为虁州观察使。仲坚，开封人，钦慈后兄子也。"

张深（？—1157 年），里籍不详，南宋高宗朝大将。南宋建炎元年（1127 年），充龙图阁直学士、知熙州。寻为龙图阁待制、知延安府，充龙图阁直学士、知京兆府，起复直徽猷阁。历转运副使，经略使，直秘阁、主管四川茶马，端明殿学士、四川制置使，提举台州崇道观等。宋李心传《建炎以来系年要录》卷一百七十六谓，绍兴二十七年（1157 年）"癸卯，直徽猷阁、提举台州崇道观张深卒"。

潘长卿（？—1158 年），里籍及生平事迹不详，吴国长公主之子。历官成州团练使，泉州观察使、提举台州崇道观。宋李心传《建炎以来系年要录》卷一百六十三谓，南宋绍兴二十二年（1152 年）"壬申，泉州观察使、提举台州崇道观潘长卿……并为承宣使。长卿宁江军……自长卿以下皆吴国长公主之子特推恩也"。

李光（1077—1159 年），字泰发，又名泰定，晚年自号"体物居士"，越州上虞（今浙江上虞）人。北宋崇宁五年（1106 年）进士，初知开化县，移知常熟县，改京东西学事司管勾文字。除太常博士，迁司封。除司勋员外郎，迁符宝郎。靖康元年（1126 年），擢右司谏，迁侍御史。南宋建炎元年（1127 年），擢秘书少监。三年（1129 年）知宣州，改知临安府。绍兴元年（1131 年），除知婺州，旋擢吏部侍郎。二年（1132 年）授淮西招抚使，改江东安抚大使、知建康府兼寿春府，落职提举台州崇道观。宋李心传《建炎以来系年要录》卷五十一谓："端明殿学士、江南东路安抚大使兼知建康府李光，落职提举台州崇道观。"起知湖州，历知平江府、台州、温州。绍兴七年（1137 年），为江南西路安抚制置大使兼知洪州。八年（1138 年）拜参知政事，九年（1139 年）因与秦桧不和，出知绍兴府，改提举洞霄宫。十四年（1144 年）移琼州，二十年（1150 年）移昌化军。二十五年（1155 年）秦桧死，内迁郴州。绍兴二十八年（1158 年）复任左朝奉大夫，任便居住。二十九年（1159 年）致仕，行至江州（今江西省九江市）时卒，年八十二。

隆兴元年（1163年），追封为资政殿学士，谥庄简。著有《前后集》、《椒亭小集》、《庄简集》，代表作为《读易详说》。

蒋璨（1085—1159年），字宣卿，号景坡，宜兴（今江苏宜兴）人。北宋崇宁五年（1106年），以荫补将仕郎，授婺州兰溪县主簿。历知抚州，通州。南宋绍兴二年（1132年），知台州。五年（1135年），提举淮南东西路茶盐公事。历知扬州、临安府，迁两浙转运副使。二十七年（1157年），由淮南转运副使知平江府。宋李心传《建炎以来系年要录》卷一百五十二谓，绍兴十四年（1144年）"壬午，直龙图阁、知镇江府蒋璨罢，以转运司劾其擅以经费钱物收入公使故也。先是上尝言，其避事至是罢之。孙觌撰璨墓志云，知镇江府当是时权贵人执爵禄之柄，视苞苴丰俭为低昂，公独无所饷遗罢归。请祠得台州崇道观，凡四任宫祠十二年"。又卷一百七十亦谓："直龙图阁、提举台州崇道观蒋璨，为淮南路转运副使。璨不为秦桧所喜，自镇江罢去为祠官者十二年。"

张修（？—1160年），生卒年代及里籍不详。宋李心传《建炎以来系年要录》卷一百八十八谓，绍兴三十年（1160年）"辛未，左中奉大夫、提举台州崇道观张修卒"。著有《九江新旧录》三卷、《桂林集》十二卷。

韩世良（？—1160年），生年不详，绥德（今陕西绥德）人。南宋绍兴九年（1139年），官和州防御使权、主管侍卫步军司公事，龙神卫四厢都指挥使。历合门宣赞舍人，神武中军右部统领。宋李心传《建炎以来系年要录》卷一百八十四谓，绍兴三十年（1160年）"奉国军承宣使、提举台州崇道观韩世良卒"。

刘纲（？—1160年），生卒年代不详，泗州招信（今安徽嘉山东北）人。南宋建炎四年（1130年），以修武郎迁武德郎、合门宣赞舍人，除滁濠镇抚使。绍兴元年（1131年），为两浙东路兵马副钤辖。绍兴四年（1134年），添差浙东兵马都监，充淮东兵马钤辖泗州驻劄。宋李心传《建炎以来系年要录》卷一百三十四谓，绍兴十年（1140年）"癸未，武功大夫、文州刺史、阁门宣赞舍人、提举台州崇道观刘纲，为应天府路马步军副总管，仍以忠锐第四将隶之"。绍兴三十年（1160年），以左武大夫、武康军承宣使，知扬州卒。

张焘（1089—1164年），字子公，德兴（今江西德兴）人。北宋政和八年（1118年）进士，尝为辟雍录、秘书省正字。南宋建炎中（1127—1130年），通判湖州。绍兴二年（1132年），除司勋员外郎，迁起居舍人，再迁中书舍人。五年（1135 年），试尚书兵部侍郎。宋李心传《建炎以来系年要录》卷九十六谓，绍兴五年（1135 年）"壬寅，集英殿修撰、提举台州崇道观张焘，试尚书兵部侍郎"。寻权吏部尚书，以宝文阁学士知成都府兼本路安抚使。进端明殿学士，提举万寿观兼侍读，除吏部尚书。以资政殿学士致仕，寻迁太中大夫，复知建康府。隆兴元年（1163 年），除同知枢密院。迁参知政事，除资政殿大学士、提举万寿观兼侍读。卒年七十五岁。

李如冈（1090—?），字仲义，号安政，吉水（今江西吉水）人。南宋绍兴二十年（1150 年），官大理少卿。历权尚书吏部侍郎，知泉州，敷文阁待制，知静江府，知襄阳。秘阁修撰、敷文阁待制、知广州。宋李心传《建炎以来系年要录》卷一百七十六谓，绍兴二十七年（1157 年）"李如冈本曹泳党，与媚事权臣，所至不治，诏如冈提举台州崇道观，仍夺职"。

刘岑（1087—1167 年），字季高，号杼山居士，祖籍吴兴，迁居溧阳（今江苏溧阳）。北宋宣和六年（1124 年）进士，靖康元年（1126 年）为秘书省著作佐郎。建炎元年（1127 年），直秘阁，知郑州。绍兴四年（1134 年），知太平州。历知池州、镇江府、潭州、信州，提举江州太平观。十一年（1141 年），责授单州团练副使，全州安置。宋李心传《建炎以来系年要录》卷一百六十四谓，南宋绍兴二十三年（1153 年）"己未，责授朝奉郎、少府少监全州安置刘岑，特差主管台州崇道观，建昌军居住"。又《建炎以来系年要录》卷一百八十二，绍兴二十九年（1159 年）"秘阁修撰、提举台州崇道观刘岑知泰州"。三十一年（1161 年），召赴行在，试户部侍郎。金人入和州，兼御营随军都转运使，沿江措置。三十二年（1162 年），以言者论其前罪落职。卒年八十一岁，著有《朱胜非行状》一卷。

杨从仪（1091—1169 年），字子和，凤翔天兴（今陕西凤翔）人。自幼慷慨，常以功名自许。北宋靖康元年（1126 年），投军抗金。南宋建炎元年（1127 年），以军功补进武校尉，权天兴县尉。建炎四年（1130 年），知天兴县事，转保义郎，升部将。绍兴元年（1131 年），以奇功转秉义郎，迁副将。寻转武略郎，兼阁门宣赞舍人，升正将。旋转武德大夫，开州刺史，迁统领军马，兼秦凤路兵马都监。累官中亮大夫、郪州防御使，知洋州、兼管内安抚司公事，协忠大夫，知凤翔府、兼管内安抚使，履正大夫、升都钤辖、节制凤翔府忠义军马，马步军副总管。绍兴三十二年（1162 年），以功真拜和州防御使，赐爵安康郡开国侯，食邑一千七百户，食实封一百户。乾道二年

（1166 年），"敕授提举台州崇道观，介梁，洋间居焉"①。五年（1169 年）以疾而终，享年七十八岁。

李显忠（1108—1177 年），初名世辅，字君锡，一作公弼，绥德军清涧（今陕西清涧）人。出身将门，果敢有谋，号称"万人敌"。十七岁时投军抗金，南宋建炎四年（1130 年）被迫降金，以鄜延路兵马副都监镇守边寨，屡败西夏军。后为兀术授承宣使、知同州。绍兴八年（1138 年），设计俘金元帅右监军完颜杲（撒离喝），归宋途中，因追兵所迫将其放还。后全家二百余口为金军所害，被迫投奔西夏，出为延安招抚使。次年还宋，除指挥使、承宣使。高宗抚劳再三，赐名显忠，授枢密院都统制。十年（1140 年），金朝背盟攻宋，以三京招抚司前军都统制率部屡败金军，加保信军节度使、浙东副总管。十八年（1148 年），因建策恢复中原，忤权相秦桧，被排挤降官赋闲。二十三年（1153 年），"己酉，降授平海军承宣使、提举台州崇道观、台州居住李显忠，复宁国军节度使，以赦叙也"②。二十九年（1159 年），任殿前司选锋军都统制。三十一年（1161 年），改任建康府御前诸军都统制。孝宗即位后，以太尉兼权池州御前诸军都统制。隆兴元年（1163 年），受命渡淮攻金。在符离之战中，克灵璧（今安徽灵璧）、降虹县（今泗县）、拔宿州（今属安徽），擢殿前都指挥使。后在金军反击下，兵溃宿州符离，以咎贬官。乾道改元（1165 年），乃还会稽，"复防御使，观察使、浙东副总管，赐银三万两，绢三万匹，绵一万两。提举台州崇道观"③。召除威武军节度使、左金吾卫上将军，赐第京师。寻复太尉，乞祠，提举兴国宫，绍兴府居住，岁赐米二千石。淳熙四年（1177 年）提举万寿观，奉朝请。同年卒，年六十九。赠开府仪同三司，谥忠襄。

钱端礼（1109—1177 年），字处和，祖籍临安，徙居临海。初至台时，吕颐浩一见赏欢，以公辅期之。后以荫入仕，南宋绍兴三年（1133 年），添差通判台州，累迁知临安府。绍兴十七年（1147 年），为淮南路转运副使兼淮南东路提点刑狱公事。宋李心传《建炎以来系年要录》卷一百五十六谓："直宝文阁、主管台州崇道观钱端礼，为淮南路转运副使兼淮南东路提点刑狱公事。"又《建炎以来系年要录》卷一百八十一称，绍兴二十九年（1159

---

① （宋）《故和州防御使提举台州崇道观安康郡开国侯食邑一千七百户食实封一百户杨公墓志铭》。

② （清）毕沅：《续资治通鉴》卷 130。

③ 《宋史》卷 367。

年）"直龙图阁、提举台州崇道观钱端礼，行太府少卿。时上为右监门卫大将军、荣州刺史愔纳妇，选得端礼之女，故召还而有是命"。绍兴三十一年（1161 年）权户部侍郎兼枢密都承旨。隆兴二年（1164 年）赐同进士出身，除签书枢密院事兼权参知政事，力赞和议。进参知政事兼权知枢密院事。女为皇长子邓王夫人，邓王立为太子，乾道元年（1165 年）引嫌除资政殿大学士，提举洞霄宫。四年（1168 年），起知宁国府，移绍兴府。因籍入财产至六十万缗，遂于淳熙二年（1175 年）复与祠。

刘章（1103—1182 年），字文孺，衢州龙游（今浙江龙游）人。自少警异，日诵数千言，精通《小戴礼》，四冠乡举。南宋绍兴十五年（1145 年）状元，初授镇江军签判。后入京任秘书省正字，迁秘书郎兼普安、恩平两王府教授，又迁著作佐郎。事王府四年，专以经义文学启迪掖导，为孝宗所赏识。时秦桧专权，嫌章不附己，外调筠州任副职。秦桧死后，召为司封员外郎、检详枢密院文字兼玉牒检讨官。擢秘书少监、起居郎。充贺金国生辰使还，除权工部侍郎，俄兼吏部、兼侍讲。因胥吏诬告，侍御史朱倬弹劾，"罢提举崇道观"[①]。孝宗即位，命知漳州，为谏议大夫王大宝所格。寻除秘阁修撰、敷文阁待制，召提举佑神观兼侍读，遂拜礼部侍郎。淳熙初，授端明殿学士，赐银绢四百匹。淳熙四年（1177 年），以资政殿学士告老。卒赠光禄大夫，谥靖文。著有《补过斋拙稿》。

宋贶（1109—1188 年），字益谦，当涂（今安徽当涂）人。南宋建炎（1127—1130 年）间以祖荫补将仕郎，初为新安尉，知上元县，监左藏库。绍兴十一年（1141 年）任军器监主簿，历官司农寺正、金部员外郎、权户部侍郎、兼权枢密都承旨、知临安。绍兴二十四年（1154 年），知建康府。改知平江府。宋李心传《建炎以来系年要录》卷一百六十六谓："庚辰，右正奉大夫、提举台州崇道观宋贶，知建康府。"绍兴二十六年（1156 年），责授果州团练使，梅州安置。乾道七年（1171 年）起知镇江府，逾年致仕，卒年七十九。

蔡必胜（1140—1203 年），字直之，平阳（今浙江平阳）人。南宋乾道二年（1166 年）武科进士，补成忠郎。授江东将领副东南十一将，知邵州。光宗即位，召为合门舍人，迁带御器械，知阁门事。宁宗即位，出知池州，徙楚州、庐州。宋叶适《水心集》卷一十七《蔡知阁墓志铭》谓："提举崇

---

① 《宋史》卷390。

道观。"卒年六十四岁。

徐谊（1144—1208年），字子宜，一字宏父，平阳（今浙江平阳）人。南宋乾道八年（1172年）进士，累官太常丞。淳熙八年（1181年），为枢密院编修官。十六年（1189年），知徽州。绍熙元年（1190年），提举浙西常平茶盐，守右司郎中，迁左司。三年（1192年），为吏部员外郎。五年（1194年），兼知临安府。庆元元年（1195年），迁检正中书门下诸房公事兼权刑部侍郎，进权工部侍郎、知临安府。因忤韩侂胄，责惠州团练副使、南安军安置，移袁州，又移婺州。嘉泰二年（1202年）复官，"提举（台州）崇道观"①，起知江州，加集英殿修撰，升宝谟阁待制。开禧三年（1207年），知建康府兼江淮制置使。嘉定元年（1208年）改知隆兴府，卒于任，年六十五岁。

汪洙，字德温，生卒年代不详，宁波鄞县人。自幼善赋诗，有神童之号。北宋元符三年（1100年）进士，初授明州教授。召升宫教，拜大宗正卿，累官至观文殿大学士。明凌迪知《万姓统谱》云其晚年"提举台州崇道观"，并筑室西山，召集诸儒讲学，以教授族间之子弟，乡人称其室为"崇儒馆"。卒谥文庄，著有《春秋训诂》。

杨应诚，生卒年代及里籍不详。北宋宣和三年（1121年）权知婺州，历官浙东路马步军都总管，右武大夫、忠州防御使。宋李心传《建炎以来系年要录》卷七十有，南宋绍兴四年（1134年）"右武大夫、忠州防御使，提举台州崇道观杨应诚"之记载。绍兴九年（1139年）致仕，著有《建炎假道高丽录》一卷。

董菜，字令升，生卒年代不详，东平（今山东东平）人，居宜兴。北宋宣和（1119—1125年）中官镇江府学教授，南宋绍兴初（1131—1140年）提点广西刑狱，后入朝为吏部员外郎。清陆心源《宋史翼》卷十七谓："入为吏部员外郎，累官徽猷阁待制知严州，罢为提举台州崇道观。"绍兴二十六年（1156年）起为左中大夫知婺州，以敷文阁待制致仕。著有《广川家学》二十卷、《严陵集》九卷、《严州图经》八卷、《闲燕常谈》三卷及《诞圣录》等。

陈宥，生卒年代及里籍不详。历官汝州团练副使、宣政使、贵州防御使等。宋李心传《建炎以来系年要录》卷九十九谓，南宋绍兴六年（1136年）

---

① 《宋史》卷397。

"庚辰，宣政使、贵州防御使，提举台州崇道观陈宥。为内侍省押班，主管温州景灵宫奉迎所"。

兰整，生卒年代及里籍不详。历官步军都指挥使，孟州观察使、权主管侍卫马军司公事，海州团练使等。宋李心传《建炎以来系年要录》卷一百十一谓，南宋绍兴七年（1137 年）"龙神卫四厢都指挥使、平海军承宣使、权主管行宫马军司公事兰整，罢军职提举台州崇道观。以坠马有伤故也"。

王健，生平事迹不详。宋李心传《建炎以来系年要录》卷一百三十二有，南宋绍兴九年（1139 年）"庚申，右武大夫、忠州防御使、提举台州崇道观王健，为枢密副承旨"之记载。

杜平，生卒年代及里籍不详。北宋靖康元年（1126 年），官武功大夫、开州团练使，知原州。南宋绍兴元年（1131 年），原州陷于金，以身降。宋李心传《建炎以来系年要录》卷一百三十一谓，绍兴九年（1139 年）"武功大夫、开州团练使杜平知原州，关狭之陷也。平自知原州没于伪地，金人以平知凤翔府，累迁秦凤等路提点刑狱公事。至是楼炤以便宜命平守故郡许之，平言世受国恩，既丧忠义，无颜复临吏民。乃以平提举台州崇道观，平得祠在九月辛巳"。

申世景，生卒年代及里籍不详，南宋高宗朝大将。历官神武前军统领，武功大夫、荣州刺史、江南西路兵马都监、都督府选锋军统制，洪州兵马钤辖。宋李心传《建炎以来系年要录》卷一百三十六谓，南宋绍兴十年（1140 年）"武功大夫、果州团练司、洪州兵马钤辖殿前司、左翼军统制申世景，提举台州崇道观罢"。

潘粹卿，生卒年代不详，吴国长公主之子，河南（今河南洛阳）人。历官贵州团练使，利州观察使、提举台州崇道观。宋李心传《建炎以来系年要录》卷一百六十三谓，南宋绍兴二十二年（1152 年）"壬申……利州观察使、提举台州崇道观潘粹卿……并为承宣使……粹卿建宁军……自长卿以下皆吴国长公主之子特推恩也"。

韩京，生卒年代不详，郴州安仁（今湖南安仁）人。南宋绍兴五年（1135 年），为广东兵马钤辖。历摧锋军统制，中亮大夫、建州观察使，提举台州崇道观。宋李心传《建炎以来系年要录》卷一百六十三谓，绍兴二十二年（1152 年）"己巳……中亮大夫、建州观察使韩京，提举台州崇道观"。

叶三省，字景参，生卒年代不详，严州（今浙江建德、桐庐、淳安一带）人。南宋建炎三年（1129 年），官尚书右司员外郎。历起居郎，直龙图阁，知信州。绍兴二十二年（1152 年），因力诋和议，言涉谤讪，而落职，筠州居住。宋李心传《建炎以来系年要录》卷一百六十三谓："壬寅，直龙图阁、提举台州崇道观叶三省落职，筠州居住"。又卷一百七十谓：绍兴二十五年（1155 年）"左中奉大夫、提举台州崇道观叶三省，复直龙图阁"。

廖虞弼，生卒年代及里籍不详。南宋建炎四年（1130 年），为福州兵马钤辖。历右武大夫、成州团练使，枢密副都承旨，提举台州崇道观。宋李心传《建炎以来系年要录》卷一百八十谓，南宋绍兴二十八年（1158 年）"戊戌，枢密副都承旨廖虞弼入见。诏虞弼不安分守，侥求无厌，可提举台州崇道观。日下出门"。

钱恺，字乐道，生卒年代不详，宋会稽郡王钱景臻第四子。南宋绍兴中（1131—1162 年），与兄等奉母秦鲁国大长公主同住临海，守"金书铁卷"。以荫入仕，南宋绍兴十四年（1144 年），为右武大夫嘉州防御使。十五年（1145 年），为和州防御使知合门事。历昭化军承宣使知合门事，封吴兴郡公，赠少师开国公。宋李心传《建炎以来系年要录》卷一百八十二谓，绍兴二十九年（1159 年）"壬戌，昭化军承宣使、提举万寿观钱恺，降授舒州观察使、提举台州崇道观"。

张俑，字子扬，生卒年代及里籍不详。南宋绍兴六年（1136 年），知建昌军。二十六年（1156 年），直秘阁、新知秀州，寻为两浙路转运判官。二十七年（1157 年），直秘阁、知临安府。二十九年（1159 年），以直显谟阁、知临安府，充秘阁修撰、知明州。宋李心传《建炎以来系年要录》卷一百八十五谓，绍兴三十年（1160 年）"辛丑，秘阁修撰、知明州张俑，提举台州崇道观，从所请也"。

刘宝，生卒年代不详，华容（今湖南华容）人。南宋绍兴三年（1133 年），官翊卫大夫、昌州团练使。十一年（1141 年），为江州观察使，加龙神卫四厢都指挥使。十五年（1145 年），以江州观察使镇江府驻劄御前游奕军统制，降授果州团练使。十六年（1146 年），复宣州观察使。因党附秦桧而遭弹劾。绍兴三十一年（1161 年），诏："刘宝落安庆军节度使，罢福建路马步军副都总管。降授武泰军承宣使，提举台州崇道观，福建路任便居住。"①

宋朴，生卒年代不详，当涂（今安徽当涂）人。南宋绍兴二十一年（1151 年），官左朝散郎、抚州州学教授，充诸王宫大小学教授。二十二年

---

① （宋）李心传：《建炎以来系年要录》卷 188。

（1152 年），自殿中侍御史兼崇政殿说书为侍御史。寻自奉议郎、御史中丞除端明殿学士、朝奉郎、签书兼权参知政事。宋李心传《建炎以来系年要录》卷一百九十八谓，绍兴三十二年（1162 年）"左朝奉大夫宋朴，提举台州崇道观"。

秦琪，生卒年代及里籍不详，南宋高宗、孝宗朝大将。南宋淳熙元年（1174 年），诏以王友直、吴挺，持身甚廉，治军有律，凡所统御，宿弊顿除，可并与建节钺。"武功大夫、荣州刺史、提举台州崇道观秦琪，身任帅臣，蠹坏军政，专事阿附，贪墨无厌，可责授舒州团练副使、漳州安置"①。

王弗，生卒年代及里籍不详。南宋绍兴七年（1137 年），官左朝奉大夫、行尚书屯田员外郎。二十四年（1154 年），以右朝请大夫、福建路安抚司参议官，知果州。历右中散大、知嘉州，成都府路转运判官，成都府路提点刑狱公事，直秘阁都大提举四川茶马监牧公事。宋李心传《建炎以来系年要录》卷二百谓，绍兴三十二年（1162 年）"直秘阁、都大主管四川茶马监牧公事王弗，提举台州崇道观"。

主管台州崇道观的有江端友、许亢宗、王庭秀、谢亮、韩梠、任申先、王子献、吕抗、陈公辅、李易、陈充、朱松、喻汝砺、赵子俦、王伦、刘宁止、吕本中、陈渊、滕膺、秦梓、宇文师瑗、张致远、施庭臣、鲍贻逊、陶恺、王次翁、林季仲、张邵、刘昉、杨愿、曾恬、王浚明、王苹、王洋、高闶、舒清国、陈鹏飞、张昌、何大圭、洪皓、洪兴祖、胡宁、黄公度、吴秉信、汪思温、陈涛、赵令衿、王缙、王扬英、霍蠡、张宗元、范如圭、沈长卿、刘一止、林大声、赵士祁、彭合、王喜、秦熺、胡宪、魏良臣、楼涛、巩庭芝、曾几、张阐、吴谦、苏简、方扩、赵伯直、贺允中、黄瑀、罗博文、王大宝、孙道夫、钟离松、员兴宗、王十朋、王庭、赵师孟、吕大器、王伯庠、李迎、胡沂、周葵、朱敦儒、赵彦端、黄石、鲁訔、李浩、汪应辰、钱端礼、孟嵩、刘芮、王速、刘琪、吕祖谦、傅自得、吴儆、姜浩、杨倓、周淳中、石斗文、陆九渊、韩彦直、叶颙、王正己、张祖顺、李友直、朱熹、高子莫、余端礼、陈傅良、周必大、王明清、项安世、陆游、王介、俞烈、吴芝、钱文子、吴沇、杨简、赵汝谈、陈埙、吴泂、牟子才、孙梦观、虞复、刘仕龙、陈垲、吕景山、李霭、黄升、晁公为、钱圻、向子忞、

---

① （清）毕沅：《续资治通鉴》卷144。

陈子卿、孙佑、韩璜、江汉、吕省山、章杰、高傪、陆彦钦、家彦、张滉、张自牧、李良辅、赵涣、方略、王铨、赵戬、米璞、刘长孺、王直清、李利用、韩临亨、吴伟明、李弼儒、赵庆孙、陈敏识、熊彦诗、刘尧佐、刘尧仁、刘正平、孙镇、何麒、许中、曾班、姚邦基、高世定、王曦、许忻、程敦厚、秦埙、张子颜、张子正、逄汝霖、郑震、刘领、吴坰、勾龙廉、张士襄、黄烈、吕愿中、郭瑊、龚釜、荣薿、黄达如、吴景偲、孟处义、张监、吴说、陈惇、傅宁、赵不溢、赵善继、张戒、张晟、陈夒、魏安行、许大英、梅执仁、万俟止、徐康、章焘、王傅、王普、张宁、王圭、姚岳、李邦献、康杉、董将、郑作肃、王悦道、方滋、安尧臣、冯荣叔、吕稽中、钟世明、沈邦直、杨师中、熊仔、黄童、徐度、李端民、江琦、李简能、林澈、高选、钱建、周汝士、黄钺、曾迅、刘龟年、袁倚、蒋文会、赵伯迟、高子升、叶牙、何俅、何作、何志正、赵景纬、赵诱之、李郘、冯机宜、李宗之、吴蔼、柴安国等。

江端友（？—1134年），字子我，号"七里先生"，开封陈留（今河南开封陈留镇）人。北宋靖康元年（1126年）召为承务郎，赐同进士出身，为诸王府赞读。南宋建炎元年（1127年），任福建路抚谕使。历官兵部员外郎，太常少卿。绍兴二年（1132年），主管台州崇道观。宋李心传《建炎以来系年要录》卷五十八谓，绍兴二年（1132年）"尚书礼部员外郎江端友，主管台州崇道观，从所请也"。卒于温州，著有《自然斋集》七卷。

许亢宗（？—1135年），生年不详，饶州乐平（今江西乐平）人。北宋宣和七年（1125年）出使金国，累官奉议郎、尚书司封员外郎，著作郎，主管台州崇道观，知台州。宋李心传《建炎以来系年要录》卷九十一谓，南宋绍兴五年（1135年）"左朝请郎、主管台州崇道观许亢宗，直宝文阁知台州"。著有《宣和乙巳奉使行程录》一卷。

王庭秀（？—1136年），字颖彦，慈溪（今浙江慈溪）人。与黄庭坚、杨时等交好，为学旁搜远绍，不苟趣时好，造诣深远，操植坚正，发为文辞，俊迈宏远。北宋政和二年（1112年）登上舍第，历官乐寿尉，泗州、随州教授，侍御史李光荐为御史台检法官。金人扶掖张邦昌称帝，致仕。南宋建炎二年（1118年），为监察御史。三年（1119年），迁为殿中侍御史，出知筠州。绍兴三年（1133年），为吏部员外郎，守尚书左司员外郎，迁检正中书门下省诸房公事。因与宰相黄潜善议多不合，主管江州太平观。"诏直秘阁、主管（台州）崇道观而归"①。绍兴六年（1136 年）卒，著有《相山集》、《航海记》、《磨衲集》等。

谢亮（？—1136 年），里籍不详。南宋建炎二年（1128 年），以主客员外郎为陕西抚谕使兼宣谕，出使夏国。三年（1129 年），以主客员外郎假太常卿，权宣抚处置司参议官，再使夏国。历右朝散大夫、知通州。宋李心传《建炎以来系年要录》卷一百二谓，绍兴六年（1136 年）"右朝议大夫、主管台州崇道观谢亮卒"。

韩枵（？—1137 年），生年不详，相州安阳（今河南安阳）人。北宋宣和中（1119—1125 年）为户部侍郎，责黄州安置。历朝奉大夫、知江州，宋李心传《建炎以来系年要录》卷九十六谓，南宋绍兴五年（1135 年）"丁卯，右朝议大夫韩枵主管台州崇道观。枵坐蔡攸亲党久斥，至是始得祠"。

任申先（？—1138 年），居秀州（今浙江嘉兴）。进士出身，历监察御史，主管台州崇道观，集英殿修撰、提举江州太平观。宋李心传《建炎以来系年要录》卷六十四谓，南宋绍兴三年（1133 年）"监察御史任申先，主管台州崇道观，从所请也"。绍兴五年（1135 年），官中书舍人兼直史馆，升充史馆修撰。绍兴八年（1138 年），以徽猷阁待制致仕。旋卒。

王子献（？—1140 年），建阳（今福建建阳）人。南宋建炎三年（1129 年），官集英殿修撰、江西安抚制置使、知洪州。曾主管台州崇道观。宋李心传《建炎以来系年要录》卷一百三十八谓，绍兴十年（1140 年）"壬寅，直徽猷阁、主管台州崇道观王子献卒"。

吕抗（？—1141 年），吕颐浩之子，世居沧州乐陵（今山东乐陵西南），五世祖官于齐州，遂为齐州（今山东济南）人。南宋绍兴二年（1132 年），官右承议郎、主管万寿观，赐五品服。宋李心传《建炎以来系年要录》卷一百四十三谓，绍兴十一年（1141 年）"直秘阁、主管台州崇道观吕抗卒"。

陈公辅（1077—1142 年），字国佐，自号定庵居士，临海（今浙江临海）人。北宋政和三年（1113 年）上舍两优释褐，调平江府教授。累迁权应天府少尹，除秘书郎。靖康元年（1126 年），擢右司谏。因语触时宰，遂与应求、程瑀、李光俱得罪，斥监台州税。南宋建炎元年（1127 年），除尚书左司员外郎。二年（1128 年），改南剑州。绍兴六年（1136 年），召为吏部员外郎。宋李心传《建炎以来系年要录》卷一百谓："诏左朝请大夫、主管台州崇道

---

① 《宋史》卷 399。

观陈公辅……赴行在。"七年（1137年），迁尚书礼部侍郎，除集英殿修撰、"提举江州太平观"，寻知处州。十二年（1142年），升徽猷阁待制，再次"提举太平观"。旋卒，年六十六岁，赠太中大夫。著有《文集》二十卷，《奏议》十二卷等行于世。

李易（？—1142年），字顺之，江都（今江苏扬州）人。南宋建炎二年（1128年）状元，初授左宣义郎，签书江阴军判官。历官太常博士，工部员外郎，太常寺少卿，中书舍人，值直秘周。后出知扬州，官至敷文阁待制。宋李心传《建炎以来系年要录》卷七十四谓，绍兴四年（1134年）"癸酉，左承议郎、主管台州崇道观李易充淮东安抚司参议官"。与吕滋、王昂被时人并称为"扬州三魁"。著有《要论》一卷。

陈夷（1084—1143年），字景渊，阆中（今四川阆中）人。南宋建炎元年（1127年），为修治城池缮治员外郎。历膳部员外郎，直敷文阁、淮南东路转运使，知扬州。累官湖南宣抚使。宋李心传《建炎以来系年要录》卷一百七谓，绍兴六年（1136年）"直秘阁、主管台州崇道观陈夷，充淮西宣抚司参议官，用刘光世奏也"。

朱松（1097—1143年），字乔年，号韦斋，徽州婺源（今江西婺源）人。北宋政和八年（1118年）以上舍登第，授迪功郎、建州政和县尉。宣和五年（1123年），调南剑州尤溪县尉，摄监泉州石井镇税。南宋绍兴四年（1134年），除秘书省正字。历官左宣教郎，秘书省校书郎，著作佐郎，度支员外郎兼史馆校勘。又历司勋，吏部两曹转奉议郎，再转承议郎。十年（1140年），主管台州崇道观。清纪昀等《四库全书》卷一百五十七谓："以言事忤秦桧，出知饶州。未上请间，得主管台州崇道观"。十三年（1143年）卒。著有《韦斋集》十二卷，外集十卷，外集已佚。

喻汝砺（？—1143年），字迪孺，号三嵎，仁寿（今四川仁寿）人。北宋崇宁五年（1106年）赐学究出身，官祠部员外郎。南宋建炎元年（1127年）为四川抚谕官，绍兴元年（1131年）知果州。五年（1135年），知普州。九年（1139年），提点夔州路刑狱。十年（1140年），知遂宁府，迁潼川府路转运副使。十一年（1141年）罢，主管台州崇道观。十三年（1143年）卒，宋李心传《建炎以来系年要录》卷一百四十八谓，绍兴十三年（1143年）"丁丑，直秘阁、主管台州崇道观喻汝砺卒"。有集十四卷，刘光祖为之序，已佚。《两宋名贤小集》中存有《扪膝稿》一卷。

赵子偁（？—1143年），南宋宗室，宋孝宗的生父，居湖州（今浙江湖州）。北宋重和二年（1119年）参加宗室子会试合格，外放为嘉兴县丞。历左宣教郎、直秘阁，添差通判湖州赐绯鱼袋。南宋绍兴五年（1135年），迁左朝奉郎充秘阁修撰知处州，主管台州崇道观。宋李心传《建炎以来系年要录》卷九十二谓："癸卯，左朝奉郎、充秘阁修撰赵子俑，主管台州崇道观。"又《建炎以来系年要录》卷一百五十称，绍兴十三年（1143年）"乙丑，左朝奉大夫、秘阁修撰、主管台州崇道观赵子俑，守本官职致仕"。卒封秀安僖王。

王伦（1084—1144年），字正道，莘县（今山东莘县）人。南宋绍兴元年（1131年），以朝奉郎、代刑部侍郎出使金国。二年（1132年）自金返宋，为右文殿修撰，主管万寿观。宋李心传《建炎以来系年要录》卷一百九十谓，绍兴七年（1137年）"右文殿修撰、主管台州崇道观王伦，为徽猷阁待制，充奉使大金国迎奉梓宫使"。绍兴九年（1139年），赐同进士出身，为端明殿学士、签书枢密院事。旋又出使金国议事，遂被扣。十四年（1144年），因拒不降金，被勒死。追封通议大夫，谥号"愍节"。

刘宁止（？—1144年），字无虞，湖州归安（今浙江湖州）人。北宋宣和（1119—1125年）间进士，初授太学录校书郎。南宋建炎时（1127—1130年），为承奉郎添差两浙转运判官。除左司郎官，迁右司郎官、给事中，沿江措置副使。寻任两浙转运副使，迁直龙图阁，进秘阁修撰，主管台州崇道观，提点江淮等路。宋李心传《建炎以来系年要录》卷八十五谓，绍兴五年（1135年）"秘阁修撰、主管台州崇道观刘宁止，提点江淮等路坑冶铸钱"。绍兴六年（1136年），张浚都督各军，以吏部侍郎知镇江府，总领三宣抚司钱粮。进徽猷阁直学士，知秀州（今嘉兴）。累右文殿修撰，吏部侍郎。以显谟阁直学士，提举太平观卒。著有《教忠堂类稿》十卷。

吕本中（1084—1145年），字居仁，开封（今河南开封）人，一说寿州（今安徽寿县）人。幼以曾祖宰相吕公著遗表恩，荫授承务郎。北宋元符中（1098—1100年），主济阴簿、秦州士曹掾，辟大名府帅司干官。宣和六年（1124年），除枢密院编修官。靖康元年（1126年），迁职方员外郎，以父嫌奉祠。丁父忧，服除，召为祠部员外郎，以疾告去。"再直秘阁，主管（台州）崇道观"[1]。绍兴四年（1134年），为祠部员外郎。宋李心传《建炎以来系年要录》卷七十四谓："直秘阁、主管台州崇道观吕本中，为祠部员外

---

[1]　《宋史》卷376。

郎。"南宋绍兴六年（1136年），召赴行在，特赐进士出身，擢起居舍人兼权中书舍人。七年（1137年），直龙图阁、知台州。不就，主管太平观，召为太常少卿。八年（1138年），迁中书舍人，兼侍讲，兼权直学士院。同年，因反对和议而罢职，提举太平观。十五年（1145年）卒，学者称为东莱先生，赐谥文清。著有《春秋解》二卷、《童蒙训》三卷、《官箴》一卷、《东莱先生诗集》二十卷、《外集》三卷、《江西宗派诗集》一百十五卷及《紫微杂记》等行世。

陈渊（？—1145年），字知默，初名渐，字几叟，南剑州沙县（今福建沙县）人。北宋宣和六年（1124年），以恩补吉州永丰簿。南宋建炎（1127—1130年）中摄永新令，绍兴二年，（1132年）充枢密院编修官。会李纲以前宰相为江南西路安抚制置大使，辟为制置司机宜文字。七年（1137年）召对，改官赐进士出身，迁秘书丞。九年（1139年），除监察御史，寻迁右正言。十年（1140年），因忤秦桧，主管台州崇道观。《宋史》卷三百七十六谓："除秘书少监兼崇政殿说书，以祖名辞。改宗正少卿，以何铸论罢。主管台州崇道观。"十五年（1145年）卒。著有《默堂集》二十六卷，词三卷传世。

滕膺（？—1145年），字子勤，睢阳（今河南商丘）人。北宋宣和中（1119—1125年）进士，初授台州司户参军。因抵御仙居吕师囊之乱有功，转淮宁通判，移知蓁州。南宋建炎四年（1130年），官直秘阁、京西转运副使。绍兴十五年（1145年），以"右朝散大夫、主管台州崇道观"卒[①]。卒谥忠惠。

秦梓（？—1146年），字楚材，江宁（今江苏南京）人。南宋奸相秦桧之兄。北宋政和间（1111—1118年），以僚从出使高丽。宣和六年（1124年）登进士第，授太学学录。南宋建炎元年（1127年），以从事郎充枢密院编修官。三年（1129年），提举荆湖南路茶盐公事。绍兴六年（1136年），以直秘阁知台州。七年（1137年），"主管台州崇道观"[②]。宋李心传《建炎以来系年要录》卷一百十七谓："直秘阁、新知台州秦梓主管台州崇道观，从所请也。"寻历知秀州、袁州、太平州、常州、宣州。十一年（1141年），除秘书少监，兼崇政殿说书、赞读。十六年（1146年），以端明殿学士移知

---

① （清）毕沅：《续资治通鉴》卷127。
② （宋）李心传：《建炎以来系年要录》卷117。

湖州，未上，卒于建康。

宇文师瑗（？—1146年），生年不详，成都华阳（今四川成都）人。尝除福建路提点刑狱公事，言者论其年少资浅罢之。南宋绍兴四年（1134年），主管台州崇道观。宋李心传《建炎以来系年要录》卷七十八谓："尚书驾部员外郎宇文师瑗主管台州崇道观，从所请也。"绍兴十二年（1142年），以右朝散大夫直显谟阁。因其父宇文虚中留金。金廷乃诏尚书省移文南宋，理索家属，不得不携家北去。十六年（1146年），复宋事泄遇害。开禧元年（1205年），赠宝谟阁待制，赐姓赵氏。

张致远（1090—1147年），字子猷，南剑州沙县（今福建沙县）人。北宋宣和三年（1121年）进士，擢为枢密院计议官。添差两浙转运判官，改广东转运判官。南宋绍兴二年（1132年），历官左承议郎、主管台州崇道观。宋李心传《建炎以来系年要录》卷六十一谓："壬寅，左承议郎张致远，主管台州崇道观，从所请也。"绍兴四年（1134年）除殿中侍御史，五年（1135）迁给事中。寻以老母丐外，以显谟阁待制知台州，改知福州。八年（1138年）知广州，以显谟阁待制致仕。

施庭臣（？—1147年），成都（今四川成都）人。南宋绍兴七年（1137年），官左承议郎、通判彭州，历秘书省校书郎守监察御史。九年（1139年），由侍御史守起居郎。十年（1140年），以左朝奉郎、监广州都盐仓，复直秘阁与宫祠。绍兴十七年（1147年）卒，宋李心传《建炎以来系年要录》卷一百五十六谓："左朝请郎、主管台州崇道观施庭臣卒。"

鲍贻逊（？—1147年），里籍不详。南宋建炎元年（1127年），为经制司干办公事，旋以文林郎特改宣教郎。绍兴三年（1133年），知黄州府。绍兴四年（1134年），任右奉议郎、浙西防托司提点官。累官右朝奉郎、主管台州崇道观，知楚州。宋李心传《建炎以来系年要录》卷一百三十七谓，绍兴十年（1140年）"右朝奉郎、主管台州崇道观鲍贻逊知楚州，言者奏其贪酷不可用，罢之"。

陶恺（？—1148年），里籍不详。南宋建炎元年（1127年），除度支郎官。绍兴五年（1135年），为金部员外郎。宋李心传《建炎以来系年要录》卷九十二谓："左朝请郎、主管台州崇道观陶恺，为金部员外郎。"六年（1136年），以尚书金部员外郎知筠州。七年（1137年），左朝请郎知吉州。九年（1139年），由司农少卿为右司员外郎。十年（1140年），自尚书右司员外郎罢，直龙图阁、主管川陕茶马公事、秦州置司。历知荆南军府事，主管荆湖北路安抚司公事，马步军都总管兼营田使，作有《大方广佛华严经吞海集序》。

王次翁（1079—1149年），字庆曾，济南（今山东济南）人。北宋崇宁（1102—1106年）中进士，授恩州司理参军。历知道州、处州，广西转运判官。南宋绍兴七年（1137年），主管台州崇道观。宋李心传《建炎以来系年要录》卷一百十四谓："左朝散郎王次翁，主管台州崇道观。次翁以吕祉荐落致仕，复请奉祠，故有是命。"南宋绍兴十年（1140年）除御史中丞，寻拜参知政事。十二年（1142年），太后回銮，为奉迎扈从礼仪使。十三年（1143年），以资政殿学士提举洞霄宫，居明州。十四年（1144年）致仕。

林季仲（1088—1149年），字懿成，号竹轩，晚号芦川老人，永嘉（今浙江永嘉）人。北宋宣和三年（1121年）进士，调婺州司兵参军，迁仁和令。南宋建炎四年（1130年），赵鼎荐为台官，以事罢，主管江州太平观。绍兴四年（1134年）为秘书郎；六年（1136年）试太常少卿；七年（1137年）知泉州，召为中书门下省检正诸房公事。八年（1138年），因力阻和议夺职。九年（1139年），起知婺州。十三年（1143年），知处州。宋《绍兴十八年同年小录》谓，以"左朝奉大夫、直秘阁、主管台州崇道观"。卒于绍兴十九年（1148年），享年六十一岁。著有《竹轩杂著》十五卷，已佚。

张邵（1089—1149年），字才彦，乌江（今安徽和县）人。少负气，遇事慷慨，常以功名自许。北宋宣和三年（1121年）登上舍第，南宋建炎元年（1127年）官为衢州司刑曹事。建炎三年（1129年），金人南侵，诏求可至军前者。乃慨然请行，转五官，直龙图阁，假礼部尚书，充通问使。出使囚徙，屡濒于死。绍兴十三年（1143年）和议成，得以南归。升秘阁修撰，主管佑神观。左司谏詹大方论其奉使无成，"改台州崇道观"[①]。绍兴十九年（1149年），以敷文阁待制提举江州太平兴国宫，知池州。再奉祠卒，年六十一岁。累赠少师，著有文集十卷。

刘昉（1108—1150年），字方明，潮州（今广东潮州）人。北宋宣和六年（1124年）进士，初授左从事郎。南宋绍兴五年（1135年）改宣教郎，九年（1139年）以礼部员外郎兼实录院检讨、太常寺少卿。十年（1140年）以不附和议被罢职，复起为荆湖转运副使，擢直秘阁，知虔州（今江西赣州）。十三年（1143年）移知潭州（今湖南长沙）兼湖南安抚使，十五年

---

① 《宋史》卷373。

（1145 年）升直徽猷阁。十六年（1146 年）迁直宝文阁，十七年（1147 年）移夔州（今重庆奉节）。十八年（1148 年）直龙图阁，主管台州崇道观，寻又知潭州。宋李心传《建炎以来系年要录》卷一百五十七谓："直龙图阁、主管台州崇道观刘昉，复知潭州。"二十年（1150 年）卒于任所，著有《幼幼新书》传世。

杨愿（1101—1152 年），字原仲，苏州（今江苏苏州）人。北宋宣和（1124—1125 年）末，补太学录。南宋建炎元年（1127 年），以元帅府结局恩，授修职郎，御营司辟机宜文字。历新昌县丞、越州判官。秦桧荐之，召改枢密院编修官。绍兴二年（1132 年）登进士，迁计议官。召试馆职，罢。"主管台州崇道观"[1]。复除秘书郎，通判明州。寻召为秘书丞，拜监察御史。改司封员外郎，迁右司，起居舍人兼权中书舍人。十三年（1143 年），权直学士院，充金国贺正旦接伴使。十四年（1144 年），为御史中丞，升端明殿学士、签书枢密院事兼参知政事。十五年（1145 年）罢官，提举太平观。十八年（1148 年），起知宣州，加资政殿学士，移建康府。二十二年（1152 年）卒，年五十二岁。

曾恬（？—1152 年），字天隐，温陵（今福建泉州）人。南宋绍兴十七年（1147 年），罢右朝散郎、濠州通判。历朝议大夫，仕至大宗正丞。秦桧当权，自爱守节不屈不挠，请求外任，得主管台州崇道观。清李清馥《闽中理学渊源考》卷三十一谓："求外祠，得主管台州崇道观。"又宋李心传《建炎以来系年要录》卷一百六十三称，南宋绍兴二十二年（1152 年）"右朝请郎、主管台州崇道观曾恬卒"。

王浚明（1068—1153 年），字子家，睢阳（今河南商丘）人。南宋建炎元年（1127 年），提举建州常平公事。绍兴九年（1139 年），知亳州。宋李心传《建炎以来系年要录》卷一百三十二谓："直秘阁、主管台州崇道观王浚明知亳州。"累官中奉大夫、文安县男。绍兴二十三年（1153 年）卒，享年八十五岁。

王苹（1081—1153 年），字信伯，福清（今福建福清）人，少时随父迁居平江（今江苏吴县）。南宋绍兴四年（1134 年），平江守孙祐以德行荐于朝，高宗召对赐进士出身。初授右迪功郎，加秘书省正字兼史馆校勘。后改任右承奉郎，升著作郎。累官常州通判，主管台州崇道观。因子王谊讽刺权

---

① 《宋史》卷 380。

臣秦桧，而株连被撤职。宋李心传《建炎以来系年要录》卷一百五十五谓，绍兴十六年（1146年）："己亥，左承议郎、主管台州崇道观王苹，特勒停。苹奉祠家居，其仆严安告乡人王立已者，有不顺语。苹坐知而不告，特责之。"绍兴二十三年（1153年）卒。著有《论语直解著作集》、《周易传》、《论语集解》、《著作集》等。

王洋（1086—1153年），字元渤，号南池，原籍东牟（今山东蓬莱），侨居山阳（今江苏淮安）。北宋宣和六年（1124年）进士，南宋绍兴元年（1131年）召为秘书省正字。历校书郎、吏部员外郎，守起居舍人等职，坐事免。十年（1140年），由权发遣吉州改知邵武军。十七年（1147年），知饶州任罢。因寓信州，辟室曰"半僧寮"。二十三年（1153年），以"直徽猷阁、主管台州崇道观"卒①，年六十七岁。著有《东牟集》三十卷。

高闶（1097—1153年），字抑崇，号息斋，明州鄞县（今浙江宁波）人。南宋绍兴元年（1131年），以上舍选赐进士第，召为秘书省正字。权礼部员外郎兼史馆校勘，迁著作佐郎。"以言者论罢，主管（台州）崇道观"②。召为国子司业，以忤秦桧出知筠州，未就。二十三年（1153年）卒，年五十七岁。赠少师，谥宪敏。著有《春秋集传》，已佚。

舒清国（？—1153年），字伯原，西安（今浙江衢州）人。北宋政和五年（1115年）进士，调秀州士曹参军，召为太学录。南宋建炎（1127—1130年）中，官太常少卿、权中书舍人。绍兴二年（1132年），除校书郎，迁礼部员外郎。四年（1134年），以起居郎兼权中书舍人。旋罢，"主管台州崇道观"③。进直龙图阁，起知道州。二十三年（1153年）卒。

陈鹏飞（1078—1153年），字少南，号鸣翔，温州永嘉（今浙江永嘉）人。南宋绍兴十二年（1142年）进士，授左迪功郎、明州鄞县主簿。移浙西安抚司属官，召为太学博士。改承奉郎、崇正殿说书，除尚书礼部员外郎、兼资善堂赞读，复兼说书。绍兴十五年（1145年），除惠州编管。宋李心传《建炎以来系年要录》卷一百五十四谓："左承奉郎、主管台州崇道观陈鹏飞，除名惠州编管。"十八年（1148年），因忤秦桧，罢官奉祠，再"主管台州崇道观"④。寻谪惠州，居四年而卒。著有《书解》三十卷、《罗浮集》二

<hr />

① （宋）李心传：《建炎以来系年要录》卷165。
② 《宋史》卷433。
③ （宋）李心传：《建炎以来系年要录》卷74。
④ （宋）叶适：《水心集》卷13《陈少南墓志铭》。

卷、《管见集》十卷存世。

张昌（1064—?），卒年及里籍不详。南宋绍兴十二年（1142年），以右承议郎知真州。历知楚州、台州，以右朝奉大夫、主管台州崇道观，提举江南东路常平茶盐公事。宋李心传《建炎以来系年要录》卷一百五十八谓，绍兴十八年（1148年）"壬午，右朝奉大夫、主管台州崇道观张昌，提举江南东路常平茶盐公事"。又卷一百六十四谓，南宋绍兴二十三年（1153年）"辛卯，右朝散大夫、知台州张昌，主管台州崇道观，以引年有请也"。

何大圭（1101—?），字晋之，广德（今安徽广德）人。北宋政和八年（1118年）进士，初授太学录。宣和六年（1124年），迁秘书省正字，升秘书省著作郎。南宋建炎四年（1130年），坐失豫章除名编管岭南。绍兴二十年（1150年）起复，以左朝请郎，入直秘阁。绍兴二十七年（1157年），主管台州崇道观，寻罢。宋李心传《建炎以来系年要录》卷一百七十九谓，绍兴二十八年（1158年）"丙戌，直秘阁、主管台州崇道观何大圭落职。右正言朱倬，言大圭凶暴狠傲专事挟持。寄食李纲，纲死而殴其弟，其在削籍也。张浚为之保叙，浚失势，则以短卷潜之于秦桧。由是躐直蓬山，时目为秦府缉事，故有是命"。隆兴元年（1163年），出为浙西安抚司参议官，主管台州崇道观。

洪皓（1088—1155年），字光弼，饶州鄱阳（今江西鄱阳）人。北宋政和五年（1115年）进士，南宋建炎三年（1129年）使金，留金凡十五年。归后为秦桧所嫉，辗转外任。绍兴二十五年（1155年），卒于南雄州，年六十八岁。宋李心传《建炎以来系年要录》卷一百六十八谓："皓亦复左朝奉郎、主管台州崇道观，袁州居住。皓复官日历未见，按行述今年十月二十一日乙未卒于南雄州。"著有《金国文具录》、《松漠纪闻》、《鄱阳集》等行世。

洪兴祖（1090—1155年），字庆善，号练塘，镇江丹阳（今江苏丹阳）人。北宋政和（1111—1118年）中上舍第，初为湖州土曹，寻改宣教郎。南宋建炎三年（1129年），召授秘书省正字，迁太常博士。绍兴四年（1134年），迁驾部郎官。未几罢，起知广德军，擢提江东刑狱，知真州。二十四年（1154年），编管昭州。宋李心传《建炎以来系年要录》卷一百六十七谓："左朝散大夫、主管台州崇道观洪兴祖，送昭州编管。"旋卒，著有《老庄本旨》、《周易通义》、《系辞要旨》、《古文孝经序》、《离骚赞》、《楚词考异》等行世。

胡宁（1109—1155年），字和仲，建宁崇安（今福建武夷山）人。以荫补将仕郎，诏试馆职。南宋绍兴十八年（1148 年），为右迪功郎、敕令所删定官。因忤秦桧，迁太常丞、祠部郎官。后出为夔路安抚司参议官。除知澧州，不赴，"主管台州崇道观"①。著有《春秋通旨》，人称为茅堂先生。

黄公度（1109—1156 年），字师宪，号知稼翁，莆田（今福建莆田）人。南宋绍兴八年（1138 年）进士第一，签书平海军节度判官，除秘书省正字。"为秘书省正字时，坐贻书台官言时政，罢为主管台州崇道观"②。十九年（1149 年），差通判肇庆府，摄知南恩州。二十五年（1155 年），召为考功员外郎兼金部员外郎。二十六年（1156 年）卒，年四十八岁。著有《莆阳知稼翁集》十二卷。

吴秉信（？—1156 年），字信叟，鄞县（今浙江宁波）人。北宋宣和三年（1121 年）进士，初为国学官。南宋绍兴十二年（1142 年），为详定一司敕令所删定官，枢密院检详诸房文字。十四年（1144 年），守起居舍人，出知江州。十八年（1148 年），以拂秦桧意，罢。二十六年（1156 年），以吏部侍郎出知常州，旋卒。宋李心传《建炎以来系年要录》卷一百七十一谓，南宋绍兴二十六年（1156 年）"左散郎、主管台州崇道观吴秉信，守起居郎"。

汪思温（1077—1157 年），字汝直，鄞县（今浙江宁波）人。北宋政和二年（1112 年），以太学上舍中第，初授将仕郎、登封县尉，迁英州、雄州教授。宣和二年（1120 年），知余姚县。南宋建炎元年（1127 年），任吏部员外郎。四年（1130 年），迁朝散郎，提举江南西路茶盐公事，屯田员外郎。绍兴元年（1131 年），改吏部员外郎，次知衢州。三年（1133 年），改知湖州。四年（1134 年），迁太府少卿、权知临安府。七年（1137 年），受命为直显谟阁，两浙路计度转运副使。八年（1138 年），因忤秦桧，而罢为直显谟阁，主管台州崇道观，江州太平兴国宫，凡五任十八年。以左朝议大夫直显谟阁致仕，卒于绍兴二十七年（1157 年），年八十一岁。

陈琦（1097—1158 年），字国寿，建州建阳（今福建建阳）人。南宋建炎二年（1128 年）进士，权崇安县丞。历监湖州梅溪镇，通判建康府，左朝散郎、广南西路转运判官，知饶州、静江府、潭州、广州。秦桧卒，迁两浙转运副使。以直徽猷阁主管台州崇道观，寻起知饶州。累官左朝散大夫，因

---

① 《宋史》卷 435。

② （清）《肇庆府志》。

疾归。宋李心传《建炎以来系年要录》卷一百七十九谓，绍兴二十八年（1158 年）"直徽猷阁、主管台州崇道观陈琦卒"。

赵令衿（？—1158 年），字表之，号超然居士，宋太祖五世孙。北宋大观二年（1108 年）舍选，初为军器少监，言事忤旨罢。南宋绍兴七年（1137 年），以都官外郎被召。后除通判德安府，宋李心传《建炎以来系年要录》卷五十一谓，绍兴十四年（1144 年）"乙未，吏部奏以左朝请大夫、主管台州崇道观赵令衿，通判德安府。时令衿以事至临安，御史中丞李文会论令衿顷在建康为郎官，适淮西之变，乃以急速请对，实为大臣游说陛下，察见奸伪，即赐罢黜。今乃恬然不顾，依旧奔走省谒于此，诏送吏部仍日下出门"。绍兴二十一年（1151 年），迁知泉州。归寓三衢，因观秦桧家庙记口诵"君子之泽五世而斩"之句，为汪召锡所告，构陷下狱。桧死复爵，绍兴二十六年（1156 年）授明州观察使，二十八年（1158 年）卒。

王缙（1073—1159 年），字子云，分水（今浙江桐庐分水镇）人。北宋崇宁五年（1106 年）进士，初授歙州司法参军，升任英州知州。因品格与治绩皆为　等，徽宗诏其入京面对，初拟授任滁州，未就，改任虔州（今赣州）知州。寻召回任金部员外郎，将任温州之时，拜为监察御史，擢升殿中侍御史，再迁右司谏。南宋绍兴七年（1137 年），连坐落职，出知常州。绍兴十三年（1143 年），因忤秦桧而罢职，主管台州崇道观。宋李心传《建炎以来系年要录》卷一百三十九谓："甲寅，直秘阁、知常州王缙主管台州崇道观，从所请也。自是不复用"。既老，朝廷赐三品服，以直秘阁致仕。

王扬英（？—1159 年），字昭祖，丹阳（今江苏丹阳）人。北宋宣和六年（1124 年）进士。南宋绍兴八年（1138 年）为太常博士，迁著作佐郎。历浙东安抚司参谋官，大理少卿，刑部员外郎。绍兴二十一年（1151 年），上书荐秦熺为相，知泰州。终知眉州，成都府路转运判官。宋李心传《建炎以来系年要录》卷一百八十三谓，绍兴二十九年（1159 年）"左朝奉大夫、主管台州崇道观王扬英卒"。著有《黼扆诫》一卷。

霍蠡（？—1159 年），里籍不详。南宋建炎四年（1130 年），为永嘉知县。绍兴六年（1136 年），任金部员外郎。历司农卿，江、淮、荆、浙、闽、广路判官。宋李心传《建炎以来系年要录》卷一百三十三谓，绍兴九年（1139 年）"直徽猷阁、主管台州崇道观霍蠡，为陕西转运副使"。绍兴十年（1140 年），以陕西转运副使兼权主管川狭茶马公事。

张宗元（？—1159 年），生年不详，成纪（今甘肃天水）人。南宋绍兴七年（1137年），以中书门下省检正官出抚淮西军。十年（1140年），复徽猷阁待制，都大提举川陕茶马公事。十一年（1141年），官浙西沿海制置使、知平江府。十二年（1142年），以右承奉郎、赐绯鱼袋为右宣议郎、直秘阁。历广西经略使，知福州，司农少卿。宋李心传《建炎以来系年要录》卷一百五十九谓，南宋绍兴十九年（1149年）"丁未，直敷文阁、主管台州崇道观张宗元，为籍田令。以其祖俊有请也"。

范如圭（1102—1160年），字伯达，建州建阳（今福建建阳）人。少从舅氏胡安国学春秋，南宋建炎（1127—1130年）中得中进士，初授左从事郎、武安军节度推官。辟江东安抚司书写机宜文字，召试秘书省正字，迁校书郎兼史馆校勘。绍兴八年（1138年），秦桧策划和议，他斥之"公不丧心病狂，奈何为此，必遗臭万世矣"。因黜逐，"差主管台州崇道观"[1]。十余年后起复，通判邵州，又通判荆南府。绍兴二十九年（1159年），官直秘阁提举江西常平茶盐，移利州路提点刑狱，以病请辞。复起知泉州，旋卒，年五十九岁。著有文集十卷。

沈长卿（？—1160年），字文伯，号审斋居士，归安（今浙江湖州）人。南宋建炎二年（1128年）进士，历临安府观察推官，婺州教授。绍兴十八年（1148年）通判常州，改严州。二十五年（1155年），因得罪秦桧，追两官勒停除名，编管化州。秦桧死，复左朝奉郎。宋李心传《建炎以来系年要录》卷一百八十四谓，绍兴三十年（1160年）"左朝奉郎、主管台州崇道观沈长卿，与义问善，至是辟为书状官。长卿至燕而病，比还卒于保州"。

刘一止（1078—1161年），字得简，湖州归安（今浙江湖州）人。七岁能属文，博学皆通。北宋宣和三年（1121年）进士，初监秀州都酒务，迁越州教授。南宋建炎四年（1130年），为详定一司敕令所删定官。绍兴元年（1131年），除秘书省校书郎，迁监察御史、起居郎。因忤秦桧罢去，"主管台州崇道观"[2]。召为祠部郎、知袁州，改浙东路提点刑狱，为秘书少监，复除起居郎，擢中书舍人兼侍讲。迁给事中，提举江州太平观，进敷文阁待制。秦桧死，进直学士致仕。卒年八十三岁。有行简词一卷。

林大声（1079—1161年），字宓仲，福州侯官（今福建福州）人。北宋政和二年（1112年）进士，历荆南府、睦州教授，知婺州武义县，迁知建昌

---

① 《宋史》卷381。
② 《宋史》卷378。

军。总领湖广、京西、江西诸路钱粮，移总领淮南东路军马钱粮。南宋绍兴十六年（1146年），以直秘阁充江南东路转运副使，改江南西路提点刑狱。二十六年（1156年），起知镇江。宋李心传《建炎以来系年要录》卷一百七十余谓："绍兴二十有七年冬十月乙未，直秘阁、主管台州崇道观林大声，落职罢宫观。以殿中侍御史王圭，论大声向自永嘉县丞深，结秦氏父子以致超迁，家居侯官干扰州县故也"。卒年八十三岁。

赵士祁（1086—1161年），字城甫，铅山（今江西铅山）人。北宋大观元年（1107年）参加"锁厅试"，名列第一，授从仕郎。历河北东路永静军兵曹，何津、浮梁、江山县令，主荆门军，擢升淮东提举常平茶盐。南宋绍兴三十年（1160年）起复，宋李心传《建炎以来系年要录》卷一百八十八谓，绍兴三十年（1160年）"乃命左朝散大夫士祁，知西外宗正事，直敷文阁、主管台州崇道观"。

彭合（1093—1161年），吉州（今江西吉安）人。南宋绍兴二十年（1150年），官右朝散大夫、知临江军，旋知永州。二十九年（1159年），为荆湖南路提点刑狱公事。迁左朝请大夫、尚书户部郎中，总领湖广江西财赋、湖北京西军马钱粮。宋李心传《建炎以来系年要录》卷一百八十八谓，南宋绍兴三十年（1160年）"尚书户部郎中、总领湖广江西财赋、湖北京西军马钱粮彭合，主管台州崇道观。以病自请也，合寻卒"。

王喜（？—1161年），里籍不详。南宋绍兴十年（1140年）时，官川、陕宣抚司统领。宋李心传《建炎以来系年要录》卷一百八十六谓，绍兴三十年（1160年）"宣正大夫、崇信军承宣使、利州东路驻劄御前后军统制、权节制阆州军马王喜，主管台州崇道观。以病自请也"。

秦熺（？—1161年），字伯阳，江宁（今江苏南京）人。本秦桧妻兄王唤孽子，秦桧留金时其妻养为后。南宋绍兴十二年（1142年）进士，"有司定右通直郎、主管台州崇道观秦熺第一，举人陈诚之次之。秦桧引故事辞，乃降为第二人"[①]。特迁左朝奉郎、通判临安府，赐五品服。除行秘书郎、秘书少监。十三年（1143年），擢礼部侍郎，兼直学士院、提举秘书省，除翰林学士。十五年（1145年），为资政殿学士、提举万寿观兼侍读。十七年（1147年），进为资政殿大学士。十八年（1148年），迁知枢密院事，旋乞避父子共政，以为观文殿学士、提举万寿观、兼侍读、提举秘书省。二十年

---

① （清）毕沅：《续资治通鉴》卷125。

（1150 年），为观文殿大学士、万寿观使，加少保。二十四年（1154 年），进少傅，封嘉国公。二十五年（1155 年），以少师致仕。三十一年（1161 年）卒，赠太傅。

胡宪（1086—1162 年），字原仲，号籍溪先生，建宁崇安（今福建武夷山）人。南宋绍兴（1131—1135 年）初以乡贡入太学，六年（1136 年）赐进士出身，授左迪功郎、建州教授。七年（1137 年），以母年高不乐居官舍，求监南岳庙以归。寻起为福建路安抚使司属官，复请祠而去。是时秦桧当权，无复当世之念。二十九年（1159 年），以大理司直，召改秘书正字，又改秩左宣教郎。"以老，主管台州崇道观。"[①] 宋李心传《建炎以来系年要录》卷一百八十八谓，绍兴三十年（1160 年）"癸未，左迪功郎、守秘书省正字胡宪，特改左宣教郎、主管台州崇道观。宪以老乞奉祠，吏部言在法馆职到任一年，通四考改官。按宪以贺允中荐，累召方起，今到任半年，却有实历过十余考，故有是命。宪时年七十有五矣"。三十二年（1162 年）卒，年七十七岁。

魏良臣（1094—1162 年），字道弼，金陵（今江苏南京）人，一说溧水（今江苏溧水）人。北宋宣和三年（1121 年）进士，初为丹徒尉，调遂昌令。南宋高宗绍兴二年（1132 年），除敕令所删定官。绍兴五年（1135 年）使金还，丐祠。宋李心传《建炎以来系年要录》卷八十九谓："左朝请郎魏良臣，主管台州崇道观。"九年（1139 年），起为左右司员外郎。迁中书门下省检正，擢吏部侍郎。二十五年（1155 年），为参知政事，出知绍兴及宣、潭、洪三州。卒年六十九岁，谥敏肃。

楼璹（1090—1162 年），字寿玉，一字国器，鄞县（今浙江宁波）人。以父荫入婺州幕，初知于潜县。南宋绍兴五年（1135 年），以右通直郎通判邵州，除行在审计司。历福建市舶使，荆湖北路、南路转运使。二十五年（1155 年），知扬州，权兼淮南路转运使。二十六年（1156 年），主管台州崇道观，致仕。卒年七十三岁。著有《耕织图》一卷。

巩庭芝（1099—1163 年），字德秀，号山堂，山东须城（今山东东平）人，南渡后迁居武义。南宋绍兴八年（1138 年）进士，初授建德县尉。历官太平州录事参军，诸暨知县，左承议郎、太中大夫，主管台州崇道观。著有《山堂类稿》六十卷，以及《易图春秋》、《耳目志》、《群经说》等一百四

---

① （宋）李心传：《建炎以来系年要录》卷183。

十卷。

曾几（1085—1166年），字吉甫，赣州（今江西赣州）人，徙居河南洛阳。幼有识度，事亲孝，母死，蔬食十五年。入太学有声。以兄弼恤恩授将仕郎，试吏部优等，赐上舍出身，擢国子正兼钦慈皇后宅教授。迁辟雍博士，除校书郎，历应天少尹。北宋靖康元年（1126年），提举淮东茶盐。南宋建炎三年（1129年），改提举湖北茶盐，徙广西运判，历江西、浙西提刑。绍兴八年（1138年），会兄开与秦桧力争和议，兄弟俱罢。逾月复广西转运副使，"请间，得（台州）崇道观"①，侨居上饶七年，自号茶山居士。绍兴二十五年（1155年）秦桧卒，起为浙西提刑，寻改知台州。绍兴二十七年（1157年）召对，授秘书少监，权礼部侍郎。以老请谢，提举洪州玉隆观，除集英殿修撰。绍兴三十年（1160年），升敷文阁待制。隆兴二年（1164年），以左通议大夫致仕。乾道二年（1166年）卒，年八十二岁，谥文清。著有《经说》二十卷、文集三十卷，以及《易释象》等，久佚。清四库馆臣据《永乐大典》辑为《茶山集》八卷。

张阐（1091—1164年），字大猷，永嘉（今浙江永嘉）人。幼力学，博涉经史，善属文。未冠，由舍选贡京师。北宋宣和六年（1124年）进士，调严州兵曹参军，兼治右狱。寻历鄂、台二州教授。南宋绍兴元年（1131年），为虔州州学教授。四年（1134年），辟湖南安抚司干办公事。十年（1140年），召试馆职，除秘书省正字，迁校书郎兼吴、益王府教授。十三年（1143年），迁秘书郎兼国史院检讨官。旋罢，"主管台州崇道观"②，历泉、衢二州通判。二十五年（1155年），起提举两浙路市舶，入为御史台检法官，升吏部员外郎，改命祠部兼建王府赞读。三十一年（1161年），迁将作监，进宗正少卿。孝宗即位，权工部侍郎兼侍讲。隆兴元年（1163年），权工部尚书兼侍读。二年（1164年）卒，年七十四岁，特赠端明殿学士。有文集等行世。

吴谦（1105—1165年），字多益，生平事迹不详，仙居（今浙江仙居）人。南宋建炎二年（1128）进士，初授县令。后以朝奉大夫主管"台州崇道观"③。

①　《宋史》卷382。
②　《宋史》卷381。
③　仙居《吴氏宗谱》。

苏简（？—1166年），字伯业，眉山（今四川眉山）人，居婺州（今浙江金华）。以祖苏辙恩补承务郎，北宋宣和（1119—1125年）中调郑州司刑曹。迁华州钱监，改京兆府曹。南宋建炎（1127—1130年）时，充江浙制置司书写机宜文字，通判饶州。绍兴元年（1131年），以朝奉郎监都进奏院。江淮开都督府选入幕府，知严州，改建州，复知严州，改处州。二十八年（1158年），加直秘阁、知广州，转朝议大夫，封眉山县男。二十九年（1159年），除直龙图阁、知洪州。三十年（1160年）奉祠，以"右朝奉大夫、主管台州崇道观"[①]，复龙图阁致仕。乾道二年（1166年）卒。著有《山堂文集》二十卷，已佚。

方扩（1107—1166年），字端之，莆田（今福建莆田）人。南宋绍兴二年（1132年）进士，初授南昌保昌县尉，知闽县、温州平阳县。后以朝散大夫主管台州崇道观，著有《岳阳唱和集》十卷，《小蜡堂文集》十卷，以及《丹邱别乘》等。

赵伯直（1102—1167年），字明道，晚号老圃，临海（今浙江临海）人。南宋建炎二年（1128年），诏宗室群试于有司，特授承节郎，累转至训武郎。初监南剑州沙县盐税，历黄岩县酒税、明州奉化县税，婺州兵马监押。以亲老不赴，三任岳祠。再调赣州兴华军兵马监押，明州兵马都监。宋楼钥《攻媿集》卷一百三《赵明道墓志铭》谓："又以外艰不赴，遂主管台州崇道观。"

贺允中（1090—1168年），字子忱，蔡州汝阳（今河南汝南）人。北宋政和五年（1115年）进士，初授颍昌府学教授。历官著作郎，假太常少卿使金贺正旦归，迁司门员外郎。靖康元年（1126年），致仕而寓居临海。南宋绍兴八年（1138年）起复，为江西安抚制置司参议官，迁福建路转运副使。因忤秦桧，奉祠主管台州崇道观。秦桧死后，屡受重用。绍兴二十九年（1159年），自吏部侍郎除参知政事。三十年（1160年），罢参政，以资政殿学士致仕。隆兴二年（1164年），自资政殿大学士、左通议大夫、提举万寿观除知枢密院事兼参知政事。乾道四年（1168年）卒，年七十九岁。

黄瑀（1109—1168年），字德藻，长乐（今福建长乐）人。南宋绍兴八年（1138年）进士，补饶州司户参军，调湖北转运司主管账司。知永春县，迁两浙转运司干办公事，权知秀州华亭县。召为御史台检法官，擢监察御

---

① （宋）《苏简妻韩氏墓志》。

史。三十二年（1162年），出为江南东路提点刑狱。隆兴二年（1164年），徙转运副使，寻改知漳州，主管台州崇道观。乾道四年（1168年）卒，年六十岁。

罗博文（1116—1168年），字宗约，又字宗礼，南剑州沙县（今福建沙县）人。南宋绍兴（1131—1162年）中，以祖荫补将仕郎，授右迪功郎，福州司户参军。再调静江府观察支使，改右宣义郎，知赵州瑞金县事，转宣教郎。隆兴元年（1163年），擢升通直郎，赏赐五品官服。张浚都督江、淮，辟为干办公事。汪应辰辟蜀，为参议官。累迁承议郎，秩满自请奉祠，"得主管台州崇道观"①。乾道四年（1168年）卒，年五十三岁。

王大宝（1094—1170年），字元龟，海阳（今广东潮安）人。北宋政和（1111—1118年）中，贡辟雍。南宋建炎二年（1128年）得中榜眼，初授南雄州教授。绍兴八年（1138年），"差监登闻鼓院、主管台州崇道观，复累年"②。旋知连州，改知袁州，除国子司业兼崇政殿说书，直敷文阁、知温州，提点福建、广东刑狱。隆兴元年（1163年），除礼部侍郎，又除兵部侍郎。未几，以敷文阁直学士提举太平兴国宫。乾道元年（1165年），落致仕，召为礼部尚书。因受弹劾，以旧职提举太平兴国宫。乾道六年（1170年）卒，终年七十七岁。著有《周易证义》十卷、《毛诗国风证义》六卷、《谏垣奏议》六卷、《经筵讲义》二卷、《遗文》十五卷，以及《易韦诗解》等。

孙道夫（1105—1170年），字太冲，眉州丹棱（今四川丹棱）人。北宋宣和四年（1122年）贡辟雍，改左承奉郎。南宗高宗时除秘书正字、权礼部郎官，寻权左司员外郎。迁校书郎，出知怀安军，移知蜀州。绍兴二十四年（1154年），主管台州崇道观。宋李心传《建炎以来系年要录》卷一百六十七谓："右朝奉郎、知蜀州孙道夫主管台州崇道观，从所请也。道夫在郡九年，遇事明了，州人目为水晶灯笼。"以吏部郎中入对，除太常少卿，假礼部侍郎充贺金正旦使。使还，赐同进士出身，擢权礼部侍郎兼侍讲。除知绵州致仕，卒年六十六岁。又《建炎以来系年要录》卷一百七十一谓，绍兴二十六年（1156年）"左朝奉郎、主管台州崇道观孙道夫，为尚书吏部员外郎"。

钟离松（1086—1171年），字其绍，会稽（今浙江绍兴）人。宋宗鉴集《释门正统》谓："字少公，婺人。"南宋绍兴（1131—1162年）中进士。乾

---

① （宋）朱熹：《晦庵集》卷97《承议郎主管台州崇道观赐绯鱼袋罗公（博文）行状》。
② 《宋史》卷386。

道五年（1169 年），以朝请郎知兴化军事。钟离松《宝积莲社画壁记》自称："朝请大夫、前主管台州崇道观。"卒年八十六岁。

员兴宗（？—1171 年），字显道，号九华子，隆州仁寿（今四川仁寿）人。南宋绍兴二十七年（1157 年）同进士，初为太学教授。乾道四年（1168 年），擢校书郎兼国史编修官。五年（1169 年），迁著作佐郎。六年（1170 年），兼实禄院检讨官；以抗疏言事去职，"主管台州崇道观"①。后侨居润州，七年（1171 年）卒。著有《九华集》五十卷，已佚。

王十朋（1112—1171 年），字龟龄，号梅溪，温州乐清（今浙江乐清）人。少颖悟，日诵数千言。长大后，有文行，聚徒梅溪，受业者以百数。后入太学，主司异其文。南宋绍兴二十七年（1157 年）得中状元，历任绍兴府签判、秘书郎、王府教授、著作郎、大宗正丞，得请主管台州崇道观。宋李心传《建炎以来系年要录》卷一百九十四谓，绍兴三十一年（1161 年）"左宣教郎、新知大宗正丞王十朋，依所乞主管台州崇道观"。隆兴元年（1163 年），除司封员外郎兼国史院编修官，累迁国子司业、起居舍人，改兼侍讲、诗御史。历知饶州、夔州、湖州、泉州。除太子詹事，以龙图阁学士致仕。乾道七年（1171 年）卒，年六十岁。绍熙三年（1192 年），谥曰忠文。著有《梅溪前后集》及奏议等五十四卷等传世。

王庭（1080—1172 年），一作廷珪，字民瞻，自号卢溪真逸，庐陵（今江西吉安）人。北宋政和八年（1118 年）进士，初授迪功郎，即调衡州茶陵丞。宣和（1119—1125 年）中退居乡里，筑室于城南，号曰泸溪草堂。南宋绍兴十八年（1148 年），作诗送胡铨，以迪功郎编管辰州。隆兴元年（1163 年）召对，改左承奉郎，除国子监主簿。以年老力辞，主管台州崇道观。乾道七年（1171 年）再召，转授左宣教郎，直敷文阁，领祠如故。王庭《泸溪集》附录《除直敷文阁诰词》谓："特授依前左承奉郎、直敷文阁、主管台州崇道观。"八年（1172 年）卒，年九十三岁。著有《泸溪集》五十卷、《易解》二十卷、《六经讲义》十卷、《沧海遗珠》五卷等。

赵师孟（1109—1172 年），字醇叟，江西人。以荫入官，监永州酒税。用宗室恩，得监潭州南岳庙。宋李心传《建炎以来系年要录》卷一百九十八谓，南宋绍兴三十二年（1162 年）"诏修武郎、主管台州崇道观赵师孟，赴行在。师孟尝从胡安国授春秋大旨，屏居衡州僧寺几二十年。至是张浚言其

---

① （宋）陈骙等：《南宋馆阁录》卷 7。

才可任事。操可律贪，乃有是命"。

吕大器（1136—1172 年），字绍先，寿州（今安徽寿县）人。以父荫补将仕郎，历宣州清湘县丞。南宋绍兴三十二年（1162 年），以右通直郎知黄州，移知池州。诏除仓部郎中。又迁知吉州，以右朝散郎"主管（台州）崇道观"①。累官尚书仓部郎，乾道八年（1172 年）卒。

王伯庠（1106—1173 年），字伯礼，祖籍章丘（今山东章丘），迁居鄞县（今浙江宁波）。南宋绍兴二年（1132 年）进士，历明州教授，通判平江府，殿中侍御史，知阆州、夔州、温州。绍兴三十年（1160 年），以"左朝散郎主管台州崇道观"②。乾道九年（1173 年）卒，年六十八岁。著有《历山集》、《云安集》等，均佚。

李迎（1103—1174 年），宇彦将，号济溪，济源（今河南济源）人。以恩将仕郎，调婺州都税院发运使。历温州推官，知钱塘、归安县，提辖行在杂买场。"累官安抚司机宜文字、通判明州"③，主管台州崇道观。南宋淳熙元年（1174 年）卒，年七十二岁。著有《济溪老人遗稿》一卷，已佚。

胡沂（1107—1174 年），字周伯，绍兴余姚（今浙江余姚）人。自幼颖异，六岁即能诵《五经》，不忘一字。南宋绍兴五年（1135 年）进士，陆沉州县几三十载。二十八年（1158 年），入为正字。迁校书郎兼实录院检讨官，吏部员外郎，转右司。隆兴元年（1163 年），除国子司业、邓王府直讲，擢殿中侍御史，寻"以直显谟阁主管台州崇道观"④。乾道元年（1165 年），召为宗正少卿兼皇子庆王府赞读，寻兼侍讲，进中书舍人、给事中，除吏部侍郎兼权吏部尚书。六年（1170 年），出为徽猷阁待制、知处州。复引疾奉祠，提举江州太平兴国宫。八年（1172 年），以待制除太子詹事，寻复拜给事中，进礼部尚书并兼领詹事，又改侍读。旋以龙图阁大学士提举兴国宫。淳熙元年（1174 年）卒，年六十八岁，谥号献肃。著有《经史》五卷、《史说》五卷、《奏议》八卷、《台评》三卷、《边讲余抄》五卷、《经筵东宫故事》四卷、《遵拙斋杂稿》二十卷等。

周葵（1098—1174 年），字立义，晚号惟心居士，常州宜兴（今江苏宜兴）人。少力学，自乡校移籍京师，两学传诵其文。北宋宣和六年（1124

---

① （清乾隆）《虞邑西乡吕氏宗谱·修家谱序》。
② （宋）宗晓：《宝云振祖集·钜宋明州宝云通公法师石塔记》。
③ （清）黄宗羲、全祖望：《宋元学案》卷三十二《周许诸儒学案》。
④ 《宋史》卷388。

年）进士，调广德军司刑曹事。靖康元年（1126年），为徽州军事推官。南宋绍兴五年（1135年）召试馆职，除监察御史，徙殿中侍御史。罢为司农少卿，以直秘阁知信州，改提点河南刑狱公事，移江东路提刑。召除太常少卿，再除殿中侍御史。因附会李光而落职，主管玉隆观。复直秘阁，起知湖州，移平江府。旋落职，"主管（台州）崇道观"①。宋李心传《建炎以来系年要录》卷一百五十一谓，绍兴十四年（1144年）"葵坐落职主管台州崇道观，自是投闲十一年。按葵行状，其罢平江在此年，而日历会要皆不见，未知在何月日"。绍兴二十五年（1155年），复直秘阁、知绍兴府。权礼部侍郎，寻兼国子祭酒。兼权给事中，出知信州，随罢。起知抚州，改提举兴国宫，加直龙图阁、知太平州。进集英殿修撰、敷文阁待制、知婺州。隆兴元年（1163年），除兵部侍郎兼侍讲，改同知贡举兼权户部侍郎。升左太中大夫，拜参知政事，兼权知枢密院事。以资政殿学士提举洞霄宫，后起知泉州，加大学士致仕。淳熙元年（1174年）卒，享年七十七岁。赠正奉大夫，累赠太傅，谥惠简。著有《圣传诗》二十篇、《文集》三十卷、《奏议》五卷。

朱敦儒（1086—1175年），字希真，号岩壑，洛阳（今河南洛阳）人。南宋绍兴二年（1132年），召为右迪功郎。五年（1135年），赐进士出身、守秘书省正字。十四年（1144年），以左朝奉郎、江南东路制置大使司参议官，迁两浙东路提点刑狱公事。十六年（1146年），因"专立异论"被劾，主管台州崇道观。历官临安府通判、秘书郎、都官员外郎等致仕。宋李心传《建炎以来系年要录》卷一百六十谓，十九年（1149年）"左朝请郎、主管台州崇道观朱敦儒，守本官致仕，从所请也"。二十四年（1154年）起复，除鸿胪少卿。二十九年（1159）卒。著有《岩壑老人诗文集》、《岩壑小集》，以及《樵歌》三卷等。

赵彦端（1121—1175年），字德庄，号介庵，鄱阳（今江西波阳）人。南宋绍兴八年（1138年）进士，历官钱塘县主簿、秀州军事判官、福建路提点刑狱司干办公事。隆兴、乾道（1163—1173年）中，历官右司员外郎、福建路转运副使、直显谟阁、福建路转运副使、太常寺少卿、知建宁府、提点浙东路刑狱。以疾主管台州崇道观，著有《介庵词》四卷、《介庵集》十卷等。

---

① 《宋史》卷385。

黄石（1110—1175 年），字圮老，平阳松山（今浙江苍南）人。南宋绍兴八年（1138 年）进士，补左迪功郎、融州（柳州）观察判官。历福州州学教授、西外敦宗院宗学教授、南外宗学教授、建康府学教授。改宣教郎，选充诸王宫小大学教授。隆兴元年（1163 年），转奉议郎、赐服绯银。宋周必大《黄石公墓志铭》谓其，乾道六年（1170 年）"主管台州崇道观"。九年（1173 年）"再任崇道观"。

鲁詧（1100—1176 年），字季钦，一作季卿，号冷斋，嘉兴（今浙江嘉兴）人，徙居海盐（今浙江海盐）。南宋绍兴五年（1135 年）进士，初授余杭县主簿。历广德军、台州教授，知衢州江山县。三十二年（1162 年），擢太常丞，隆兴二年（1164 年）拜监察御史。乾道三年（1167 年），兼权太府少卿。除江西转运副使，徙浙东、福建路提点刑狱。以直敷文阁主管台州崇道观致仕。淳熙二年（1176 年）卒，年七十七岁。著有《蒙溪已矣集》四十五卷、后集二十卷、《易说》二十卷，《论语解》十卷、《当独集》十卷，《刍尧编》十卷、《须江杂著》六卷等。

李浩（1116—1176 年），字德远，一字直大，号正信、橘园，建昌军（今江西南城）人，后迁居临川（今江西临川）。南宋绍兴十二年（1142 年）得中进士，授饶州司户参军、襄阳府观察推官，继调金州教授。二十七年（1157 年），监行在杂卖场门。二十八年（1158 年），改刑工部架阁文字，迁敕令所删定官。二十九年（1159 年），改太常寺主簿，寻兼光禄寺丞。后请祠，"主管台州崇道观以归"①。隆兴元年（1163 年），召为太常丞，兼权吏部郎官。二年（1164 年），始除员外郎兼皇子恭王府直讲。乾道二年（1166 年）知台州，三年（1167 年）除司农少卿，再除大理卿。以直宝文阁知静江府兼广西安抚，召权吏部侍郎。乾道九年（1173 年），提举太平兴国宫。淳熙元年（1174 年），知夔州兼夔州路安抚使。三年（1176 年）卒，年六十一岁。诏特赠集英殿修撰。著有文集二卷，已佚。

汪应辰（1118—1176 年），初名洋，字圣锡，信州玉山（今江西玉山）人。少聪颖异常，未冠，首贡乡举，试礼部，居高选。南宋绍兴五年，（1135 年）状元，初授镇东军签判，召为秘书省正字。因忤秦桧和议之意，出通判建州。遂请祠以归，"自是凡三主管（台州）崇道观"②。秦桧死后，

---

① 《宋史》卷 388。

② 《宋史》卷 387。

召为吏部郎官，迁右司。寻出知婺州（今浙江金华），除秘书少监，迁权吏部尚书。隆兴元年（1163年），知福州。旋升敷文阁待制，以敷文阁直学士出为四川制置使，知成都府。再除吏部尚书，寻兼翰林学士并侍读。又因事不合，以端明殿学士知平江府（今江苏苏州）。后连贬秩，遂致仕不起。卒谥文定，著有文集五十卷传世。

孟嵩（1133—1177年），字峤之，汴（今河南开封）人，南渡时迁居姑苏长洲（今江苏苏州）。十岁以祖荫补承事郎，南宋绍兴二十七年（1157年）任军器监主簿。未几，除直秘阁，赐绯鱼服。除授浙西安抚司，主管机宜文字。隆兴元年（1163年），除监尚书六部门。乾道二年（1166年），通判楚州，"主管台州崇道观"①。秩满，通判临安府。八年（1172年），改浙西安抚司参议官。累官朝奉郎，淳熙四年（1177年）卒，年四十四岁。

刘芮（1108—1178年），字子驹，东平（今山东东平）人。南宋绍兴六年（1136年），为永州司理参军，因与知州争狱事弃官。绍兴二十八年（1158年）以右迪功郎守大理司直，二十九年（1159年）主管台州崇道观。宋李心传《建炎以来系年要录》卷一百八十二谓，绍兴二十九年（1159年）"乙丑，右迪功郎、大理司直刘芮，为右宣义郎、主管台州崇道观。芮以疾乞奉祠，三省言：芮名臣之孙，恬静有守欲望少，加甄奖，乃有是命"。三十二年（1162年），起为国子监丞。乾道元年（1165年），除湖北提点刑狱。终湖南提点刑狱。卒年七十一岁。著有《顺宁文集》，已佚。

王速（1116—1178年），字致君，世居大名（今河北大名），南渡后寓居越之余姚，遂为余姚（今浙江余姚）人。少警悟绝人，书一读辄不忘。南宋绍兴二十五年（1155年），以父荫恩补登仕郎。二十六年（1156年）中铨试第一，循右修职郎。历特差两浙西路安抚司准备差遣，监行在杂货务卖场门，辟差充湖北京西宣谕使司准备差遣。改右承奉郎、干办行在诸司审计司。隆兴元年（1163年）进士及第，累官鄂州、台州、温州知州，提举荆湖南路常平茶盐公事、福建路常平茶盐公事，荆湖南路转运判官，终朝奉郎。曾二主台州桐柏崇道观，南宋楼钥《攻媿集》卷九十《国子司业王公行状》谓："除直秘阁知鄂州，寻以老母丐祠，主管台州崇道观。"又谓"（乾道）九年丐归，主管台州崇道观"。

刘玿（1122—1178年），字共父，一字恭父，崇安（今福建武夷山）人。

---

① （宋）楼钥：《直秘阁孟君墓志铭》。

南宋绍兴十二年（1142年）进士，监潭州南岳庙。历诸王宫大小学教授，权秘书省校勘，中书舍人，左宣教郎、主管台州崇道观，知大宗正丞。宋李心传《建炎以来系年要录》卷一百七十九谓，南宋绍兴二十八年（1158年）"左宣教郎、主管台州崇道观刘珙知大宗正丞……召对乃有是命"。二十九年（1159年），起秘书丞，累迁中书舍人。隆兴元年（1163年）除集英殿修撰。二年（1164年），知衢州。乾道元年（1165年），知潭州兼荆湖南路安抚使。累翰林学士、知制诰，兼侍读，迁同知枢密院事，兼参知政事，出知隆兴府兼江南西路安抚使，知荆南府兼荆湖北路安抚使，再知潭州，知建康府兼江南东路安抚使兼行宫留守。卒年五十七岁，谥忠肃。

吕祖谦（1137—1181年），字伯恭，婺州（今浙江金华）人。尚书右丞吕好问之孙，以祖荫补将仕郎。南宋隆兴元年（1163年）进士，复中博学宏词科，调南外宗教。除太学博士，添差教授严州，复召为博士兼国史院编修官、实录院检讨官。淳熙元年（1174年），"主管台州崇道观"①。二年（1175年），参与朱熹、陆九渊鹅湖之会。三年（1176年），除秘书郎、国史院编修官、实录院检讨官，迁著作佐郎。六年（1179年），除直秘阁，主管武夷山冲佑观。八年（1181年），除著作郎兼国史院编修官。旋卒，年四十五岁，谥曰成。著有《东莱左氏博议》、《吕氏家塾读书记》、《大事记》、《文海》、《古周易》、《书说》、《春秋左氏传说》、《春秋左氏传续说》、《吕东莱文集》及与朱熹共辑的《近思录》等。

傅自得（1116—1183年），字安道，光州固始（今河南固始）人，南渡后侨居泉州（今福建泉州）。以荫补官，为福建路提点刑狱司干办公事。主管台州崇道观，通判漳州，知兴化军，因忤秦桧罢。南宋隆兴元年（1163年），再知兴化军，召为吏部郎中。乾道九年（1173年），除直秘阁、福建路转运副使。知建宁府，改两浙东路提点刑狱。寻知兴国府，以朝奉大夫、直秘阁，主管武夷山冲祐观。淳熙十年（1183年）卒，年六十八岁。著有《至乐斋集》四十卷，已佚。

吴儆（1125—1183年），初名偁，字益恭，休宁（今安徽休宁）人。南宋绍兴二十七年（1157年）进士，初为鄞县尉。乾道二年（1166年），调知安仁县。淳熙元年（1174年），通判邕州。五年（1178年），迁知州，"历朝

---

① 《宋史》卷434。

散郎、广南西路安抚使，主管台州崇道观"①。七年（1180年），起知泰州，寻复奉祠。十年（1183年）卒，年五十九岁，谥文肃。有《竹洲文集》二十卷。

姜浩（1108—1185年），字浩然，原籍开封，寓居四明（今浙江宁波）。北宋宣和四年（1122年），以恩荫补承信郎。调监平江府都税务、福州盐税务，改明州市舶务行在草料场。历严州在城都税务、临安府比较务等，再改两浙东路兵马都监，升马步军副总管。南宋楼钥《攻媿集》卷一百八《赠金紫光禄大夫姜公墓志铭》谓其："改福州，踰年丐祠，主管台州崇道观。"累官武节大夫，南宋淳熙十二年（1185年）卒于家，享年七十七岁。

杨倓（1120—1185年），字子靖，崞县（今山西崞县）人。初官敷文阁学士。南宋绍兴二十三年（1153年），以右承奉郎为籍田令，寻直秘阁、主管佑神观。二十七年（1157年），以将作监丞守尚书都官员外郎。二十九年（1159年），直秘阁、提举两浙西路常平茶盐公事，兼权两浙转运判官。三十年（1160年），除直显谟阁。宋李心传《建炎以来系年要录》卷一百八十八谓："直显谟阁、提举两浙西路常平茶盐公事杨倓，主管台州崇道观。倓以父存中，解兵柄故有请也。"三十一年（1161年），除吏部郎官，"主管台州崇道观"②。三十二年（1162年），直显谟阁、御营宿卫使司书写机宜文字，行尚书度支员外郎。乾道八年（1172年），出为户部侍郎。淳熙元年（1174年），以徽猷阁学士签书枢密院事。著有《杨氏家藏方》二十卷，《南州集》十卷。

周淳中（1121—1189年），字仲古，温州瑞安（今浙江瑞安）人。进士及第，初授监潭州南岳庙、全州教授。迁广德军教授，改知宁海县。后为主管淮西安抚司机宜文字，授茶陵军使，"主管台州崇道观"③。南宋淳熙十五年（1188年），授淮东安抚司参议官，主管建宁府武夷山冲佑观。以朝散大夫致仕，享年六十八岁。

石斗文（1129—1189年），字天民，新昌（今浙江新昌）人。南宋隆兴元年（1163年）进士，调天台尉。再调邵武军司户参军，改临安府学教授、汉阳军教授。淳熙五年（1178年），改宣教郎，除枢密院编修官，出通判扬

---

①　（清）纪昀等：《四库全书总目提要》卷159。
②　（宋）范成大：《吴郡志》卷7。
③　（宋）叶适：《水心集》。

州。七年（1180年），　"主管台州崇道观"①。九年，通判婺州。十五年（1188年），差权发遣武冈军。十六年（1189年）卒，官至朝奉郎，年六十一岁。

陆九渊（1139—1193年），字子静，号存斋，抚州金溪（今江西金溪）人。南宋乾道八年（1172年）进士，淳熙元年（1174年）授隆兴府靖安县主簿，未就。六年（1179年），改授建宁府崇安县主簿。九年（1182年），除国子正。十年（1183年），迁敕令所删定官。十三年（1186年），除将作监丞，为给事中王信所驳，诏"主管台州道崇观"②。遂还乡，讲学贵溪象山精舍，因自号象山翁，学者称象山先生。曾与朱熹会讲鹅湖，论多不合，理学自此分朱陆二家。绍熙元年（1190年），知荆门军。绍熙四年（1193年）卒于任，年五十四岁，谥文安。著有《象山集》二十八卷，外集四卷，语录四卷。

韩彦直（1131—1194年），字子温，绥德（今陕西绥德）人。南宋绍兴二年（1132年），以父荫补右承奉郎。七年（1137年），直秘阁。十一年（1141年），特迁右奉议郎、直敷文阁。宋李心传《建炎以来系年要录》卷一百四十三谓："庚午，右承奉郎、直秘阁、主管台州崇道观，赐绯鱼袋韩彦直。特迁右奉议郎、直敷文阁，以世忠罢政推恩也。"绍兴十八年（1148年）进士，调太社令。历浙东安抚司主管机宜文字，光禄寺丞，屯田员外郎兼权右曹郎官，工部侍郎。乾道二年（1166年），迁户部侍郎，主管户曹，总领淮东军马钱粮。拜司农少卿，进直龙图阁，江西转运兼权知江州。复为司农少卿，总领湖北、京西军马钱粮，寻兼发运副使。授利州观察使，知襄阳府，充京西南路安抚使。授鄂州驻御前诸军都统制，知台州。授中奉大夫，充敷文阁待制，迁刑部侍郎兼工部尚书。迁吏部侍郎寻权工部尚书，复中大夫，改工部尚书兼知临安府。知温州，进敷文阁学士，龙图阁学士、提举万寿观，转光禄大夫，爵至蕲春郡公。著有《橘录》三卷。

叶颙（1107—1195年），字子昂，兴化军仙游（今福建仙游）人。南宋绍兴元年（1131年）进士，初授广州南海县主簿，摄尉。历知信州贵溪县、绍兴府上虞县，除将作监簿，知处州，常州。宋李心传《建炎以来系年要录》卷一百九十九谓，绍兴三十二年（1162年）"左朝散郎、知常州叶颙，

---

① （宋）孙应时：《烛湖集》卷11《枢密院编修石斗文行状》。
② 《宋史》卷434。

依所乞，主管台州崇道观"。召为尚书郎，除右司。除端明殿学士，拜参知政事兼同知枢密院事。除知枢密院事，未拜，进尚书左仆射兼枢密使。以观文殿学士致仕，赠特进，谥正简。

王正己（1118—1196年），原名慎言，字正之，后字伯仁，号酌古居士，其先桐庐（今浙江桐庐）人，迁居庆元府鄞县（今浙江宁波）。少警悟，长益嗜书史。以祖荫出仕，历官将仕郎、丰城县主簿，婺州司法参军。南宋绍兴三十二年（1162年），召赴行在。隆兴元年（1163年），改宣教郎、干办行在诸军粮料院。乾道二年（1166年），诏荐监司郡守，权司农寺主簿，知江阴军。起知饶州，改严州，复改饶州。南宋楼钥《攻媿集》卷九十九《朝议大夫秘阁修撰致仕王公墓志铭》谓其知饶州时，"以事忤宪司，劾罢。主管台州崇道观"。以叶丞相之荐，除尚书吏部员外郎，权右司郎官。再奉祠，除严州，改婺州。改荆湖北路转运判官，移知湖州。除广南西路转运判官兼提举盐事，直宝文阁秘阁修撰、太府卿，两浙西路提点刑狱等职。以末疾求归，主管武夷山冲佑观。其工诗善书，作品多已散佚，今仅存两首传世。

张祖顺（1137—1197年），字和卿，四明（今浙江宁波）人。生七岁而孤，长从乡先生沈铢游。以父荫恩补将仕郎，历官万载县尉、右承务郎、龙游县令。南宋淳熙元年（1174年），官干办行在诸军审计司，改差权发遣均州。五年（1178年），差知兴国军，改通判筠州，除通判衡州。绍熙四年（1193年），通判广州，知梅州。以疾卒，年六十一岁。南宋楼钥《攻媿集》卷一百四《知梅州张君墓志铭》谓其："绍熙二年（1191年），主管台州崇道观"。

李友直（1134—1199年），字叔益，绍兴府余姚（今浙江余姚）人。南宋淳熙二年（1175年）进士，初授迪功郎、慈溪县主簿。五年（1178年），除详定一司敕令所删定官，改承奉郎。九年（1182年），"主管台州崇道观"①。十一年（1184年），通判婺州。累官至朝奉大夫，赐绯衣银鱼。《中国古代名人录》谓其："剑州剑浦（今福建南平）人。"误。

朱熹（1130—1200年），字元晦，一字仲晦，号晦庵，别号考亭、紫阳，小名沈郎，徽州婺源（今江西婺源）人。南宋绍兴十八年（1148年）进士，初授泉州同安主簿。后罢归，监潭州南岳庙。隆兴元年（1163年），上书反对议和。除武学博士。乾道三年（1167年），陈俊卿、刘珙荐为枢密院编修

---

① （宋）楼钥：《攻媿集》卷104《朝奉大夫李公墓志铭》。

官。及后，屡召屡辞。乾道九年（1173 年），特改合入官，"主管台州崇道观"①。旋除秘书郎，主管武夷山冲佑观。淳熙五年（1178 年）知南康军（今江西星子县）。访白鹿洞书院遗址，奏请修复旧观，订立学规，从事讲学。复除提举江西常平茶盐公事，除直秘阁。八年（1181 年），提举浙东常平茶盐公事。次年，因"朱唐交恶"而辞归。十年（1183 年），诏以累乞奉祠，可差"主管台州崇道观"②。十四年（1187 年），提点江西刑狱。升兵部郎官。十五年（1188 年），除直宝文阁，主管西京嵩山崇福宫。十六年（1189 年），任为江东转运副使，后改漳州知州。绍熙二年（1191 年）辞归建阳，五年（1194 年）起任湖南安抚使。庆元元年（1195 年），为焕章阁待制、侍讲，因得罪韩侂胄而罢。次年，监察御史史继祖劾其伪学欺人，革职罢官，归建阳讲学著述。庆元六年（1200 年）卒，终年七十一岁。嘉定二年（1209 年）诏谥"文公"，宝庆三年（1227 年）赠"太师"、封"信国公"，绍定三年（1230 年）封"徽国公"，咸淳五年（1269 年）诏赐"文公阙里"于婺源。著有《四书集注》、《诗集传》、《楚辞集注》、《四书章句集注》、《周易本义》及后人编纂的《晦庵先生朱文公文集》、《朱子语类》、《朱子大全》等。

高子莫（1140—1200 年），字执中，亳州蒙城（今安徽蒙城）人。南渡时，留居永嘉（今浙江永嘉）。南宋宁宗朝（1195—1224 年）权工部侍郎、吏部侍郎兼直学士院，永嘉学派代表叶适之岳父。历郢州京山（今湖北京山县）县尉，知象山县，知永州（未到任）。累官"朝请郎、主管台州崇道观。"③

余端礼（1135—1201 年），字处恭，龙游（今浙江龙游）人。南宋绍兴二十六年（1156 年）进士，初为宁国尉。历江西安抚司准备差使，知湖州乌程县。宋杨万里《诚斋集》卷一百二十四《宋故少保左丞相观文殿大学士赠少师郇国余公墓志铭》谓："孝宗召监行在都进奏院，主管台州崇道观。"除监察御史，大理、太常二少卿兼太子侍读，兼权礼部侍郎。除权兵部侍郎兼权吏部侍郎兼太子詹事，为贺金国正旦使。试吏部侍郎，知太平州，提举西京嵩山崇福宫、凤翔府上清太平宫。绍熙元年（1190 年），召为吏部侍郎除

---

① 《宋史》卷 429。

② 同上。

③ （宋）叶适：《水心集》卷 14。

权刑部尚书兼侍讲。以焕章阁直学士、知建康府，江南东路安抚使兼行宫留守。召为吏部尚书除同知枢密院事，改知政事兼同知枢密院事。除知枢密院事兼知政事，拜右丞相迁左丞相。以观文殿大学士、判隆兴府，江南西路安抚使、提举临安府洞霄宫。判潭州，荆湖南路安抚使。复奉祠，除判庆元府，改判潭州。积阶自左迪功郎至特进，爵自龙游县男至本郡公，邑自三百户至八千户，食实封二千九百户致仕，授少保郇国公。

陈傅良（1137—1203年），字君举，人称止斋先生，温州瑞安（今浙江瑞安）人。南宋乾道八年（1172年）进士，初授泰州教授。淳熙三年（1176年），改太学录，出通判福州。九年（1182年），主管台州崇道观。十一年（1184年），起知桂阳军。绍熙元年（1190年），迁提举常平茶盐、转运判官。复转浙西提点刑狱，除吏部员外郎，迁秘书少监兼实录院检讨官、嘉王府赞读。三年（1192年），除起居舍人。四年（1193年），兼权中书舍人。庆元元年（1195年），召为中书舍人兼侍读、直学士院、同实录院修撰，出提举兴国宫。二年（1196年）罢，嘉泰二年（1202年）起知泉州。授集英殿修撰，进宝谟阁待制。嘉泰三年（1203年）卒于家，年六十七岁。谥文节。著有《止斋文集》五十二卷、《历代兵制》八卷、《春秋后传》十二卷，以及《诗解诂》、《周礼说》、《左氏章指》等。

周必大（1126—1204年），字子充，一字洪道，晚年自号平园老叟，原籍管城（今河南郑州）。南宋建炎二年（1128年），祖先通判庐陵（今江西吉安），遂为庐陵人。绍兴二十一年（1151年）进士，调徽州司户参军。二十七年（1157年），举博学宏词科，差充建康府教授。三十年（1160年），召为太学录，累迁编类圣政所详定官兼权中书舍人兼权给事中。隆兴元年（1163年），因缴驳龙大渊、曾觌除知合门事，主管台州崇道观。宋李心传《建炎以来朝野杂记》谓："子充乃以母葬信州，久欲迁奉乞宫观，差遣诏依所乞，主管台州崇道观。"乾道四年（1168年），起知南剑州。六年（1170年），除秘书少监兼直学士院。八年（1172年），兼权中书舍人时以事奉祠。淳熙二年（1175年），除敷文阁待制、侍讲，累迁吏部尚书兼翰林学士承旨。七年（1180年），除参知政事。九年（1182年），除知枢密院事。十六年（1189年），由左丞相出判潭州。绍熙四年（1193年），改判隆兴府。庆元元年（1195年），以观文殿大学士、益国公致仕。卒谥文忠。有《平园集》二百卷。

王明清（1127—1205年），字仲言，汝阴（今安徽阜阳）人。南宋隆兴元年（1163 年）得补官，乾道初（1165—1167 年）奉祠居山阴。按王明清《挥麈录·跋》，淳熙十二年（1185 年），以"朝请大夫主管台州崇道观"。绍熙三年（1192 年），出为杂买务杂买场提辖官。四年（1193 年），迁宁国府节度判官。庆元元年（1195 年），添差泰州通判。嘉泰中（1201—1204 年），为浙西参议官。著有《挥麈录》、《玉照新志》、《投辖录》等。

项安世（1129—1208 年），字平甫，号平庵，其先括苍（今浙江缙云）人，后家江陵（今湖北江陵）。南宋淳熙二年（1175 年）进士，调绍兴府教授。绍熙四年（1193 年）除秘书省正字，五年（1194 年），为校书郎兼实录院检讨官。庆元元年（1195 年）通判池州，移通判重庆储。入庆无党籍，还江陵家居。开禧二年（1206 年）起知鄂州，迁户部员外郎、湖广总领。三年（1207 年）权安抚使，以事免。起为湖南转运判官，未上，用台章夺职而罢。曾主管台州崇道观，嘉定元年（1208 年）卒。著有《易玩辞》、《项氏家说》、《平庵悔稿》等。善诗，有《再得崇道观寄王左史》诗："药鼎无时手自煎，万囊长在枕头边。罪今脱矣从头白，病已安之用涕涟。始悟旧诗成卦影，只消崇道了天年。故人读罢知余喜，遥举真珠百斛泉。"

陆游（1125—1210 年），字务观，号放翁，越州山阴（今浙江绍兴）人。十二岁能诗文，弱冠已有诗名，以祖荫补登仕郎。南宋绍兴二十三年（1153 年）应礼部试，为秦桧所黜。绍兴二十八年（1158 年），始赴福州宁德簿，以荐者除敕令所删定官。三十一年（1161 年），迁大理寺司直兼宗正簿。隆兴元年（1163 年）赐进士出身，迁枢密院编修官兼编类圣政所检讨官，除左通直郎通判镇江、隆兴府。乾道二年（1166 年）罢官，五年（1169 年）复任夔州（今奉节）通判。王炎宣抚川、陕，辟为干办公事。范成大帅蜀，出为参议官，以文字交，不拘礼法，人讥其颓放，因自号放翁。淳熙三年（1176 年）奉祠，以朝奉郎主管台州崇道观。淳熙五年（1178 年），复任福建路提举常平盐茶公事。六年（1179 年），提举江南西路常平茶盐公事。七年（1180 年），以"擅权"罪罢官。十三年（1186 年），起用为朝请大夫知严州，除军器少监。绍熙元年（1190 年），奉召回京任礼部郎中兼实录院检讨官。嘉泰二年（1202 年），以孝宗、光宗两朝实录及三朝史未就，诏权同修国史、实录院同修撰，寻兼秘书监。三年（1203 年），以宝谟阁待制致仕。嘉定二年（1210 年）卒，年八十五岁。著有《剑南诗稿》、《放翁词》传世。

王介（1158—1213 年），字元石，自号浑尺居士，本吴人，徙居金华（今浙江金华）。从朱熹、吕祖谦学。南宋绍熙元年（1190 年）进士，签书昭庆军节度判官厅公事，继任国子学录。庆元元年（1195 年），迁太学博士。寻添差通判绍兴府，寻知邵武军。"庆元党禁"起，被劾附会前右丞相赵汝愚，"主管台州崇道观"①。旋知饶州，未赴，召为秘书郎，迁度支郎官。与韩侂胄不和而罢职，奉祠，除都大坑冶。韩侂胄诛，召还，除侍左郎官兼右司、太子舍人，改兵部郎官、国子司业、太子侍讲兼国史院编修官、实录院检讨官，除国子祭酒。继除秘书监，升太子右谕德。迁宗正少卿兼权中书舍人，以右文殿修撰知嘉兴府。又升集英殿修撰、知襄阳府、京西安抚使。徙知庆元府兼沿海制置使，以疾奉祠。嘉定六年（1213 年）卒，年五十六岁。端平三年（1236 年），郡守赵汝谈请于朝，特赠中大夫、宝章阁待制，谥忠简。著有《春秋臆说》、《浑尺集》等。

俞烈（？—1213 年），字若晦，号盘隐居士，临安（今浙江杭州）人。南宋淳熙八年（1181 年）进士。淳熙十五年（1188 年），以太学录转对，迁太常博士。绍熙元年（1190 年），除国子博士，以"承务郎、主管台州崇道观"②。庆元三年（1197 年），为秘书郎，出知嘉兴府。嘉泰元年（1201 年），除起居舍人，以户部尚书出使金国。四年（1204 年），除中书舍人，以忤韩侂胄论去。嘉定元年（1208 年），起为沿海制置使，改知镇江府。五年（1212 年），为吏部侍郎兼中书舍人兼侍读。六年（1213 年）卒。著有《盘隐诗编》、《北征集》等，已佚。

吴芝（1137—1220 年），字茂可，仙居（今浙江仙居）人。南宋淳熙八年（1181 年）进士，仕途经历不详，曾以武翼郎主管"台州崇道观"③。

钱文子（1147—1220 年），名宏，字文季，号白石山人，乐清（今浙江乐清）人。南宋淳熙十四年（1187 年）入太学为上舍生，绍熙三年（1192 年）上舍释褐。初授文林郎、吉州判官，任满，改宣教郎、知潭州醴陵县。嘉泰四年（1204 年）知台州，开禧元年（1205 年）改知常州。寻奉祠，主管台州崇道观。嘉定元年（1208 年），出漳州路提点刑狱，未就。改成都转运判官，迁湖北路提点刑狱。三年（1210 年），以吏部员外郎兼国史院编修官。四年（1211 年），升宗正少卿。后任显谟阁学士、知太平州。未几，改任淮南路转运副使兼提点刑狱，并提举常平茶盐铁冶。升任宝文阁学士、复

---

① 《宋史》卷 400。

② （宋）叶适：《水心集》卷 14。

③ 仙居《吴氏宗谱》。

知太平。改知宁国，任满，主管成都玉局观、亳州明道宫。以朝散大夫、宝文阁学士致仕。著有《白石诗传》一十卷、《中庸集传》一卷、《论语传赞》二十卷、《孟子传赞》十四卷、《补汉兵志》一卷等。

吴沇（1146—1225 年），字仲元，仙居（今浙江仙居）人。南宋淳熙二年（1175 年）进士，历知昭、靖二州，"主管台州崇道观"①，终武经大夫。

杨简（1141—1226 年），字敬仲，世称慈湖先生，明州慈溪（今浙江慈溪）人。南宋乾道五年（1169 年）进士，授富阳主簿。迁绍兴府司理，改知嵊县，移知乐平县。绍熙五年（1194 年），召为国子监博士。未几遭斥，"主管（台州）崇道观"②。再任，转朝奉郎。嘉泰四年（1204 年），赐绯衣银鱼，朝散郎，权发遣全州，以言罢，主管仙都观。嘉定元年（1208 年），授秘书郎，转朝请郎，迁秘书省著作佐郎兼权兵部郎官。又兼考功郎官，兼礼部郎官，授著作郎、将作少监。以国史院编修官兼实录院检讨官，出知温州。入对，改工部员外郎，转对，又以择贤久任为言。迁军器监兼工部郎官，转朝奉大夫，又迁将作监兼国史院编修官兼实录院检讨官，转朝散大夫。以直宝谟阁主管玉局观。升直宝文阁主管明道宫、秘阁修撰主管千秋鸿禧观。特授朝请大夫、右文殿修撰主管鸿庆宫，赐紫衣金鱼。进宝谟阁待制、提举鸿庆宫，赐金带。宝庆元年（1225 年），进宝谟阁直学士，赐金带。转朝议大夫、慈溪县男，寻授华文阁直学士、提举佑神观，奉朝请。诏入见，授敷文阁直学士，累加中大夫，仍提举鸿庆宫，寻以宝谟阁学士、太中大夫致仕，二年（1226 年）卒，赠正奉大夫。谥文元。著有《慈湖诗传》、《杨氏易传》、《先圣大训》、《五诰解》及《慈湖遗书》等。

赵汝谈（？—1237 年），字履常，号南塘，余杭（今浙江余杭）人。宋太宗八世孙，年十五以大父恩补将仕郎。南宋淳熙十一年（1184 年）进士，调汀州教授，改广德军，添差江西安抚司干办公事。寻调安庆府教授，添差浙东安抚司干办公事。丁母忧，免丧，召为太社令。开禧三年（1207 年），擢秘书正字。寻"主管（台州）崇道观"③，添差通判嘉兴府，改知无为军。嘉定中（1208—1224 年），改湖北提举常平，知温州，改知外宗正，迁江西提举常平。端平元年（1234 年），以礼部郎官召，改秘书少监兼权直学士院。

---

① 仙居《吴氏宗谱》。
② 《宋史》卷 407。
③ 《宋史》卷 413。

迁宗正少卿，兼权直，兼编修国史、检讨实录，兼崇政殿说书。权吏部侍郎，升侍读，兼直学士院，兼同修国史院同修撰。以言去，提举崇禧观。三年（1236年），起知婺州。权礼部侍郎兼学士院，改侍讲。权给事中，权刑部尚书。嘉熙元年（1237年）卒。著有《易注》、《书注》、《诗注》、《论语注》、《孟子注》、《周礼注》、《礼记注》、《荀子注》、《庄子注》、《通鉴注》、《杜诗注》、《介轩诗集》等。另有《南塘集》九卷，已佚。

陈埙（1197—1241年），字和仲，号习庵，庆元府鄞（今浙江宁波）人。南宋嘉定十年（1217年）进士，调黄州教授。宝庆元年（1225年），召为太学录，迁太学博士，主宗正寺簿。绍定中（1228—1233年）通判嘉兴府，寻召为枢密院编修官。端平元年（1234年），出知常州，改衢州。徙福建转运判官，为侍御史蒋岘常所劾，"主管（台州）崇道观"①。二年（1235年），迁浙西提点刑狱，以吏部侍郎召，及为国子司业。未几，兼玉牒检讨、国史编修、实录修撰。淳祐元年（1241年）卒，著有《习庵集》，已佚。

吴涧（1161—1245年），字仲贤，仙居（今浙江仙居）人。历官经历不详，以武显大夫"主管台州崇道观"②。

牟子才（？—1254年），字存叟，号存斋，井研（今四川井研）人。南宋嘉定十六年（1223年）进士，调嘉定府洪雅县尉，监成都府榷茶司卖引所，辟四川提举茶马司准备差遣，改辟总领四川财赋所干办公事。通判吉州，转通判衢州。入为国子监主簿兼史馆校勘，迁太常博士。淳祐十一年（1251年），迁秘书郎，"主管（台州）崇道观"③。十二年（1252年），迁著作佐郎，迁著作郎，兼崇政殿说书。宝祐元年（1253年），以军器少监兼国史院编修官、实录院检讨官、崇政殿说书，累迁礼部尚书兼给事中。度宗即位，进端明殿学士、资政殿学士。中书舍人、崇政殿学士致仕。宝祐二年（1254年）卒，著有《存斋集》，已佚。

孙梦观（1200—1257年），字守叔，号雪窗，庆元府慈溪（今浙江慈溪）人。南宋宝庆二年（1226年）进士，调桂阳军教授、浙西提举司干办公事，差主管吏部架阁文字，为武学谕。力请外，添差通判严州，"主管（台州）崇道观"④。召为武学博士、太常寺丞兼诸王宫大小学教授，大宗正丞兼屯田

---

① 《宋史》卷423。
② 仙居《吴氏宗谱》。
③ 《宋史》卷411。
④ 《宋史》卷424。

郎官、将作少监。知嘉兴府，仍旧班兼右司郎官、将作监。出知泉州兼提举市舶，改知宁国府。迁太府卿、宗正少卿，兼给事中、起居舍人、起居郎。以监察御史吴燧论罢，直龙图阁与祠，授秘阁修撰、江淮等路提点铸钱司公事。复召为起居郎兼侍右侍郎、给事中兼赞读，兼国子祭酒，权吏部侍郎。宝祐四年（1256年），兼资善堂赞读，章鉴兼资善堂直讲，以集英殿修撰知建宁府。五年（1257年）卒，年五十八岁。著有《雪窗集》二卷。

虞复（1188—1259年），字从道，号远斋，一号东岩，婺州义乌（今浙江义乌）人。少从倪千里学，得永嘉《春秋》之传。南宋嘉定十六年（1223年）进士，初授迪功郎、南康军都昌（今江西省都昌县）县尉。宝庆元年（1225年），授修职郎，改临安府（今杭州）杨村酒官。绍定六年（1233年），擢升户部架阁文字。端平二年（1235年），差浙东常平司干官。三年（1236年），改任通直郎，转差浙西安抚司干官，未就。嘉熙元年（1237年），迁籍田令，改武学谕，再迁宗正寺主簿兼壮文府教授，历太常博士，知大宗正丞。同年，出任信州（今江西上饶）知州，因反对史嵩之而降职任都郎官。淳祐三年（1243年），"主管台州崇道观"[①]。宝祐二年（1254年），出任尚书郎官，兼国史院编修，实录院检讨。寻知宁国（今安徽宁国县）府，累官朝议大夫致仕。开庆元年（1259年）卒，享年七十二岁。著有《成已集》六十卷、《告蒙》一卷，及《告忠》、《远斋集》、《孔峰集》等。

刘仕龙（1196—1264年），字时甫，义乌（今浙江义乌）人。南宋绍定二年（1229年），选为太学生员。淳祐元年（1241年）得中进士，遂从戎鄂州。秩满干办江陵府御前诸将军统制公事，改京西路副兵马都监。四年（1244年），召除阁门舍人。历知复州、宾州、廉州。以言事奉祠，主管台州崇道观。景定初（1260—1261年）起知雷州，五年（1264年），与元兵战中流矢死难。谥赠武节侯。有《知廉州条上边事落职主管台州崇道观赋感》诗："人生百年中，穷通无定迹。譬如风前花，荣谢亦顷刻。当时牧牛竖，尊贵谁与敌。憔悴种瓜翁，乃是封侯客。丈夫苟得时，粪土成拱璧。一朝恩宠衰，黄金失颜色。古今谅皆然，我今何叹息。"

陈垲（？—1268年），字子爽，嘉兴（今浙江嘉兴）人。历官京湖制置使司主管机宜文字，差知德安府，加直宝谟阁、江西提点刑狱，改直敷文

---

①　义乌《华溪虞氏宗谱》。

阁、提举千秋鸿禧观，以司农寺丞"主管（台州）崇道观"①，知安庆府。召赴阙，加直显谟阁、湖南提点刑狱。南宋端平二年（1235 年），再召为右司郎官，加直宝文阁知隆兴府、江西安抚使，改知江州，主管江西安抚司事。召为右司郎官，进直龙图阁、浙西提点刑狱，迁司农少卿，以秘阁修撰知庆元府兼沿海制置副使，迁大理卿。淳祐三年（1243 年），进右文殿修撰、知平江府兼淮、浙发运使。迁太府卿、司农卿，权工部侍郎兼同详定敕令官，兼中书门下省检正诸房公事。四年（1244 年），进集英殿修撰、知婺州。五年（1245 年），改知太平州兼江东转运副使，加户部侍郎、淮东总领，寻提领江、淮茶盐所兼知太平州。九年（1249 年），进显谟阁待制、知广州，权兵部尚书，又进宝章阁直学士、知婺州，迁权户部尚书。宝祐三年（1255年），以宝文阁学士知潭州兼湖南安抚使。召赴阙，以旧职提举太平兴国宫，加龙图阁学士，加端明殿学士。咸淳四年（1268 年）卒，谥清毅。著有《可斋瓶稿》二十卷。

吕景山，生卒年代不详，蓝田（今陕西蓝田）人，迁居潮汕海阳县（今广东澄海）。历官提举潼川府路常平官，朝奉大夫、主管台州崇道观等。宋李心传《建炎以来系年要录》卷四十五谓，南宋绍兴元年（1131 年）"朝奉大夫吕景山，主管台州崇道观。景山，大防子。建炎初，提举潼川府路常平官，省而罢，寓家于蜀，至是因其请而命之"。

李霭，生卒年代不详，宋城（今河南商丘）人。南宋绍兴二年（1132年），以秘书丞试监察御史。宋李心传《建炎以来系年要录》卷六十谓，绍兴二年（1132 年）"谏议大夫徐俯奏，监察御史李霭素无行检，诏霭主管台州崇道观"。

黄升，字进仲，生卒年代不详，浦城（今福建浦城）人。历知合肥县，邵州、永州知州。南宋绍兴三年（1133 年），因病乞祠。宋汪应辰《文定集》卷十三《黄公墓志铭》谓其，曾"主管建州冲佑观"，"台州崇道观"。绍兴五年（1135 年）起知筠州，累官至朝散大夫。

晁公为，字子莫，生卒年代不详，钜野（今山东巨野）人。南宋建炎三年（1129 年）除仓部员外郎，出知台州。绍兴元年（1131 年），因其妻受囚贿金事觉，放罢。宋李心传《建炎以来系年要录》卷七十四谓，绍兴四年（1134 年）"右朝奉大夫、主管台州崇道观晁公为罢宫观"，遂不复用。

---

① 《宋史》卷 425。

钱圻，生平事迹不详。宋李心传《建炎以来系年要录》卷七十五谓，南宋绍兴四年（1134年）"尚书刑部员外郎钱圻主管台州崇道观，从所请也。圻与陈正同皆以徐俯荐为郎，其被论及求去恐与俯相关"。

向子忞，生卒年代不详，开封（今河南开封）人。南宋建炎三年（1129年），知真州。建炎四年（1130年），以宣教郎、直秘阁知明州。绍兴二年（1132年），知道州。绍兴五年（1135年），知衡州。宋李心传《建炎以来系年要录》卷八十九谓："直秘阁主管台州崇道观向子忞知衡州。"

陈子卿，名翰臣，生卒年代不详，莆田（今福建莆田）人南宋绍兴三年（1133年），以左朝请大夫知江州。绍兴四年（1134年），为湖北制置使司参议官。绍兴五年（1135年），主管台州崇道观。宋李心传《建炎以来系年要录》卷八十九谓："戊子，左朝请大夫、湖南北襄阳府路制置司参议官陈子卿，主管台州崇道观。"

孙佑，生卒年代及里籍不详。南宋绍兴三年（1133年），为江州知州兼治江安抚司公事。绍兴四年（1134年），以直秘阁知平江府，为广南东路提点刑狱公事。绍兴五年（1135年），主管台州崇道观。宋李心传《建炎以来系年要录》卷九十谓："直秘阁、知平江府孙佑，主管台州崇道观，从所请也。"

韩璜，字叔夏，生卒年代不详，衡山县（今湖南衡山）人，原籍雍丘（今河南杞县）。初官御史台主簿，南宋建炎四年（1130年）赐进士出身。绍兴元年（1131年）守右司谏，责监浔州商税。五年（1135年），为广南西路转运判官。宋李心传《建炎以来系年要录》卷九十一谓，绍兴五年（1135年），"左宣教郎、主管台州崇道观韩璜，为广南西路转运判官。直秘阁、荆湖北路提点刑狱公事张铢令趣之任。时赵鼎闻荆湖北路提点刑狱公事陈霭，广南西路转运判官郑资之，提举江南东路常平茶盐公事徐国成，并无治状悉以自陈宫观处之，而璜等有是命"。绍兴六年（1136年），改提点广西刑狱。著有《春秋人表》一卷。

江汉，字朝宗，生卒年代不详，西安（今浙江衢县）人。初以本乐府撰词曲得官，北宋宣和（1124—1125年）末为明堂司令。南宋绍兴二年（1132年），除郴州通判。宋李心传《建炎以来系年要录》卷九十二谓，绍兴五年（1135年）"庚辰，右朝奉郎江汉，特差主管台州崇道观，从所请也。汉不审量，又得祠当考"。

吕省山，生卒年代不详，蓝田（今陕西蓝田）人。宋李心传《建炎以来系年要录》卷九十二谓，南宋绍兴五年（1135年）"乙丑，诏右朝奉大夫、主管台州崇道观吕省山，免审量许磨勘。省山，大临子也。初以补治三陵堤堰，改京秩。例当削官，赵鼎以故家特有是命"。

章杰，生卒年代不详，建州浦城（今福建浦城）人。北宋宣和六年（1124年）进士，南宋建炎四年（1130年）出为福建路转运判官。绍兴三年（1133年），徙广东路。四年（1134年），措置福建路籴买公事。五年（1135年），主管台州崇道观，旋知婺州。宋李心传《建炎以来系年要录》卷九十二谓："尚书仓部员外郎章杰主管台州崇道观，从所请也。"七年（1137年），起为广南东路转运副使。十一年（1141年），知江阴军。二十年（1150年），以知衢州罢。

高俨，生平事迹不详。宋李心传《建炎以来系年要录》卷一百一谓，南宋绍兴六年（1136年）"左朝请大夫、主管台州崇道观高俨，行秘书郎。俨召对，劝上听言纳谏"。

陆彦钦，生卒年代及里籍不详。南宋绍兴五年（1135年），历官左中奉大夫、潼川府路转运副使，川陕宣抚司参议官。宋李心传《建炎以来系年要录》卷一百五谓，绍兴六年（1136年）"降授右朝请大夫、主管台州崇道观陆彦钦知婺州"。

家彦，生卒年代不详，眉山（今四川眉山）人。宋李心传《建炎以来系年要录》卷一〇七谓，南宋绍兴六年（1136年）"右朝奉大夫、主管台州崇道观家彦，投匦献川陕边防利害。且言宣抚司自王似、卢法原后，便宜转行朝议大夫，至四十五员皆非殊功异绩，特以请求贿赂而得之。诏制置大使席益，取索杂功改转之人速行改正。彦眉山人也"。

张滉，字昭远，生卒年代不详，绵竹（今四川绵竹）人。南宋绍兴元年（1131年），以迪功郎、宣抚处置使司书写机密文字特改承务郎。三年（1133年），官右承事郎、直徽猷阁，主管江州太平观。七年（1137年），赐进士出身，除知镇江府，寻主管台州崇道观。宋李心传《建炎以来系年要录》卷一百十四谓："直徽猷阁、新知镇江府张滉，为周秘所论乞奉祠，以滉主管台州崇道观。"十年（1140年），知抚州。《建炎以来系年要录》卷一百三十七谓，绍兴十年（1140年）"乙酉，直徽猷阁主管台州崇道观张滉知抚州"。孝宗乾道三年（1167年），知楚州。

张自牧，生卒年代及里籍不详。南宋建炎三年（1129年），以直秘阁、京东转运判官兼京东制置副使。历官直秘阁、专一总领明州海战人船。宋李心传《建炎以来系年要录》卷一百十九谓，绍兴八年（1138年）"诏自牧依旧主管台州崇道观"。

李良辅，生卒年代不详，河南（今河南洛阳）人。北宋大观（1107—1110年）中为零陵簿，历官右宣义郎。宋李心传《建炎以来系年要录》卷一百二十一谓：南宋绍兴八年（1172年）"诏右宣义郎李良辅，已差主管台州崇道观，指挥勿行。良辅，河南人。大观间为零陵簿，以告讦胡安国荐范纯仁之客，由是改官。至是来临安得宫观"。

赵涣，生卒年代及里籍不详。历官翰林医学，卒用御史，左迪功郎、处州州学教授。南宋绍兴五年（1135年），特改左承事郎，寻除将作监丞。六年（1136年），守监察御史。七年（1137年），除江南提点刑狱公事。八年（1138年），主管台州崇道观。李心传《建炎以来系年要录》卷一百二十二谓："庚子，涣主管台州崇道观。"绍兴二十六年（1156年），为两浙西路提点刑狱公事。

方略，字作谋，生卒年代不详，兴化军莆田（今福建莆田）人。北宋崇宁五年（1106年）进士，大观（1107—1110年）中授崇德尉，召除删定官。迁修书局，出提举广东常平。宣和时（1119—1125年）贬知琼州，改潮州。南宋建炎年间（1127—1130年）告归，后起复。绍兴八年（1138年）撰《南宋兴化军祥应庙记》，有"左朝请大夫、主管台州崇道观方略撰"题名。

王铚，字性之，自号汝阴老民，生卒年代不详，汝阴（今安徽阜阳）人。少而博学，善诗论，强记闻。南宋建炎四年（1130年），权枢密院编修官。绍兴四年（1134年），以右承事郎守太府寺丞。九年（1139年），为湖南安抚司参议官。宋李心传《建炎以来系年要录》卷一百二十五谓："丙申，右承事郎，主管台州崇道观王铚特迁一官。"绍兴十四年（1144年），官右宣教郎新湖南安抚司参议官，诏迁一官。晚年避地剡溪山中，日以觞咏自娱。著有《默记》、《补侍儿小名录》、《雪溪集》、《四六话》等。世称雪溪先生。

赵戬，生平事迹不详。南宋绍兴九年（1139年），官右承郎、主管台州崇道观。宋李心传《建炎以来系年要录》卷一百三十二有"右承郎、主管台州崇道观赵戬"之记载。

米璞，生卒年代不详，耀州（今陕西铜川）人。北宋政和二年（1112年）进士，累官奉议郎、通判原州。宋李心传《建炎以来系年要录》卷一百三十二谓：南宋绍兴九年（1139年）"左奉议郎米璞、刘长孺并转两官，主管台州崇道观"。

刘长孺，生卒年代不详，耀州（今陕西铜川）人。历官签书博州判官厅公事，知华阴县。宋李心传《建炎以来系年要录》卷一百三十二谓：南宋绍兴九年（1139 年）"左奉议郎米璞、刘长孺并转两官，主管台州崇道观"。

王直清，王铚之子，生卒年代不详，汝阴（今安徽阜阳）人。南宋绍兴初（1131—1140 年），以右奉议郎主管台州崇道观。绍兴十年（1140 年），立《柳本尊传碑》于四川大足宝顶山（今属重庆）小佛湾，有"右奉议郎、前主管台州崇道观、赐绯鱼袋王直清立石"题名。

李利用，生卒年代及里籍不详。南宋绍兴元年（1131 年），官西京留守。九年（1139 年），以朝奉郎、河南府路转运判官兼权知河南府及本路安抚西京留守司公事。宋李心传《建炎以来系年要录》卷一百三十七谓，绍兴十年（1140 年）"辛亥，左朝散郎、河南府路转运判官李利用主管台州崇道观。利用自西京遁归至邓州，诏释其罪，利用乞奉祠许之"。

韩临亨，生平事迹不详。宋李心传《建炎以来系年要录》卷一百三十五谓，南宋绍兴十年（1140 年）"乙亥，左朝散大夫、主管台州崇道观韩临亨，知兴仁府"。

吴伟明，字元昭，生卒年代不详，邵武（今福建邵武）人。北宋崇宁五年（1106 年）进士，南宋绍兴二年（1132 年）知兴化军。八年（1138 年），知徽州。九年（1139 年），为应天府路提点刑狱兼转运副使。十年，提举台州崇道观。宋李心传《建炎以来系年要录》卷一百三十四谓："直秘阁、应天府路提点刑狱公事兼转运副使吴伟明，主管台州崇道观，从所请也。"

李弼儒，生卒年代及里籍不详。宋李心传《建炎以来系年要录》卷一百三十六谓，绍兴十年（1140 年）"戊辰，右朝请大夫、主管台州崇道观李弼儒，复直秘阁、充三京招抚处置使司参谋官"。

赵庆孙，生卒年代及里籍不详。南宋绍兴六年（1136 年），自右从事郎、平江军节度推官特改右承事郎。宋李心传《建炎以来系年要录》卷一百四十谓，十一年（1141 年）"辛巳，右宣教郎、主管台州崇道观赵庆孙等六人，并停官永不得与堂除，以言者论其不孝也。或曰庆孙尝为赵鼎所荐，故秦桧斥之"。

陈敏识，生卒年代及里籍不详。南宋建炎四年（1130 年），官分宁县知县。因拒敌有功，进中奉大夫、右文殿修撰，除知洪州。绍兴四年（1134 年），知建昌军。九年（1139 年），为右朝请大夫、江南东路转运副使。十二年（1142 年），主管台州崇道观。宋李心传《建炎以来系年要录》卷一百四十七谓："癸亥，右朝请大夫、福建路转运副使陈敏识，主管台州崇道观。"

熊彦诗，字叔雅，生卒年代不详，安仁（今江西余江东北）人。北宋宣和六年（1124年）进士，为国子监博士。南宋绍兴三年（1133年）知瑞安县，四年（1134年）以赵鼎荐为守秘书丞。五年（1135年），提举两浙东路常平茶盐，寻为荆湖南北、襄阳府路都督府主管机宜文字。因附赵鼎而罢官，宋王明清《挥麈录·后录》卷十一谓，以"左朝请大夫主管台州崇道观"。十二年（1142年），因媚秦桧"大风动地，不移存赵氏之心；白刃在前，独奋安刘之略"。复官永州知州。宋李心传《建炎以来系年要录》卷一百四十七称："丙子，左朝请大夫、主管台州崇道观熊彦诗知永州。"

刘尧佐，生卒年代不详，保安军（今陕西志丹）人，迁居临安。刘光世之子，以荫补官。宋李心传《建炎以来系年要录》卷一百四十七谓，南宋绍兴十二年（1142年）"辛未，右承事郎、监潭州南岳庙，赐绯鱼袋刘尧佐、尧仁、正平并直秘阁，主管台州崇道观。三人光世子若孙也，光世以皇太后还宫，自永嘉力疾入见，故有是命"。又卷一百五十三谓，十五年（1145年），"升直敷文馆，主管台州崇道观"。

刘尧仁，生卒年代不详，保安军（今陕西志丹）人，迁居临安。刘光世之子，以荫补官。宋李心传《建炎以来系年要录》卷一百四十七谓，南宋绍兴十二年（1142年）"辛未，右承事郎、监潭州南岳庙，赐绯鱼袋刘尧佐、尧仁、正平并直秘阁，主管台州崇观道。三人光世子若孙也，光世以皇太后还宫，自永嘉力疾入见，故有是命"。又卷一百五十三谓，十五年（1145年），"升直敷文馆，主管台州崇道观"。二十八年（1158年），为秘阁修撰主管佑神观，试军器少监。三十年（1160年），以军器少监守兵部员外郎。三十一年（1161年），充右文殿修撰，知池州。

刘正平，生卒年代不详，保安军（今陕西志丹）人，迁居临安。刘光世之子或孙，以荫补官。宋李心传《建炎以来系年要录》卷一百四十七谓，南宋绍兴十二年（1142年）"辛未，右承事郎、监潭州南岳庙，赐绯鱼袋刘尧佐、尧仁、正平并直秘阁，主管台州崇观道。三人光世子若孙也，光世以皇太后还宫，自永嘉力疾入见，故有是命"。

孙镇，字元朴，生卒年代及里籍不详。宋汪藻《浮溪集》卷二十八《孺人晁氏墓志铭》称其尝知上饶，南宋绍兴十二年（1142年）官"左宣教郎主管台州崇道观"。二十九年（1159年），以左朝请郎知蒋州，移通州。著有《历代登科记》。

何麒，字子应，生卒年代不详，青城（今四川灌县东南）人。南宋建炎元年（1127年）为宣教郎，历右通直郎、直秘阁。绍兴十一年（1141年），特赐同进士出身，为夔州路提点刑狱。十二年（1142年），试太常少卿。十三年（1143年）知邵州，未几主管台州崇道观。宋李心传《建炎以来系年要录》卷一百五十谓："冬十月甲申朔，直秘阁新知邵州何麒落职，主管台州崇道观，道州居住。"又宋李心传《建炎以来系年要录》卷一百七十称，绍兴二十五年（1155年）"左奉议郎、主管台州崇道观，道州居住何麒，勒停人前"。二十六年（1156年），充四川安抚制置司参议官。

许中，字与权，生卒年代不详，乐平（今江西乐平）人。北宋元符三年（1100年）进士，授校书郎，迁兵部郎官。南宋建炎三年（1129年），官朝请大夫、直徽猷阁知桂州、并管内劝农公事、充广南西路兵马都铃辖、兼本路安抚使、主管经略司公事赐紫金鱼袋。绍兴二年（1132年），以直秘阁主管广西经略司公事。三年（1133年），知静江府。起知鼎州、虔州。十三年（1143年），以左朝散大夫、知扬州。绍兴十四年（1144年），"壬申，直秘阁、知扬州许中，主管台州崇道观。从所请也"①。

曾班，生卒年代及里籍不详。南宋建炎三年（1129年）知泰州，金人犯州，以城降。历官朝奉大夫、主管临安府洞霄宫，雷州编管等。绍兴十五年（1145年），"庚寅，左朝请大夫曾班，主管台州崇道观。班始坐降金削籍编置，不知何时牵复也"②。

姚邦基，生卒年代不详，蜀（今四川）人。南宋绍兴十七年（1147年），以左承议郎"主管台州崇道观"③。后知尉氏县，秩满不复仕，屏居村落间，授徒自给。

高世定，生卒年代不详，南宋宣仁圣烈皇后弟高士林孙，亳州蒙城（今安徽蒙城）人。南宋绍兴六年（1136年），官右朝散大夫、通判温州，进直徽猷阁。十年（1140年），通判临安。十二年（1142年），以直显谟阁、通判明州，提举江南西路常平茶盐公事。十七年（1147年），"直龙图阁、主管台州崇道观高世定，升秘阁修撰。世定自通判明州累为部使者，至是复迁之"④。

---

① （宋）李心传：《建炎以来系年要录》卷152。
② 同上。
③ （宋）李心传：《建炎以来系年要录》卷156。
④ 同上。

王曬，字日严，生卒年代不详，广陵（今江苏扬州）人。博学宏词科进士，南宋绍兴十六年（146年），官秘书省正字，为礼部员外郎。绍兴十七年（1147年），"尚书礼部员外郎王曬，主管台州崇道观。以殿中侍御史余尧弼论其躁进也"[1]。二十年（1150年），以尚书礼部员外郎兼玉牒所检讨官，守起居舍人兼权直学士院。乾道元年（1165年），为权礼部侍郎兼直学士院。二年（1166年），兼东宫詹事。八年（1172年），为翰林学士承旨兼实录院修撰。九年（1173年），除端明殿学士、在外宫观。

许忻，字子礼，拱州襄邑（今河南睢县）人。北宋宣和三年（1121年）进士，历左宣义郎、知常州无锡县。南宋绍兴八年（1138年），为秘书省校书郎。九年（1139年），守吏部员外郎。十年（1140年），以吏部员外郎出为荆湖南路转运判官。谪居抚州，起知邵阳，卒。宋李心传《建炎以来系年要录》卷一百六十谓，绍兴十九年（1149年）"左承议郎、主管台州崇道观许忻知邵州"。著有《许右丞行状》一卷。

程敦厚，字子山，生卒年代不详，眉山（今四川眉山）人。南宋绍兴五年（1135年）进士，历官校书郎、起居舍人兼侍讲、中书舍人。绍兴二十一年（1151年），以诗谄附秦桧，升直徽猷阁。宋李心传《建炎以来系年要录》卷一百六十二谓："左承议郎、主管台州崇道观程敦厚直徽猷阁。"

秦埙，秦桧之孙，生卒年代不详，江宁（今江苏南京）人。以郊恩荫补，历敷文阁待制，直宝文阁、主管台州崇道观。宋李心传《建炎以来系年要录》卷一百六十二谓，南宋绍兴二十一年（1151年）"庚寅，直宝文阁、主管台州崇道观秦埙……并进职二等提点佑神观，以扶掖桧入朝，特推恩也"。南宋绍兴二十四年（1154年）得中进士，临海陈骙试春官第一，秦桧当国，以秦埙居其上。

张子颜，生卒年代不详，成纪（今甘肃天水）人。南宋高宗朝清河郡王张俊第三子，累官工部尚书等。南宋绍兴十一年（1141年），以右承事郎直秘阁赐六品服。二十一年（1151年）时，为"奉议郎、直敷文阁、主管台州崇道观、赐紫金鱼袋"[2]。淳熙元年（1174年），遣使金报聘。

张子正，生卒年代不详，成纪（今甘肃天水）人。南宋高宗朝清河郡王张俊子，官至户部尚书。绍兴十一年（1141年），自右承务郎直秘阁，赐六

① （宋）李心传：《建炎以来系年要录》卷156。
② （宋）周密：《武林旧事》卷9《高宗幸张府节次略》。

品服。十二年（1142年），进二官，升直敷文阁。二十一年（1151年），为"宣教郎、直敷文阁、主管台州崇道观、赐紫金鱼袋"①。二十四年（1154年），官右文殿修撰。二十九年（1159年），充敷文阁待制，提举佑神观。淳熙三年（1176年），以敷文阁待制试户部尚书，充贺金国生辰使。

逢汝霖，生卒年代及里籍不详。南宋绍兴四年（1134年），以右朝散大夫添差江南西路转运判官，应办移屯大军事务。八年（1138年），为江南西路转运副使直秘阁。历知虔州，主管台州崇道观。宋李心传《建炎以来系年要录》卷一百六十三谓，绍兴二十二年（1152年）"甲戌……直秘阁、新知虔州逢汝霖，改差主管台州崇道观。以本州军贼窃发避事不即之任，故有是命"。

郑震，生卒年代不详，信州玉山（今江西玉山）人。宋李心传《建炎以来系年要录》卷一百六十四谓，南宋绍兴二十三年（1153年）"庚辰……直秘阁、主管台州崇道观郑震，提举两浙路市舶。震骧子也"。二十五年（1155年），以直秘阁、提举福建路市舶，知严州。旋直敷文阁、知明州。

刘领，生卒年代不详，崇安（今福建武夷山）人。历官淮东提刑，右朝请大夫、主管台州崇道观。宋李心传《建炎以来系年要录》卷一百六十四谓，南宋绍兴二十三年（1153年）"癸卯，右朝请大夫、主管台州崇道观刘领，特贷命除名，勒停送琼州编管，仍籍没家财"。

吴坰，生卒年代不详，江左（今江苏南京一带）人。南宋绍兴十五年（1145年）时，官两浙路转运判官。累官枢密院编修、浙西提举。宋李心传《建炎以来系年要录》卷一百六十六谓，绍兴二十四年（1154年）"丁卯，直徽猷阁、知荆南府吴坰，主管台州崇道观。以坰引疾，有请也"。著有《五总志》一卷。

勾龙廉，生卒年代及里籍不详。历官左朝奉郎、主管台州崇道观。宋李心传《建炎以来系年要录》卷一百六十八谓，南宋绍兴二十五年（1155年）"左朝奉郎、主管台州崇道观勾龙廉，献太庙殿室圣孝金芝颂。诏进秩一等；添差夔州路安抚司参议官"。

张士襄，生卒年代不详，江宁（今江苏南京）人。南宋绍兴二十四年（1154年），以左朝奉郎、新知江阴军为监察御史，迁尚书左司郎中。绍兴二十五年（1155年），使金为贺生辰使。使还，主管台州崇道观，责监南康军

---

① （宋）周密：《武林旧事》卷9《高宗幸张府节次略》。

在城酒税务。宋李心传《建炎以来系要录》卷一百六十九谓："丙寅，左朝请郎张士襄主管台州崇道观，从所请也。"

黄烈，字辉道，生卒年代不详，临汀（今福建长汀）人。南宋绍兴十二年（1142年）进士，调潭州户曹，再调福州候官丞。当途交荐改京秩，知兴化军仙游县。以"承议郎主管台州崇道观"[①]。

吕愿中，一作愿忠，字叔恭，生卒年代不详，睢阳（今河南商丘）人。初官通判和州，南宋绍兴二十四年（1154年）直秘阁、知静江府兼广西经略安抚使。二十五年（1155年），诏赴行在。宋李心传《建炎以来系年要录》卷一百六十九谓："乃与愿中宫观（台州崇道观），令漳州居住"。二十六年（1156年），累贬果州团练副使、封州安置。宋李心传《建炎以来系年要录》卷一百七十一称："直徽猷阁、主管台州崇道观吕愿中，责授果州团练副使，封州安置。"著有《抚松集》一卷。

郭珹，生卒年代及里籍不详。南宋绍兴十九年（1149年），以左承议郎、添差通判临安府知秀州。二十年（1150年）直秘阁，后知湖州。宋李心传《建炎以来系年要录》卷一百七十一谓，绍兴二十六年（1156年）"直秘阁、知湖州郭珹，充秘阁修撰、主管台州崇道观"。

龚釜，生平事迹不详。宋李心传《建炎以来系年要录》卷一百七十一谓，南宋绍兴二十六年（1156年）"右宣教郎、新通判湖州余佐，右通直郎、主管台州崇道观龚釜，并罢。殿中侍御史周方崇论二人，因交结王会与秦桧、管庄，苟贱无耻，故皆出之"。

荣薿，生卒年代及里籍不详。南宋绍兴十二年（1142年），以右朝奉大夫、荆湖北路转运判官为成都府路转运判官。二十一年（1151年）知襄阳府，寻主管台州崇道观。二十六年（1156年），知常州。宋李心传《建炎以来系年要录》卷一百七十一谓："右朝请大夫、主管台州崇道观荣薿知常州。"旋以右朝请大夫、新江南西路转运副使，直秘阁、知临安府。二十七年（1157年），权尚书户部侍郎。二十八年（1158年），易权兵部侍郎兼提领诸路铸钱，充敷文阁待制提举江州太平兴国宫。

黄达如，生卒年代不详，建阳（今福建建阳）人。尝官和州通判，知南雄州。南宋绍兴十四年（1144年），以左朝散郎、尚书吏部员外郎，降一官放罢。历左朝散郎、监察御史。绍兴二十六年（1156年），知徽州。宋李心

---

① （清）《临汀志》。

传《建炎以来系年要录》卷一百七十二谓："乙卯，左朝请大夫、主管台州崇道观黄达如知徽州。"

吴景偲，字及之，生卒年代不详，平江（今湖南平江）人。北宋政和八年（1118年）进士，初授辰州法曹，迁武昌令。秦桧当国，致之朝，力请外补。遂任衡州通判，以左朝奉大夫主管台州崇道观。南宋绍兴二十六年（1156年）行宗正丞，授封武昌县开国男。宋李心传《建炎以来系年要录》卷一百七十三谓："左朝奉大夫、主管台州崇道观吴景偲行宗正丞。"隆兴二年（1164年）出为夔州运使，兼知万州府。

孟处义，字去非，生卒年代不详，汝阴（今安徽阜阳）人。南宋绍兴七年（1137年），以从政郎、新徽州歙县丞进秩。十三年（1143年），自宗正寺主簿与外任。二十一年（1151年），官左朝散郎、提举淮南东路常平茶盐公事。二十六年（1156年），知楚州。宋李心传《建炎以来系年要录》卷一百七十四谓："左朝散大夫、主管台州崇道观孟处义知楚州。"二十八年（1158年），为左朝请大夫、淮南转运判官兼淮南东路提点刑狱公事。二十九年（1159年），迁江南东路转运判官。三十年（1160年），移知衢州。

张监，生卒年代不详，润州丹阳（今江苏金坛）人。宋李心传《建炎以来系年要录》卷一百七十四谓，南宋绍兴二十六年（1156年）"国子监主簿张监，主管台州崇道观。以其父参知政事纲，引嫌有请"。

吴说，字傅朋，号练塘，生卒年代不详，钱塘（今浙江杭州）紫溪人。南宋建炎三年（1129年），为尚书金部员外郎兼提举市舶。四年（1130年），为福建路转运判官。绍兴十四年（1144年）除尚书郎，知信州。二十五年（1155年），除守安丰军。二十六年（1156年），官右朝请大夫、知盱眙军。宋李心传《建炎以来系年要录》卷一百七十四谓："甲申，诏右朝请大夫知盱眙军吴说，累乞奉祠，可差主管台州崇道观。"其善书，楷、行、草及榜书均佳，小楷称宋时第一，榜书深稳端润，甚得南宋高宗之称赏，行草圆美流丽。编有《古今绝句》三卷。

陈惇，生卒年代及里籍不详。宋李心传《建炎以来系年要录》卷一百七十五有，南宋绍兴二十六年（1156年）"左朝奉大夫、主管台州崇道观陈惇"之记载。

傅宁，字凝远，生卒年代不详，仙游（今福建仙游）人。北宋宣和中（1119—1125年）进士，授无棣主簿，调南安县丞。迁知晋江县，以张浚荐，除茶司干办公事。南宋绍兴二十一年（1151年），以右朝奉大夫知沅州。二十六年（1156 年），以右朝散大夫、主管台州崇道观罢宫祠。

赵不溢，生卒年代及里籍不详。宋李心传《建炎以来系年要录》卷一百七十六谓，南宋绍兴二十七年（1157 年）"壬寅，左朝奉大夫、主管台州崇道观赵不溢为军器少监，用陈康伯荐也"。

赵善继，生卒年代及里籍不详。历官右朝散郎、知处州。南宋绍兴二十四年（1154 年）知赣州，二十七年（1157 年）直秘阁。宋李心传《建炎以来系年要录》卷一百七十七谓："庚辰，右朝奉大夫、主管台州崇道观赵善继直秘阁。善继前守赣州，始修城至是城成，故有此命。"绍兴二十八年（1158 年），以直秘阁知明州。

张戒，生卒年代不详，绛郡（今山西正平）人。北宋宣和六年（1124 年）进士，初官县令。南宋绍兴五年（1135 年）以赵鼎荐，得召对，授国子监丞。八年（1138 年），以兵部员外郎守监察御史，累迁至司农少卿，殿中侍御史。旋坐疏留赵鼎，改外任。十二年（1142 年），罗汝辑劾其沮和议，党于赵鼎、岳飞，特勒停。二十七年（1157 年），以左宣教郎主管台州崇道观。宋李心传《建炎以来系年要录》卷一百七十七谓："左宣教郎张戒，主管台州崇道观。戒坐赵鼎累斥去凡十九年，至是得祠。"著有《政要》一卷、《岁寒堂诗话》二卷、《楞伽集注》八卷等。

张晟，生卒年代不详，山阴（今浙江绍兴）人。历官太常主簿、博士。南宋绍兴十四年（1144 年）通判信州，后为将作监。宋李心传《建炎以来系年要录》卷一百七十八谓，绍兴二十七年（1157 年）"将作监张晟，直秘阁、主管台州崇道观。晟引年乞老，乃有是命"。

陈龚，生卒年代不详，长乐（今福建长乐）人。南宋绍兴二十一年（1151 年），使金贺正旦。历官右宣教郎、中书门下省检正诸房公事兼给事中，左朝散郎、主管台州崇道观，知眉州。宋李心传《建炎以来系年要录》卷一百七十八谓，南宋绍兴二十七年（1157 年）"左朝散郎、主管台州崇道观陈龚知眉州"。著有《负暄野录》。

魏安行，生卒年代不详，饶州乐平（今江西乐平）人。北宋宣和六年（1124 年）进士，初为长沙市丞，后为弋阳县令。南宋绍兴二十一年（1151 年），使金贺正旦。二十四年（1154 年），以左朝散郎送钦州编管。历京西转运副使，左朝请大夫、主管台州崇道观，知吉州，权发遣江南东路转运副使。宋李心传《建炎以来系年要录》卷一百七十九谓，绍兴二十八年（1158 年）"左朝请大夫、主管台州崇道观魏安行知阆州。未上改吉州，七月庚申改命"。绍兴三十年（1160 年），官直秘阁、淮南路转运副使，知扬州。

许大英，生卒年代及里籍不详。南宋绍兴二十年（1150 年）时，官大理寺少卿、大理寺卿。历直秘阁、利州路提点刑狱公事。宋李心传《建炎以来系年要录》卷一百八十谓，绍兴二十八年（1158 年）"直秘阁、利州路提点刑狱公事许大英，起自法家，深文刺骨。久任理卿，专以大臣指意为狱，挤陷无辜不可胜数，奉使一道专务营私，诏大英主管台州崇道观"。

梅执仁，生卒年代不详，浦江通化黄茅山下（今浙江兰溪梅街头村）人。南宋绍兴九年（1139 年）至十二年（1142 年），为鄞县令。宋李心传《建炎以来系年要录》卷一百八十二谓，绍兴二十九年（1159 年）"庚辰，右奉议郎梅执仁，特差主管台州崇道观。执仁，执礼兄也"。

万俟卨，生卒年代不详，开封阳武（今河南原阳）人。南宋绍兴十四年（1144 年），送桂阳监编管。二十五年（1155 年），复朝散大夫。宋李心传《建炎以来系年要录》卷一百八十二谓，绍兴二十九年（1159 年）"辛卯，右朝请大夫、主管台州崇道观万俟卨，提点荆湖南路刑狱公事"。

徐康，生卒年代及里籍不详。南宋绍兴九年（1139 年），官右奉议郎提举浙西茶盐公事。二十七年（1157 年），以右朝奉大夫、荆湖北路转运判官，迁两浙西路提点刑狱公事。二十九年（1159 年），知真州。宋李心传《建炎以来系年要录》卷一百八十三谓："左朝散大夫、主管台州崇道观徐康知真州。"

章煮，生卒年代不详，乐清（今浙江乐清）人。南宋绍兴十一年（1141 年），官大理少卿。十九年（1149 年），为刑部员外郎。宋李心传《建炎以来系年要录》卷一百八十三谓，绍兴二十九年（1159 年）"左朝请郎、知蕲州章煮，主管台州崇道观，从所请也"。

王傅，字岩起，生卒年代不详，蓬莱（今山东蓬莱）人。南宋绍兴二年（1132 年），为右儒林郎、福建路安抚司干办公事。五年（1135 年）入对，为右宣教郎。历左朝散大夫、知无锡县等。二十六年（1156 年），通判临安府，寻迁广南路提举市舶。二十九年（1159 年），以左朝请大夫"主管台州崇道观"[1]。同年，知建州。三十一年（1161 年），以左朝请大夫知太平州，提举江南西路常平茶盐公事。

---

[1] （宋）李心传：《建炎以来系年要录》卷183。

王普，字伯照，生卒年代不详，许州许田（今河南许昌）人。南宋绍兴四年（1134年），为太常寺看详、国子监丞。历太常少卿，工部侍郎，终中奉大夫，赠敷文阁待制。宋李心传《建炎以来系年要录》卷一百八十四谓，绍兴三十年（1160年）"左朝议大夫、主管台州崇道观王普，提举江南东路常平茶盐公事"。著有《深衣制度》一卷、《答问难疑》一卷、《小漏款识》一卷。

张宁，生卒年代及里籍不详。历官右武大夫贵州防御使，殿前司摧锋军统制，知循州。宋李心传《建炎以来系年要录》卷一百八十五谓，南宋绍兴三十年（1160年）"丙寅，右武大夫、贵州防御使，殿前司摧锋军统制兼知循州张宁，主管台州崇道观。以病自请也，宁守循州凡十年"。

王圭，生卒年代及里籍不详。南宋建炎元年（1127年），除河北西路招抚司参谋官。历官直秘阁、宣抚司参谋官，侍御史、监察御史，太常少卿，直敷文阁、知舒州。宋李心传《建炎以来系年要录》卷一百八十五谓，绍兴三十年（1160年）"直敷文阁、知舒州王圭，主管台州崇道观。圭初除福建路提刑，而中书舍人沈介论圭，顷在绍兴与曹泳为诗酒之游，荐之秦桧，召摄宰事。桧死泳逐，圭失所恃，附汤鹏举滥升御史……出守龙舒，政绩无闻，乃有是命"。

姚岳，字崧卿，生卒年代不详，京兆（今陕西长安）人。陕西陷没，避地入蜀途中得进士。宋李心传《建炎以来系年要录》卷一百八十五谓，南宋绍兴三十年（1160年）"降授左朝散郎、主管台州崇道观姚岳，知荆门军"。绍兴三十二年（1162年），以左朝散大夫、知荆门军，为京西路转运判官。乾道元年（1165年），官淮南转运判官。

李邦献，字士举，生卒年代不详，河阳（今河南孟县）人。北宋宣和七年（1125年），官直秘阁、管勾万寿观。南宋绍兴三年（1133年），为夔州路安抚司干办公事。历荆湖南路转运判官，直秘阁、两浙西路转运判官，右朝议大夫直敷文阁主管台州崇道观。宋李心传《建炎以来系年要录》卷一百八十五谓，绍兴三十年（1160年）"右朝议大夫、直敷文阁、主管台州崇道观李邦献，特降一官。邦献在江西，举吉州军事推官郭珣瑜，改官溢格为吏部侍郎，洪遵所劾，故有是命"。乾道二年（1166年），为夔州路提点刑狱。六年（1170年），兴元路提点刑狱。著有《省心杂言》一卷。

康杉，生平事迹不详。南宋绍兴三十年（1160年），"右承议郎、知通化军康杉，主管台州崇道观，从所请也"①。

董将，生卒年代及里籍不详。南宋绍兴二年（1132 年），以右朝散郎新通判平江府为六部监门，秩比寺监丞郎官。十一年（1141 年），官福建路转运判官。历湖州守，主管台州崇道观。宋李心传《建炎以来系年要录》卷一百八十五谓，绍兴三十年（1160 年）"左朝请大夫、淮南转运副使董将，直秘阁、主管台州崇道观，以疾自请也"。

郑作肃，字恭老，生卒年代不详，吴县（今江苏苏州）人。北宋宣和三年（1121 年）进士，南宋绍兴二年（1132 年）为监察御史。历尚书左司员外郎，知常州、吉州、镇江府。宋李心传《建炎以来系年要录》卷一百八十五谓，绍兴三十年（1160 年）"庚寅，直秘阁、知镇江府郑作肃，主管台州崇道观。作肃与刘宝不协，自请之也"。三十二年（1162 年），改知湖州。

王悦道，生卒年代不详，开封（今河南开封）人。历两浙漕属，朝奉郎、直秘阁。南宋绍兴三十年（1160 年），"右朝散郎、直秘阁充两浙转运司主管文字王悦道，主管台州崇道观"②。

方滋，字务德，生卒年代不详，桐庐（今浙江桐庐）人。宋高宗南渡后，三为监司，七领节帅，两知镇江。宋李心传《建炎以来系年要录》卷一百八十八谓，南宋绍兴三十年（1160 年）"右朝请大夫、主管台州崇道观方滋，为京西路转运副使。寻不行"。乾道元年（1165 年），使金贺正旦。

安尧臣，生卒年代不详，广安（今四川广安）人。北宋政和八年（1118 年），因上书朝廷反对出兵辽国而擢为承务郎。南宋绍兴三十一年（1161 年），以右承议郎主管台州崇道观。宋李心传《建炎以来系年要录》卷一百九十二谓："右承议郎安尧臣，主管台州崇道观。"

冯荣叔，生卒年代及里籍不详。南宋绍兴十六年（1146 年），为右宣义郎、知信阳军。绍兴三十一年（1161 年），以右朝请郎、主管台州崇道观知兴化军。宋李心传《建炎以来系年要录》卷一百九十二谓："降授右朝请郎、主管台州崇道观冯荣叔，知兴化军。"累官右朝请郎、知濠州，右朝奉大夫、知黄州。

吕稽中，字德元，生卒年代不详，寿州（今安徽凤台）人。从尹焞学，历枢密院计议官，右朝散郎，右朝请郎。南宋绍兴二十一年（1151 年），知

---

① （宋）李心传：《建炎以来系年要录》卷 185。

② （宋）李心传：《建炎以来系年要录》卷 187。

邵州。二十三年（1153年），知筠州。三十一年（1161年），"辛巳，采石捷奏至。右朝请大夫、江南东路转运判官吕稽中，主管台州崇道观"①。

钟世明，字士显，生卒年代不详，将乐（今福建将乐）人。南宋建炎二年（1128年）进士，绍兴二十年（1150年），官左朝奉郎、监尚书六部门。二十四年（1154年），为司农寺丞兼权户部郎官，转尚书户部员外郎。二十五年（1155年），以直秘阁、两浙转运副使守尚书右司员外郎兼权户部侍郎。三十一年（1161年），提举福建路常平茶事。宋李心传《建炎以来系年要录》卷一百九十四称："左朝奉大夫、主管台州崇道观钟世明，提举福建路常平茶事。"以兵部侍郎致仕，尝立义学，以训生徒。

沈邦直，生卒年代及里籍不详。南宋绍兴三十年（1160年），以右朝请大夫知黄州，移知楚州。三十二年（1162年），"依所乞，主管台州崇道观"②。

杨师中，生卒年代及里籍不详。南宋绍兴三十一年（1161年），以朝请郎、新知严州，知江阴军。绍兴三十二年（1162年），"主管台州崇道观。从所请也"③。

熊仔，生卒年代不详，开封祥符（今河南开封）人。南宋建炎中（1127—1130年），举家迁居筠州盐步镇（今江西宜丰新昌镇）。历官中奉大夫、利州观察使，主管台州崇道观。

黄童，字士季，黄公度从弟，生卒年代不详，莆田（今福建莆田）人。南宋绍兴八年（1138）进士，历知永春、福清二县。主管台州崇道观，卒赠中大夫。

徐度，字敦立，一字端立，生卒年代不详，睢阳（今河南商丘）人。一谓："维扬徐度。"④赐同进士出身，南渡后寓吴兴。南宋绍兴八年（1138年），除校书郎，迁都官员外郎。累官江东转运判官，吏部侍郎。绍兴二十九年（1159年），以浙东提点刑狱公事提举常平茶盐公事。三十年（1160年），贺金主生辰。曾以"左朝散郎、主管台州崇道观"⑤。著有《国纪》六十五卷，《却扫编》三卷等。

① （宋）李心传：《建炎以来系年要录》卷194。
② （宋）李心传：《建炎以来系年要录》卷198。
③ （宋）李心传：《建炎以来系年要录》卷199。
④ （宋）胡榘：《宝庆四明志》卷12。
⑤ 同上。

李端民，字平叔，生卒年代不详，扬州（今江苏扬州）人。南宋绍兴十一年（1141年），知黄岩县。十二年（1142年），重修黄岩大有宫，号"委羽道观"。以"右奉议郎主管台州崇道观"①，官终将作监。

江琦，字全叔，生卒年代不详，建阳（今福建建阳）人。北宋宣和三年（1121年）进士，主高安簿，知新昌县。历永丰丞、邵武军、永州教授、宣教郎、终徽猷阁学士。"主管台州崇道观以卒"②。著有《春秋经解》三十卷，《辨疑》一卷，《语》、《孟说》各五卷。

李简能，字从易，生卒年代不详，闽县（今福建闽侯）人。南宋绍兴二年（1132年）进士，历官绵州彰明知县、光禄寺丞、监察御史。曾"主管台州崇道观"③。乾道四年（1168年），以左朝奉郎提点浙西刑狱司。五年（1169年），转左朝散郎提点浙西刑狱司。六年（1170年），除直秘阁。

林澈，字德清，生卒年代不详，闽侯（今福建闽侯）人。南宋绍兴中（1131—1162年）"主管台州崇道观"④，享年六十六岁。

高选，字才举，生卒年代不详，仙居（今浙江仙居）人。南宋乾道二年（1166年）武科，历知万安军、柳州。"主管（台州）崇道观"⑤，终武经大夫。

钱建，生卒年代及里籍不详。南宋乾道四年（1168年），以右朝请郎提举常平茶盐司。五年（1169年），"主管台州崇道观"⑥。

周汝士，生卒年代不详，嵊县（今浙江嵊州）人。南宋绍兴十八年（1148年）进士，乾道九年（1173年）为撰嵊县孔庙《修学碑》。宋高似孙《剡录》卷一有"左奉议郎、主管台州崇道观周汝士"题名。

黄钺，字子授，生卒年代不详，莆阳（今福建莆田）人。南宋乾道五年（1169年）进士，官潮州通判。以"左朝奉大夫主管台州崇道观"⑦。

曾迅，曾几第三子，生卒年代不详，河南县（今河南洛阳）人。南宋乾道五年（1169年）时为武康丞，历通直郎。宋陆游《剑南文集》卷三十二《曾文清公墓志铭》谓：曾"主管台州崇道观"。

---

① （宋）《宏智禅师广录》卷9。

② （清）黄宗羲、全祖望：《宋元学案》卷34《武夷学案》。

③ （宋）范成大：《吴郡志》卷7。

④ 福建闽侯《上街六桥林氏谱》。

⑤ （宋）陈耆卿：《嘉定赤城志》卷34。

⑥ （宋）范成大：《吴郡志》卷7。

⑦ （宋）《普觉宗杲禅师语录》。

刘龟年，字且老，生卒年代不详，庐陵（今江西吉安）人。以荫补入仕，历任将仕郎，从事郎，钱塘县主簿，宣教郎。南宋孝宗（1163—1189年）中知常德武陵州，迁沅州通判，主管台州崇道观。为政"宽严有则，息讼均赋"，深受时人好评。去世后理学大师朱熹为他撰写墓志铭。

袁倚，生卒年代及里籍不详。南宋淳熙八年（1181年）时，为巴川县令。庆元三年（1197年），"知资州，主管台州崇道观"①。

蒋文会，字仲友，生卒年代不详，仙居（今浙江仙居）人。南宋淳熙五年（1178年）进士，嘉泰（1201—1204年）中任义乌县令，历官左藏西库、提辖杂买务杂卖场，终"主管（台州）崇道观"②。

赵伯迟，生卒年代不详，四明鄞县（今浙江鄞州）人。南宋淳熙二年（1175年）进士，临海县尉赵师浔（字深甫）之父。南宋楼钥《攻媿集》卷一百四《赵深甫墓志铭》谓其："主管台州崇道观。"

高子升，字子云，生卒年代不详，古田（今福建古田）人。南宋嘉定元年（1208年）进士，历泉州金书判官兼南外宗正簿。后官"朝请郎、主管（台州）崇道观"③。

叶牙，生卒年代不详，南宋泰宁（今福建泰宁）人。历官连江（今福建连江）知县，"主管台州崇道观"④。转承议郎、鄂州通判，迁朝奉郎、袁州知州。

何俅，生卒年代不详，南宋龙泉（今浙江龙泉）人。累官福建尤溪县丞，"主管台州崇道观"⑤，终宣教郎。

何作，生卒年代不详，南宋龙泉（今浙江龙泉）人。历官临安府通判，"朝散大夫、主管台州崇道观"⑥，赠大中大夫。

何志正，生卒年代不详，南宋龙泉（今浙江龙泉）人。累官提辖江东纲运，"主管台州崇道观"⑦。赐绯鱼袋，终朝奉郎。

赵景纬，字德父，号星渚，生卒年代不详，临安府于潜（今浙江临安于潜）人。少勤学，后入太学。南宋淳祐元年（1241年）进士，初授江阴军教

---

① （清）徐松：《宋会要辑稿》职官。
② （宋）陈耆卿：《嘉定赤城志》卷33。
③ （宋）梁克家：《淳熙三山志》卷31。
④ 同上。
⑤ 龙泉《何氏宗谱》。
⑥ 同上。
⑦ 同上。

授。召为史馆检阅，特与改合入官，"主管（台州）崇道观"①。景定元年
（1260年）特授秘书郎，迁著作郎，进直秘阁，差主管崇禧观。后知台州，
以化民成俗为先务。进考功郎官，兼沂靖惠王府教授。入朝为御笔兼崇政殿
说书，拜太府少卿，以直敷文阁知嘉兴府。咸淳元年（1265年），拜宗正少
卿、御笔兼侍讲。御笔兼权工部侍郎，兼权中书舍人。进权礼部侍郎兼修玉
牒，特授集英殿修撰、知建宁府。召为中书舍人，进显文阁待制，提举玉隆
万寿宫。卒赠中奉大夫，谥文安。

赵诱之，生卒年代不详，南宋临海（今浙江临海）人。历官修武郎，
"主管台州崇道观"②。

李郭，生卒年代及里籍不详。南宋时人，累官"朝散大夫、主管台州崇
道观"③。

冯机宜，生卒年代及里籍不详。南宋时人，历官江州安抚、洪州安抚，
除江西运使，"主管台州崇道观"④。

李宗之，李纲次子，生卒年代不详，邵武（今福建邵武）人，迁居江西
抚州金溪。南宋绍熙元年（1190年）进士，邵武军通判。累官迄宣教郎，上
管台州崇道观。

吴蔼，生卒年代不详，南宋仙居（今浙江仙居）人。"仕武节郎，台州
崇道观"⑤。

柴安国，生平事迹不详。南宋嘉定十年（1217年）黄干《安庆修城题名
碑》，有"武显大夫、主管台州崇道观，监督筑城柴安国"题名。

台州人出任外地祠禄官的有：潘大年、朱斐、吴芾、陈良翰、陈夷行、
李庚、陈骥、刘敦、王衜、谢深甫、陈达善、王卿月、谢敷经、陈广寿、陈
铸、黄宜、谢廓然、刘允济、商逸卿、林良、王居安、王稑、谢采伯、谢渠
伯、朱淮、谢周卿、刘知过、金三复、陈炳、方富业、陈骠、郑瀛、蒋震、
金作就、鹿开、谢九龄、冯优、潘休、赵善赟、郑澥、钱象祖、赵彦熙、赵
汝适、谢奕修、谢奕容、谢奕昌、叶梦鼎等。

潘大年，字祖道，生卒年代不详，临海（今浙江临海）人。北宋宣和三

---

① 《宋史》卷425。

② （宋）《赵彦熙圹志》。

③ （宋）韩元吉：《南涧甲乙稿》卷22《太恭人李氏墓志铭》。

④ （宋）邵彦和：《大六壬断案分编》。

⑤ 仙居《吴氏宗谱》。

年（1121 年）进士，终从政郎，"监南岳庙"①。

朱斐，字知裁，生卒年代不详，临海（今浙江临海）人。南宋建炎二年（1128 年）进士，绍兴八年（1138 年）时官大理寺丞。历提点广西刑狱，大理寺正，刑部郎中。绍兴十四年（1144 年），为大理寺少卿，遂奉祠。再除大理寺少卿，未行卒。著有《燕石集》。

吴芾（1104—1183 年），字明可，自号湖山居士，仙居（今浙江仙居）人。南宋绍兴二年（1132 年）进士，迁秘书正字。以不附秦桧罢，后历官通判处、婺、越三郡，知处州。三十一年（1161 年），除监察御史，迁殿中侍御史，知婺州。隆兴元年（1163 年），知绍兴府。寻权刑部侍郎，迁给事中，改吏部侍郎，以敷文阁直学士知临安府。复除吏部侍郎，下迁礼部侍郎，《宋史》卷三百八十七谓，以事"提举太平兴国宫"。乾道三年（1167 年），起知太平州。五年（1169 年），改知隆兴府。六年（1170 年），再奉"太平祠"。淳熙元年（1174 年），以龙图阁直学士致仕。十年（1183 年）卒，年八十岁。著《湖山集》二十五卷，长短句三卷，别集一卷，奏议八卷等，已佚。

陈良翰（1108—1172 年），字邦彦，临海（今浙江临海）人。南宋绍兴五年（1135 年）进士，知温州瑞安县。殿中侍御史吴芾荐为检法官，迁监察御史。隆兴元年（1163 年），除右正言。寻知建宁府、福建转运副使，提点江东刑狱，移浙西，召为宗正少卿、兵部侍郎，除右谏议大夫。进给事中，遂改礼部侍郎，"以敷文阁待制提举江州太平兴国宫"②。召为太子詹事，诏兼侍讲。未几，以疾告老，除敷文阁直学士、提举太平宫。卒年六十五岁。赠大中大夫，谥献肃。

陈夷行，字清臣，生卒年代不详，临海（今浙江临海）人。南宋绍兴五年（1135 年）进士，"终监南岳庙"③。

李庚，字子长，生卒年代不详，临海（今浙江临海）人。南宋绍兴十五年（1145 年）进士，初为长沙尉。历检法官，左通直郎、知昆山县。绍兴二十六年（1156 年），充御史台主簿。二十七年（1157 年），为监察御史，守尚书兵部员外郎。乾道三年（1167 年）奉祠，遂提举江东。复知南剑、抚二

---

① （宋）陈耆卿：《嘉定赤城志》卷 33。

② 《宋史》卷 387。

③ （宋）陈耆卿：《嘉定赤城志》卷 33。

州，后知袁州，未行卒。著有《诗痴符》二十卷，辑有《天台集》。

陈骙（1127—1203年），字叔进，临海（今浙江临海）人。南宋绍兴二十四年（1154年）进士，累官迁将作少监、守秘书少监兼太子谕德。除秘书郎兼金部郎，出知赣州，易秀州，迁秘书监兼崇政殿说书。淳熙五年（1178年），试中书舍人兼侍讲、同修国史。授"提举太平兴国宫"①，起知宁国府，改知太平州，加集英殿修撰。以言者罢，起知袁州。绍熙元年（1190年），召试吏部侍郎，同知贡举兼侍讲。三年（1192年），权礼部尚书，同知枢密院事。庆元元年（1195年），知枢密院事兼参知政事。以资政殿大学士与郡，"诏提举洞霄宫"②。二年（1196年），知婺州。告老，授观文殿学士、"提举洞霄宫"③。嘉泰三年（1203年）卒，年七十六岁。赠少傅，谥文简。著有文集行于世。

刘敦，字处厚，生卒年代不详，临海（今浙江临海）人。南宋绍兴二十四年（1154年）进士，历知道州，"终朝奉郎主管冲祐观"④。

王衜（1107—1167年），字夷仲，临海（今浙江临海）人。南宋绍兴二十七年（1157年）进士，历婺州推官。乾道元年（1165年），除秘书省正字。二年（1166年），迁校书郎。三年（1167年）卒，"终奉议郎主管玉隆观"⑤。

谢深甫（1139—1204年），字子肃，号东江，临海（今浙江临海）人。南宋乾道二年（1166年）进士，调嵊县尉。寻调昆山丞，为浙曹考官。知处州青田县，除籍田令，迁大理丞。绍熙元年（1190年），以左曹郎官借礼部尚书为贺金国生辰使，除右正言，迁起居郎兼权给事中。二年（1191年），知临安府。三年（1192年），除工部侍郎，进兼吏部侍郎，兼详定敕令官。四年（1193年），兼给事中。庆元元年（1195年），除焕章阁待制、知建康府，改御史中丞兼侍读。二年（1196年），除端明殿学士、签书枢密院事，迁参知政事。三年（1197年），再迁知枢密院事兼参知政事。六年（1200年），进金紫光禄大夫，拜右丞相，封申国公，进岐国公。拜少保，改封鲁

---

① 《宋史》卷393。
② 同上。
③ 同上。
④ （宋）陈耆卿：《嘉定赤城志》卷33。
⑤ （宋）叶适：《水心集》。

国公。嘉泰二年（1202 年），拜少保，"授醴泉观使"①。三年（1203 年），以病重致仕。四年（1204 年）卒，追封信王，改封卫王、鲁王，谥惠正。

陈达善，生卒年代不详，南宋临海（今浙江临海）人。历官处州青田尉，明州昌国盐官。南宋乾道（1165—1173 年）中，从事道州。以功知会稽县，起知金州。除本路判官，再除本路提点刑狱。淳熙间（1174—1189 年），自监左藏库出知开州。寻除直秘阁、湖北转运副使，积阶至朝奉大夫。民国《临海县志》谓："初监潭州南岳庙。"

王卿月（1137—1192 年），字清叔，号星斋，又号星庵，世居开封，曾祖徙居临海，遂为临海（今浙江临海）人。南宋乾道五年（1169 年）进士，调温州乐清尉。淳熙元年（1174 年），除起居舍人，权中书舍人。四年（1177 年），知庐州，改湖南转运副使。十五年（1188 年），为利州路提刑。绍熙三年（1192 年）以吏部尚书为金国生辰使，行次扬州病卒，年五十五岁。民国《临海县志》引《墓志》谓："（淳熙）二年（1175 年），以母年高婴疾，请祠归。"又"（淳熙）十二年（1185 年），再主冲佑观"。

谢敷经，字子畅，生卒年代不详，临海（今浙江临海）人。南宋乾道八年（1172 年）进士，初授信州永丰尉。"终从事郎、监南岳庙"②。

陈广寿，字成卿，生卒年代不详，临海（今浙江临海）人。南宋乾道八年（1172 年）进士，历官大理、太常丞兼仓部郎中，知饶州、宗正丞、军器少监，刑部郎中知抚州、宁国府，金部郎中、司农少卿兼知临安府、太府卿、兵刑部侍郎。以"通奉大夫、提举桃源万寿宫"③。

陈铸，字伯冶，生卒年代不详，临海（今浙江临海）人。南宋乾道八年（1172 年）进士，历大理寺主簿，司农寺丞。嘉泰四年（1204 年），知汀州。历提举福建路常平茶事，除工部郎中。"终朝散郎、主管冲祐观"④。

黄宣，字达之，生卒年代不详，天台（今浙江天台）人。南宋淳熙二年（1175 年）进士，累官国子监主簿、大理寺丞、知处州、侍右郎官、将作监、大理少卿、国子司业、秘书少监、中书舍人、工部侍郎，"以敷文阁侍制、提举上清太平宫"⑤。

---

①　《宋史》卷 394。

②　（宋）陈耆卿：《嘉定赤城志》卷 33。

③　同上。

④　同上。

⑤　同上。

刘允济，字全之，生卒年代不详，黄岩（今浙江黄岩）人。南宋淳熙五年（1178年）进士，历太常寺主簿、国子监丞、知南剑州、提举福建常平、知温州，以"中奉大夫提举崇禧观"①。著有《金门待诏集》五卷。

商逸卿，字羲仲，生卒年代不详，临海（今浙江临海）人。南宋淳熙八年（1181年）进士。嘉泰三年（1203年），以宣教郎知定海县。转奉议郎，调延平治中。嘉定中（1208—1224年），以朝散郎权知嘉兴知府。迁国子监主簿、大理寺丞，除刑部郎中。"终朝请郎、主管冲祐观"②。

林良，字良叔，生卒年代不详，南宋黄岩（今浙江黄岩）人。历军器监主簿、太府寺丞兼金部郎官，知嘉兴府、大宗正丞兼尚右郎官，终"朝奉郎主管冲祐观"③。

王居安（1167—1232年），字资道，始名居敬，字简卿，黄岩方岩（今浙江温岭）人。南宋淳熙十四年（1187年）进士，初授徽州推官。后改授江东提刑司干官，入为国子正、太学博士。改司农丞。"主管仙都观"④。起知兴化军，迁著作郎兼国史实录院检讨编修官，兼权考功郎官。继兼侍讲，迁起居郎兼崇政殿说书。复知太平州，权工部侍郎，以集英殿修撰知隆兴府。嘉定十五年（1222年），迁工部侍郎。寻以"集英殿修撰提举玉隆宫"⑤。未几，以宝谟阁待制知温州。宝庆元年（1225年），以敷文阁待制知福州，升龙图阁直学士，转大中大夫，"提举崇福宫"⑥。卒赠少保，著有《方岩集》行世。

王棐，字仲温，生卒年代不详，临海（今浙江临海）人。南宋庆元五年（1199年）进士，累官大常寺主簿、将作监丞、知衢州、提举浙西常平、金部郎中、国子司业、起居舍人、秘阁修撰、温州知州，以"右文殿修撰主管冲祐观"⑦。

谢采伯，字元若，谢深甫长子，生卒年代不详，临海（今浙江临海）人。南宋嘉泰二年（1202年）进士，历知广德军、湖州、监六部门、大理寺丞、大理寺正。绍定（1228—1233年）间知徽州，以福建路市舶司提举兼权

---

① （宋）陈耆卿：《嘉定赤城志》卷33。
② 同上。
③ 同上。
④ 《宋史》卷405。
⑤ 同上。
⑥ 同上。
⑦ （宋）陈耆卿：《嘉定赤城志》卷33。

泉州市舶。据清叶氏《郭石斋笔记》，仕至保康军承宣使、提举神佑观、除节度使、赠魏国公，谥文靖。著有《密斋笔记》五卷，《续》一卷。

谢渠伯，字元石，号南山，谢深甫次子，生卒年代不详，临海（今浙江临海）人。据清叶氏《郭石斋笔记》，其仕至朝奉大夫，通判澧州，主管建昌府仙都观。因女谢道清为南宋理宗皇后，追封太师、卫王，谥恭简。

朱淮，字叔明，生卒年代不详，临海（今浙江临海）人。南宋嘉定元年（1208 年）进士，"终监南岳庙"①。

谢周卿，谢廊然之子，生卒年代不详，临海（今浙江临海）人。南宋嘉泰元年至四年（1201—1204 年），以承议郎知长汀县。历屯田郎官、湖州知州，复以"中散大夫提举鸿禧观"②。

刘知过（1113—1184 年），字与几，天台（今浙江天台）人。南宋绍兴二十一年（1151 年）特科，"终监南岳庙"③。

金三复，字克孝，生卒年代不详，仙居（今浙江仙居）人。南宋淳熙十四年（1187 年）特科，"终监南岳庙"④。

陈炳，字文夫，生卒年代不详，仙居（今浙江仙居）人。南宋淳熙十五年（1188 年）特科，"终监南岳庙"⑤。

方富业，字子勤，生卒年代不详，宁海（今浙江宁海）人。南宋淳熙十六年（1189 年）特科，"终监南岳庙"⑥。

陈骈，字季良，生卒年代不详，临海（今浙江临海）人。南宋绍熙元年（1190 年）特科，"终监南岳庙"⑦。

郑瀛，字子仙，生卒年代不详，黄岩（今浙江黄岩）人。南宋绍熙元年（1190 年）特科，嘉定十年（1217 年），官迪功郎、安庆府军节度推官。"终监南岳庙"⑧。

蒋震，字起卿，生卒年代不详，临海（今浙江临海）人。南宋庆元二年

---

① （宋）陈耆卿：《嘉定赤城志》卷 33。
② 同上。
③ （宋）陈耆卿：《嘉定赤城志》卷 34。
④ 同上。
⑤ 同上。
⑥ 同上。
⑦ 同上。
⑧ 同上。

（1196 年）特科，"终监南岳庙"①。

金作就，字□□，生卒年代不详，仙居（今浙江仙居）人。南宋庆元二年（1196 年）特科，"终监南岳庙"②。

鹿开，字必先，生卒年代不详，临海（今浙江临海）人。南宋庆元五年（1199 年）特科，"终监南岳庙"③。

谢九龄，字子寿，生卒年代不详，临海（今浙江临海）人。南宋嘉泰二年（1202 年）特科，"终监南岳庙"④。

冯侁，字先之，生卒年代不详，临海（今浙江临海）人。南宋开禧元年（1205 年）特科，"终监南岳庙"⑤。

潘休，字逢辰，生卒年代不详，临海（今浙江临海）人。南宋嘉定元年（1208 年）特科，"终监南岳庙"⑥。

赵善篔，字庆长，生卒年代不详，临海（今浙江临海）人。南宋淳熙十一年（1184 年），以宗室荫补官。历知昭州、循州，以"朝散郎主管崇禧观"⑦。

郑瀗，字子山，生卒年代不详，仙居（今浙江仙居）人。南宋淳熙八年（1181 年）武科，"终修武郎主管仙都观"⑧。

钱象祖（1145—1211 年），字伯同，临海人。以祖端礼恩泽补官，历太府寺主簿丞、刑部郎官、知处严抚诸州、江东运判侍右郎官、枢密院检详、左司郎中权工部侍郎、知临安府、吏部侍郎、工部尚书改兵部华文阁学士、知建康府、再除兵部尚书。嘉泰四年（1204 年）四月，自吏部尚书赐出身同知枢密院事。开禧元年（1205 年），除参知政事兼同知枢密院事。二年（1206 年）三月罢参知政事，为资政殿学士。俄夺官贬知信州，已而起复知绍兴府。三年（1207 年）四月，复除参知政事。十一月，兼枢密院事。十二月，授正奉大夫兼国用使，除右丞相兼枢密使。嘉定元年（1208 年）四月，兼太子少傅。十月，除特进左丞相兼枢密使、太子宾客。十二月罢，以观文

---

① （宋）陈耆卿：《嘉定赤城志》卷 34。
② 同上。
③ 同上。
④ 同上。
⑤ 同上。
⑥ 同上。
⑦ 同上。
⑧ 同上。

殿大学士判福州。乞归，终少保成国公，卒赠少师。追封魏国公，谥忠靖。《宋史·宰辅表》谓："以知政殿学士提举万寿观，兼侍读。"

赵彦熙（1170—1227年），字叔明，临海（今浙江临海）人。少倜傥有大略，但屡试不第。南宋宝庆元年（1225年），特授承信郎，"监潭州南岳庙"。三年（1227年）以疾卒，享年五十七岁。

赵汝适（1170—1231年），字伯可，祖籍河南开封，南渡后定居临海。南宋绍熙元年（1190年），以祖荫补将仕郎。二年（1191年），授迪功郎、临安府余杭县主簿。庆元三年（1197年），赐进士及第，授修职郎。后历任从政郎、文林郎、湘潭县丞、绍兴府观察判官、宣教郎、武义知县、奉议郎、承议郎、朝奉郎、临安府通判、朝散郎、朝请郎等。嘉定十六年（1223年），知南剑州。次年转朝奉大夫、朝散大夫、提举福建路市舶司。宝庆元年（1225年）七月兼权泉州市舶使，十一月又兼知南外宗正事。宝庆三年（1227年）除知安吉州，示赴任，又改知饶州。绍定元年（1228年），转朝请大夫。三年（1230年），兼权江东提刑，旋"主管华州云台观"①。四年（1231年），转朝议大夫；终官告院主管。著有《诸蕃志》传世。

谢奕修，字养浩，谢采伯长子，生卒年代不详，临海（今浙江临海）人。南宋嘉熙三年（1239年）知湖州，淳祐间（1241—1252年）知永州、温州。宝祐四年（1256年）知婺州，五年（1257年）知绍兴府兼浙东安抚使。据《郭石斋笔记》，仕至宝谟阁直学士、提举神佑观开国男食邑五百户。

谢奕容，谢采伯四子，生卒年代不详，临海（今浙江临海）人。据清《郭石斋笔记》所载，其仕至朝请郎两浙转运使、知华州、提举云台观。

谢奕昌（？—1264年），谢渠伯长子，临海（今浙江临海）人。据清叶氏《郭石斋笔记》，仕至少师、保宁军节度使，提举万寿观。《宋史》卷四十五载："赠少保，追封临海郡王，谥庄宪。"

叶梦鼎（1200—1279年），字镇之，号西涧，台之宁海人。少从直龙图阁郑霖、宗正少卿赵逢龙学，南宋嘉熙元年（1237年）上舍两优释褐，初授信州军事推官，迁太学录。淳祐三年（1243年），同番阳汤巾召试馆职，授秘书省正字。累官校书郎兼庄文府教授，迁秘书郎，再迁著作佐郎，拜军器少监兼兵部郎官，权知袁州，拜司封员外郎，兼玉牒检讨官，

---

① （宋）《赵汝适圹志》。

以直秘阁、江西提举常平兼知吉州。宝祐元年（1253年），以国子司业召，授崇政殿说书兼国史编修、实录检讨，迁国子祭酒。兼权礼部侍郎，权礼部侍郎，仍兼祭酒，升兼同修国史、实录院同修撰，寻兼侍讲，以集英殿修撰差知赣州，改知建宁府，又改知隆兴府。开庆元年（1259年），复知建宁府。景定元年（1260年），召为太子詹事，迁吏部侍郎，赐宁海县食邑。历权兵部尚书兼权吏部尚书，迁兵部尚书兼修国史兼实录修撰，迁吏部尚书，拜端明殿学士、同签书枢密院事，同知枢密院事、权参知政事。封宁海伯，进封临海郡侯，进封临海郡公。咸淳元年（1265年），进参知政事，授资政殿学士、知庆元府、沿海制置使。三年（1267年），再召为参知政事，拜特进、右丞相兼枢密使。四年（1268年），进少保。五年（1269年），授观文殿学士、判福州、福建安抚大使，进封信国公，"充醴泉观使"（《宋史》卷414）。七年（1271年），"再充醴泉使"（《宋史》卷414）。九年（1273年），授少傅、右丞相兼枢密使。祥兴元年（1279年）卒，年八十岁。著有《西涧集》等。

第三节　宋代的天台山道藏

宋代的天台山道藏，由于其内容完备，又经多次整理，因而为中国道教历史上继《开元道藏》之后的修藏，提供了重要资料。宋代天台山道藏，即是在五代时桐柏宫道士朱霄外所修旧道藏的基础上加以完善而成的桐柏宫道藏。关于此道藏，北宋夏竦有《重建道藏经记》为之记。记云：

> 唐景云中，天子为司马承祯置观桐柏，界琼台三井之下。五代相竞，中原多事，吴越忠懿王得为道士朱霄朱（后一"朱"字为衍字）外新之，遂筑室于上清阁西北，藏金录（"金录"当作"金银"）字经二百函，勤（劝）其事也。国家有成命之二十载，削平天下，列为郡县，舳舻千里，东暨于海。有灵静大师孟玄岳者，始越会稽，济沃洲赤城，访桐柏，为山门都监、冲一大师稽常一等请掌斯藏。至雍熙二年，有诏悉索是经付余杭，传本既毕，运使谏议大夫雷公德祥（骧）命舟载以还，从师请也。又十载，藏室几坏，虞于风雨，师募台越右族并率己钱共二十万，召工治材，更腐替杇，丹漆黝垩，皆逾旧制。又十三载，会国家获瑞命于承天门，建封禅之议，有诏改赐观额为崇道。越明年，天子感

三篇之事，筑玉清昭应宫于京师，制诏天下，访道士之有名行及仙经之有尤异者，郡籍师等名驰驿上之。师治装俟命，且有请于我，愿纪藏室之实以勒于石。我以为太虚无著，况之曰道，生二仪而不有，长万物而不知，惟圣与神，其殆庶几乎！故老氏五千言清净简易而不泥，后世其教神而明之，于是灵编秘牒、金简玉册。有太上正一品练形飞步之术，熊鸟赤白丹石图之法，总而谓之曰经，聚之于室曰藏。钱氏之建也，信重矣，金篆银隶以取其贵。孟师之守也，不懈矣，二十八载于兹而栋宇更丽，编简不脱。若夫观于斯，悟于斯，出处语默而不失其中，不亦达者乎。于戏！后之嗣孟师守者，为我爱之，而观者择其正焉。①

详细阐述了桐柏宫道士孟玄岳及与桐柏宫道藏的前后因缘。

从夏竦的《重建道藏经记》可知，桐柏宫道藏维护以及桐柏宫藏经殿的重建，都与道士孟玄岳有关。主要体现在两大方面：一是北宋太宗雍熙二年（985 年），应孟玄岳的请求，桐柏宫道藏作为朝廷重修道藏的重要底本，运往余杭（今浙江余杭）传抄，事毕后得以完璧归赵，"运使谏议大夫雷公德祥（骧）命舟载以还，从师请也"②。二是至道元年（995 年），桐柏宫"藏室几坏，虞于风雨"③，孟玄岳募款重建。"募台越右族并率己钱共二十万，召工治材，更腐替朽，丹漆黝垩，皆逾旧制"④。孟玄岳虽然生平无考，但仅守护桐柏宫道藏、重建藏经殿一事即功莫大焉。诚如夏竦所说："孟师之守也，不懈矣，二十八载于兹而栋宇更丽，编简不脱。若夫观于斯，悟于斯，出处语默而不失其中，不亦达者乎。"⑤

《重建道藏经记》的作者夏竦以文学起家，为北宋宫廷中的"桂冠词人"。据《宋史》卷二百八十三《夏竦传》，宋李焘《续资治通鉴长编》卷五十二和南宋王称《东都事略》卷五十四等记载：夏竦（985—1051 年），字子乔，江州德安（今江西德安）人。自幼资性明敏，好学，自经史、百家、阴阳、律历，外至佛老之书，无不通晓。初以父荫为润州丹阳县主簿，举贤良

---

① 明版《道藏》鞠字号第 6 卷《正统道藏》洞玄部记传类《天台山志》。
② （宋）夏竦：《重建藏经记》。
③ 同上。
④ 同上。
⑤ 同上。

方正，擢光禄寺丞、通判台州。召直集贤院，为国史编修官、判三司都磨勘司，累迁右正言。北宋仁宗（1023—1032 年）初封庆国公，教书资善堂。未几，同修起居注，为玉清昭应宫判官兼领景灵宫、会真观事，迁尚书礼部员外郎、知制诰，为枢密副使、参知政事。明道二年（1033 年）罢知襄州。历知黄、邓、寿、安、洪、颍、青等州及永兴军。庆历七年（1047 年）为宰相，旋改枢密使，封英国公。罢知河南府，徙武宁军节度使，进郑国公。皇祐三年（1051 年）卒。著有《文庄集》一百卷，已佚。

夏竦通判台州的时间并不长，为大中祥符（1008—1016 年）中某年。记述台州的，除了《重建道藏经记》这篇文章外，尚有诗数首。如《登台州城楼》："楼压荒城见远村，倚阑衣袂拂苔纹。猿啼晓树枝日雨，僧下秋山级级云。招客酒旗临岸挂，灌田溪水凿渠分。洞中应有神仙窟，缭乱红霞出紫氛。"又如《天台道中》"驱马天台路，悠悠渐向晨。云开忽见寺，山尽偶逢人。细雨疏篁长，微烟古木春。行行遥驿道，落吹起轻尘"等。

北宋大中祥符（1008—1016 年）中，王钦若、徐铉、王禹等据圣命，依照传抄的各地旧目刊补，编成了全国性的道藏。计《洞真部》六百二十卷，《洞玄部》一千零一十三卷，《洞神部》一百七十二卷，《太玄部》一千四百零七卷，《太平部》一百九十二卷，《太清部》五百七十六卷，《正一部》三百七十卷，总四千三百五十九卷。撰篇目上献，宋真宗赐名《宝文统录》。大中祥符五年（1012 年）真宗皇帝以张君房为著作佐郎，对《宝文统录》进行补充和修改。君房"读取到苏州旧道藏经本千余卷，越州、台州（天台山桐柏）旧道藏经本亦千余卷……"[①]与道士依三洞纲条等，"品详科格，高较异同，以铨次之，始能成藏"[②]。数目增至四千五百六十五卷，题日《大宋天宫宝藏》。天禧三年（1019），张君房写录成七藏进呈朝廷，后又撮其精要，编为《云笈七谶》一百二十卷。政和五年（1115 年），《万寿道藏》著成。诏焚毁佛《大藏经》中的《辨正论》、《佛道论衡》等书。废除台州天宁寺（今临海龙兴寺）藏的《三教图》。对于天台山道藏在历次编纂《道藏》中的作用，当代学者黄海德先生在《天台〈道藏〉考记——有关夏竦〈重建藏经记〉的几个问题》一文中，有这样的论述："在宋代编纂的数种《道藏》之

---

① （宋）马端临：《文献通考》卷 224 引《宋三朝国史志》。

② 同上。

中，与天台桐柏《道藏》直接有关的即有徐、王所编《道经》、《宝文统录》与张君房领命编纂的《大宋天宫宝藏》与《云笈七签》。据夏竦《经记》记载，朝廷初次调天台《道藏》至余杭是在雍熙二年，雍熙年号仅有四年，后面即是端拱与淳化，而徐、王校正《道经》适为端拱、淳化之间，可见徐、王所收录的《道经》必然囊括了曾运至余杭传写的天台《道藏》，此其一。《宝文统录》编纂于大中祥符年间，据张君房《云笈七签序》记载，其编纂地点即在浙东余杭，如此则王钦若领衔的《宝文统录》也是参校了天台《道藏》，这是毫无疑义的，此其二。另外，《大宋天宫宝藏》与《云笈七签》均为张君房负责编纂，张君房亲自撰写的《云笈七签序》说：'明年冬，就除臣著作佐郎，俾专其事。臣于时尽得所降到道书，并续取到苏州旧《道藏》经本千余卷，越州、台州旧《道藏》经本亦各千余卷，及朝廷续降到福建等州道书，《明使摩尼经》等，与诸道士依三洞纲条、四部录略，品详科格，商较异同，以铨次之，仅能成藏，都卢四千五百六十五卷'。其中所言'台州旧《道藏》经本千余卷'，无疑是指的天台《道藏》。由此以观，则天台藏经殿的《道藏》也是编纂《大宋天宫宝藏》和《云笈七签》的重要来源。除此之外，宋徽宗政和年间编撰《万寿道藏》之时，曾下诏访求天下道教经书，'周于海寓，无不毕集'，用朝廷之力广搜天下道经，则天台《道藏》应是在其征诏搜集之内，自无疑义。并且，该《道藏》的刊刻地点是在福州九仙山的天宁万寿观，闽越两地相邻，教化风俗多相类似，由此以观，天台《道藏》应对《万寿道藏》的编撰有着直接的影响。后来金章宗之时，委派冲和大师孙明道等人在《万寿道藏》的基础上广搜道教遗经，刻板刊为《大金玄都宝藏》，溯其渊源，与天台《道藏》皆有文献传承的历史关系。从以上的梳理可以看出，宋代由帝王颁命、大臣领衔编纂的几部大型《道藏》，如太宗时徐、王编整的《道藏》，王钦若领衔的《宝文统录》，张君房主持编修的《大宋天宫宝藏》以及《云笈七签》，加上后来宋、金之时编撰而成的《万寿道藏》和《大金玄都宝藏》，都有天台《道藏》经本参与其中，并提供了为数不少的道教经书，为政府编纂大型《道藏》作出了重要的贡献。"

事实上，据统计，在四千五百六十五卷的《大宋天宫宝藏》中，录自天台山道藏的著述，有一千三百余卷，占全藏的30%强；在一百二十卷的《云笈七签》中，录自天台山道藏的著述，也有三十多卷，同样占30%左右。足见天台山道藏在这两部巨著中的重要地位。

南宋初年，天台山桐柏宫几于毁坏。乾道四年（1168年），桐柏宫道士唐知章重建桐柏经藏及藏殿。寓居临海的太尉、提举皇城司、开府仪同三司、提举万寿观使曹勋为撰《重修桐柏记》，有"道士唐知章以钱氏手写金银字道经，出私钱建藏并殿，由是内外堂宇皆备"的记载。

第五章　台州道教的衰微

第一节　元明清时期的台州道教

元明清时期，道教总体上呈衰微状态。

元代之际，历代皇帝依然崇道。但这一时期的道教活动，南北非常分明。南方以正一、上清、灵宝三大符箓教派为主，伴以金丹派南宗。在北方则是以新崛起的三大新道教教派为主，其中以全真道为最盛。元至元十三年（1276年），忽必烈召见正一道第三十六代天师张宗演，赐以银印、玉芙蓉冠和组金无缝服，命其总领江南诸路道教。次年又封为真人，令其于滦州（今河北丰南县）长春宫主持周天大醮。从此之后，元朝历代天师嗣位，皆沿例赐为真人，并袭掌三山符箓及江南诸路道教。如大德八年（1304年），正一道第三十八代天师张与材，被封为"正一教主"，后又授金紫光禄大夫，封留国公，赐给金印，秩视一品。又如泰定二年（1325年），正一道第三十九代天师张嗣成，被封为"翊元崇德正一教主"，并授集贤院知事，掌管天下道教事务。正一道道士一般可以娶妻生子，可以不住宫观，被称为"火居道士"。以《正一经》为共同奉持的主要经典，主要法术是画符念咒、祈禳斋醮，为人驱鬼降妖，祈福禳灾。而全真道则三教合一思想比较突出，宣扬人生是"苦海"，家庭是"牢狱"，劝人看破功名富贵，学道炼丹，以离"苦海"。追求"阳神"、"真性"不死，主内丹修炼，不尚符箓。同时，规定道士必须出家住道观，不许蓄妻室。建立了传戒和丛林制度。

元明清时期，台州道教除明代初期一段时间中兴外，其他时期与全国的大趋势一样，均呈衰微趋势，见于记载的著名道士极少。

元代著名道士可考者仅张惟一、章居实、卢益修、张雨等几人。

张惟一，号秋泉，本姓戴，生卒年代不详，元黄岩南塘（今属浙江温岭）人。其家世业儒，独惟一自幼慨然有出俗志。及长，遂遍游海内学道。

至燕都（今北京）修玄教，初"在天师宫放逸自居"①，后受玄教宗师吴全节之命，为太后医病，"符药俱验……大称懿旨"②，而授昭瑞宫提点。曾于元大都和义门内近北处创建西太乙宫，在建时四方施助源源而至，"其所建宫观，计年而成"③。观成，由昭瑞宫提点特授"全德靖明弘道真人"、太乙宫提点。制文曰："神以知来，至教匪存于象设。人惟求旧，褒封首锡于龙飞。念扈跸之宣勤，默储祥而介福。坤元具训，涣号扬纶。昭瑞宫提点张惟一，泉石古心，冰霜雅操。侍晨长乐，淡焉若朴而妙感彰。澄观穆清，廓乎不惊而众虚集。惟才全者德不竞，而正靖者明俞昭。阐道王庭，葆真冲馆。噫！有国之母以长久。尔尚谨于祝厘，立于之道曰阴阳。当益思于观复，恭承嘉命，助赞无为。可！"④ 一生与大书画家赵孟頫、文学家揭曼硕和诗人袁桷等过往从密，以诗及画兰名重一时。晚年往居天台山及黄岩（温岭）等地修道，著名画家、刑部尚书高彦敬曾作庐山图以赠。赵孟頫有《赋张秋泉真人所藏砚山》诗："泰山亦一拳石多，势雄齐鲁青巍峨。此石却是小岱岳，峰峦无数生陂陀。千岩万壑来几上，中有绝涧横天河。粤从混沌元气判，自然凝结非镌磨。人间奇物不易得，一见大叫争摩挲。米公平生好奇者，大书深刻无差讹。傍有小研天所造，仰受笔墨如圆荷。我欲为君书道德，但愿此石不用鹅。巧偷豪夺古来有，问君此意当如何？"揭溪斯亦有《砚山诗》，其序曰"……大都太乙崇福宫张真人，本戴氏子，今年春贻书得之，请予赋诗"云云。袁桷也与其多有诗作往来，如《次韵张秋泉墨兰》诗："虚窗秋思集，晨兴忧无余。墨池漾清泉，天葩散纷敷。爱此岩中君，赠以碧玉腴。微云解苍佩，缥缈疑空无。远谢丹白昏，讵畏霜霰濡。守黑志有在，谈玄道非殊。愧彼夷与齐，切腹不受污。湘垒慨永古，世人陋其迂。临风嗅余清，是岂真缁徒。西知万化寂，妙巧窥分铢。幽蜂缀疏药，点点游晴虚。闭门谨视之，黄尘政纷如。"又如《秋泉德生仲章梅叔章周仪之皆次余韵题庐山图再次韵以谢》诗，诗中以"天台老仙伯"而呼之："海郡列戍连沙洲，榆柳插戟摇清秋。拟从京国洗氛瘴，黄尘复作烟花浮。西山紫翠不可望，但讶积雪如明鸥。爱君寒斋之画幅，潇洒不写人间愁。胸中丘壑我岂少，奈此磊嵬难为收。宣城诗法挺二妙，炯若玉瓒盛黄流。永兴天机爱神俊，碧眼一顾群无

---

① （元）熊梦祥：《析津志》。
② 同上。
③ 同上。
④ （元）袁桷：《清容居士集》。

留。千年周子古风月，衰衰亦散空中沤。乾坤无言混沌凿，颇怪我辈劳镌搜。沈冥天台老仙伯，清坐自与庐山酬。天青无人月色古，缥缈五老疑骈头。功名营身旋蚁磨，刍豢得意崇糟丘。何当相从老其下，酿酒一醉黄金舟"。

章居实（1254—1304年），元代道士，黄岩（今浙江黄岩）人。据元戴表元《剡源集》卷十六《故道录章公墓志铭》记载，其生于南宋宝祐二年（1254年），少即崇道，十八岁出家为道士。旋至杭州修道，不久擢西湖崇真观上座兼书记，寻充玄学修撰、杭州西太乙宫焚修。元至元二十七年（1290年），进玄学提举，住持龙德通仙宫。元贞元年（1295年）为凝神斋高士，兼住持玄洞观。二年（1296年）十一月授杭州路道录，升提点知宫。元大德八年（1304年）卒，年五十一岁，谥号"明素真冲妙法师"。

卢益修，字凝和，生卒年代不详，元天台（今浙江天台）人。少出家，遍游名山参道，后返居天台山清修。元于立有《寄卢益修》诗：诗云"山中旧屋近如何？想见凉云长薜萝。剡水舟回应载雪，山阴帖在可笼鹅。相思坐使岁华晚，顾影空怜月色多。惆怅何人赋《招隐》，淮南桂树不胜歌"。其善画，能花鸟，尤长山水和水仙，画水仙学南宋赵孟坚之法。所画水仙之美，诗人争相赞之。如元郯韶《送卢益修练师所画水仙》诗："卢敖爱向山中住，长遣看云一舄飞。昨夜候神东海上，梦随环佩月中归"。又如元卢堪《题卢益修所画水仙花》诗："卢郎吹笛向沤波，梦里曾瞻帝子何。一自美人遗玉佩，至今南浦月明多"，等等。此外，元代大诗人袁桷曾据卢益修所画《桐柏观图》作《桐柏观赋》，赋之序云："孙兴公《天台赋》，运意高简，忘象以求斯得之。凝和卢君居是山，以《桐柏观图》授余，曰：子为我演绎其景，不揆瓦石，援笔为之。"

张雨（1277—1348年），又名天雨，字伯雨，法名嗣真，号贞居，又号句曲外史，元钱塘（今浙江杭州）人。初从虞伯生受七十二家符箓，即《赋苏武慢》二十篇，前十篇道遗世之荣，后十篇论修仙之事。二十岁时离家出游，至天台山、临海括苍山等参学多年得道。后师事茅山宗师许道杞弟子周大静，又师事玄教高道王寿衍，传正一之法。曾居大都（今北京）崇真万寿观，历主茅山崇寿观和镇江崇禧观。著有《外史山世集》三卷，《碧岩玄会灵》二卷，《寻山志》十五卷，《玄品录》五卷等。其善诗文，工书画，与杨载、袁桷、虞集、范梈、黄潜、赵雍、薛元卿、章心远、毛伯元、杨维桢、张小山、马昂夫、仇山村、班彦功等文人墨客相友善。《台州府志》引《杭州府志》及《天台山方外志》云其"风裁凝竣，工书，善诗歌，文益奇古。引败笔点缀木石人物以自赏，适作字劲健，在陶贞白上。"明洪武五年（1372年），倪瓒《题张贞居书卷》评曰："贞居真人诗文字画，皆为本朝道品第一。师友沦没，古道寂寥。"[1]

滕斌，一作滕宾，字玉霄，生卒年代不详，元黄冈（今湖北黄冈）人。一作睢阳（今河南商丘县南）人。至大年间（1308—1311年）任翰林学士、国史院编修，出为江西儒学提举。与净明道道士过从甚密，曾为净明道基本经典《净明忠孝全书》作序，后弃家入天台为道士。其为人风流笃厚，往往狂喜狎酒。其谈笑之作，为时人传诵。有《玉霄集》行于世。其曾访白云平章于燕京西山顶不遇。因戏题于壁曰："西风裋褐吹黄埃。何不从我游蓬莱。振衣长工啸下山去。后夜月明骑鹤来"。竟不留名扬长而去。"白云公疑吕仙过之。朝野辐凑。宠赍山积。后知其玉霄题。白云公戒以勿泄。厚赂之"[2]。

杨伯晋，元代道士，里籍及生卒年代不详。曾居天台山修道多年，后主阁皂山万寿崇真宫。曾受到元朝廷的诰封，袁桷为作《临江路阁皂山万寿崇真宫住持四十六代传嗣教宗师杨伯晋升加太玄崇德翊教真人》制文：谓"具官杨伯晋，守朴丹丘，潜珍琳馆。吐息以踵，陋熊经鸟申之遇；藏珠于渊，握龙变虎腾之要。开九龠之秘记，传八景之玄文。问年今见其复丁，会月密推其纳甲。天台之召司马，损数术以理身；罗浮之迎轩辕，彻声色而合德。朕悉兹理，卿无复言。聿加字命之殊，以重羽流之选"[3]。

曹君，元代道士，名号、里籍及生卒年代均不详。居天台福圣观修道，传上清大洞灵宝法。声名卓著，为时人所称。

陆颐真（1259—1325年），元代道士，四明（今浙江宁波）人。仪观秀整，少即好黄老。初从邑道士楼坦为弟子，"后闻天台桐柏山有灵宝法，福圣观道士曹君为正传，往师之"[4]。

徐信初，元代道士，生卒年代不详，天台（今浙江天台）人。从阁皂山崇真宫道士戴和甫度为弟子，"给事无惰，闻论文献道德，尝惕悚不自置"[5]。

赵与庆，号草堂，元代道士，生卒年代不详，黄岩（今浙江黄岩）人。

① （元）倪瓒：《清闷阁全集》卷九。
② （明）叶子奇：《草木子》。
③ （元）袁桷：《清容居士集》卷三十七。
④ （元）袁桷：《清容居士集》卷三十一。
⑤ 同上。

自少从祖父赵师尧功习医学，年轻即以悬壶行医为业。"精岐扁术，人有疾求治，无不立愈[①]"。后学北派全真之道，延祐间（1314—1320年）筑野月庵于黄岩委羽山西北，为台州史载元代修学全真二人之一。著名文学家、大诗人袁桷曾为作《野月观记》以志。

吕虚夷（？—1344年），字与之，元代道士，奉化（今浙江奉化）人。世传其生时，母亲以吕氏上世止一子传家，否则必为浮屠道流，不浴者三日。少曾执事鄞、象山二县庭冀，得微禄以养母。母死后，入天台山桐柏崇道观为道士，著道书，亦治经史。元皇庆年间（1312—1313年），诣庆元（今宁波）报恩寺吴尊师处受祈风雨役使鬼神之法。至正元年（1341年）于庆元（今宁波）祷雨，令牌到处，郡治云起西北，状如天神执仗，官吏惊呼再拜，顷之大雨。临江路同知总管府事赵侯由松招之主福顺观，建大阁以奉四明洞天之神。元危素有《玄儒吕先生道行碑记》，云其："好义而质直，端谨而和易，安贫守道，不事华饰，不趋势利，素好客，常典衣以具食，通禅观之学。"[②] 著有《老子讲义》、《瀛海纪言》、《嵩斋文集》等。

项子虚，元天台道士，生卒年代及里籍不详。道学全真，为台州史载早期全真道士二人之一。通岐黄书，善医，为人治病，不嫌富贵。所居之室曰"日生"，文学家袁桷有《日生堂记》记其事。

柯天乐，字柏庸，元代道士，生卒年代不详，临海吴都庄（今属浙江三门）人。幼精戒行，从龙虎山得道。尝筑道观于临海东柯谷广济洞之阳，修炼方术。泰定元年（1324年）从三十九代天师张嗣成真人朝京都，道士画家简天碧为作《东柯谷图》，渊颖先生吴莱奉敕撰记，奎章阁博士柯九思也赋长篇赠之。其亦善书画，有"龙虎道士柯天乐雷坛"摩崖，在临海吴都庄（今属浙江三门）西二里许东岭头龙潭冈，记"天历（1328—1329年）□年二月"。太平（今浙江温岭）戴介轩有《赠别柯伯庸归省亲》诗："天台万八千丈高插天，势与雁荡天姥诸峰连。芒鞋竹杖昔寻访，层峦绝壁穷攀缘。是时凭高一纵目，异境复得东柯谷。几湾流水联袂环，数点晴峰刻瑶玉。回头十载昔未游，黄尘扑面双鬓秋。柯君一见与我谈旧隐，剪烛共醉吴山楼。示我东柯之图才数尺，元气溶溶雾烟湿。玉堂诸老亦神仙，错落文章列圭壁。君言束发居龙虎，学仙期与松乔伍。生平虽只恋还丹，岁久宁无念乡土。嗟

---

① （明万历）《黄岩县志》。

② （明）危素：《危太朴全集》卷3。

吁故林归独迟，相逢异县兼喜悲。细观诗画久不厌，踌躇如在登临时。钱塘五月熟梅雨，此日怜君一帆举。缩地应无跋涉劳，升堂要睹慈颜喜。紫霓裳，丹凤酒，拜奉亲前为亲寿。喜惧虽因鹤发前，蹁跹复似斑衣旧。西风一日秋满山，群仙有约须君还。路经茅君坛下幸相报，我亦从之放迹蓬瀛间。"诗前序云："柯自龙虎来临安，邀予三茅山中，出示方壶所作《东柯谷图》及翰苑诸名公诗一帙，且曰：'吾垂白之母在堂，将归焉，请予予别。'因赋此赠。"戴介轩，讳奎，生卒年代不详，太平（今浙江温岭）人。明洪武中（1368—1398年），为齐河县（今山东齐河）主簿。

张彦辅，道士画家，号六一、西宇道人，生卒年代不详，钱塘（今浙江杭州）人，蒙古族。初从燕京崇文弘道玄德真人吴全节学道，久之受封"真人"号。曾居杭州和天台山修道，多有画作流传。

严中，元代道士，生卒年代不详，黄岩（今浙江黄岩）城关人。少出家，居黄岩委羽山大有宫修道，道术高深。至正十二年（1352年）重修大有宫，刻仙人刘奉林像奉于委羽洞前。元惠宗赠之金襕紫服，赐"弘道通玄大师"号。

丘芷泉，元代道士，生卒年代不详，黄岩（今浙江黄岩）城关人。相貌奇异，精通道术，至正年间（1341—1368年）居黄岩委羽山大有宫修道。"尝祈雨禁屠宰，旁有淫祠能为妖。邑人畏惮之，有私宰牲以祭之者。芷泉即于本宫焚檄除之，其祠倏忽自灭"[①]。

郑守仁，号蒙泉，元代道士，生卒年代不详，黄岩方岩乡（今属浙江温岭）人。自幼入道，居黄岩之某观修炼。后游京师，寓蓬莱坊之崇真宫，不事干谒，斋居万松间。"常僵卧一室，或冥坐诵《黄庭》，不与物接。人呼'独冷先生'"[②]。平章达兼善、学者危素等士大夫皆非常敬重，世称为二泉。元至正年间（1341—1368年）出主白鹤观。元诗人郯韶有《郑蒙泉炼师子午谷图》诗："子真今住子午谷，乃在蛟门西复西。绕屋长松落晴雪，倚天绝壁立丹梯。春回大壑三芝秀，月满空山一鹤栖。归去看图望瀛海，定应沐发候天鸡。"

张元中，元代道士，生卒年代及里籍不详，居天台山为道士。曾遍游海内，访求大道。元至正十三年（1353年），"访别峰上人于会稽宝林寺，且告

---

① （清）《委羽山志》。

② （清）戚学标：《台州外书》卷5。

将归桐柏，与刘青田遇。遂与别峰分韵赋诗，且叙其简首"①。

陈岳，字甫申，号玉狮老人，别号空明道人，元代道士，里籍及生卒年代不详。元末始隐居黄岩委羽山大有宫，守道自高，能诗文，善书画，落笔过人。明初游江湖，已而返故山，闭门谢事。曾于山注《道德经》及《元牝赋》等。明"吴中四杰"之一、著名诗人高启曾作《空明道人》诗相赠。

张一无，字善式，元代道士，生卒年代及里籍不详。其先世为兵将，少入龙虎山脱俗为道士。曾专门前往天台山礼普应国师数年，咨佛理，问坐禅，守法戒。一生不趋炎附势，唯"持斋"修行，清静自守，极尽苦勤。玄教宗师吴全节赞赏他不失道家旨趣，淡泊无为，遂奏请朝廷授"文德先生"号，后病逝于京师。元郑元佑《遂昌杂录》谓："其先在宋，簪缨家也，四世皆以其资让，故其家有让堂。至一无始入龙虎山为道士，在道派张开府几世孙也。虽已为道士，酷喜禅学，于是入天台山，礼普应国师，咨禀参，决志坚甚，众中道衣坛简不讶也。道家者流，以其术应承尚方，与俗盖无别。而一无独持斋，素行克苦，以故其徒憎之。先是杭城开国师道场，随处有同参者，亦多留一无。而吴太宗师每念一无志高洁，为奏文德先生降玺书以护之，留一无住京师。会吴宗师老病，继掌其教者恶一无，痛凌辱之。一无惧甚，遂以病卒京师。"

又有张云麓父，号草窗，生卒年代不详，元黄岩（今浙江黄岩）人。有道术，为时人所称。

又有张云麓，生卒年代不详，元黄岩（今浙江黄岩）人。幼从父学道，道术精妙。时为乡人所请，解厄除灾。"凡乡人遇旱值灾，辄扣焉，无不感应"②。

又有张通，张云麓子，生卒年代不详，元黄岩（今浙江黄岩）人。自幼学道，道术高超，行为癫狂，人呼张颠。"至正间（1341—1368年）大旱，邑人强之，遂诣妙智寺。以剑划水即电掣，以砖击地即雷轰。既而雨大通，是岁有秋。邑令耆老咸赋诗为谢云"③。

又有林茂潜（1304—1367年），好道者，字显之，元临海（今浙江临海）人。世为望族，生平酷嗜吟。尝于临海城内巾山构一室，澄坐其中，而吟事

① （民国）《台州府志》引《诚意伯集》。
② （明嘉靖）《太平县志》卷8。
③ 同上。

益畅。据《宋景濂集·巾山处士林君墓碣铭》：其"晚年颇嗜金丹之学，取《周易参同契》与二三友讲之，叹曰：'一气孔神，无为之根。水火交构，载其营魂。浮游规中，存之又存。粗秽既澄，游神九门。奈之何捐弃之邪！'乃调息致修，取心一物一道一之说，自呼为'三一子'，通玄之士多奇之。集贤院闻其操行清绝，不乐仕进，用其所居巾山，以巾山处士号之"。

又有刘仲彬，生卒年代不详，元乐清（今浙江乐清）人。好道，善数学，曾建养真道院于玉环山（今浙江玉环）凤林呑中之梅屿。元陈高《不系舟渔集·送刘仲彬序》云："往岁予在四明，乐清刘仲彬自乡中来，以善数学能推人生年月日时多中。上官有据权势者方骄肆得意甚，仲彬布数，为言不避去将败。未几果败，人咸神之，予始知仲彬之精于术也。"

还有黄云翔，生卒年代不详，元黄岩（今浙江黄岩）人。少好道术，习雷法，能驱役鬼神，号为云庭道人。民国《台州府志》引《黄岩县志》云："邻有应氏子五人俱患病疾，医治不效。云翔治之，夜半神现。致一木偶斧其腹，有大蛇蜕盘旋，其内有五蛇子。破之，五小蛇具生。云翔为之焚化，患者并瘳。应以大蛇未获为虑，乃刻曰：'敕雷电震杀之。'应氏捐其所居为道堂，今施水庵是也。"《黄岩县志》还载："茅畬有白马洞庙，播毒一方。教谕牟圣育死于祟，其子子开、子余控云翔治之。方焚符箓，忽群鸦蔽天。乃令别设坛醮，得神报云：'启蛰后有应。'至期雷轰电掣，妖庙毁矣。遂即其地建玉虚道院。"

还有杜高士，生平事迹不详，元台州道士。诗人张翥有《听松轩为丹丘杜高士作》诗："长松千树拥前荣，虚籁还从树底鸣。一片海涛云杪堕，几番山雨月中生。茶香夜煮苓泉活，琴思秋翻鹤帐清。安得南华老仙伯，相随轩上说风声。"张可久另有散曲《访杜高士》：曲云"杖藜十里听松声，隐隐相迎。飞来峰下树青青，添清兴，流水玉琴横。【幺】拂云同坐苔花磴，桂飘香满地金星。山影寒，天光净，野猿啼月，诗在冷泉亭"。按丹丘，为台州、或天台、或宁海古称。据日僧成寻《参天台五台山记》："台州是屈母龙王宅，地名丹丘"。故丹丘杜高士当为台州道士。

还有毛道士，生平事迹不详。曾降香天台桐柏山，元代著名作家袁桷有《送毛道士降香桐柏山》诗："我所思兮在桐柏，寥寥帝乡今莫识。潜流倒注平淮成，天堑曾为万人敌。金龙护简帝令森，蜥蜴俛首穿龟沈。我欲与君探其底，五兵长橐乐平世。"

还有李炼师，生平事迹不详，元天台道士。文学家贡师泰有《赠天台李炼师》诗："翠蛟青凤下晴空，家住天台第几重？岁久松肪成琥珀，夜深丹气出芙蓉。仙童奏简骑文虎，太乙悬旗起绛龙。昨夜从师到天上，故山还著白云封。"贡师泰（1298—1362年），字泰甫，宣城（今安徽宣城）人。元泰定四年（1327年）释褐出身，至正十五年（1355年）官至户部尚书，以文学知名。

另据有关史籍记载，元代尚有诸多道士居台州各地修道。

陈惯道，元代道士。生平事迹不详，居天台桃源道院。

石好问，元代道士。生平事迹不详，居天台思真庵。

周正中，元代道士。生平事迹不详，居天台卧云庵。

徐光孚，元代道士。生平事迹不详，居天台鹤峰全真道院。

吴礽隐，元代道士。生平事迹不详，居仙居紫虚道院。

翁道全，元代道士。生平事迹不详，居仙居葆真道院。

戴道士，元代道士。生平事迹不详，居天台修道。元翰林学士程巨夫有《送戴道士住天台》诗，云："君承恩命住天台，万壑千峰绕绛台。门外霞川浮淇滓，杯中云海接蓬莱。时同野鹤看桃去，或领山猿采药回。三十年前吾亦到，旧题应入白云堆。"程巨夫，以字行，生卒年代不详，建昌（今辽宁建昌）人。官至翰林学士承旨，谥文宪。著有《雪楼集》。

叶道士，元代道士。名号、生卒年代及里籍均不详，居天台修道。元柳贯有《送叶道士归天台》诗："石井剑花飞夜气，玉田芝草艳春晖。"柳贯（1270—1342年），字道传，婺州浦江（今浙江浦江）人。曾任江山教谕，累官翰林待制兼国史院编修官，在官七月而卒。著有《柳待制文集》二十卷。

明朝以降，道教依然是以正一、全真两大派系为盛，而官府则按派系发给不同的度牒。明洪武十五年（1382年），朝廷明令颁布设立道教管理机构，府设道纪司，置都纪、副都纪各一员；州设道正司，置道正一员；县设道会司，置道会一员；对道教进行管理。在政治上，由于明政权不喜欢全真道，故全真道的活动一直处于低潮。而正一道则稳居道教各派之首，封为正一嗣教真人，敕令永掌天下道教事。嘉靖时（1522—1566年），许多道士还参与朝政，并被授予"少保"、"礼部尚书"等官衔。尽管如此，但相对佛教来说，道教在民间的影响开始逐渐减小。

明时，台州府道纪司在临海元妙观设道纪司都纪一员，从九品；副纪一员，未入流。各县均设道会司道纪一员，未入流，无俸。其中，临海道会司在临海栖霞宫，黄岩道会司在黄岩大有宫，天台道会司在天台赤城道院，仙居道会司在仙居纯熙观，宁海（今属宁波）道会司在宁海崇圣观，太平（今温岭）道会司地点不详。府道纪司和县道会司，直接管理道士、道观及道教事务。

明代台州道教虽继续呈衰微趋势，但居台州修道的道士仍然还有不少。其中德行高超、具大名声者有周玄朴、张静定、沈静圆、赵真嵩等人，他们在天台山承传全真之道，开龙门一派，并逐渐形成教团。呈天台山道教一时之兴。

周玄朴，明代道士，原名知生，号大拙，生卒年代不详，西安（今陕西西安）人。明洪武二十年（1387 年）受戒于陈冲夷，乃遍游天台、青城等名山，住世一百一十年。后传戒法于道士张静定，又承传宗派于沈静圆，自此全真道始有律师、宗师之分。据清闵一得《金盖心灯》卷一《周大拙律师传》载："师隐青城，不履尘世五十余年。面壁内观，不以教相有为之事累心。弟子数人，皆不以阐教为事……住世一百一十年，始得天台道者张宗仁，承当法戒。"景泰元年（1450 年）不知所终。

张静定，明代道士，原名宗仁，号无我子，生卒年代不详，余杭（今浙江余杭）人。其家世代业儒，少即通性理之学。明永乐年中（1403—1424 年）举明经，因有出俗之意，遂隐居不仕，讲学于苕溪（今浙江湖州一带）。父母双亡后，乃弃家云游名山大川，遍访高人达士。并至天台山入道门，后慕周玄朴道高，遂往青城师之。受教后，仍还天台山隐居修道。道席日隆，从者如云，并逐渐形成龙门派教团。史称为龙门派第五代律师。

沈静圆（？—1465 年），明代道士，字哉生。原名旭，晚号顿空氏，祖籍太原，迁居江苏句容。少时即有出尘之志，因父母双亡，扶柩归葬山西时，路遇道士周玄朴，得授要语。明正统十三年（1448 年），出游青城山，又遇周玄朴，遂师事之，改名静圆。景泰二年（1451 年），闻天台山全真道隆，乃南行至，居桐柏山中修道。天顺三年（1459 年）至金盖山，居书隐楼，道价日盛，从学者日众。成化元年（1465 年）春，遇华亭卫真定于语溪，遂携至南宫，授以宗法要旨。亦为龙门第五代宗师。

赵真嵩（？—1628 年），明代道士，原名得源，号复阳子，山东琅琊人。少通经史，博览道释要典。二十五岁时，父母双亡，遂弃家出游武当、茅山等。遍阅道籍，精修法要。明嘉靖元年（1522 年）于天台山皈依张静定，受全真之教。后至王屋山习定，嗣是六通具足，因授课传法。乃返天台，旋入王屋山而终隐。史称龙门第六代宗师。

此外，明代台州道士可圈可点者尚有：

吴彦钦，明代道士，里籍及生卒年代不详。住天台山桐柏宫修道，道行高远。撰有《重建桐柏山门记》。

朱炼师，明代道士。道号、生卒年代及里籍不详，元末明初住仙居峡山纯熙观修道，名声很大。明李昱有《送朱炼师回仙居》诗："峡山仙人之所居，山峰秀出金芙蕖。千寻岩上栖玄鹤，五色云中骑碧驴。麻姑送酒应到汝，木客赋诗能起予。每闻花乳石林好，相寄休忘锦字书。"李昱，字宗表，号草阁，生卒年代不详，钱塘（今浙江杭州）人。明洪武中（1368—1398年），官国子监助教，有《草阁集》行世。

金道坚，明代道士。里籍及生卒年代不详，住仙居隐真宫修道。能坚持道行，兴举废坠。明永乐十九年（1421年）募缘为隐真宫新铸大钟，以补观之未备。

林通元，明代道士，里籍及生卒年代不详。明永乐年间（1403—1424年）居临海巾子山南麓某观修道。善图箓，能步罡，有大道行。

盛希年，字得义，生卒年代不详，太平（今浙江温岭）三坑人。少出家，好修炼，后居广德州（今安徽广德）祠山。明佚名《建文皇帝遗迹》载："修撰王叔英奉命募兵广德，知京城已陷，度事不可为，乃沐浴具衣冠，书绝命辞曰：'人生穹壤间，忠孝贵克全。嗟予事君父，自昔多过愆。有志未及竟，其疾忽见缠。肥甘空在案，对之不能咽。意者造化神，有命归九泉。尝闻夷与齐，饿死首阳巅。周粟岂不佳？所见良独偏。高踪远难继，偶尔无足传。千秋史臣笔，慎勿称希贤。'复书于案曰：'生吾已矣，愧无补于当时；死亦徒然，庶无惭于后世。'遂自缢而死。以书抵祠山道士盛希年曰：'可葬我祠山之麓。'希年卒收葬之。盖希年亦台州人，故托以后事。"清嘉庆《太平县志》亦云："革除间，同乡王修撰叔英募兵至此，度事不可为。目希年，自制棺曰：'人生得此足矣。'希年莫测其意。将死，以白金及书遗之曰：'幸葬我祠山之麓。'希年趋视，已无及。人皆虑祸不敢前，希年殓葬如其指。王司寇东瀛尝为赞曰：'雷霆之威，谁不震惊！一言为重，百死为轻。'希年之义其可及哉。"

万玉山（1428—1520年），名福敦，湖北罗田县人。少学儒业，因厌学而投邑之塔山寺为僧。后蓄发访道，遍游终南、峨眉、武夷、天台、怀玉、王屋、五岳诸仙山，曾居天台山桐柏宫数年。《湖广通志》谓："所遇缁衣羽客，一语会心即师事之。迨归故里，已充然有得。善踵息监炼，不食构面盐酪，精通风角、堪舆、奇门、符水；尤精于医。绘竹兰清逸有韵。其他如谱琴击剑，蹴鞠骊跳杂技种种，皆受人称道。语人福祸多奇中。人问其故，答曰：'太清无签云，诚则明矣。'"明正德十年（1515年），往居霍山，次年正襟趺坐而化。嘉靖二十一年（1542年），诰赐"清微神霄演法真人"号。

蒋鳌，明代道士。号湘崖，生卒年代不详，湖南零陵人。正德八年（1513年）乡荐为官宦，累官扶沟县令，以清廉著闻。后遇异人授以服食之术，弃家拘一掾于山，号称"寄寄巢"。修炼数年，遂遍历名山，足迹尝在天台、雁荡之间。著名画家徐文长之兄好辟谷，乃师事之，徐文长曾在诗中为之记。清《零陵县志》谓其归隐后甚贫，饮食常不给，偕其妻安贫乐道，淡泊度日。曾作有："柴米油盐酱醋茶，七般尽在别人家。惟有老夫无计策，开窗独坐看梅花"诗。著有《证道歌》及《湘文集》传世。

丁炼师，明代道士，名号、里籍及生卒年代均不详。明崇祯中（1628—1644年）住临海某地修炼。陈函辉有《赠烧炼丁君》诗："谁遣六丁神，烧丹煮黄白。九还勾漏丹，一指洞宾石。度世有秘方，怜贫代官泽。野鹤在吴山，无乃其家籍。三千年后人，勾使误遗陁。今威再来归，相携访仙伯。"陈函辉（1590—1646年），初名炜，字木叔，号寒山子，临海（今浙江临海）人。明崇祯七年（1634年）进士，历官靖江知县、兵科给事中等职。后回家乡，造"小寒山"以居，明亡之时，随鲁王抗清，擢少詹事兼侍读学士，迁礼部右侍郎，进礼兵二部尚书。著有《腐史》、《九寒》、《十青》等集。

张高，明代道士，字崇瞻，自称西涧道人，生卒年代不详，仙居（今浙江仙居）人。少攻岐黄之术，及长，遍游匡庐与三楚三岳诸名胜。采芝天柱，三观日出。寻走岭表，遇王映子授以《八素诀》，已而居梁园为道士。《仙居县志》载："会大疫，人请医治，一指霍然病愈。又精谈星，射复奇中。"

王瑞丕，明代道士，字舜章，生卒年代不详，太平（今浙江温岭）练溪里人。家世好道，习老氏术，后住邑之大闰道院修道。清嘉庆《太平县志》云其："少从沈巢云学，仍不废旧业。事继母李能顺其意。弟舜玉三丧室，俱代聘娶。尝至石桥，道拾饼金，坐守其人还之。陈敬所重其行，为传并赠诗云：'尧舜堪为性善同，间阎犹有古淳风。近来孝友传闻少，贫贱人家目击中。'"

吴栖霞，明代道士，生卒年代不详，太平（今浙江温岭）肖村人。自幼出家，居临海栖霞宫，有道行，擅持咒作法。《通志》引《太平旧志》云：

"大旱，众请祷雨，吴以天谴不能多求。遂持咒嘱云行雨三分，寄雨一分，寄往太平二十都中。是年，肖村藉此有秋。"

张日惺，明代道士，号大薇，里籍及生卒年代不详。传正一法，祷雨辄应。曾居临海修道，因道术奇高，时称张法官。临海陈函辉尝制长歌赠之，后居乐清白鹤山双瀑潭侧。清《乐清县志》卷十五谓："尝祷雨烈日中，戒侍者宣疏毕，呕匿案下。忽黑云一朵如元芝从海门涌起，怒雷激之，大雨如注。"

黄裳，明代道士。字丹霞，号尘外道人，生卒年代不详，上虞（今浙江上虞）人。少读书，明理善诗章，习张即之字。后出家，挟五雷法，每遇旱叹祷辄应。尝居天台山修道，清《上虞县志》云："皆谓有仙风道骨。"

童子来，明代道士，生卒年代及里籍不详。住黄岩大有宫，作有《委羽空明洞天》诗："空明入望翠相连，玉笈琼书见列仙。天下人称第二洞，云间鹤去几千年。地灵处处余方石，山静朝朝远俗缘。禹步不违任九迹，昭华吹断紫霄烟。"

张道人，明代道士。名号及生卒年代失考，澉浦（今属浙江海盐）人。自幼出家，潜心默运。曾于天台山居桐柏宫学道多年，道法高深。后归澉浦，结茅于乌龙井之山岭。清《海盐县志》卷十九载其："淡泊清静，冬夏衣裰衣，寒不冠履，暑不袒露……人目为张半仙云。"

应士芳，明代道士。字伯芸，号空明子，生卒年代不详，黄岩（今浙江黄岩）人。少丧父母，遭际多艰。尝抱烟霞癖，嗜学耽吟，安贫乐道。娶妻生子后，离家入黄岩大有宫为道士。清《委羽山续志》称其："歌流霞，遍历名山，轩轩然有远举之意。"有诗三百首传于世。

又有曹法师，明代道士。名号及生卒年代不详，天台（今浙江天台）大路曹人。壮年时为狐妇所惑，乃入天台桐柏观为道士，清修三年无所得。遂往谒张真人，从受其法。明传灯《天台山方外志》云其"回至杭，适大旱祷雨无应。法师书片纸于背上曰：'雨出卖'。有司闻之，命往吴山。用一大瓮盛水，烧砖投其中。青天轰雷一声，四神将立左右曰：'上苍主旱，雨不可求'。法师曰：'权借太湖五尺水'。须臾，阴云四合，大雨如注。平地尺余，顷之开霁。视檐下水，悉有鲜鱼蕴草，太湖果干三尺。诸司厚贶皆不受，年七十余终"。

明代又有好道者张辅。张辅，初讳辅，字廷翼；后更名羽，字孝翊，生卒年代不详，黄岩（今浙江黄岩）人。其"邃于易理，与宋景濂为友，自号冲阳子"①。所居修炼之室以"月窟"为名。

明代台州道教最令人惋惜的，就是天台山道藏的湮灭。据明传灯《天台山方外志》记载："桐柏宫五代吴越王所建金、银字《道藏经》二百函……历代珍袭供奉。至国朝吴元年（即元至正二十七年）遭火，化为丘墟。"清张联元《天台山志》也有"迄今国朝更化，人民逃难窜匿，而火从中起。宏规巧制，化为丘墟。金碧文章，悉归灰烬"之记载。明永乐中（1403—1424 年）、清雍正年间（1723—1736 年），虽都曾重新营建桐柏宫，但天台山道藏经的损失已无法弥补。

清代时，整个朝野重佛抑道，道教衰微的势头已非常明显。清乾隆中（1736—1795 年），朝廷宣布黄教为国教，道教为汉人的宗教。限制正一道天师职权，取消其道教之首的地位，由二品降至五品，并禁止其差遣法员传度。道光（1821—1850 年）时，又取消了其传统的张天师朝觐礼仪。道教地位逐渐下降。这一时期，只有一些矢志不渝的道士苦撑局面，许多著名宫观仅存小室三楹，有的宫观甚至道士绝迹。例其外者，则是龙门派得到发展，其势力遍及全国，远远超过正一道派及其他全真道派。

清代台州道士有名声的为龙门派道士范青云、高东篱、沈轻云、方镕阳、徐阳明、扬来基等。

范青云（1606—1748 年），清代道士，江夏（今湖北武汉）人。笃学任侠，游历天下。清康熙、雍正年间（1662—1735 年）居天台桐柏宫，著有《钵鉴续》九卷。

高东篱，清代道士，名清昱，山东宁海人。清康熙三十一年（1692 年）出家于杭州金鼓洞，有道术。雍正十二年（1734 年）至天台，适桐柏崇道观落成，住持范青云礼为讲席。著有《台湾风俗考》三卷。

沈轻云（1708—1786 年），清代道士，派名一炳，号谷音，自号真阳子，吴兴（今浙江湖州）人。清雍正十三年（1735 年），随师至天台山，亦曾主桐柏观讲席。

方镕阳，清代道士，派名一定，山东宁海人。随师高东篱居桐柏观多年，屡兴建桐柏、百步、盖竹、紫琅、金叠、委羽等宫观于温、台、宁等地，之间及门甚众，后主席于天台崇道观。

徐阳明，清代道士，号浣尘，松江华亭（今上海）人。自幼好道，遍历

---

① （清）管世骏：《台州外书订》。

名山大川。曾登天台，谒桐柏。后住临海城关紫阳道观。

扬来基，清代道士，号国宁子，生卒年代不详，黄岩（今浙江黄岩）人。自幼出家于黄岩委羽山大有宫，曾师从于徐阳明，精通道法，能役使鬼神。以符水治病，无不遂愈。清乾隆时（1736—1795 年）居委羽山精修数十年。

陈复朴（1755—?），清代道士，俗名志华，道号春谷，太平（今浙江温岭）人。幼而好道，年十七岁时即潜至黄岩大有宫修道，曾游历天下。其与人谦和，到处契合，能知未来事。尸解后妙感无比，居民肖像祀之。

沈永良（?—1866 年），清代道士，俗名岐山，字凤芝，号醉颠，黄岩（今浙江黄岩）黄道街人。初为营兵，归学道于黄岩委羽山，尝从师金教善居天台桐柏宫数年。后于南岳遇异人受丹诀。"既归，行于市上，负一瓢一书。与之酒，持满饮之，非醉不止，人故呼为沈魔头"①。

鹤道人，清代道士，里籍及生卒年代不详。居临海八仙岩修道，善诗，工书画。尝与邑人孙春泽、金听秋等结诗社于临海嘉祐寺。有"洞口扫花红满帚"之句。

胡明心，清代道士，生卒年代及里籍不详。清同治中（1862—1874 年），于黄岩大有宫手录陈复朴所著《归真要旨》以存。

朱元通，清代道士，生卒年代不详，临海（今浙江临海）白竹人。自幼好道，善词，后入临海八仙岩为道士。清同治中（1862—1874 年），浙江巡抚杨昌濬使余杭玉皇宫方丈召集道俗，开坛考试诗才。与考者四百余人，朱被录为天仙状元，名著一时。

明清时期台州著名的道士还有：

吴惟敬，明代道士。生平事迹不详，明洪武中（1368—1398 年）天台桐柏宫提点。

金静观，明代道士。生平事迹不详，明洪武中（1368—1398 年）居天台桐柏宫。

鲍了照，明代道士，天台道纪。生平事迹不详，明永乐年间（1403—1424 年）居天台桐柏宫。

施嗣真，明代道士。生卒年代及里籍不详，明宣德时（1426—1435 年）住天台赤城山。

---

① （民国）《委羽山续志》。

黄一清，明代道士，生卒年代不详，黄岩（今浙江黄岩）人。明宣德九年（1434 年）始主黄岩大有宫。

张宁，明代道士，生卒年代不详，黄岩（今浙江黄岩）人。明成化年间（1465—1487 年）居黄岩大有宫。

叶一真，明代道士，生卒年代不详，黄岩（今浙江黄岩）人。明万历中（1573—1620 年）居黄岩某观。

徐鸣凤，明代道士，生卒年代及里籍不详。明崇祯中（1628—1644 年）住天台桐柏宫。

林茂阳（1601—1695 年），清代道士，名守本，号茂阳，祖籍福建，迁居仙居（今浙江仙居）。清康熙十年（1671 年）得昆阳真人王常月手书，遂加冠受戒。后居杭州金鼓洞，住世九十有四岁。

赵道士，清代道士，名号及生卒年代无考，宁海（今属宁波）白乔人。清康熙中（1662—1722 年）居宁海（今属宁波）某观，有道术，善治妖。

陈光宗，清代道士，生卒年代及里籍不详。清乾隆十五年（1750 年），应临海道纪马兆云之请，主临海栖真观，生平事迹不详。

马兆云，清代道士，生卒年代及里籍不详。清乾隆年间（1736—1795 年）充临海道纪，居栖霞宫。

蒋复乾，清代道士，生卒年代及里籍不详。清乾隆年间（1736—1795 年）居临海盖竹山长耀宝光道院。

李本华，清代道士，生卒年代及里籍不详。清乾隆年间（1736—1795 年）居临海盖竹山长耀宝光道院。

戴本原，清代道士，生卒年代及里籍不详。清乾隆年间（1736—1795 年）居临海盖竹山长耀宝光道院。

马含明，清代道士，生卒年代及里籍不详。清乾隆年间（1736—1795 年）居临海盖竹山长耀宝光道院。

徐含松，清代道士，生卒年代及里籍不详。清乾隆年间（1736—1795 年）居临海盖竹山长耀宝光道院。

秦抱真，清代道士，生卒年代及里籍不详。居临海百步紫阳观。

陈本呆，清代道士，生卒年代及里籍不详。清嘉庆中（1796—1820 年）住黄岩大有宫。

陶本根，清代道士，生卒年代及里籍不详。清嘉庆中（1796—1820 年）住黄岩大有宫。

赵永凤，清代坤道，生卒年代及里籍不详。清道光八年（1828 年）与道士吴永忠、徐永寿同建黄岩东极宫以居。

吴永忠，清代道士，生卒年代及里籍不详。清道光八年（1828 年）与道士赵永凤、徐永寿同建黄岩东极宫以居。

徐永寿，清代道士，生卒年代及里籍不详。清道光八年（1828 年）与道士赵永凤、吴永忠同建黄岩东极宫以居。

王圆娥，清代道姑，生卒年代不详，黄岩（今浙江黄岩）人。少有异，操励志清修，养性炼神。清道光中（1821—1850 年）出家，居黄岩焦坑莲尖坪，焚香静坐数十年如一日。

陈教恩，清代道士，生卒年代及里籍不详。清道光中（1821—1850 年）住黄岩大有宫。

周本梅，清代道士，生卒年代及里籍不详。清道光中（1821—1850 年）住持黄岩大有宫。

蒋复瀛，清代道士，生卒年代及里籍不详。清道光中（1821—1850 年）住黄岩大有宫。

张合照，清代道士，生卒年代及里籍不详。清道光中（1821—1850 年）住黄岩大有宫。

林合炼，清代道士，生卒年代及里籍不详。清道光中（1821—1850 年）住黄岩大有宫。

滕合存，清代道士，生卒年代及里籍不详。清道光中（1821—1850 年）住黄岩大有宫。

安教辉，清代道士，生卒年代及里籍不详。清道光中（1821—1850 年）居临海盖竹山长耀宝光道院。

郑教林，清代道士，生卒年代及里籍不详。清道光中（1821—1850 年）居临海盖竹山长耀宝光道院。

谢教赋，清代道士，生卒年代及里籍不详。清道光中（1821—1850 年）居临海盖竹山长耀宝光道院。

张教培，清代道士，生卒年代及里籍不详。清道光中（1821—1850 年）居临海盖竹山长耀宝光道院。

蒋永昌，清代道士，生卒年代及里籍不详。清道光、咸丰中（1821—1861 年）住持黄岩大有宫。

蒋永仓，清代道士，生卒年代及里籍不详。清道光中（1821—1850 年）

黄岩大有宫当家。

林园机，清代道士，生卒年代及里籍不详。清道光中（1821—1850 年）黄岩大有宫当家。

林教云，清代道士，生卒年代及里籍不详。清道光中（1821—1850 年）住黄岩大有宫。

应述彬，清代道士，字式宜，生卒年代不详，宁海（今属宁波）北乡石埠人。幼习儒业，后入道，清咸丰中（1851—1861 年）居宁海（今属宁波）某观，法术高深。

王教文，清代道士，生卒年代及里籍不详。清道光、同治中（1821—1874 年）居黄岩大有宫。

王教定，清代道士，生卒年代及里籍不详。清同治中（1862—1874 年）居黄岩大有宫。

吴永桧，清代道士，生卒年代及里籍不详，王教定之徒。清同治中（1862—1874 年）居黄岩大有宫。

沈明广，清代道士，生卒年代不详，黄岩（今浙江黄岩）人。清光绪五年（1879 年）重建黄岩广福宫以居。

章圆福，清代坤道，生卒年代及里籍不详。清光绪十二年（1886 年）建黄岩三元宫以居。

林明江，清代道士，生卒年代及里籍不详。清光绪中（1875—1908 年）居太平县（今浙江温岭）方山羊角洞修炼，光绪十五年（1889 年）建太平道源洞以居。

王理亨，清代道士，生卒年代及里籍不详。清光绪中（1875—1908 年）居太平县（今浙江温岭）方山羊角洞玉蟾宫修道，光绪二十六年（1900 年）重修黄岩天峰阁道观。

叶可政，清代道士，生卒年代不详，宁海（今属宁波）石步岙人。居宁海（今属宁波）某观，习张真人法，能诵咒祈雨。

理全，清代道士，生卒年代及里籍不详。清光绪中（1875—1908 年）居临海临海栖真观。

宗芳，清代道士。居临海临海栖真观，生平事迹不详。

丹崖道者，清代道士。住临海双珠洞，生平事迹不详。

王教松，清代道士。居临海八仙宫，生平事迹不详。

张至敬，清代道士。居临海紫阳道观，生平事迹不详。

白云道者，清代道士。居临海白云庵，生平事迹不详。

金教善，清代道士。居天台桐柏宫，生平事迹不详。

黄永智，清代道士，生卒年代不详，太平（今浙江温岭）横路头人。少从邑之大溪旸山头朝阳宫杨教仁出家，清道光中（1821—1850年）居塘下三元宫。

徐教惠，晚清道士，生卒年代不详，太平（今浙江温岭）南栅徐人。少出家于黄岩委羽山大有宫，后居太平（今浙江温岭）紫云洞。

毛教明，晚清道士，生卒年代及里籍不详。出家于太平（今浙江温岭）嵝岙洞，从任合庆为师，后居太平（今浙江温岭）仁明洞。

张教初，晚清道士，生卒年代及里籍不详。出家于太平（今浙江温岭）大合山八仙宫，从吴合淮为师，后居太平（今浙江温岭）长屿塘岙里石梁洞。

张教财，晚清道士，生卒年代及里籍不详。出家于太平（今浙江温岭）嵝岙洞，从任合庆为师，后居太平（今浙江温岭）长屿观音洞。

吴教聚，晚清道士，生卒年代不详，太平（今浙江温岭）莞渭蔡人。出家于太平（今温岭）肖村乌龙岙法云观，从沈合照为师，后重修本观，主持香火。

林永桂，清代道士，字澹泉，生卒年代不详，太平（今浙江温岭）箬横下林人。自幼入道，精究黄庭，澈参圭旨。发鬓交白如凝霜雪之，若神仙中人。一生律己甚严，处事必敬，交友必诚，实有德之高道。

李理俊，晚清、民国道士，生卒年代及里籍不详。清光绪、宣统间住温岭道源洞，宣统时（1909—1911年）建温岭朝阳洞以居。

另有李香山，清代道士，号觉道人，里籍及生卒年代无考。住临海某观，编有《乾坤指掌图》四卷。

又有绍林，清代道士，生卒年代及里籍不详。少从黄岩委羽山大有宫出家，后止于平阳金乡云台山（今属浙江苍南），创建三元道观以居。自此，持斋诵经，炼丹清修。

又有蒋永林（1836—1896年），清代道士，号玄晶子，东阳（今浙江东阳）人。幼即好道，父母为之授室不愿，避至普陀，后至天台山出家，居桐柏崇道观为道士。清同治三年（1864年）始住杭州玉皇山福圣观。逐年建成七星殿、大殿、二殿、三清殿、斗姆阁、报平堂、客堂、方丈堂、石牌坊、南天门等，为福圣观中兴第一代。

还有刘理授（1870—1937 年），晚清、民国道士，俗名宗海，字敬义，号受元子，湖北汉川人。十九岁出家，曾居天台山及桐柏数年。后历主武当、玄妙、长春等宫观，平生衣着朴素，修道弥笃，除精通内外功外，对书法、剑术、医理、易篆变多有建树。

此外，晚清及至民国，尚有道士蔡圆凤、郑明钦、蔡明箟、陈明庚、蔡明贤、邱明奎等，出家于太平（今温岭）凤山头松云宫。道士蒋永兴、赵永寿、陈永春、王圆香、林圆魁、邬圆方、王圆智、李圆清、袁圆树、王圆满、沈圆坤、陈明元、陈明开、元明方、王明善、滕明性、陈明衡、傅明康、章明桂、王明才、叶至斌、李至善、曹至中、陈至国、仇至位、贞至慧等，出家于太平（今温岭）紫皋枕流宫。道士潘永端、张圆英、缪圆润、罗圆松等，出家于太平（今温岭）长屿紫云洞。道士江永长、项永法等，出家于太平（今温岭）长屿双门洞。道士张教康、江永寿、许永香、王圆明、吴圆妙等，出家于太平（今温岭）长屿观音洞。坤道杨教莲、陈永兰、郭圆英、吴圆秀、林明善、陈明彩和道士杨明机等，出家于太平（今温岭）肖村河头凤凰山混元宫。道士王圆融等，出家于太平（今温岭）塘下三元宫。道士仇教沣、吕教洪、连永延、应圆祥、韩圆棠、张圆照、黄圆熙、金明镜、陈明传、张明顺、陈明常等，出家于太平（今温岭）大合山八仙宫。道士邵永津、毛圆狄、邵圆炳、张圆松、蔡明匡等，出家于太平（今温岭）石粘同福宫。道士李永净、邵永真等，出家于太平（今温岭）小南门外北斗宫。道士罗永富，坤道陈圆芝、叶圆正、瞿明芳等，出家于太平（今温岭）长屿仁明洞。道士颜永良、鲍永耀、梁圆辉、王圆正、莫圆仙等，出家于太平（今温岭）长屿塘岙里石梁洞。道士杨永纯、张圆泰、方明乾、彭至云、钟至源等，出家于太平（今温岭）肖村乌龙岙法云观。道士金明鹤等，出家于太平（今温岭）鹅冠山修真观。坤道蔡永成、陈圆福、陈明泰、张明通、柯明元、陈至庆、袁至宝等，出家于太平（今温岭）肖村河头福星宫。道士章圆真等，出家于太平（今温岭）温岭街许宅堂。道士金永桂、赵圆常、张明华、吕明德、姜至舜、林至莲等，出家于太平（今温岭）松鹤宫。道士毛圆良、黄圆铭等，出家于太平（今温岭）塘下三元宫。道士王明镜、王至正、林至昧等，出家于太平（今温岭）方山羊角洞。坤道李至娥等，出家于太平（今温岭）肖村河头福德宫。道士梁至期、张至中等，出家于太平（今温岭）长屿道源洞。道士季至广等，出家于太平（今温岭）肖村前皇洞。道士谢至莲等，出家于太平（今温岭）陆山头青龙宫。道士张至清等，出家于太平（今温岭）江厦峰山清风宫。坤道戴明莲、戴至信等，出家于太平（今温岭）岭栋头月蟾宫。道士王至咸等，出家于太平（今温岭）神童门月顶宫。坤道陈至英等，出家于太平（今温岭）肖村河头东极宫。道士潘明富、杨至根等，出家于太平（今温岭）西仙源纯阳宫。坤道林明莲、张至良等，出家于太平（今温岭）碧霄洞。道士林明臣、张至清等，出家于太平（今温岭）全真观。道士冯明俊、赵至源等，出家于太平（今温岭）周山炼石宫。道士朱明寿、周至广等，出家于太平（今温岭）呑口桐旸观。道士谢至蓬等，出家于太平（今温岭）新河吕祖殿。

在宫观方面，元代时又新建或重建了一批宫观：

天台山仁靖纯素二宫，在桐柏观左右，元至元年间（1271—1294 年）桐柏观道士王中立建。仁靖宫坐落于桐柏观左冲蓄庵基，纯素宫位于桐柏观右旧白云观基；以王中立"仁靖纯素真人"号分取其名。

天台养素道院，在天台县，具体位置不详。明传灯《天台山方外志》谓："在县治之北，至元间（1271—1294 年）道士王中立建。"然清康熙《天台县志》则云："建于元泰定年间（1324—1328 年）。"二说不同，未知孰是。

天台桃源道院，在天台县。明传灯《天台山方外志》谓："在县西南一十五里二十都，元至元间（1271—1294 年）道士陈贯道建。"

天台思真庵，在天台县，具体位置不详。明传灯《天台山方外志》谓："旧志，元至元间（1271—1294 年）道士石好问建，今无考处所。"

天台卧云庵，在天台县。明传灯《大台山方外志》谓："在县西北三十里十二都琼台之侧，元至元间（1271—1294 年）道士周正中建。"

天台鹤峰全真道院，在天台县。明传灯《天台山方外志》谓："在县东十五里十都，元大德九年（1305 年）道士徐光孚建。"

宁海（今属宁波）仙源观，在宁海县南四十四都，元至元中（1271—1294 年）建。

黄岩玄真道院，在黄岩县东南三十五里白峰呑。元延祐四年（1317 年），黄岩知州范忠毁五通神祠，里人鲍显祖以其地建。

仙居紫虚道院，在仙居县城内。元至治年间（1321—1323 年），道士吴礽隐建。

天台法轮院，在天台县西北二十五里桐柏观西。元至顺年间（1330—1333 年）重修，元奎章阁侍书学士虞集有记。

黄岩大有宫，元至正十二年（1352 年）道士严中重建。

仙居葆真道院，在仙居县东南三十五里。元至元二十四年（1364年），道士翁道全建，仙居安洲书院山长翁森为之记。

黄岩福寿宫，在黄岩县城南十里铺。元时（1271—1368年）创建，今与陟门庙合而为一。

黄岩（今温岭）天真宫，在塘下。元时（1271—1368年）道士张惟一建。

玉环养真道院，在玉环梅岙，元时道士刘仲彬建。元陈高《不系舟渔集》序云："忽有著道士衣冠者，翼如而来，迳入吾室中，揖予而坐。予初不识其何人，怪而问之。则曰：吾固弃俗而为黄冠矣。始吾以术动公卿，谓宝贵可立致，往来吴越之间七年，经涉世故，亦尝濒于死。今吾观世之荣名利达，犹春华秋叶耳。吾母年老，奉之隐居，因作养真道院于玉环山凤林岙之梅屿，将以终吾身焉。"

明代时，台州的道教宫观日趋败落，其中天台山的宫观几乎全废。

宁海（今属宁波）崇圣观，始建年代不详。明洪武十五年（1382年）于观设道会司，清时改建义学。

天台桐柏宫，吴元年（1367年）遭火焚，化为丘墟。洪武中（1368—1398年）重建，永乐十年（1412年）再修。后屡修屡废，屡废屡修。明传灯《天台山方外志》谓："洪武中（1368—1398年）道士金静观、提点吴惟敬相继营建，永乐十年（1412年）道纪鲍了静又加新之。其间架规模崇饰，艳丽去旧为远。至今（万历时）且百余年，道众贫匮，殿宇日就颓坏。宫中碑刻，无虑十数……今亦无存矣。"明崇祯五年（1632年）时，徐霞客在其《游天台山日记》中称："越岭而北，得平畴一围，群峰环绕，若另辟一天。桐柏宫正当其中，惟中殿仅存，夷、齐二石像尚在右室，雕琢甚古，唐以前物也。黄冠久无住此者。"清潘来《游天台山记》记云："又南十余里，得桐柏宫废墟，是道家金庭洞天也……自葛仙公、司马子微之徒居之，人主加以隆礼，而宸翰天章，照耀山谷。璇题霞栋，填溢涧阿。今皆鞠为茂草，唯存三清殿一间，雨淋天尊面，泪下苏苏。"

临海天庆观，元元贞元年（1295年），诏易江南诸路天庆观为玄妙观，毁所奉宋太祖神主。明正德十五年（1520年）改观为学，嗣后学徒观废。

黄岩大有宫，明洪武二十一年（1388年）时，唯存正殿。永乐十六年（1418年），又为风雨摧坏。宣德九年（1434年），台州大旱，台州府通判周旭鉴请天台赤城山道士施嗣真祈祷得雨，乃募捐重建，并邀道士黄一清为方丈。

天台养素道院,明时改名为"神迹石庙",天启元年(1621年)重修。清时改名"白鹤庙",康熙四十一年(1702年)又重修,乾隆二年(1737年)复修。

不过,明清间还是新建了一些宫观,可考的有:

黄岩显应宫,在黄岩新前塔山。明洪武十九年(1386年)建,今存。

黄岩天峰阁,在黄岩县澄江莲峰山。明永乐年间(1403—1424年)建,清光绪二十六年(1900年)道士王理亨重修。今存,俗称莲尖坪坤道院。

太平(今温岭)透天洞,在太平(今温岭)泽国以西五公里处。明成化中(1465—1487年)建,清乾隆五年(1740年)邑人鲍秀才重建,今存。

黄岩显赫宫,俗称斗宫,在黄岩澄江童家洋。明弘治年间(1488—1505年)建,清嘉庆三年(1798年)重建,道光元年(1821年)增建戏台,今存。

玉环东后宫,在玉环陈屿草皮塘。明嘉靖元年(1522年)建,今存。

临海仙下宫,在临海县前所凤凰山(今属椒江),明嘉靖三十六年(1557年)建。

黄岩陟门庙,在黄岩南城十里铺。明嘉靖四十一年(1562年)建,清光绪二十八年(1902年)重修,今存。

临海紫阳庵,在临海县西北四十里百步岭头(今属临海河头镇),明嘉靖四十四年台州府(1565年)推官张滂建。清雍正十年(1732年),敕命工部主事刘长源来临,迁建于百步岭头右麓;浙江巡抚复委观察朱伦瀚同监其工。改额"紫阳道观",并树御制碑文。咸丰时(1851—1861年),建筑大部毁。光绪二十七年(1901年),督带缉捕营都司沈平和捐资全面修复。

临海三元宫,在临海县巾子山玉辉堂之东。明万历八年(1580年)建,清道光年间(1821—1850年)重修。

黄岩广福宫,在黄岩县南三十里新安桥西,俗称北斗亭,明万历四十一年(1613年)道士叶一真募建。清顺治中(1644—1661年)里人蔡君实重建,康熙十年(1671年)蔡元升复建。清光绪五年(1879年)道士沈明广再建,今存。

黄岩妙严宫,在黄岩金清下盟(今属路桥)。明崇祯十七年(1644年)建,今存。

玉环长春道观,在玉环城关鳝白岩村。明时(1368—1644年)建,今存。

太平（今温岭）朝阳洞，在太平（今温岭）松门天龙山。清顺治六年（1649 年）建，宣统中（1909—1911 年）道士李理俊重建。今存，有"朝阳洞天"四字摩崖。

黄岩赐福宫，在黄岩西城路边村。清顺治中（1644—1661 年）建，今存。

临海北斗宫，在临海城内大固山麓。清康熙十二年（1673 年）建，后屡有兴废，光绪三年（1877 年）重修。

黄岩万福堂，在黄岩县城关果建巷。清康熙十七年（1678 年）建，今名三官堂。

黄岩栖云宫，在黄岩院桥下店。清康熙三十七年（1697 年）建，今存。

临海八仙宫，旧称吕祖殿，在临海城内大固山。清康熙中（1662—1722 年）建，道光十二年（1832 年）士绅陈光中重建山门及大殿。咸丰十一年（1861 年）毁于兵火，同治三年（1864 年）重修。居观道士王教松复于宫右建青华、太乙诸阁，作为文人墨客游宴读书之地。今存。清章行卿有《题青华、太乙阁》诗，云："楼阁深藏几仞岩，仙人台上日初衔。春潮昨夜连风急，吹上寒江几片帆。"

黄岩步莲宫，在黄岩院桥三横林村。清雍正元年（1723 年）建，光绪元年（1875 年）增建戏台和厢房，今存。

太平（今温岭）嵝峇洞，在太平（今温岭）新河长屿。清雍正中（1723—1735 年）道士张一崑建。

玉环龟山道院，在玉环楚门谷水龟头山。清雍正中（1723—1735 年）建，道光六年（1826 年）毁于火，后重建。咸丰三年（1853 年）又毁于台风，复重建，今存。

太平（今温岭）白云洞，又名狮峰洞，在太平（今温岭）肖村南峇五指尖山麓。清乾隆元年（1736 年）建，后更名前皇洞，今存。

黄岩文武宫，在黄岩蓬街浦南（今属路桥）。清乾隆三年（1738 年）建，今存。

玉环三官堂，在玉环坎门东沙村。清乾隆六年（1741 年）建，今存。

玉环龙岩宫，在玉环鲜迭镶额村。清乾隆十年（1745 年）建，今存。

临海拱辰宫，在临海县北五十五里。清乾隆十五年（1750 年）里人叶昌仪等建。民国《临海县志》云："岗峦秀润，宫据其巅，祀斗母像。松涛柏韵，悦耳洗心，亦一方幽胜也。"叶昌仪又有诗，谓："昔年卜斯庐，量地八九尺。岁深绣苔痕，净绿侵双屐。今来谒维摩，萧斋非窄狭。鹭鹚忽飞来，点破晚烟碧。夕阳在隔山，溪光远涵白。得此离垢地，胜似栖真宅。借问干禄人，何如逃名客。"

太平（今温岭）双门洞，原名万福洞，在太平（今温岭）长屿黄监山深谷山腰。清乾隆十六年（1751 年）道士方阳悟建，今存。

黄岩玉仙宫，在黄岩路桥蔡於（今属路桥）。清乾隆四十八年（1783 年）建，今存。

太平（今温岭）仙化洞，在太平（今温岭）城西神童门之西山翼。始建于清乾隆中（1736—1795 年），光绪二十八年（1902 年）道士蔡至敬、蔡理鉴重修，今存。

太平（今温岭）向海宫，在太平（今温岭）温峤江厦村。清乾隆中（1736—1795 年）道士永新建，今存。

太平（今温岭）松云宫，在太平（今温岭）肖村凤山头。清嘉庆中（1796—1820 年）道士金合宗建。

太平（今温岭）法云宫，在太平（今温岭）肖村乌龙岙。清嘉庆中（1796—1820 年）道士吴教聚建。

黄岩龙皇宫，在黄岩蓬街新龙（今属路桥）。清道光六年（1826 年）建，今存。

玉环自然宫，在玉环干江洋坑。清道光二十五年（1845 年）建，今存。

黄岩北斗宫，在黄岩县西三十里古竹。清道光二十七年（1847 年）太学生林国雍、王世茂捐建，今存。

太平（今温岭）天龙观，在太平（今温岭）温峤琛山楼旗山腰。清道光年间（1821—1850 年）建，今存，改名天后宫。

太平（今温岭）紫云洞，在太平（今温岭）新河岙里山。清道光中（1821—1850 年）道士任合庆建。

太平（今温岭）仁明洞，在太平（今温岭）长屿岙里。清道光中（1821—1850 年）道士毛教明建。

太平（今温岭）三清观，在太平（今温岭）北郊莞田岭头。清道光中（1821—1850 年）道士任合庆建，今存。

太平（今温岭）朝阳洞，在太平（今温岭）大溪旸岙山头。清道光中（1821—1850 年）道士冯教德建。

太平（今温岭）桐旸观，在太平（今温岭）大溪太乙山。清道光中（1821—1850年）道士周永钦建。

黄岩仙福宫，在黄岩路桥洋洪（今属路桥）。清咸丰十一年（1861年）建，今存。

太平（今温岭）月蟾宫，在太平（今温岭）温峤江厦岭栋头。清同治年间（1862—1874年）坤道戴明莲建，今存。

太平（今温岭）东极宫，在太平（今温岭）肖村河头。清同治中（1862—1874年）道士丁圆香建。

玉环吕祖殿，在玉环龙溪渡头。清光绪六年（1880年）建，后改名髻山道院，今存。

太平（今温岭）清福宫，在太平（今温岭）肖村凤山头。清光绪十五年（1880年）道士郑明福建。

玉环玄真宫，在玉环楚门�冈。清光绪十五年（1880年）建，今存。

太平（今温岭）道源洞，在太平（今温岭）长屿塘岙里中岗道峰山腰。清光绪十五年（1889年）道士林明江建，今存。

太平（今温岭）混元宫，在太平（今温岭）肖村凤凰山。清光绪十五年（1889年）道士杨教莲建，今存。

黄岩万寿宫，在黄岩路桥坦田王（今属路桥）。清光绪十九年（1893年）建，今存。

玉环养真宫，在玉环楚门山北城西路。清光绪二十九年（1903年）建，为坤道修性养真之所，今存。

太平（今温岭）洞福宫，在太平（今温岭）石粘桥外西首。清光绪中（1875—1908年）道士邵永津建，今存。

太平（今温岭）修真观，在太平（今温岭）鹅冠山。清光绪中（1875—1908年），道士王圆法建。

太平（今温岭）三元宫，在太平（今温岭）新河塘下。清光绪中（1875—1908年）道士黄永智建。

太平（今温岭）纯阳宫，在太平（今温岭）温峤西仙源山。清光绪中（1875—1908年）道士邵圆椿建。

太平（今温岭）月顶宫，在太平（今温岭）城西神童门。清光绪中（1875—1908年）道士季明友建。

太平（今温岭）青龙宫，在太平（今温岭）温峤陆山头。清光绪中

（1875—1908 年）道士石明舜建。

太平（今温岭）松鹤宫，在太平（今温岭）肖村。清光绪中（1875—1908 年）道士赵圆常建。

宁海（今属宁波）元妙观，始建年代不详。在宁海跃龙山东，前有田地尽废。清时，僧真谛取赎，立有碑记。

宁海（今属宁波）青云观，坐落于跃龙山。又名龙山道院，始建年代不详。清《宁海县志》云："结构雅饬，兼擅溪山之胜。"

宁海（今属宁波）迎仙庵，始建年代不详，在县北五十里深圳，庵旁相传为葛玄炼丹处。

以上宫观，多为乡村小观，规模均不大，无复旧时气象。例其外者，唯清雍正十年（1732 年）所建的临海紫阳道观。

紫阳道观，在临海城内宋张伯端故居旧址璎珞街。清雍正十年（1732 年），为祀紫阳真人张伯端而建，系"御建"性质。据民国《临海县志》载："初，世宗宪皇帝梦一天台山道士乞住居地，下抚臣查访；时天台桐柏宫方被豪族占据，嚣讼多年，抚臣上其案，乃命工部主事刘长源来山督造，抚臣别委朱观察伦瀚同监人工。以用诚故居在璎珞街，又俗传百步溪为用诚羽蜕处，两得各建观宇，树御制碑文，天章焕烂，逸映江山。"

另外，著名的黄岩大有宫，清乾隆十八年（1753 年）知县杨廷芳提议修葺，至二十年（1755 年）由新任知县刘世宁完成。嘉庆十九年（1814 年）道士杨来基重建正殿五楹；道光十八年（1838 年）住持周本梅募建雷祖殿；咸丰元年（1851 年）住持蒋永昌募建东横厢 20 余间；同治五年（1866 年）道士王教文及众募建皇经阁三楹。至清末，又陷入了殿宇崩溃、亭园荒秽之境地。

天台桐柏宫，清康熙三十四年（1695 年）时，仅存三清殿一间，后亦倾圮；康熙五十七年（1718 年）重建大殿。清雍正十年（1732 年）诏复重建，雍正十二年（1734 年）竣工。

黄岩三元道院，清咸丰时（1851—1861 年）毁于太平天国起义，同治中（1862—1874 年）重建。

此外，尚有始建年代不详的，如太平（今温岭）枕流宫，始建年代不详，坐落城东紫皋地方。殿宇绀丽，清同治、光绪年间（1862—1908 年）尚存。

到了清末，除少数大的宫观和民间小宫、小观、小庙外，大多数宫观都因道教衰微或年久失修而逐渐废祀。

第二节 台州的道教文化与艺术

鲁迅先生说过："中国文化之根柢全在道教。"[①] 确实如此，道教作为中国的国教，它的文化属性自然是中国式的；而土生土长的道教徒以及热衷于道教的文人骚客们，他们的任何个体，无不滋养着传统的中国文化。几千年来，道教对于中国人的哲学观、世界观、思维方式乃至生活方式等诸多方面都产生了巨大的影响。道士和文人们在传教修行的同时，广泛利用或调动诸如哲学、文学、武术、医药、养生、书画、音乐、戏曲等多种文化艺术手段为自身服务，创造了许多极为宝贵的非物质文化遗产。元明清时期台州道教的文化艺术，主要体现在散曲、散文、撰著、诗词、书画、音乐、戏曲等方面。

散曲方面，散曲是与金元间全真道的兴起密不可分的。元代的许多散曲作家，都是由儒入道的。黄卉先生认为："全真教的兴起，为元代文人的隐逸思想提供了一条高雅的退路……全真教在元代文人中影响至巨，还因为全真道士与文人原本就是一体的……所以，在元代，文士、隐士、道士的思想倾向与生活追求有着那么多的共鸣。文人们以全真教为寄托，无论是否真的去做全真道士，其实过的都是高卧林泉的隐士生活。"[②] 事实也是如此，元散曲作家邓玉宾、滕斌、张雨、钱霖等都是由儒入道的，其中滕斌、张雨更是在天台山和临海括苍山修道多年。

滕斌以乐府见长，现存小令十五首。如《江儿水（叹世）》："谁待理他闲是非，紧把红尘避，庵前绿水围，门外青山对，寻一个稳便处闲坐地。"又《水仙子》："灯前抚剑听鸡声，月下吹箫引凤鸣，功名两字原无命。学神仙又不成，叹吴侬何处归耕？日月闲中过，风波梦里惊，造物无情。"又《普天乐》："叹光阴，如流水。区区终日，枉用心机。辞是非，绝名利，笔砚诗书为活计，乐蔬盐稚子山妻。茅舍数间，田园二顷，归去来兮！"还有《四块玉（述怀）》："鸡恰啼，人忙起，利逼名煎苦相催。争如我梦蝴蝶睡，由你好，笑我痴，强似你。"《淘金令（思情）》："初相见时，止望和他同偕

① 《鲁迅选集》（《书信卷·致许寿裳》）。

② 黄卉：《邓玉宾和元代道情散曲》，载《中国道教》2004 年第 2 期。

老，心肠变也，更无些儿好，他藏着笑里刀，误了我漆共胶，他如今漾了甜桃却去寻酸枣，我这里自敲爻，怎生消？怎生消磨得我许多烦恼？"等等。元人钟嗣成在所著《录鬼簿》中，称滕斌和董解元、贯云石、元好问等"前辈已死名公，有乐府行于世者"二十三人，"皆高才重名，亦于乐府留心。盖文章政事，一代典型"。明朱权《太和正音谱》则评滕斌词"如碧汉闲云"。

张雨是道士诗人和散曲家的代表，现存散曲小令四支。如《（双调）水仙子》："归来重整旧生涯，潇洒柴桑处士家。草庵儿不用高和大，会清标岂在繁华。纸糊窗，柏木榻。挂一幅单条画，供一枝得意花。自烧香童子煎茶。"又《（中吕）喜春来•秦定三年丙寅岁除夜，玉山舟中赋》："江梅的的依茅舍，石濑溅溅漱玉沙，瓦瓯篷底送年华。问暮鸦，何处阿戎家？"又《（商调）梧叶儿•赠龟溪医隐唐茂之（二首）》："参苓笼，山水闲，好处在西关。放取诗瓢去，携将酒口还。把酒倩歌鬟，休举似江南小山。""移家去，市隐闲，幽事颇相关。刘商观弈罢，韩康卖药还。点检绿云鬟，数不尽龟溪好山"。又《（双调）殿前欢•杨廉夫席上有赠》："小吴娃，玉盘仙掌载春霞。后堂绛帐重帘下，谁理琵琶？香山处士家，玉局仙人画，一刻春无价。老夫醉也，乌帽琼华。"内容清逸超然，有豪迈之气。

此外，马致远作有《天台路》："采药童，乘鸾客，怨感刘郎下天台。春风再到人何在？桃花又不见开。命薄的穷秀才，谁教你回去来！"马致远（1250—1321年），字千里，号东篱，大都（今北京）人。元曲四大家之一，同时也是全真教的信徒，到过临海和天台山等地，与山之名道多有往还。元钟嗣成《录鬼簿》说他曾"任江浙行省务官"。晚年回归田园，过着"酒中仙、尘外客、林间友"的隐逸生活。

散文方面，涉及台州有关道教境观、道教宫观、道教著作的序跋、赠序、杂说、题疏、辞赋等文字为数不少，多为热衷于道教的文人们所作。序跋有明胡昌贤为明《委羽山志》所作的《序》："余少习章句，迨万历庚子（1600年），耻列诸生，遂有烟霞之癖，芒鞋竹杖，跻险搜奇。吾邑委羽，道书称第二洞天，盖犹在天台之右。天台有僧人传灯，著《方外志》一册，若委羽则阙如矣。邑乘所记，存什一于千百，无异以蠡测海，曷由展卷循环，悉见此山真面目耶。余太息者久之，乃索群籍，询故老，始袞为志，又得友人李希英参酌考订。志名胜古迹备典故也，志仙道纪略阐灵异也，志记序诗赋昭文藻也。为目者七，为卷者六，其题咏或已往所未闻，将来所未艾者，别为附遗以录之。其义例则有不式于浮套，而式于严谨者。"胡昌贤，生卒年代不详，明黄岩人。好道，有文才。著有《委羽山志》六卷，分形势、胜迹、宫室、仙道、记文、题咏各一卷。

又有清台州知府黄维诰为《委羽山续志》作序，其序云："余自东瓯移守台郡，有王生维翰者，自黄岩来携所著《委羽山续志》，嘱为之序。集闻空明洞天，仙圣窟宅，又有丹井琪树，错出于其间，是足以息劳形舒吟啸矣。公余披阅前志，杂引群书，多言神仙之事，此则于有用之学，实有证明。余乃知王生之用意良深，非独为山灵生色已也。夫人殚数年之精力，以自成一书，必使理欲之界辩于几微，世道人心确有所关系，而后发为文章，可传于不朽。

黄岩自二徐先生后，紫阳朱子为浙东常平使者，杜赵诸人从之游，相与讲学以明道，其学有本原，其风俗亦蒸蒸日上。后之人因其遗建为书院，迄于今五百有余岁矣。趋步弗逾，渊源不坠，其问兴废之故，诚未可阙，而不讲也。前志略之，续志详之。读是书者，果能奋发振兴熏陶涵育，尽戢其武健之风，一时桀骜不驯，悉潜形而默化。谓非今日之急务，而为守土者之所乐闻乎。

彼言神仙者，舍真抱璞，泊然寡营，非不足淡人求利之念，而其说往往不经，其不可同年而语也。余固之王生之用意良深，非独为山灵生色已也。因不辞而为之序"。黄维诰（1806—1878年），字黼堂，玉环人。

赠序最著名的当为清雍正皇帝的《天台山桐柏观序》："桐柏山高万八千丈，周旋八百里，其山八重四面如一，中有洞天，号金庭宫，即王子晋之所处也。景云中，作桐柏观，高居群峰之上，俯临千仞之余，连山峨峨，四野皆碧，茂树郁郁，四时恒青。大岩之前，横岭之上，双峰如阙。中天开，长涧南泻，诸泉合漱。一道瀑布，百丈洒流，望之雪霏，听之风起。石梁翠屏可倚，琪树珠条可攀。仙花仙草，春秋互发。清鸟清猿，东西合响。信足赏也。"[①]

杂说以元陶宗仪的《委羽山》为著："吾乡之黄岩，诸山脉络相连，属大江越州治北。自州出南门，陆行四五里许，有委羽山，特立不倚，形如落舞凤，故得名。然州人与之争夕者，俱弗自知其为胜。山旁广而中深，青树翠蔓，荫翳葱郁，幽泉琮琤，若鸣佩环于修竹间，千变万态，不可状其略。

---

① （清雍正）《悦心集》。

中藏洞穴，仙家所谓空明洞天者是也。好游之士，尝持炬入行两日不可穷，闻橹声乃出。洞之侧产方石，周正光泽，五色错杂，虽加琢磨，殆不是过。大者三四分，小者比米粒而小，以斧粉碎之，亦无不端方。见长老言，尝有素服靓妆，飘飘若仙之女者，当风清月白时，则逍遥乎松杉竹柏之下，或时变服叩里人门求水火。里人所居，去洞所不能百步，异其状，密觇之，迤逦从洞中去。里以为怪，粪其地。越数日，里人家夜失火，势张甚不可灭，室外宇一空，妻、子仅以身免，遂流离他处。识者以为厌秽仙境，故致此奇祸。自是仙女不复出矣。余幼时尚及见里人故址。至今有人欲得方石者，裹粮撮许，往洞口撒之，随意拾地上土，则有石在土中；不尔，绝无有也。"①陶宗仪（1312—1407 年），字九成，号南村，黄岩清阳（今属浙江路桥）人。活动于元末明初，为中国历史上著名的史学家、文学家。著有《辍耕录》三十卷、《书史会要》九卷、《说郛》一百卷、《南村诗集》四卷、《四书备遗》二卷，以及《古唐类苑》、《草莽私乘》、《游志续编》、《古刻丛钞》、《元氏掖庭记》、《金丹密语》、《沧浪棹歌》、《国风尊经》、《淳化帖考》等。

　　题疏有元袁桷的《修桐柏观疏》："福地七十二所之最，允属金庭。台山万八千丈之高，实通丹阙。维王子乘云而税驾，至仙翁礼斗而建坛。谷神阐灵，山君集异。瀑水千寻而横练，松花五叶以垂珠。兴公之赋，曲尽其瑰奇。择木之碑，悉书其远始。眷兹宝殿，乃开元皇帝之经营。考彼漆书，肇司马山人之展布。岁月屡经于代谢，风霜曷任其枝梧。羽人停鹤以兴嗟，客子控骖而问故。巍峨道祖，必资蝼濊以导迎。缥缈虚皇，宜假靓渊而崇奉。计匠讵涉旬之可集，商财非积万以莫能。琼台何昔日之易成，玉局盖一时之神化。匪资柱石，曷济津梁。鼹鼠饮河，愿早贷清溪之水。精卫填海，当有怜白首之心。烟霞改观以翱翔，草木怀新而鼓舞。祝崇万寿，道赞重玄。"②袁桷（1267—1327 年），字伯长，庆元（今浙江宁波）人。元大德元年（1297 年），被荐举担任翰林国史院检阅官。历翰林直学士、知制诰、同修国史，累官侍讲学士。朝廷制册，勋臣碑铭，多出其手。卒赠中书省参知政事，追封陈留郡公，谥文清。著有《清容居士集》。

　　辞赋有清卢廷干的《委羽山赋》：

　　"以瑶草琪花琴声鹤影为韵。

---

①　（元）陶宗仪：《辍耕录》卷 7。
②　（元）袁桷：《清容居士集》卷 40。

　　伊会稽之东部，多名山之嵒峣。天台标奇而迹著，雁宕耸翠以名标，惟龟兹之蕞尔，亦胜慨之高超。秀夺昆仑，时有灵氛拂拂；肩随王屋，频来道气飘飘。轩帝藏八会之书，穴封云气；段翁炼千年之汞，石化琼瑶。若夫岚气空蒙，灵泉浩淼；薰风引至园中，修竹成丛。清露滴来岭上，老梅抱合；碧桃万树枝头，丹火谁烧；红杏千林，径里遗芒孰扫。灵禽满谷，啼出清音；瑞鹿盈山，衔来芝草。他如空时之洞，境地幽奇，入焉以讨，曲折透迤。通员峤于呼吸，云根隐见；近蓬莱咫尺，海气迷离。思折屐之游，豪情孰继；闻橹声而返，奇事无几。洞口石床，竞说贮经之迹；山前瑞井，争传济世之资。折葛寻来，不见遗丹在灶；披荆步去，何曾有树名琪。

　　尔其六子祠空，止有轻杉掩映；二徐废宅，徒留萑苇参差。厮独收芩，雨濯异香馥郁；采芝种术，风吹瑞色周遮。缕缕炉烟，看山曳茶烹柏子；荧荧灶火，知村人饼熟松花。访樵隐之故居，已封苔藓；望云中之古屋，久没烟霞。则有玉京仙子，结愿遥深，酣搜奇趣，净豁尘禁。宛委山前，曾读鸟虫之字；桃源洞口，久闻冰玉之音。既越水而向山，云堆芒履；遂依岩而附壑，径出松阴。金碧荧煌，映野花于远岫；风烟缭绕，接乔木于平林。漾曲水之新流，光分皓月；振大铺之逸响，韵协清琴。

　　于是游人麇至，骚客闲行，春光澹荡，秋色轻盈。乘夏风于长日，踏冬雪之初晴，莫不命俦啸侣。挈榼携罍，浅酌深斟，酒泛中山之酿；挥毫泼墨，诗成掷地之声。拾方石于山巅，群称神物；采丹砂于岩窦，拟学长生。迩乃逸兴翩翩，冲襟绰绰。指白云而飞去，一瞬沧桑；招赤鲤以归来，千年城郭。到此名利都尽，惟寻断碣荒碑；何妨岁月频催，且听疏钟冷铎。长徜徉于福地，我欲骖鸾；探消息于仙家，君看饲鹤。歌曰：

　　　　俱依之山幽且静，空明千载称仙境。

　　　　自从片羽没蒿芜，琼编零落无人整。

　　　　芷珠宫下客重来，仙都依旧霞光炳。

　　　　好从洞口读黄庭，夜夜风摇橡烛影。"

　　卢廷干，字运治，号枬林，生卒年代不详，清黄岩（今浙江黄岩）人。诸生，工文善诗。

　　撰著方面，道士所著或好道者涉及道教内容的著作可考者有：

　　《羽庭集》六卷，元刘仁本撰。《四库全书总目》称其："文清隽绝俗，意境超然。"刘仁本（？—1367 年），字德元，号羽庭，黄岩（今浙江黄岩）人。元末进士乙科，工书，善属文，好道。历官温州路总管，江浙行省左右司郎中。元至正十四年（1354年），方国珍统辖台温，应聘为幕僚，辅助方国珍创立基业。至正二十八年（1368年），死于朱元璋鞭笞。著有《海道漕运记》等。

《羽庭诗稿》四卷，元刘仁本撰，朱右为序。

《陇上白云稿》，元临海林茂潜撰，贝琼为序。

《委羽古樵隐者传》，明朱右著，见《风雅遗闻》。朱右（1314—1376年），字伯贤，临海（今浙江临海）人。元至正年间（1341—1368年），曾历官慈溪教谕、萧山主簿、江浙行省照磨、左右司都事等职。明洪武三年（1370年），与文学士贝琼、朱廉、王彝、张孟兼、高逊志、李懋、李汶、张宣、张简、杜寅、殷弼、俞寅、赵埙等同被召为纂修官。洪武六年（1373年），授翰林编修，旋迁晋府右长史。洪武九年（1376年）卒于官。著有《书集传发挥》十卷、《禹贡凡例》一卷、《深衣考》一卷、《三史钩元》若干卷、《历代统纪要览》一卷、《元史补遗》十二卷、《李邺侯传》二卷、《邾子世家》一卷、《性理本原》三卷、《白云稿》十二卷等行世。

《道德经注》，明黄岩委羽山大有宫道士陈岳著。

《醉醒子》，明王佺著。王佺，号玉田，生卒年代不详，太平（今浙江温岭）松门人。自幼瞽目，于天台山华顶遇道士授以禄命之法，声动江湖，年八十余而终。

《空明子摘稿》，明黄岩委羽山大有宫道士应士芳著。

《方脉指要》，明王良明著。王良明，生卒年代不详，临海（今浙江临海）人。少好道，尝于天台山天姥寺遇"白衣仙致书，寻化为鹤，医道遂通神"[①]。

《大有山房集》，明张应魁撰。张应魁，号星衡，黄岩（今浙江黄岩）人。以明经授姚江训导，累官宁化知县，好道。

《委羽山文聚》，清赵岸编。赵岸，字翼商，黄岩（今浙江黄岩）人。庠生，好道，生平事迹不详。

《悟真篇注》，清陈栖霞撰。陈栖霞，字太朴，原名朴生，号阳真，临海（今浙江临海）人。

《青紫秘书》五卷，青华真人撰，清黄潜订正。黄潜序云："余往适霞城，经紫阳之故居，登其桥，未尝不低徊久之。及道百步过紫阳仙化处，绀

①　（明）传灯：《天台山方外志》卷7。

宫苍树，危峦深溪，灵气髣髴存焉。读其所为《悟真篇》、《金丹四百字》，则又茫然以思，寻其绪不可得。后购一卷传王邦叔者，读之乃知紫阳之积虚累素其致功有由也。顾其书自署《青华秘文》意者，紫阳之学得之青华，而青华履籍不可考；而著述亦寂无闻，则亦辽渺置之。宿生多幸，游迹所经于子陵台下，得阅所传鹤臞子觉书五卷。其思湛然，以清旷然，以虚窅然。深以密其为文，理至而法随，义显而意潜，灵矫万变而不可以方物，而其为道则又一空。群言独标真谛，与太虚同其体，与造物同其用。其于金丹之事，愈元远而愈得其指归。然后知紫阳之书，固尝师其说而为言，而是书又以订紫阳之说而恢之弥。广者也！岁在辛巳，殚三月之功，合二书而订正之，命曰《青紫秘书》。珍诸衍笥以资绅绎，先青华而后紫阳者，论其世也。今年秋，又质赀而寿之，坚木以贻同志。盖深虑是书无传，而青紫之苦心，于是乎晦也！行将携是编于云水之外，访青紫而问之，当必有相视而笑者。而余之素心，亦从可见矣。道光甲申嘉平月，叱石道人识。"黄濬（1779—?），字睿人，号壶舟，又号叱石道人、古樵道人，回素老人，太平（今浙江温岭）人。清道光二年（1822 年）进士，历官江西平乡、彭泽知县等职。道光十八年（1838 年）因事谪戍乌鲁木齐，在疆七年，曾督修巴里坤城。著有《壶舟诗存》行世。

《归真要旨》三卷，清黄岩委羽山大有宫道士陈复朴撰。

《樊川记》一卷，清郭肇昌编。是编凡二十四首，学使张鹏翮为序。郭肇昌，清黄岩（今浙江黄岩）人。好道，生平事迹不详。

《乾坤指掌图》，清临海道士李香山编。

《悟真新解》，清金鹰扬著。金鹰扬，字君选，一字叔骥，号西溪，生卒年代不详，黄岩（今浙江黄岩）人。以恩贡就职教谕，天资英敏，博极众书。另有《参易发凡》、《广五经算术》、《作室解》行世。

《金丹正伪篇》，清王凝阳撰。王凝阳，黄岩（今浙江黄岩）人，生平事迹不详。民国宋慈抱《两浙著述考》谓："光绪《台州府志》云：是书凡六章，首言修德行仁，次及炼精、运气，斥房帏之经术，阐铅贡之真机。末附搬运诸法，盖借此以收放心，非道要也。有自序及金鹰扬等叙。"

《悟真篇注》，清潘祖望撰。潘祖望，字昌阳，生卒年代不详，天台（今浙江天台）人。

诗词方面，作品主要有两方面。一是道士们的热心创作，二是好道者和文人的作品。

道士诗人以张雨、滕斌和郑守仁等为代表。

张雨现存诗词五十余首，多为唱和赠答、咏物、闲情清愁、生活情景以及即兴之作。如《范以善云林清远馆》："华阳范监居幽眇，不到元窗未易逢。山气半为湖外雨，松声遥答岭头钟。常闻神女骑龙过，亦有仙人控鹤从。安用乘流三万里，小天元在积金峰。"又《以顶山栗寄倪元镇》："近从常熟尝新栗，黄玉穰分紫壳开。果园坊中无买处，顶山寺里为求来。囊分稍比来禽帖，酒熟深倾醮甲杯。为奉云林三百颗，绝胜酸橘寄书回。"又《兰花》："能白更能黄，无人亦自芳；才心原不大，容得许多香。"又《天池石壁为钱雅赋》："尝读《枕中记》，华山阒中吴。神泉发其颠，青壁缭其隅。春风四山来，群绿互纷扶。羽觞曲折行，浮花与之俱。採芝搴薜荔，洗玉弄芙蕖。聱叟颇好名，石窪作鱼湖。鸿乙志草堂，挑烟遂成图。而此涤烦矶，阅世如桴蒲。发兴云林子，盥手与我摹。居然缩地法，挈入壶公壶"。又《夕佳楼》："西山朝爽气，南山夕气佳。朝爽人共忻，夕佳吾所怀。山僧阅世久，结庐深避乖。蕙楼将对峙，菌阁亦双排。维南列崇阜，不受烟岚霾。我亦迟暮人，心迹倦鸟偕。兹焉寄高躅，庶与静者谐。"又《题墨兰赠别于一山之京师》："三月愁送客，春寒雨如霰。冥冥返塞鸿，悄悄栖梁燕。扬帆五十日，蓬莱望中见。欲持《猗兰操》，一奏南薰殿。"等等。其诗文清绝流丽，名家竞相赞之。明姚绶评其诗文曰："诗宗杜（甫），惟肖古选，类大历间诸子；文学韩（愈），而冷语类汉。"[①] 元杨维桢在《西湖竹枝集》中谓其诗作"俊逸清赡，侪辈鲜及，有如'丹光出林'云云。不目之为仙才，不可也"。元松云道人徐良夫序其诗曰："贞居以儒者抽簪入道，自钱塘来句曲，负逸才英气，以诗著名，格调清丽，句语新奇，可谓诗家之杰出者也。当是时，以诗文名世者，若赵松雪、虞道园、范德机、杨仲弘诸君子，以英伟之姿，凌跨一代，谐鸣于馆阁之上，而流风余韵，播诸丘壑之间。贞居以豪迈之气，超然自得，独唱于丘壑之间，而清声雅调，闻诸馆阁之上。"[②]

滕斌有诗数十首，主题都是写隐逸之乐，写景咏物之作。如《感寓》："西风桂花落，我上天台山。仙子扶我手，冷然苍水环。乘鸾者谁子？飞烟渺难攀。三坐此游戏，弄影银河湾。空山忽风瀑，四顾鸣潺湲。长揖马子微，此岂非人间。"又《元日对雨》："冷云卷雨宿岩阿，又见东风长薜萝。

---

① （明）姚绶：《句曲外史小传》。

② （元）张雨：《句曲外史集·徐达左序》。

宇宙千年光霁少，关河百占乱离多。钱心不入利名冷，绿鬓堪供岁月梭。试笔寻诗诗未稳，梅花树下少婆娑。"又《题金精山》："天风吹送玉鸾回，洞口桃花几度开。何物痴儿不知量，敢将俗念浼仙台。"又《紫芝道院》："西风短褐吹黄埃，何不随我游蓬莱。狂歌醉舞下山去，后夜月明骑鹤来。"隋树森《全元散曲》称："其谈笑笔墨，为人传诵，宝爱不替。其谢徐承旨有云：'贾谊方肆于文才，诸老或忌其少；阮生稍宽于礼法，众人已谓之狂。'"

郑守仁工诗，现存十一首，多为抒怀的世情诗等。如《和句曲张外史韵寄上清薛外史》："明月照寒水，清霜积厚冰。知君多念我，为客独依僧。湖海十年梦，诗书半夜灯。忽闻江国雁，写寄剡溪藤。"又如《和刘遵道金宪韵题开玄道院呈王真人》："龟溪溪上开玄馆，玉灵仙人别洞天。金碧楼台深翠里，画图城郭淡烟边。桃花春画霞千树，暖日东风锦一川。人在归根亭上燕，香飘外国幕林泉。"又如《登桑乾岭迎达礼部》："晓发桑乾岭，行行路入云。众山皆在下，惟我独超群。驿骑天边出，杨花树杪分。老僧邀茗供，坐石共论文。"又如《上京怀张外史》："两冬为客住龙沙，长忆西湖处士家。昨夜不知身万里，短窗明月梦梅花。"再如《和吴大宗师九日迎驾龙虎台韵》："深秋黄道翠华开，辇路清光被草莱。一地行宫成玉陛，九天明月照金台。班趋文武红云合，乐奏箫韶彩凤来。至正明仁希历代，词臣历乐颂太平回。"（见《玉山雅集》）

好道者和文人们的作品种类繁多，主要有与道士交往及游宫观的、有咏物言怀的，还有人生感悟，等等。如：

赵凤仪的《桐柏观》："桐柏千年境，穿云试一登。冷烟生绝壑，古木挂寒藤。丹诀夫人授，琼楼过客凭。紫芝歌一曲，煮石夜敲冰。"赵凤仪，字瑞卿，号怡斋，生卒年代不详，汴（今河南开封）人。元至治中（1321—1323年），为台州路总管。累官至京畿都漕运使，有文名。

杨维桢的《玉京洞》："上界由来足宫府，玉京移得在人间。赤城飞动霞当户，银汉下垂星满坛。响石忽闻人语答，凤笙时逐鹤声还。宰官喜在神仙窟，何必更寻勾漏丹。"杨维桢（1296—1370年），字廉夫，号铁崖、东维子，会稽（今浙江绍兴）人。元泰定四年（1327年）进士，初授天台县尹，历杭州四务提举，建德路总管推官，后隐居江湖。其诗文清秀隽逸，别具一格，多以史事及神话传说为题材。著有《东维子文集》、《铁崖先生古乐府》等。

别罗沙的《桐柏》："骑马出城邑，扪萝陟云关。绝顶眺落影，峻岭多险艰。天风起木末，杂佩声珊珊。羽人忽何来？见之清心颜。山高风露冷，迥若超尘寰。飞流挂长虹，疑落银汉间。琼台倚双阙，琪树手可攀。冥搜兴未尽，夕照忽在山。长啸下山去，明月逐我还。"别罗沙，号桂林，生卒年代不详，蒙古族人。元至正年间（1341—1368 年）天台达鲁花赤，擅于诗。

高耕的《葛仙潭》："落木山磴高，冲雨出云背。雨来山浮湛，雨过山破碎。麻姑正相望，玉笋拔天翠。太初浩无邻，而此万象最。洞烟郁无声，入座洞云避。神仙窍灵聪，通此天地气。摩挲太古石，吾生岂无寄。神仙彼何人？亦肯于我闵。"高耕，字志伊，生卒年代不详，临海（今浙江临海）人。元代诗人，有大名声。晚年自号天逸，著有《帚金集》。

潘士骥的《委羽山寻仙》："控鹤者谁卵金刀，五云何处风飘飘。相传修翻遗仙椒，太古片云吹不消。一点空明境非境，方石无言洞门静。玉京望断不归来，斜阳满地琪花影。"潘士骥，生卒年代不详，元黄岩（今浙江黄岩）澄江人。

应梦虎的《委羽洞》："乘闲得得到仙家，古洞寒云带晚霞。一自灵禽遗羽翰，千年方石出泥沙。碧桃花里眠青鹿，丹鼎烟中见白鸦。偶过黄冠话寥寂，始知尘外乐无涯。"应梦虎，号征士，生卒年代不详，元黄岩（今浙江黄岩）人。工文能诗，号"应梅魂"，著有《应征士稿》。

徐一夔的《桐柏》："吾乡之山动千数，独有桐柏凡山。孟冬之月日气薄，浩有老兴穷跻攀。峻岭盘回三百折，日晏始涉青霞关。芙蓉苍翠几千朵，四面周匝如城环。其中地势坦若掌，别是天上人间。飞楼涌堕殿灰垩，烟光霞气犹朱殿。长松夹道状磊砢，槲叶打帽声珊珊。欲寻石碑究年代，往往断砾遗荆菅。仙人道士出迎客，羽衣苍佩朱为颜。桑田沧海易变幻，坐阅大劫轻人寰。洞东云房尚突兀，扫榻延我忘疲艰。丹泉作酒麻作饭，殷勤饷客情非悭。忽惊风雨乱人耳，及是石濑流潺湲。夜深明月出东岭，半照窗户光斓灿。神清气爽不成寐，直欲轻举凌河汉。谁云琼关不可即，顾我已接神霄班。但愁俗骨不可换，天明又觅征途还。"徐一夔（1319—1398 年），字惟精，又字大章，号始丰，天台（今浙江天台）人。博学善属文，与宋濂、王祎、刘基等交好。明洪武三年（1370 年），诏撰《大明集礼》。历官杭州府学教授著有《始丰稿》、《杭州府志》、《艺圃搜奇》等。

王叔英的《委羽山》："仙子何年昇碧落，至今洞口拥晴云。束薪煮石无为侣，独倚空山到夕曛。"王叔英（？—1402 年），字原采，号静学，黄岩（今浙江黄岩）人。明洪武二十年（1387 年）荐为仙居训导，改德安教授，迁汉阳知县。建文时（1399—1402年），召为翰林修撰。曾上《资治八策》以鉴国事，死于"建文逊国"之难。诗文由于遭禁毁，流失很多。成化八年（1472年）谢世修首刻《静学文集》，仅存序、记二体共三十篇。以后历朝不断增补复刻，最后为三卷。

徐宗实的《空明洞》："洞口多灵草，山高并赤霞。仙游终不返，日夕噪群鸦。"徐宗实（1344—1405年），号静斋，黄岩（今浙江黄岩）人。少时与弟徐宗茂师从永嘉史伯浚，人称"东瓯后二徐"。明洪武十五年（1382年）应荐入朝，授司风纪官，再授铜陵（今属安徽）主簿，迁苏州通判。建文二年（1400年），升兵部右侍郎。永乐四年（1404年）卒，著有《静斋集》。

揭轨的《桐柏观》："玉台窈窕上丹梯，珠馆玲珑入翠微。野客笼鹅云里去，仙人骑鹤月中归。春来瑶草如云碧，雪后黄精似玉肥。此去天台应有路，桃花乱点紫霞衣。"揭轨，字孟同，生卒年代不详，临川人（今江西临川）。明初著名诗人，洪武初以明经举任清河（今河北清河）主簿，后迁升清河知县，有政绩。后辞官归里，收徒授业。著有《清河集》留世。

戚存心的《空明洞》："空明古洞生紫烟，中有真人年复年。丹成一旦控鹤去，修翎委落兹山巅。我来欲问烧丹诀，故向云中歌数阕。身世浮名总不知，乾坤自与人间别。"戚存心，字友菊，生卒年代不详，临海严屿（今属椒江）人。明洪武二十七年（1394年）进士，永乐二年（1404年）任左侍郎，五年（1407年）除工部营缮司主事，历北京太仆寺卿兼苑马寺卿。

吕震的《司马悔桥》："仙源妨与共，故遣尺书临。素愿悲芳草，清风逗竹林。马头方欲勒，渡口却难寻。寄语天台客，放山须更深。"吕震，字克声，生卒年代不详，临潼（今陕西临潼）人。以乡举人太学，累官太子太保兼礼部尚书。

谢铎的《天台山》："天台山，高不极，山中去天不咫尺。台星下射扶桑赤，羽旗飚爽招不得，至今传者神仙宅。君不见周当盛时出甫申，峻极者岳能降神。天台山，高不极，作镇东南比天脊，屹立乾坤自开辟。"谢铎（1435—1510年），字鸣治，号方石。太平（今浙江温岭）人。明天顺八年（1464年）进士，历官翰林院庶吉士、编修、侍讲，终南京国子祭酒。著有《桃溪净稿》、《伊洛渊源续录》、《尊乡录》等。

陈晦光的《题紫阳化身处》："先生羽化已多年，喜见新祠傍水边。金鼎久封丹灶火，玉炉香起紫阳烟。鹤归华表春长在，云散西江月正圆。要识神仙原有术，不须长诵《悟真篇》。"紫阳化身处在临海大石百步岭。陈晦光，字德辉，号东山，生卒年代及里籍不详。明弘治年间（1488—1505年）举人，官福建长汀教谕。

黄绾的《空明洞天》："升仙何处遗空洞，碑载千秋谢少卿。鹤去青霄曾坠翮，神游丹阙尚吹笙。传闻周汉谁堪据，踪迹沧桑几变更。回首松间明月上，罡风犹下步虚声。"黄绾（1477—1551年），字宗贤，一作叔贤，号石龙，又号久庵，明黄岩洞黄（今属浙江温岭）人。少从谢铎学，后承祖荫官后军都督府都事。累官南京礼部右侍郎、礼部尚书兼翰林学士。著有《思古堂笔记》、《明道编》、《石龙集》等。

郑善夫的《天台杂诗》："赤城云闭玉真符，桐柏宫涵沧海珠。早晚移家葛洪井，琼台双阙是仙都。"郑善夫，字继之，号少谷，闽县（今福建福州）人。少负才名，精于易经、数学和历法。明弘治十八年（1505年）得中进士，历官户部广西司主事、礼部主事、员外郎，终吏部验封司。其多才艺，能书善画，以诗文成就最高，在文学上提倡复古，主张"文必秦汉"、"诗必盛唐"。《明史·文苑传》称："闽中诗文，自林鸿、高棅后，阅百余年，郑善夫继之。"

黄承忠的《舟过委羽》："澄江江上早潮平，独放扁舟绕郭行。东望沧溟三岛碧，南登委羽一峰青。丹书未识何年秘，古洞惟传今日名。醉后凭高思羽化，自惭犹未断尘情。"黄承忠，字伯已，号九野，生卒年代不详，明黄岩洞黄（今属浙江温岭）人。黄绾第五子，善书画，有诗名。

蔡宗尧的《桐柏宫》："琼台双阙自逶迤，石磴盘旋路欲迷。胜迹独留仙去后，灵山初到日斜时。峰回积翠龙归远，灶冷还丹鹤化迟。回首法宫深树里，星坛空对锁云涯。"蔡宗尧，字仲文，生卒年代不详，临海（今浙江临海）人。明嘉靖中（1522—1566年）举人，历官当涂知县。

王士性的《盖竹歌》："君不见宇内洞天三十六，玄都仙伯纷相逐。乾坤溟涬初判时，巨灵攫取私南服。玉京委羽不足奇，亦有盖竹台南岿。香炉峰高玄鹤舞，天门路狭罡风吹。洞天日月无终始，谁其治者商丘子。忽逢大块飞劫灰，谪向人间作仙史。乞得天孙云锦章，来时挟之下大荒。宝光不减俗缘浅，一入长安鬓已苍。黄金台下春风改，沧桑几变仙长在。五斗何烦役世尘，扁舟劫自还东海。乡里小儿夸锦衣，谁为我贵知者稀。胡麻可饭水可饮，白云洞里迟君归。我闻此洞多素书，葛洪谓是神仙居。他年若返云中驾，七夕相招幸待余。"王士性（1547—1598年），字恒叔，号太初，临海（今浙江临海）人。明万历五年（1577年）进士，初授确山知县。历任礼科给事中、广西参议、河南提学、山东参政、右佥都御史，终南京鸿胪寺正卿。其生平好旅行，足迹几遍全国，被誉为中国人文地理学的开山鼻祖。著有《五岳游草》、《广游志》、《广志绎》及《玉峄集》等行世。

方暟的《桐柏山》："兹地开惟晋，名山冠自台。池涵三界净，塔拥万峰开。御履藏珠室，金莲涌梵台。无劳望仙驾，紫气便东来。"方暟，明隐逸诗人，生平事迹不详。

陈明复的《东柯谷》："天台山里东柯谷，风景依稀似武林。花气晓蒸桃坞日，茶烟清煮石桥冰。仙房琼馆居深处，翠壁丹梯接上层。尽日寻幽穷胜绝，灵芝珠草露华凝。"陈明复，明隐逸诗人，生平事迹不详。

王明汲的《桐柏》："新秋露湿晓风轻，桐柏宫前岭树平。千载曾闻元鹤去，九峰犹有白云生。琼台双阙留仙踪，瑶草琪花绝俗情。幸遇飞凫东道主，好从缑岭学吹笙。"王明汲，生卒年代及里籍不详。明嘉靖中（1628—1644年）赣州通判，嘉靖十六年（1643年）死于张献忠破城。

陈函辉的《游桐柏宫》："仙官此地有遗宫，古木荒烟草一丛。丹灶古床容易到，白云天路若为通。人归莫问山头鹤，响落应惊涧底虹。欲过琼台寻旧识，吹笙半在月明中。"陈函辉（1590—1646年），原名炜，字木叔，号小寒山子，明临海（今浙江临海）人。明崇祯七年（1634年）进士，初补靖江县令，清顺治二年（1645年）六月，南京失守，时鲁王朱以海居台州，函辉劝其监国，并侍监国至绍兴，任少詹事兼侍读学士，后进东阁大学士兼礼、兵二部尚书。次年，鲁王兵败，函辉返台州，哭入临海云峰山中，赋绝命词十首，自缢身死。著有《小寒山集》、《寒香集》、《腐史》、《九寒十青诗集》等。

柯夏卿的《羽山醉中口占》："仙不求名自得名，偶遗一翩若山精。琪花开作黄花路，方石闲随方竹生。洞口云呼樵共牧，涧边水送筑和笙。囊萸拟踏疏林月，却怪谯钟又放声。"柯夏卿（1610—1681年），号玉砚，黄岩（今浙江黄岩）横街人。明崇祯十年（1637年）进士，历刑部主事、兵部职方郎中、天津兵备道参政。明亡后，与临海陈函辉、东阳张国维、鄞县张煌言等，在台州奉表请鲁王朱以海监国，任佥都御史。晚年以诗酒自娱，工于书画。著有《忍冬轩集》十卷、《娱老詹言》八卷、《涉古日钞》、《自得轩格言》各一卷。

颜允珏的《福圣观故址》："天台一观已成墟，桥度丹霞感慨余。飞瀑依然悬碧落，何从重访紫霄居？"颜允珏，生卒年代不详，明宁波慈溪（今浙江慈溪）人。善诗文，有《覆酱集》行世。

戴献唐的《清风祠》："绿树深扃不掩扉，云为香火雾为衣。天台赢得多芝草，还与先生荐蕨薇。"戴献唐，字伯言，生卒年代不详，明临海（今浙江临海）人。长于诗，著有《蕉雨轩集》。

彦迈的《赤城》："紫芝瑶草问春葩，台岳南门景未遐。古塔凌云妃子迹，层岩削玉羽人家。泉飞峭壁疑寒雨，天引孤筇放晚霞。徐市不还勾漏远，何如到此觅丹砂。"彦迈，字公于，号拙崖，生卒年代不详，明宁波慈溪（今浙江慈溪）人。著有《皆舫集》。

诸葛義的《桃源洞》："一径入溪口，仙源窅难穷。层崖削千仞，芳樾郁菁葱。昔闻采芝人，忽与仙姝逢。粲粲彼姝子，翩翩冰雪容。眷言托真契，乘鸾戏烟空。灵境一以闭，山花犹自红。步屧访遗事，涧香吹药丛。流憩至日夕，永怀尘外踪。"诸葛義，字基画，号沪水，生卒年代不详，明晋江（今福建晋江）人。天启四年（1624 年）举人，崇祯元年（1628 年）得中进士，授户部四川司主事，历官浙江参议，转山东副使。著有《化石居新旧稿》、《笔诹目录》、《游台记》、《临庚草》、《度支条议》、《诗文集》等。

张元声的《谒夷齐石像》："首阳饥饿子，此地拜精英。在昔薇堪采，于今石似生。千年人已去，百世义谁撑。日夕寒风起，犹闻叩马声。"张元声，字汝韵，号九复，别号幽溪散人，生卒年代不详，天台（今浙江天台）人。明末拔贡生，清顺治二年（1645 年）明鲁王赐举人，授刑部主事。有《度予亭草》等行世。

洪若皋的《桃源洞》："遥遥仙子洞门关，斩去苍藤万仞山。不使刘郎轻再面，金桥何处戏云鬟。"洪若皋，字叔叙，一字虞邻，生卒年代不详，临海（今浙江临海）人。清顺治十二年（1655 年）进士，初授户部主事，累官福建按察司佥事。后隐居，性嗜学，三十年间手不停披。著有《南沙文集》、《四库总目》、《临海县志》、《乐府源流》、《昭明文选越裁》等行世。

仇兆鳌的《清风祠》："陵谷推迁桐柏宫，西山二字委蒿蓬。丹云岑寂寒云里，古像飘摇细雨中。四面空怜环翠嶂，一椽谁与葺清风？梭溪日夕滔滔去，鹤怨猿惊怅未穷。"仇兆鳌（1638—1717 年），字沧柱，晚号知几子、章溪老叟，人称甬上先生，或称仇少宰，鄞县（今宁波鄞州）人。清康熙二十四年（1685 年）进士，初选庶吉士，授编修。历官翰林院检讨、侍讲学士、侍读学士、内阁学士、礼部侍郎、吏部侍郎、翰林院学士等职。少从黄宗羲游，论学宗刘宗周。著有《参同契集注》、《四书说约》、《杜诗评注》等。

张联元的《司马悔山》:"石髓金浆性所耽,暂从桐柏到晨岚。王乔控鹤嗟相隔,叔夜登朝谢不堪。肯为安轮意众妙,还将捷径笑终南。怡情直待还山日,一枕松风梦更酣。"张联元,字觉庵,生卒年代不详,湖北钟祥人。清康熙五十一年(1712年)起任台州知府,编纂有《天台山全志》。司马悔山,在天台县白鹤天宫,相传道士司马承祯应唐皇召入京,至此而悔,故名。为道书第六十福地。

许君徵的《登金庭》:"登金庭兮山崔巍,长松落落兮覆青苔。拂白石兮独坐,听流泉兮岩之隈。风冷冷兮入袂,云澹澹兮飞来。鸟和鸣兮自乐,花含笑兮争开。弹清琴兮数阕,孤鹤当空兮而徘徊。怀子微兮步瑶阙,招子晋兮登仙台。呼葛洪兮问丹诀,拉浮丘兮遨蓬莱。餐流霞兮吸沆瀣,披云霞兮履琼瑰。视六合兮若咫,渺沧海兮如杯。驭虹龙兮遍九天而遐揽,更千秋万祀兮神光荧荧而弗衰。"许君徵(1630—1706年),号云怡,天台(今浙江天台)人。清康熙中(1662—1706年)诗人,著有《松鳞斋文集》、《枫林杂咏》、《云怡诗话》等。

张铣的《刘阮行》:"刘阮采芝入山谷,山路萦回曲复曲。水尽旋看山色口,山穷又见洞水绿。行行山路无穷尽,烟雾茫茫笼洞口。但听哀猿绕树鸣,无数鸟声幽谷里。忽然玉碗泛胡麻,相惊深处有人家。溯流直至深山处,洞口灼灼灿桃花。云际楼台若图画,珠帘掩映清泉挂。鸂鶒孔雀锦鸡鸣,琪花瑶草何光怪?二女云霞珮陆离,笑谓郎君来何迟?入室锦屏云母列,红蕖碧杜香风吹。吁嗟仙境难久寓,悠悠人世须臾度。思家惆怅别溪头,水声呜咽朝复暮。玉书欲寄无鹤传,明月苍苔夜夜悬。至今洞口花长在,那见双姝戏水边!"张铣,字泽友,生卒年代不详,天台(今浙江天台)人。清康熙年间(1662—1722年)进士,有诗名。

胡云客的《访桃源洞》:"三月桃源路,夭桃始放花。虚闻采灵药,不见饭胡麻。一水乘新涨,千峰映落霞。还疑云雾里,仿佛有仙家。"胡云客,生卒年代不详,德清(今浙江德清)人。清康熙中(1662—1722年)举人,曾官台州府学教授,能诗。

潘耒的《桐柏宫》:"我读《坐忘论》,十年怀子微。如何桐柏路,不见采鸾飞。月浸丹泉冷,云埋药草肥。金庭萧索甚,清泪湿天衣。"潘耒(1646—1708年),字次耕,号稼堂,吴江(今江苏吴江)人。师事顾炎武,涉猎经史及历算声韵之学。清康熙年间(1662—1722年)举博学鸿词,授翰林检讨。曾参与纂修《明史》,有《遂初堂集》行于世。

齐召南的《葛玄》："仙公职司太极左，芝盖霓旌森旗口。华顶长留茶圃云，赤城犹炽丹炉火。当年朝斗拜金坛，老君下赍从仙官。自从冲举跨龙去，山中猿鹤吟风寒。愿随仙公游，襟怀一高旷。图佩五岳形，翱翔九天上。"《司马承祯》："仕宦有捷径，神仙无欲尘。高隐金庭上，悔作应诏人。泥丸童子声振玉，广成数言帝三复。拂衣迳自归天台，身在赤城名丹台。谢女求师泛海回，桂堂时见黄云来。洗心诗，坐忘论，堪嗤十友居口垒。只有谪仙解赋鹏，惜哉骑鲸为酒困。"《张伯端》："紫阳传金丹，神超形亦妙。返本观乾坤，近取得二曜。玄牝凝天真，大药非物料。道成参如来，两鉴同一照。潜见历劫尘，长存并海峤。南宗分派公所辟，从《契论》中解《周易》。云在山，月在天，寄语人人皆可仙，惟清惟静形神全。未会《道德》五千字，请诵《悟真》九九篇。"齐召南（1703—1768 年），字次风，号琼台，天台人。清乾隆元年（1736 年）举博学鸿词，授检讨，累官礼部右侍郎。其善诗文，工书法，尤精史地。曾参与纂修《大清一统志》，并参与纂修经史考证，分撰《礼记注疏考证》、《前汉书考证》等书。著有《水道提纲》、《历代帝王年表》、《宝纶堂文钞》和《琼台集》等。

袁枚的《委羽山》："道书第二洞，云是委羽山。及予冒雨往，其小如弹丸。朱子曾读书，地或以人传。道人献丹石，状若骰子然。铁色精且坚，足抵青琅轩。想见井公博，钛钳铮鸣金盘。我将携此具，招同玉女看。"袁枚（1716—1797 年），字子才，号简斋，晚年自号苍山居士，钱塘（今浙江杭州）人。清乾隆四年（1739 年）进士，初授翰林院庶吉士，历官江宁、上元等地知县。三十三岁时因父亲亡故，而辞官养母，遂于江宁筑"随园"以居。自此一生从事诗文著述，与赵翼、蒋士铨世称"乾隆三大家"，为当时诗坛所宗。

邓禹锡的《登赤城》："何年造化辟名山，仙府南门在此间。峭壁数重如玉立，晴峦一口似城环。岩中丹鼎知难觅，天半朱霞尚易攀。更赏虚檐随洞设，何由吟啸老云关。"邓禹锡，字若刘，生卒年代不详，清临川（今江西临川）人。善诗，有文名。

戚学标的《游委羽山集杜》："福地语真传，频游任履穿。喜无多屋宇，难见此山川。雨洗平沙净，岩排古树圆。方期拾瑶草，桂馆或求仙。"戚学标（1742—1824 年），字翰芳，号鹤泉，太平（今浙江温岭）泽国人。清乾隆三十年（1765 年）拔贡，四十六年（1781 年）得中进士。初任河南涉县知县，一度兼理林县，后因得罪学使鲍某罢官。嘉庆十八年（1813 年），出为宁波府学教授，历任杭州紫阳、崇文诸书院讲席。著有《汉学谐声》二十四卷、《毛诗证读》五卷、《读诗或问》一卷、《诗声辨定阴阳谱》四卷以及《四书偶谈》、嘉庆《太平县志》、《台州外书》、《三台诗录》等。

宋世荦的《皇华阁》："仙人昔飞升，天风吹落帽。至今两两峰，争学接䍦倒。我先脱巾来，免惹仙人笑。"皇华阁在临海巾山南山殿之后，民国项士元《巾子山志》云："奉皇华大仙像，相传皇华仙人堕遗巾帻于此。"宋世荦（1765—1821年），字卤勋，临海（今浙江临海）人。清乾隆五十三年（1788年）举人，咸安宫教习。著有《仪礼古今文疏证》二卷、《周礼故书疏证》六卷、《确山骈体文》四卷、《红杏轩诗抄》十六卷和续一卷，以及《兰行纪程》、《扶风杂咏》、《沣川诗征》各若干卷。又著有《诂经文字古义通释》、《台郡识小录》、《十六铜爵书屋金石文》、《愚得笔记》、《台诗三录》等。

潘观藻的《三元宫》："江汉归来客，蓬瀛访道人。风花娱醉眼，水月证前身。剡曲迟安道，江湖老季真。上清怜谪侣，行矣慎风尘。"潘观藻，字湘门，生卒年代及里籍不详。翰林出身，清道光十九年（1839年）至二十一年（1841年）为台州知府。三元宫在临海巾子山玉辉堂之东。据邑人陈懋森《台州记遗》载："道光时（1821—1850年），潘观藻郡守以学政降谪是邦，不数年因事解组，至此扶鸾，适吕祖降坛，示诗一章。"此即为潘观藻和韵之作。

蒋超的《巾山怀古》："华胥洞里白云堆，不见仙人下玉台。岩畔石床今尚在，松间鸾鹤去无回。灵江夜月双双漾，萧寺晨钟一一催。独上巾山春日好，题诗犹冀大贤来。"蒋超，字蕙友，生卒年代不详，清临海人。诸生，著有《蕙友诗集》。

黄育的《重登南山斗阁题壁》："策杖寻幽叩太清，天风吹下步虚声。断云双塔空中出，落日长江槛外明。几见青坛朝上帝，何人碧海掣长鲸。天狼阁上时回首，不尽狂澜感慨生。"黄育，字明星，生卒年代不详，清临海人。有《漱玉集》行世。

沈维哲的《皇华亭》："皇华亭下有真人，缥缈无从去问津。只有白云封古洞，好花和药报初春。"据清《临海古迹志稿》："皇华亭在城南山金鸡岩上。"沈维哲，号梦鹏，生卒年代不详，清临海人。能诗，著有《梦鹏斋诗抄》。

沈乙然的《金鸡岩》："金鸡岩上访仙踪，翠竹苍松重复重。剩有白云自来去，皇华古洞隐双峰"。沈乙然，生平事迹不详。

赵嵩望的《华胥洞》："仙人自古石为家，洞口松楸锁落霞。丹井石床千载事，至今胜迹说皇华。"华胥洞在临海巾子山上。清葛咏裳《辋囊丛稿》云："余居巾子山麓，山上有华胥洞，中有石床，相传为皇华真人葛公玄炼丹处，即抱朴子之叔祖，《洪志》称葛洪，误也。"赵嵩望，晚清、民国临海人。生平事迹不详，有《琴鹤草堂诗抄》。

周辉的《巾子山仙人桥咏葛孝先》："仙人桥畔卧犀泉，百叠芙蓉好洞天。炼性偶居灵鹫顶，成功犹忆赤乌年。婆娑故里怀勾曲，辗转丹经付稚川。极目青云双帻耸，登真毕竟有家传。"据民国项士元《巾子山志》载：仙人桥"在南山望江楼之前，吴葛孝先遗迹在焉。一说为皇华大仙故迹。清同治六年（1867年），蒋汉招、胡孟章、蒋营洛、方乘钊、周旭旦□□为树石碣。"周辉，生平事迹不详。

书画方面，以元代道士张惟一、卢益修、张雨和张彦辅等为最著。

张惟一以画墨兰和盆梅著称于时，袁桷有《次韵张秋泉盆梅》诗三首以赞：如"万里南来带白云，低徊犹作自由身。孤根□雪疑无伴，冷药餐霞别有春。颇忆西湖频入梦，不烦东井与生神。相看岁晚真清绝，疑是瑶台第一人"。又如"深明阁裹江南树，老鹤翘翎似病身。纸屋藏云团白雪，丹台朝日补青春。苍苔有恨悲山鬼，翠袖无言倚洛神。回首空林归未得，凄凉相对独关人"。再如"华顶空余万叠云，独将清影伴吟声。虬枝欲抉窗前月，驿信能通塞外春。底用施铅邻越女，从教剪水恣波神。碧虚仙客清无奈，留作新诗故恼人"。

卢益修以善画水仙、山水和花鸟闻名，特别是水仙与山水，为时人所重。元代大画家柯九思有《题卢益修画水仙花》诗："媛琼柔翠晓慵妆，香损鸳鸯瓦上霜。帝子愁多春梦远，佩摇明月近潇湘"。元郑元祐也有《题卢益修白描水仙花》诗："卢生吮笔写三香，海上仙人欲取将。宫阙凝酥春雪霁，好留屏曲写孤芳"。袁桷不但为其所画《桐柏山图》作《桐柏山赋》，又赋诗八首：如"双阙高蹲仙境分，深留绝顶独耕耘。鸡啼流水村非远，犬吠隔溪人始闻。翠蔓满林俱上药，黄云封户总回文。层霄笙鹤须臾见，不用谈空李少君"。如"王子乘鸾八极周，参差吹彻此淹留。猴山未信双辂远，沧海端如一羽浮。碑耸蛟螭擎雨露，赋铿金石阅春秋。莫言刘阮归无迹，政与寒岩二子游"。又如"远瞰神山接海潮，群峰匝匝翠周遭。漆书旧字开苍藓，金鼎寒光暎碧桃。瀑溅花香疑过雨，风回松吹似惊涛。昔年曾说王灵宝，冷笑人间有二毛"。再如"雷起平田过雨腥，居民犹说老龙灵。泉流洞口凝钟乳，月落松间照茯苓。琴罢忽惊人换世，丹成深劝客延龄。仙翁久作朝元客，赢得瑶坛满鹤翎"，等等。

张雨绘画，用笔古雅，善用败笔点缀石木人物，颇有逸韵。设色以淡彩见长，比前人更加灵活清新。主要作品有《霜柯秀石图》、《双峰含翠图》、《张伯雨山水并题》、《张贞居洵阳归兴图并题卷》、《句曲外史临吴道子观音立像》、《张伯雨寒林图》等，可谓山水、人物兼擅。明张丑《清和书画舫》云："张伯雨临吴道子观音立像，尤为品外之奇。"张雨的书法俊雅，水平更高。存世书迹有《跋金应桂书帖》、《山居即事诗帖》、《台仙阁记行书卷》、《登南峰诗》、《自书诗五十五首》、《万岁通天帖小楷题跋》、《杂诗卷》、华祖立《玄门十子图卷》题跋等。《题画二诗卷》是他行草书的代表作，遒媚多姿，清虚雅逸，有晋、唐遗意。明姚绶称其"饮醋伸纸作大草，尤妙；小楷变率更（欧阳询）家数，世称二绝"[1]。

张彦辅精绘画，学米法画山水，兼工画马，名重一时。所画山水，竹石幽禽，瘦劲幽峭，不在赵（孟𫖯）、管（道升）下。而其拂郎马图，自出新意，不受羁绁，超轶之势，见于毫楮间。元顺帝时（1333 年）待诏上方，为宫廷作壁画。高丽作家李齐贤有诗赞之："白云青山张道士，晚出便欲夸精工；万壑千峰在咫尺，难得眼力子细穷。忽惊森罗移我侧，安得变化游其中？濯足清足弄明月，振衣绝顶凌苍穹。"其在天台山修道时曾作有《天台桃源图》。诗人陈旅有《题天台桃源图》诗相赠："天台一溪绿周遭，溪南溪北都种桃。东风吹花开复落，游人不来春水高。钱塘道士张彦辅，画图送得刘郎去。昨夜神鹊海上来，洞里胡麻欲成树。"

音乐方面，据有关记载，道教音乐十分丰富：有赞美"三清"、神仙的颂歌；有表现神仙应召而来的飘拂飞翔之声；有表现镇煞邪趋恶魔的庄严威武的曲调；有表现众神仙抵达仙界或功成庆祝的喜庆欢乐之乐；还有表现引上仙界的缥缈恬静的曲调等。北魏神瑞二年（415 年），著名道士寇谦之撰《老君音诵诫经》，制定了乐章诵戒新法，这是道教音乐最早的书面记载。作为道士用音乐伴奏诵经的科仪，当时所用的"八胤乐"即为后世之"步虚声"奠定了基础。唐代时，玄宗皇帝不但令道士、大臣进献道曲，还亲自在宫廷内设道场教道士"步虚声韵"。"步虚声韵"是道士朝真礼斗、赞咏上

---

① （明）姚绶：《句曲外史小传》。

帝、行道啸唱的玉洞乐章。它包括乐曲与唱词两个部分。乐曲颂扬虚空神灵仙境缥缈之美，唱词歌咏众仙万圣玄妙之德。到了北宋，则产生了道教音乐的曲谱集《玉音法事》，其中共记录从唐代传至宋代的道教音乐曲谱五十首，这是目前能见到的最早一本道教音乐的声乐曲谱集。南宋开始，道教音乐在民间广泛流传。元代以后，随着道教分为全真和正一两大流派，道教音乐也分为"全真正韵"和"正一科韵"，成为道士们早、午、晚三朝诵经以及做各种法事使用的音乐。明代的道教音乐，有了新的发展，进入了定型时期。清初叶梦珠所辑《阅世编》卷九，谓道教法事"引商刻羽，合乐笙歌，竟同优戏"，充分说明了道教音乐的艺术水平。

台州的道教音乐始于何时无考，但可以肯定的是也经历了与全国各地道教音乐同样的发展过程。由于历史的变迁，台州所遗留下来的关于道教音乐的资料已寥寥无几，仅见的是有关临海斗会音乐的零星记载。斗会是专门朝礼斗姆和斗的组织，开始是纯道教的，后来逐渐发展到民间道俗合一。斗姆，也称斗姥，为北斗众星之母。道经中称斗姆"统领群伦，接引众生，超离诸苦"。醮礼斗姆，代陈忏词，可降福灭灾，功德无量。"礼斗"即"拜斗"，斗是斗姆之子，也是星名，有南斗、北斗、东斗、西斗和中斗等的区别。中国古代一向有星宿崇拜，人为南斗注生，北斗落死，人的生死寿夭由南斗六司和北斗七政所掌握。礼斗就是通过礼拜主管生死寿夭的北斗或南斗，以冀偏长生延寿、健康平安。据民国时期临海项士元的《慈园音乐琐谈》：临海"复有斗会，亦谐丝竹吹唱。斗会有东、南、西、北、中五组，每组不下十余人……斗会者专为病家拜斗姆求寿，能唱'洞仙歌'、'懒画眉'、'叨叨令'诸调。岑斋《杭俗遗风》谓顺星礼斗，九调十三腔皆备，与此正同。今耆旧调零，五斗亦均星散，存者不及二十人。许寿桃善吹箫，去岁已返道山；今赵韵丹、赵云泉、王枚臣于丝弦词调亦均擅长"。临海有东、南、西、北、中五个斗宫。清朱湛林《临海古迹志稿》载，南斗宫建于明万历十三年（1585 年）；北斗宫建于清康熙十二年（1673 年）；中斗宫建于清乾隆四十四年（1779 年）；西斗宫建于清道光十二年（1832 年）；东斗宫清时建。清嘉庆二十一年（1816 年），时任台州知府的洪其绅作有《重建巾山斗阁记》云：临海中斗宫因"崇奉斗姆之神而建之也……今年春，以其余创仃云社"。按"仃云"之意，一是喻歌声之高亢优美。如明陈所闻《双调新水令·齐王孙孟暗仲暗寿予西湖》套曲："羡的是坡仙载月游，喜的是苏小仃云唱"。明夏完淳《端午赋》："吴姬抗腕而御桡，越女仃云而振响。"二是琴名，清谭嗣同善作琴铭，其友黎壬生有良琴名"仃云"请他作铭，他欣然命笔："欲雨不雨风飔然，秋痕吹入鸳鸯弦，矫首转弄心涓涓，同声念我，愿我高骞。我马驯兮，我车完坚。汗漫入表周九天。以琴留君，请为君先。"清临海汪度有《募修巾山斗阁疏》谓："巾子山之阳有斗阁，盖乾隆中同社诸绅耆所建，以奉北斗神君之所也……又阁之西为仃云社及守阁道流之居"。可见，"仃云社"亦系与道教有关联之音乐组合。

戏曲方面，元明清时期，台州的道教戏曲活动相当的活跃。特别是元代全真道传入台州后，由于其教义是"识心见性、除情去欲、忍耻含垢、苦己利人"①。因此，当时的全真道士们充分利用戏曲手段，即元北方杂剧中的"神仙道化剧"来宣扬和传播全真教教义。杂剧的内容主要有两大类，度脱点化故事和孝道孝行故事。度脱点化故事有马致远的《王祖师三度马丹阳》、《马丹阳三度任风子》，郑廷玉的《风月七真堂》，以及与道教思想有关的剧目数十余种。孝道孝行故事如王实甫的《孝父母明达卖子》，屈子敬的《孟宗哭竹》，乔吉甫的《贤孝妇》，等等。演出的形式分为两种，一是由宋杂剧直接承袭而来的院本；二是在宋杂剧基础上吸收北方曲调与说唱形式演变而成的杂剧。演出的地点，主要在宫观和神庙中的露台或舞亭、舞楼。而其他派别的道士则利用目连戏和南戏中的一些剧目来娱人或娱神，如目连戏，内容有《破地狱》、《破血湖》等。又如南戏，主要为高腔和白莲的道士戏、醒感戏、孟姜戏与乱弹，内容有《目连救母》、《忠孝节义篇》、《叹亡灵》、《酒色财气》、《十空》、《十英雄》、《蔡状元造洛阳桥》、《黄氏女修行》、《梁武君王喜看经》、《太子骑》、《逝女觞》、《撼城觞》、《断缘觞》、《忏逆觞》、《毛头觞》、《草集觞》、《溺水觞》、《精忠觞》、《狐狸觞》、《写牌》、《五方》、《白神》、《送夜头》、《勾魂》、《化大牌》、《天师》等。道士戏一般在民间设坛念忏做"超亡"或"延生"活动时演出，醒感戏主要是在道教科仪"庆忏鸿楼大会"期间演出，孟姜戏则是在道教科仪"洪楼炼度"中演出，而乱弹多在"迎神赛会"时演出。道士戏在台州主要流行于温黄平原一带，特别是在今路桥很是盛行。其中《目连救母》这段故事戏，通常与《过奈河桥》、《黄氏女与林定邦》等节目同时先后献演。《目连叹》取自《目连救母》故事中"挑经上天"一节，演唱时道士身穿道袍，执扫帚划地开路，边唱边表演入地狱情景。虽然醒感戏出自于浙江永康，孟姜戏出自于浙江上虞，但台州各

---

① （元）徐琰：《郝宗师道行录》。

地均有这种戏曲的演出。清钱箩峰有《绍兴新年竹枝词》："道士先生法事间，前来演唱庙堂前。开场绝妙高腔戏，煞尾居然好乱弹。"这首竹枝词虽是描写绍兴的，其实也是台州各地的真实写照，充分说明了道教戏曲的活跃程度。明清以降，开始在空旷之地搭台演出。如清光绪二十四年（1898 年），临海河头（今临海赤城路与回浦路之交叉路口）搭台演出《曹仙传》。邑庠生王吉寅观后叹曰："我观梨园固小道，若此一节，则虽戏耳，亦足以警权奸而维国法矣。因赋四言：'包者威名听亦寒，法行贵近总无宽。如言国戚堪私逭，盍把台中曹氏看。'"[①]

元明清时期，台州城乡各地民间宗教庙宇林立，诸如白鹤大帝、关帝、玄帝、龙王、文昌帝君、火神、山神、土地神、泰山神、城隍神、王灵官等神极受崇祀。虽然它们只是一种民间信仰，但是均利用神异、神灵和某些神秘的自然现象来进行活动，活动的内容主要也是诵道经和做道场为主。而庙宇中供奉的神祇，除了所谓的"主神"、"保界神"等以外，基本上都供有传统道教的神像。因此，这种我们今天所谓的民间宗教信仰在当时应该是传统道教的一种滥觞。而采取这种不断产生新神的方法，在于更容易为民间的百姓所接受。这些民间庙宇，除了日常的活动外，由住持道士和民间百姓执事等共同策划与主持的迎神赛会和酬神演剧极为兴盛。"迎神赛会"著名的有临海南山殿、黄岩东岳庙和岱石庙、太平（今温岭）泽国东岳庙，以及天台百祥庙等。临海南山殿的"迎神赛会"，据清光绪《临海县志稿》记载："每春出巡，神像必驻兴善门外米行街。出巡前数日，非独本邑城乡男妇沐浴斋素，奔走偕来，即宁海、天台、仙居各县帆樯云集，系缆于上津、中津二桥，两岸皆满，均赴庙顶礼之人，三百年来未稍衰歇"。清葛咏裳在《书米行街祀张睢阳事》中，也对此作了一番描述："岁春三月，神像出庙按行一次，仪仗赫奕，鼓吹喧阗，百戏竞陈，老幼妇孺逿护从，坊市街巷周历几遍。出兴善门至江下街，业米行者相率洁室奉之。朝夕供献如仪，演剧以致娱，必诚必敬，逾旬乃罢，像归于神庙。"民国项士元在《巾子山志》中亦有详尽的说辞："在昔承平之际，每值清明前后，举行巡赛，俗称'迎会'。仪仗甚盛，百戏杂呈。有锦制五兽及台阁、高跷、鼓亭与各种故事。一时观众如天台、仙居、黄岩、温岭各县士女相率云集，四乡与会者尤盛，有人山人海之象。邑人金一新《竹枝词》：'抬阁秋千巧样装，满城箫鼓响锒铛。迁

---

① （清）王吉寅：《王宾谷诗稿》。

延士女拈香者，不到南山到米行。'神像巡街后暂留米行街，演戏设醮，约旬日，始虔送回宫。"从以上的资料中可以看出，临海南山殿的"迎神赛会"活动，首先是神像出巡，以戏剧装扮的各种仪仗和戏剧杂技表演队伍紧随其后；其次是供献物品；再后是供馔献乐。清沈杏江《壬申三月台郡观神会》诗云："吾台神最灵，莫如张睢阳。生前忠于国，殁后封为王。血食在兹土，显圣甚昭彰。泛舟粟曾耀，避乱身独藏。邦人欲报德，赛会乐未央。诹吉驾乘舆，满城旃檀香。旌旗置路侧，车马盈道旁。若令排作队，讵止三里长。眼前诸景象，一一难具详。剪彩成猛兽，画鹢为轻航。高跷幼童踏，楼阁娇女翔。傀儡吹竽栗，木偶倒衣裳。更有陈百戏，巧伎善趋跄。嬉笑兼怒骂，廉耻几相忘。遂使亿万从，观者如堵墙。填街而塞巷，拥挤恶敢当。卜昼犹未足，卜夜不嫌忙。玻璃杂画绢，华灯炫眼光。珠龙自天降，鳞爪尽辉煌。兼之奏雅乐，弦管鸣铿锵。送神至岳庙，银烛放光芒。温帅来陪宴，珍错陈芬芳。妇女相罗拜，杂沓不成行。吁嗟为此举，糜费安可量。一日竭万贯，三日财更伤。岂知人心快，不惜倾囊囊。若非神所使，焉能举国狂。吾观古昔会，俱各有擅场。香山与洛社，其人皆老苍。楚汉鸿门宴，气象颇轩昂。不如孟津会，诸侯八百强。报赛乃细务，未可相颉颃。作诗以纪事，亦足志休祥。"

黄岩东岳庙的"迎神赛会"活动，从农历三月廿七日开始至廿八日结束。仪仗队、细吹乐队、大小无常、五方六鬼、温师大神像、穿红衣带枷"囚犯"、巡风队等上千人队伍自温庙列队出发，沿街游行。游至东岳庙跪拜后解散，信众当夜于东岳庙在住持道士的主持下为大帝诞辰护寿。黄岩岱石庙的"迎神赛会"活动始于明洪武十二年（1397年），时因住持道士求雨应验，朝廷下旨春秋两季致祭。每年古历三月三日和九月九日，均举行规模盛大的祭祀神会和祈梦活动。当是时"四方士女祈祷者，不远数百里而至"[①]。清王沛霖有《三月三日岱石庙观赛神》诗："风光何处不蹉跎，萍迹三生此地过。识面春山迎笑客，经年古柏阅人多。金貌烟重浮青霭，石洞云深锁绿萝。拟驾文螭凌巘顶，未知今夜梦如何"。王沛霖，生卒年代不详，清黄岩人。诸生，著有《乐坡园诗稿》。

太平（今温岭）泽国东岳庙的"迎神赛会"活动，在清戚学标《回头再想》卷二中，记述得很是详细。"以三月二十八日为神诞，村人间岁或数岁

---

① （清）《黄岩县志》。

奉神出游，谓之迎赛。先期，祠前演出，陈设百物，净街道坊巷，处处结彩棚欢门，备香案。拜香投罪者坌集，拜香者，一手柄香，一手持小儿，每三步，以首叩儿而拜。投罪者，若犯人自到官，银铛锁，或关三木，衣褚，两手反接，插背大书'重案犯一名某'。其愿充会中执事者，并先报，听派拨，不待招而至。会日，拜香者先行，次即数人负牌出，牌书'泰山青府、奉天出巡'既'肃静'、'回避'、'彰善瘅恶'字。次仪仗旗帜，有负弓弩者，腰箭者，执锐牌者，持灯棒者，竿上悬豹尾。其矛戟刀斧皆缀五色结，带铜铎，其旗皆画龙虎或云彩山河，有高三五丈，曰大纛。每旗数对，间之伞，其伞或重檐，或三檐，五色绚烂，风举日映。如是者数百人，作数队行，每队鸣锣者二人，杂击铙鼓，其声震耳。又有上下窄青衣，腓系铃，行则琅琅然，往来鞭趋于前后，曰'巡绰'，以禁人错行失列并嚣挤。过是有高跷，计不下百十辈，皆以足缚木行，能跳跃，长或二丈余，遇险仄，一人持竹前曳住，即坐人屋檐上，殆即古兰子技戏也，继闻钟鸣，则台阁至。其制木为方座，设栏楯，施缯采，一座二十人舁之，上下两层，用五六岁童子扮故事。如装《游月宫》，则结帛作口圈。天师在下，掷巾成桥，起半空，明皇跻其巅。装《雪拥兰关》，则下两童子，一为韩文公踏雪行，一持盖随后，扮湘子者，手执拂，倚立盖上。盖暗贯铁梗屈曲，令童子上坐，用绵裹缚之，外罩以衣或杂采，不使人见，故观者但觉其蹑空而立，有矛头渐米剑头坎之危。为惊心咋舌，而童子方恬然啖果子，或竟鼾鼾然作瞌睡翁也。凡会以是角胜，各堡务极技巧相夸示。台阁过，然后有地行故事，结束肖像。大抵小说故事，如云台二十八将，梅山七圣，水浒三十六天罡类。其扮神仙，则鹤衣羽扇，鱼鼓、或长剑系葫芦，若钟离权、张果、吕岩之属。又有扮仙女，五采珠衣，云袂飘举，若许飞琼，董双成，追侍于西山老母者。神鬼之属，则择身品魁伟者，金介胄，装门神；丑恶肥短者，绿袍象简，装判官；长身而瘦，披发弓眉，方肩，跣两足，持牌扇，装地方鬼；其余面涂青绿，戴面具金睛，饰以豹皮锦绣，装硬鬼；式双丫髻，着杂色半臂，围肚腰带，手铁叉，状貌狞恶，装牛头阿旁者，不可胜数。复有三十六行，自官府士商，农夫桑妇，以及市井僧道杂流，无不具。大率各衣本色服，如是者约有数百人。行数时许，始见投罪者陆续来，隐隐闻炮声，知神驾已起行。神是日服平天冠，二十四旒，青衮龙服，中单朱舄纯玉佩，一如古帝者仪，乘法驾，纱灯前导，旁遮宫扇，舁者数百人，四中贵夹侍左右，驾前侍从臣皆绛袍皂靴，方心曲领，随官品执笏。其跨马武臣，皆锦绣抹额，或兜鍪，身上或绵袄，或杂色小花衫，短后打，甲背子，皆跨剑足靴。一切带器仗军校及诸司祗应人，服饰不拘例。先神至者，为周、章二元帅，一面如熏枣，一纯赤色，系山东社神。一蓝面獠牙者，则本祠所祠东平王，世传为张睢阳也。仪仗旗帜，略如前所述，男妇皆伏地，已神至，先八人舁采亭，继数十人持禁牌，或介而引马，或骑而鼓吹。有绯衣行刑者数辈。凡数童子执幡，数童子捧盘，数童子提银炉，香气馥郁，乐部细奏，道旁敛息，寂不闻声。须臾骑士簇拥而前，万众俯身，不敢仰视。但见曲炳绣伞，飘扬空际，呵殿之声，震动林木，知为驾过矣。自侵晨至午，人海涌沸，填溢看场，北起新桥，南抵星浃，舟楫鳞次，新妆艳服，照映四泽，坠珥遗簪，往往而有。一日之费，几数千金，风俗浮靡，于斯为极。然太平胜事，亦古人所叹为难得也，因叙而记之"。

天台百祥庙的"迎神赛会"活动，俗称"迎花人"，又称"相人会"。活动十年一次，逢农历十月十二日进行。参加的人们盛装艳服，扮成三十六行各色人等；不参加装扮的男人，都要身背三盘铳。出巡之时，人们抬着神像，绕道数十里，历时三天，才能回归。期间，还要进行酬神演剧，时间为四至七天。整个仪式既热闹又隆重，深得当地百姓的欢迎。

又清陈梦雷《古今图书集成·神异典》卷四十八更记载这样一则趣事："中丞东桥顾公璘，正德间知台州府，有土地祠设夫人像。公曰：'土地岂有夫人'！命撤去之。郡人告曰：'府前庙神缺夫人，请移土地夫人配之'。公令卜于神，许，遂移夫人像入庙。时为语曰：'土地夫人嫁庙神，庙神欢喜土地嗔'。既期年，郡人曰：'夫人入配一年，当有子'。复卜于神，神许，遂设太子像"。台州民间各地以二月二日为土地生日，到时，"官府谒祭，吏胥奉香火者，各牲乐以献。村农亦家户壶浆，以祝神釐"。

事实上，这种频繁举行的"迎神赛会"活动，正是台州地区各地乃至全国多数地区民间宗教信仰的共同写照。

学者们认为，道教将其象征符号如星宿天象、日月五行等观念融入了傩仪之中，因之滋生了道教式傩仪和道教式傩戏。从以上台州临海、黄岩、太平（今温岭）、天台等地"迎神赛会"的内容和过程看，其符合了道教式傩仪和道教式傩戏的所有特征，实际上是一种从道教式傩仪和道教式傩戏演变而来的队行戏剧。这种戏剧强调"迎神"，并突出民间的娱乐性质。可见其本质意义在于以人表现鬼神，通过种种有效的艺术手段使"鬼"的灾害性转变为"神"的保护性，从而达到百姓们所期望的"平安"。

酬神演剧在台州各地的神庙中都非常盛行，基本上当时勾栏中的表演艺术全部搬到了神庙之中。演出的形式除戏剧外，尚有杂伎、武术等。演出的地点并不固定在一座戏台之上，有的在舞台进行，有的进行游行性演出。如临海南山殿张睢阳诞辰，"秋季张睢阳诞辰，自九月十二日至二十一日，演戏旬日，保内比户张灯，并于通衢每隔数十丈设立牌门，悬灯札彩，元宵灯火无此兴盛"①。清沈维哲《台人祀张睢阳年代事实考》有云："……栖神于江下米行，演戏为乐，十数日，备驾送回，岁以为常。"又如临海佑政庙，"向于端阳节演戏张灯。士女云集……戏台联云：'金赐柳桥，柳色欲迷歌扇绿；筵开榴月，榴花争映舞裙红'。"②又如临海忠佑庙，俗称厦门殿。"相传阴历三月初五日为神诞辰，届时演戏张灯，颇见热闹"③。再如玉环城隍庙，"二月二十二日为城隍神寿诞……庙中召优人演剧，市肆皆悬灯，四乡男女此往彼来，络绎如织，凡七日而罢"④。此外，台州各县酬神演戏的，尚有临海的元帅殿、马殿、五道庙、城隍庙、镇宁庙、东岳庙、玄坛庙、清河庙、药王庙、玄帝庙、崔王庙、东关庙、西关庙、后岭殿；黄岩的广济庙、城隍庙、灵顺庙、吕祖庙、财神庙、灵济庙、感应庙、火神庙、永宁庙、兴隆庙、护国庙；太平（今温岭）的城隍庙、宁海庙、西关庙、南沙庙、禹王庙、二塘；玉环的关帝庙、文昌庙、火德庙、东岳庙、天后庙；天台的城隍庙、平水庙、三井庙、苔溪庙、方侯庙、杏庄庙、明烈庙、元坛庙；仙居的瑞应侯庙、紫箨庙、三井庙、彭溪庙、灵康庙、赤城庙、韦羌庙、枕海庙、苍山庙、白岩庙、灵山庙、葛公庙等处。各庙均有固定或活动戏台，每逢神诞演出三至五夜。无神庙之处需"保平安"的，则临时扎台于路口进行演出。演出的剧种有杂剧、高腔、乱弹、徽戏和京剧等，戏班多来自于本地及邻近府县。

第三节　台州的道教遗迹

元明清时期，台州道教的遗迹多为摩崖石刻和碑记等，分布在临海、黄岩、天台等地。

---

① （民）国项士元：《巾子山志》。
② 同上。
③ 同上。
④ （清）光绪：《玉环厅志》卷4。

摩崖石刻主要有临海龙潭岗道教摩崖石刻、临海八仙岩道教摩崖石刻、临海巾山道教摩崖石刻、黄岩松岩山道教摩崖石刻和天台山摩崖石刻，等等。

临海龙潭岗道教摩崖石刻。在临海县东北一百二十里吴都庄东岭龙潭岗（今属三门）。石刻高330厘米，宽248厘米。额楷书"龙虎道士柯天乐雷坛"九字，横排。内容六行，行字不等，正书。"风云雷雨神司』法部官将吏兵』本山主者』延坛之神』城隍里社神司』江海潭洞龙神』"。款为"天历□年二月"等，另于岩右麓刻置。天历为元文宗年号，一共三年，即1328—1330年，可见此刻当刻于此时。清黄瑞《台州金石录》载："其置坛题记已漶不全，惟'天历□年二月'字尚隐隐可辨。考《通鉴纲目》，文宗于致和元年七月改元天历，此当为次年二月所题。则漶处或即二字也"。

临海八仙岩道教摩崖石刻。"玉液池"，在临海原八仙宫欢心阁（今郑广文纪念馆正厅后院）八仙岩石池岩壁上。字径高66厘米、宽24厘米，三字草书，直排。款"秋泉"，"秋泉"即元著名道士张惟一。可知摩崖乃为元时所刻，惜今已毁损。"漱石"，在八仙岩岩壁上，二字篆书，横排。"漱"字高13厘米、宽14厘米；"石"字高15厘米、宽18厘米。款为"复□书"。"漱石"一词来源于南朝宋刘义庆的《世说新语·排调》："孙子荆（楚）年少时欲隐，语王武子（济），当'枕石漱流'，误曰'漱石枕流。王曰：'流可枕，石可漱乎'？孙曰：'所以枕流，欲洗其耳；所以漱石，欲砺其齿'。""止境"，在"漱石"摩崖右1.8米，二字篆书，直排。"止"字高15厘米、宽18厘米；"境"字高15厘米、宽20厘米。款"江南弋侠"，亦篆书。"紫府"，在"止境"右1.1米。二字八分书，直排。"紫"字高22厘米、宽20厘米；"府"字高19厘米、宽20厘米。款"天台曹寿人"。曹寿人即曹抡选（1801—1871年），字德辉，天台人。诸生。工诗，善作行草、大小籀隶，尤喜书擘窠大字。游踪所至，即摩崖题刻。杭州飞来峰"息羽听经"摩崖和天台国清寺壁摹补的一笔鹅碑，为其书法之最著者。"福地"，二字行楷，直排，在"紫府"之背2.6米。"福"字高25厘米、宽28厘米；"地"字高22厘米、宽32厘米。款"乙丑秋萧然瞿善闻"。按瞿善闻，萧山人，生平不详。八仙宫，旧称"吕祖殿"，创建于清康熙中（1662—1722年）。道光年间（1821—1850年），临海士绅陈光中重建，以殿后岩石如"八仙"林立，而改名"八仙宫"。"福地"两字既在"八仙岩"之背，那么它的书写和镌刻的时间当晚于"紫府"的题镌。据此，款中的"乙丑"年，当为清同治四年

（1865 年）。"华池"，二字篆书，直排。在"福地"右 4 米，"华"字高 42 厘米、宽 25 厘米；"池"字高 38 厘米、宽 24 厘米。款"玉梅道人"。"华池"为养生术语，部位所指说法不一。一说为口，如《黄庭内景经·肺之章》务成子注："□为玉池，亦曰华池"。一说在舌下，如《黄庭内景经·中池章》务成子注："舌下为华池。"一说为丹田异名，《金丹大成·金丹问答》引紫清："华池正在气海内。"又指气功内丹术中的药物铅，即肾间动气。《龙虎还丹诀颂》谷神子注："华池者，铅"。"玉梅道人"生平不详，估计即八仙宫道士。

　　临海巾山道教摩崖石刻。"遗巾处"，位于巾山两峰的山阿间。摩崖字径 15（横）厘米×24（竖）厘米，三字草书。款识因风化严重，已无法辨认。据明王士性《台中山水可游者记》："巾子山一名帢帻，当城内巽维，云皇华仙人上升落帻于兹山也。两峰古木虬结，秀色可餐，各以浮图镇之。山腰窅处一穴为华胥洞，其趾有皇华丹井焉"。清《临海补志料》称："遗巾处三字在巾山两峰交界处，有石床并枕可卧，或云皇华仙人迹也。石上刻'遗巾处'三字，见秦锡淳《乾隆新志稿》"。此刻当为好事者为之，时代不明。"别有天"，在三元宫伏龙岩石壁，三字楷书，字径约 40 厘米。款"道光十八年（1838 年）春正月，督粮道台州守陈大溶书"。"别有天"意即别有天地，书者台州知府陈大溶，生平不详。仅知道光十年（1830 年）时，曾署福建汀州（治所在今福建长汀）知府。另道光十三年（1833 年）七月十五日，内阁抄出七月十三日内阁奉上谕："瑚松额等奏查明搜捕逆犯、追击粤匪、及审办出力之随营文武各员、开单垦请鼓励一摺，此次台湾剿办逆匪，在事文武各员，或承审逆犯，究出首伙姓名，不致漏网，或办理文案，安抚难民，或深入内山，擒获要犯，或随营差委，访查一切；该员弁等妥速办理，著有微劳，据瑚松额等择其尤为出力者据实保奏，自应量予恩施……候补知府陈大溶著遇有闽浙两省知府本班缺出，优先补用"。陈大溶任台州知府在道光十五年（1835 年），可见其在上谕下达后，即补台州之缺。"枕漱"，在三元宫伏龙岩石壁，二字行楷，字径约 60 厘米。款"咸丰丁巳（1857 年）仲春上巳，补用道署台州府事王清照题"。"枕漱"意同"漱石"，题者王清照，生平不详。"流水风花，羽驾蓬莱"，在三元宫伏龙岩石壁，大草。字径不清，款识也不详。"水流云平"，在三元宫伏龙岩石壁最高处，四字楷书，因岩高无法攀登，故款识不详，字径约 70 厘米。"维石"，在南山殿后。二字篆书，字径不明，款题"筱道人书"。

　　黄岩松岩山道教摩崖石刻。"轻举"，在松岩山法轮寺前路右侧岩上。摩崖字径 170（横）厘米×100（竖）厘米，二字行书，横排。右款为"康熙乙亥（1695 年）孟夏"，左款"蓬莱建维培书"。"轻举"意即飞升，据孙绰《天台山赋》："非夫遗世玩道，绝粒茹芝者，乌能轻举而宅之"。建维培，清蓬莱人，生平事迹不详。"乐性仙化处"，在松岩山莲尖坪东侧崖下。摩崖字径 220（横）厘米×66（竖）厘米，五字行书，横排。右款"同治二年（1863 年）"，左款"道女王圆娥旌"。王圆娥，清黄岩莲尖坪道姑，生卒年代不详，黄岩人。勒石者不详。"天峰胜境"，在松岩山莲尖坪天峰阁下崖壁上。字径 57（横）厘米×32（竖）厘米，四字楷书，横排。无款识，年代不明。"潮溪第一山"，在松岩山莲尖坪天峰阁下崖壁上。字径 80（竖）厘米×26（横）厘米，五字楷书，直排。无款识，年代亦不详。

　　天台山道教摩崖石刻大多已毁。"赤城霞"，在天台赤城山崖石上。字径志载二尺五寸，三字横排，正书。款为"万历癸巳（1593 年）冬至霞城于献□书"，献下一字高不可辨。

　　道教碑刻主要有黄岩的元《玄真道院之记》碑，临海的明《重修紫阳仙坛化身处碑》，天台的明《桐柏宫移祀夷齐像记》，临海的清《敕建道观碑文》和《盖竹山长耀宝光道院记》，黄岩的清《羽山大有亭题词》、《福寿宫碑》、《建造立业碑》，太平（今温岭）的清《道源洞碑》，等等。

　　元黄岩《玄真道院之记》碑，现存黄岩峰江白峰岙村玄真道院内。元承事郎台州路同知黄岩州事三山林兴祖撰，从仕郎庆元路昌国州判官里人盛象翁书，奉训大夫台州路黄岩州知州兼劝农事蓟丘李仕行篆额。碑高 188 厘米、宽 86 厘米，额篆书"玄真道院之记"六字，直书三行行二字，字径 15 厘米×10 厘米。题一行与额同，撰、书、篆额者姓氏三行。文直书十八行，行三十六字不等，唯"圣寿"二字高于各行。碑记云："前太守真定范公，为州之四年，钜室畏法，而小民以安群惬畏威，而良民以庆。乃曰：吾雪川为理，时尝除淫祠数百所。盖以导民以正，而绝其邪思。凡神能抑强起弱，殛邪佑正，皆宜祠否？则毁其象夷其居。繇是黄岩凡非宜祠，悉如范公令。州治南四十许里，其都则五十有五都，其地则曰：白枫岙岭，其麓有闲地一十步，有山一亩，香严寺故物也。曩民惑于淫神，僧惑于民言，以地界民立神祠，世所谓五通神。岂宜祠者哉？遂在毁夷令。呜呼！道在天地间，一而已矣，二之、三之，而三教鼎立曰玄曰真。道家所以为教视淫祠，为正都人，鲍君显祖服范公之义，丑淫祀之非，尚玄真之学，存正直之心，谋之香严僧，谓三教一家与其以地为淫神立祠，孰若以地为玄真立院，吾有水田三亩，愿以易前地。住僧子瑞、子璋、广泽等咸曰：可。田与地为赢，既易地复益，以山田归香严，地与山属玄真。玄真得地与山，而道院建矣。昔为五通神祠，今为玄真道院。释淫崇正，兴教道，民于治为有补，是不可无记。兴祖后范公而来，与公有同寅之好，仅兼旬焉。公去钜室玩法，而小民以无告，群恡肆威，而良民以暗哑。抚道院之遗基，嘉鲍君之服义，其慨慕愧作，盖有在玄真之外者矣。院有大殿、有山门、翼屋，凡一十有七间，周以垣墉通以履坦。真仪圣像、起敬起畏、钟鸣版动，善念油然，岂小补哉。足皆鲍君已赀所经营，而又捐水田三十亩，泊柴山一联，院前侨屋基园三所，造什器诸特，内为其徒相承持守之资，外为云水过从食息之奉。上以祝圣寿之万安，下以道民心于一正。略裕君者所谓良民正士欤。易地水田三亩在州五十四都，地字豪布袋丘，北为立质剂则，鲍君同都人谢邵翁，玄真道院则掌教天师真人所锡名。太守范公，名忠，今为福建转运同知。云泰定元年（1324 年）七月上日记"。

明临海《重修紫阳题诗碑记》，原在临海大石百步岭紫阳庵，今已不存。志载高八尺五寸，广三尺四寸。碑额篆书"重修紫阳题诗碑记"八字，径四寸五分，七绝一首，连题四行，诗前两行十二字，末行四字，款及年月四行，台州府推官长洲张滂立，隆庆元年（1571 年）五月。

明天台《桐柏宫移祀夷齐像记》碑，原在天台桐柏宫清圣祠，今已不存。志载碑高一尺五寸，广三尺六寸。行书，二十九行，行十四字，字径八分。末署隆庆六年（1576 年）五月，前进士番禺张廷臣撰。记云：

> 伯夷、叔齐，饿于首阳之下。夫子称曰："古之贤人也！"司马子长作传，文词闳达，学者汇能诵习，然思见夷齐而不可得。其祠祀于孤竹故墟，列郡罕闻。天台县旧有桐柏宫，凤擅神秀。余守台三年始至，崇山峻岭，苍翠环蠹，观宇就荒，其中门置二石像，后篆刻"伯夷、叔齐"，字甚古。询其由来，无知之者。考《赤城旧志》，载夷齐没为九天仆射，治天台山。宋绍兴间，建祠于兹，或其遗欤！嗟乎！名贤委地，土木神像，享丹臒之荣！瞻玩太息，徘徊移时不忍去。乃纵步庙侧，有厅，基宇轩敞，了无凤没，若有待者。及至县，以语方令惟一。令慨然曰："是诚不可已也！"遂卜吉庀工，略加修葺，移二贤像而崇祀之。庙貌有翼，气象惟新，虽清风高节，不视此为重轻；然表先贤，励来学，

实令事也。嗟乎！琼台、双阙，岩谷奇观，孝先、子微，栖息冲举，游桐柏者能道之；岂知夷齐芳躅，凛凛乎并高峻嶒，夐出羽化耶！昔记严陵祠云："廉顽立懦，大有功于名教"。顾夷齐为百世之师，奚但桐江垂纶已哉！镌记岁月，以诒诸后，或谅余心之不愧夷齐，当有闻风兴起者。

张廷臣，字元忠，生卒年代不详，昆山（今江苏昆山）人。明嘉靖八年（1529年）举人，隆庆三年（1569年）至五年（1571年）任台州知府。

清临海《敕建道观碑文》，原立于临海紫阳宫正殿墙后，现存临海博物馆东湖石刻碑林。碑高原载为一丈一尺六寸，宽二尺九寸。额题"道观碑文"四字，碑文行书，十二行，行四十六字，字径五厘米。碑文曰：

性命无二途，仙佛无二道。求长生而不知无生，执有身而不知无相法身，如以箭射空，力尽不堕，非无上至真之妙道也。佛祖云："外其身而身存"。岂非世尊无我而有我之旨乎？又云："观空亦空，空无所空。所空既无，无无亦无。无无既无，湛然常寂"。夫此湛然常寂，岂非常乐我净之妙谛乎？彼夫滞壳迷封，痴狂外走者，乌能测知万一万哉！

大慈圆通禅仙紫阳真人张平叔，著《悟真篇》发明金丹之要，自序以为是乃修生之术。黄老顺其所欲，渐次导之，至于无为，妙觉达磨六祖最上一乘之旨，则至妙至微，卒难了彻，故编为外集，形诸歌颂，俟根性猛利之士，因言而悟。于戏！若真人者，可谓佛仙一贯者矣。

紫阳生于台州，城中有紫阳楼，乃其故居。去郡城六十里有百步溪，传为紫阳化处。又尝焚修于桐柏崇道观。岁久，香火岑寂，特命发帑遣官，载加整葺。夫以真人灵源朗澈，决定无生，三界十方，随心转用，何有于蝉蜕之乡？更何有于尘栖之迹？特以联景仰高踪，表其宅里，俾学道之士，人人知此向上一路，千途同轨，非可强分区别，自生障碍，庶几真人救迷觉世之薪传不泯于后也。自紫阳楼迄百步溪、崇道观三处，各为殿堂门庑若干楹，并置田若干亩以资香火，有余，则以赡其后裔。雍正十二年二月经理告竣，爰志其缘起而刻诸石。

雍正十三年三月十八日御笔（盖"雍正御笔之宝"章）。

清黄岩《羽山大有亭题词》碑，现存黄岩委羽山大有宫大有洞洞口。志载碑高一尺七寸强，广二尺。额题俱无，碑文十七行，行二十字，末署吉南刘世宁题。内容如下：

昔董阏于为赵上郡，行石邑山中，洞深峭，如墙百仞。回问其左右曰："人尝有入此者乎？婴儿、痴聋、狂悖之人，尝有入此者乎？牛马犬彘，尝有人入此者乎"？皆曰："无有"。阏于太息曰："吾能治矣！使人畏法犹洞，则莫之敢犯"。余谓"阏于"当王道式微之日，自以私意穿凿而为治者耳"？若今日熙皞同风小大之狱凛遵一定之法，非可意为严峻矣！本境之有委羽山，距县南五里，悠然而与城拱揖。不假渔人之问津、康乐之开道也，高仅踰于邱陵，大稍轶于培塿，掉臂游行，移晷已陟其巅。无宿春聚粮之人，羊肠回驭之艰也。市火村烟、林霏鸟语、若远若近、出没不常、朝暮之间，变态万状。内河澄江、溉田润物、莫不带围虹绕，仿佛荡乎襟。视赵氏石邑，山涧奚啻迳庭、然道书位置，盖犹在天台、雁宕之右。而与王屋媲美。由是观之，山之灵异，在此不在彼。即为政者，亦可知平易近民，斯为善治。而阏于所见，当与节南山同类，而共戒之矣。

题词者刘世宁，字巨宇，别字轩斋，江西新鉴（今江西新干）人。清乾隆十年（1745年）进士，乾隆二十一年（1755年）至二十二年（1756年）任黄岩知县。

清临海《盖竹山长耀宝光道院记》碑，现存临海汛桥盖竹洞内。碑左上角已残缺，高181厘米，宽67厘米。碑文十六行，行四十六字，楷书。内容为：

台郡城南三十里，有盖竹山，土人呼为竹叶。有洞幽深，呼为仙人。自天门峰高插霄汉，十数里层峦叠嶂、蜿蜒翔舞、迥旋起伏，钟秀于是。中岑当深山之奥，迥隔尘寰，水口罗列群峰，所谓香炉作案者，高与天门颉颃；所谓丹凤楼者，其前岗峭』壁绣绮；所谓石室、石井、石臼、石几、石床、石砚者，形似俨然，在洞左右前后，是道书称第十九长耀宝光洞天，古商邱子所』治。旧传东汉时，有陈仲林与许道居、尹林子、赵叔道三人居山得道，吴葛孝先尝营精舍，至今有仙翁植茶园，及礼斗坛』故址。是以《抱朴子》言此地可合神丹，《名山记》言福地观坛各一所，有竹如盖，故以为名也。余忆数十年前，尝欲偕郡城士』友往游，或云空山奇秀，半属野田荒草，惜久无黄冠栖止，可待游人；每登巾帻，南望隔江，朗诵宋州守唐公与政、明鸿胪』王公太初歌诗二篇，低徊神往。今年春，全真道士袁阳月请余记其略，余虽病久，足不能逾户限，手不能操笔墨，以生平』所慨未游之名山近在同郡，忽闻有创置屋舍，率徒修炼，俾洞天胜景，千古常新，其有不心旷神怡，若身游其地乎哉!』语曰："地灵人杰"。名山之名，大半以仙也，而仙之得以为仙，实大半以山。全真能远寻古仙遗迹，则可谓人杰而地愈灵矣。』长耀宝光道书已先识之，遂口授其辞，勒石经传久远。』

　　时大清乾隆三十有一年丙戌天中节予告资政大夫礼部侍郎加一级天台息园齐召南撰。』

　　乙未春，余自雁荡适天台，过盖竹洞，见其山水之灵秀，岩谷之清幽。遂栖止焉。羽士安教辉，郑教林告余曰：洞有宗伯』齐公记，藏之七十年矣。历代师祖父蒋复乾、李本华、戴本原、马含明、徐含松，既皆未暇及此，衲等与师弟兄谢教赋，张』教培更为有志非遽，时同游友蒋生太和者，默识是篇，不遗只字，亦佳士也。余曰：作记七十年未及泐石，恨事也。息园』先生慨未游其地，而余息影于兹逾月，快事也。以快事释恨事，爰购石召工，以镌之，庶山之名，公之文同垂不朽云。』

　　道光十五年中和节后学戊子科举人黄岩朴臣牟正鹄敬跋并书。

清黄岩《福寿宫碑》，现存黄岩潮济岭下村福寿宫殿壁。碑高175厘米，宽94厘米，额四字，楷书横排，碑文"世传"二字一行，余九行，行四十三字不等，第四行缺二十一字，第五行斗字高一格。计开二字一行，助佃、银两、会友、撰书者计十三行，纪年一行。碑文内容：

　　世传元始天尊为道法之祖，自历代以来出而济世者惟斗母天尊为最著。盖此斗之精为璇玑之府，其枢机干运能解厄度灾。所以曜灵于天上，降福于人间。民之相依如慈母，然故有斗母天尊之称，非徒道家之所崇奉也。

　　昔吾乡范氏锡盘，于道光乙未（1835年）八月间，身染重疾，夜梦斗母天尊告之曰："尔之疾急，难以速瘳，若能回心向道，吾救护尔，庶可回天。"盘遂苏，于是虔诚斋戒，挽仝顾正臣、范锡朋、王克允、王克聪、陆培嵩、范典池、范典庭、范典球、范典琳、范典熙、范绪志等，轮值斗会，以每月廿七日斋期循次轮值。

各乡有祈福禳灾者，复以数银捐助，积贮有年，柰不数岁间，而范氏锡盘亡故，顾氏正臣亦相继而亡。犹幸范氏子典攀众会友子等力能继承不替，于道光乙巳年（1845 年）腊月，缔造斗宫五间，未及告成，而典攀又卒，志等及相与欷歔，概乐善之无成，思有基而勿坏，缘竭力难持，复仝杨氏益斌捐资若干两，又捐数银，鸠工构点恶彰施。由是殿宇巍峨，圣像赫曜，更置田数亩，以为香火之资，同勒贞珉，永垂不朽。

出其捐资数银，田亩开列于左。

计开（略）

贡生姜北山亦农拜撰

邑庠生赵诵驺敬书

大清同治肆年（1865 年）岁次旃蒙赤奋夷则　上澣　建造

清黄岩《建造立业碑》，现存黄岩委羽山大有宫方丈楼西外壁。碑高 146 厘米，宽 91 厘米。额五字正书，文十五行，行字不等。纪年一行，无撰者姓名。碑文内容：

嘉庆甲戌年（1814 年），建造大殿九间并横屋八间，护法增生王瑛丰、陈景明募化。道人陈本杲、章本旭、陶本根，道光九年（1829 年）募化大殿石地平。彭合照，十六年（1836 年）造雷祖殿，护法举人牟正鹄、增生王世卿募化。道人章本旭、蒋复瀛、周本海、张合照、林合炼、滕合存、王教文。

咸丰元年（1851 年）建造两横楼并凤翼楼二十三间。护法州同泮张，增生王世卿督建，王教文当家。蒋永仓九年（1859 年）领聚禄位会，并造禄位堂，周本海、王教文当家。林园机募化坡石板道地。林教云同治四年（1865 年）建凭虚亭。王教定同徒吴永桧及道众等，督建大殿天平、神厨瞒廊。王教定建山门三间，又督刊志书。王教文十年（1871 年）建造路口牌坊，分州池赓督建，凌园佐董事。

钦加知府衔、前署福建同安知县罗德润

监生许镇坤

钦尝蓝翎、前署黄岩左营游击徐朝庆

贡生王维龄

尽先教谕王葆初

廪生王维翰

钦加五品蓝翎、即补主簿王伟坤

布理问衔牟吉士

皆皇　诰职　花封

大清同治十三年（1874年）岁次甲戌　腊月谷旦

清太平《道源洞碑》，在今温岭新河镇长屿新堂中岗道峰山腰道源洞吕祖殿东侧岩壁上。碑高160厘米，宽96厘米，额题"道源洞碑"。内容为：

"邑东南行三十余里，曰塘溪缘溪，有三峰隆起者中岗山也。山之腰訇然有洞，两旁峻岩壁立，倚石成楼五楹。阶下凿石为池，宽二丈，长丈四尺，澈底清泓可鉴鬓发，久旱不涸，霖雨不溢。出入跨以木桥，左一小窍仅匍匐而入。有岩屹立地上高十数丈，泉点滴从岩隙流出，日资把取。下构三层楼凡三间，天光云彩一览而尽。面五龙山，有八仙朝拱之胜。其左旗山，如幡幢罗列。右曰道峰山，盖右尝有炼士于此得道者。而兹亦因道源名洞，无非取学道逢源之意。洞自古不名于世，自羽士林明江建斯楼而命之名，于是著屐登临日益众焉。羽士派出方岩羊角洞。光绪十五年（1889年）间过此，喜其幽僻，甃石庀材，构后洞以资修养。因游人麕至，不给憩息，乃复光绪廿五年（1899年）冬，拓前洞以应客，俾得静坐石洞证无功图升学不以守应纷其心，故其前后所建已虑千缗俱出自己赀不假，沿闲托钵希檀越之市施续……邑人林汤，字德铭撰。光绪二十七年（1901年）二月本洞开基羽士林明江立"。

此外，元明清时期的台州道教尚有一件著名的遗物，即黄岩大有宫所藏之镛。此镛原为北宋徽宗赐黄岩大有宫道士范镝的"上清玉像、剑、镛"三宝之一，后因大有宫兴废之际而流落民间。明洪武十二年（1379年）时，为黄岩县发现收为禁钟，藏于县库之中。正统八年（1443年），台州通判周旭监掌黄岩县事时，复还于大有宫。并刻文以志，文共七行，凡六十余字。嘉靖二十五年（1546年），黄岩知县林人纪因大有宫又废，遂迁镛于县儒学明伦堂，为声教之器。嘉靖三十一年（1552年），倭寇燹镛纽绝于火，因弃废多年。嘉靖四十四年（1565年），训导潘台以铁续纽，并续刻铭于镛。文五行，八十六字，复悬于县儒学明伦堂。刻文如下：

> 兹镛，乃』大宋颁赐大有宫，后因宫废沦没民间。』大明洪武已未（1379年），本县收为禁钟。』正统癸亥（1443年）七月十二日甲子，掌』县事本府通判周旭监，复』纳本宫。上祈』国泰民安□□□□。』嘉靖丙午（1546年），邑令林公人纪迁此镛于本学。迨壬子（1552年）纽』绝于火，弃废者累年。余始视篆，惜重器之敝，且无以』声教也。乃捐俸，命工设法以铁续钮，复悬于明伦堂。』左用振多士云。』嘉靖乙丑岁（1565年）正月吉旦，黄岩县儒学训导淮阴潘台记。』

清嘉庆二年（1797年），镛重回大有宫，现存于黄岩大有宫内。镛重约258斤，整体为椭圆柱状，顶平，上置柱状钮。通高93厘米，其中钮高27厘米。顶围120厘米，直径41厘米，横径36厘米。口围148厘米，口径53厘米，横径43厘米，厚2厘米。镛体上部表面分四区，每区各饰九乳钉，九乳钉分为三组，三乳钉一组，中间以30厘米×10厘米花边相隔。

第六章　上清派在台州

第一节　上清派简说

　　上清派，又称上清经箓派，因专门传播习炼《上清大洞真经》而得名。是中国道教的早期派别之一，由江东诸士族奉道世家而创立。

　　上清派奉"元始天王为最高神"[①]，以《上清大洞真经》为代表性经典。在修炼方面，着重个人精、气、神的修炼，通过炼神而达到炼形。"元始天王"，即"元始天尊"，又名"玉清元始天尊"。在"三清"之中位为最尊，也是道教的开天辟地之神。"元始天王"之名始出现于东晋葛洪的《元始上真众仙记》，记云："昔二仪未分，溟涬鸿蒙，未有成形。天地日月未具，状如鸡子，混沌玄黄。已有盘古真人，天地之精，自号元始天王，游乎其中。"书中又称："玄都玉京七宝山，在大罗之上，有上、中、下三宫。上宫是盘古真人元始天王，太元圣母所治。"南朝梁时，道士陶弘景作《真灵位业图》，将道教天神分为七阶，列"元始天王"为第一阶，应号"元始天尊"，称"玉清境元始天尊"。唐徐谦益《初学记》卷二十三引《太玄真一本际经》谓："无宗无上，而独能为万物之始，故名元始。运道一切为极尊，而常处二清，出诸天上，故称天尊。"明徐道《历代神仙通鉴》认为元始是最初的本源，位一切神仙之上，故称"天尊"。说："元者，本也。始者，初也，先天之气也。此气化为开辟世界之人，即为盘古；化为主持天界之祖；即为元始。"关于《上清大洞真经》的源流，陶弘景谓："始于晋哀帝兴宁二年（364 年）太岁甲子，紫虚元君上真司命南岳魏夫人（魏华存）下降，授弟子琅琊王司徒公府舍人杨某（即杨羲），使作隶字写出，以传护军长史句容许

---

① （东晋）葛洪：《元始上真众仙记》。

某（即许谧）并弟三息上计掾某某（即许翙）。二许又更起写，修行得道。"①
北宋张君房《云笈七签·道教经法传授部》之《上清源流经目注序》述之更
详："上清者，宫名也……宫有丹青金书玉字上皇宝经，皆玄古之道，自然
之章……汉孝平皇帝元始二年（2年）九月戊午，西城真人以《上清经》三
十一卷，于阳洛之山授清虚真人小有天王王褒。褒以晋成帝之时于汲郡修武
县授紫虚元君夫人魏华存。华存以咸和九年（334年）……去世之日以经付
其子道脱，又传杨先生羲。羲生殊分，通灵接真，乃晋简文皇帝之师也。杨
君师事南岳夫人，受《上清大洞真经》三十一卷"。据以上内容及其他有关
文字记载，可知《上清大洞真经》约形成于东晋兴宁二年（364年），系道士
杨羲托称魏夫人"降授"而造作。《上清大洞真经》一出现，便为当时的道
家所看重："若得《大洞真经》者，复不须金丹之道也，读之万过，毕便仙
也"②；"《大洞真经》读之万过便仙，此仙道之至经也"③。它的主要内容是
重存思及固精存神养气，所述"诵经思神"的道法是《黄庭经》的发展。称
人的身体各部位皆有神主宰，与天地诸神相通，存思自身之神，配以诵经、
念咒、叩齿、咽津、服饵等方术，可内保脏腑，外祛灾邪，修炼不懈，能飞
升成仙。南宋咸淳八年（1272年），上清派道士程公端在《上清大洞真经》
后序中所谓的"乃存心养性以事天，聚精会神而合道"，是对《上清大洞真
经》宗旨的最好概括。随着《上清大洞真经》的不断流传和陶弘景对此经的
极力宣扬，表明以符箓为主的天师道慢慢地转向炼养，有与丹鼎派相融合的
趋向。另一方面，则反映了民间道教转向士族道教发展的变化。因此而逐渐
形成了上清派。

　　上清派奉晋女道士魏华存为第一代太师，唐李渤的《真系传》记载其传
承过程依次为，魏华存传东晋道士杨羲为第二代玄师，杨羲传东晋护军长史
许谧为第三代真师，许谧传其弟许翙为第四代宗师，许翙传其子许黄民为第
五代宗师，许黄民传剡人马朗及堂弟马罕为第六代宗师，马朗、马罕传南朝
宋著名道士陆修静为第七代宗师，陆修静传其徒孙游岳为第八代宗师，孙游
岳则传陶弘景为第九代宗师。在上清派的这九代开创人物中，魏华存肩开派
之功，杨羲、许谧等负造经之实，陆修静整饬天师道，汇集道教经籍，总括

---

① （南朝）陶弘景：《真诰》卷19。
② （南朝）陶弘景：《真诰》卷5。
③ 同上。

于三洞。陶弘景收集遗经，作《真诰》，以说明上清派的源流，对上清派厥功至伟。而正因为陶弘景的阐扬，才开创了茅山宗。也就是茅山宗，使上清派进入了发展的新阶段。成为隋唐时期影响最大的道教派别。

上清派在台州各地的正式传播，始于南朝陶弘景。在此很久以前，据说魏华存也曾到过天台山。

魏华存（251—334年），字贤安，晋司徒魏舒之女，任城（今山东济宁）人。据唐颜真卿所撰《晋紫虚元君领上真司命南岳魏夫人坛碑铭》，其"天才卓异，元标幽拔，少读老庄三傅五经百子。无不该览，性乐神仙味真慕道，少服胡麻散茯苓丸，吐纳气液，摄生夷静……乃离隔室宇，斋于别寝，清修百日。忽有太极真人安度明，东华大神方诸青童扶桑碧河汤谷神王景林，真人小有仙清虚真人王衮来降，衮谓夫人曰：'闻子密纬真气，太帝君敕我授子神真之道'。青童曰：'清虚尔之师也'。度明曰：'子苦心求道，道今来矣'。景林曰：'虚皇鉴尔勤感太极，已注子于玉札，子其哉'。青童又曰：'子不受闻上道内法晨景玉经者，仙道无缘得成也'。后日当会阳洛山中，尔勤密之矣。王君乃命侍女开玉笈，出《太上宝文》、《八素隐身》、《大洞真经》、《高仙羽元》等书三十一卷，手授夫人焉。此皆王君昔遇南极夫人西城真人王方平于阳洛山所受之本经也，山中有洞台，是清虚之别宫。王君至是北向，祝誓于夫人曰：'太上三元、九皇高真、虚微八道、上清玉晨，衮为太帝所敕于魏华存。'"元道士刘大彬《茅山志》也称："此书昔授之西城总真君，今以付子，且语以存思指归行事口诀。"唐天台山道士王松年《仙苑编珠》谓："夫人字贤安，少多疾，清虚王真人告曰；夫学道先去病除疾，五藏充盈，肌泽髓满，耳目聪明，乃可修习。因授甘草丸方，按而服之，百痾悉愈。后得道为南岳上真司命紫虚元君也"。另据《太平广记·魏夫人传》记载，魏华存得授仙经三十一卷后，随之又从景林真人得《黄庭内景经》。诸真乃命玉女抚琴歌唱，一时仙乐缭绕。得经后，华存冥心斋静，潜心修道，道行与日俱增。晋成帝咸和九年（334年），诸真再授华存成药二剂，华存服之七日后抚剑化形而去。遂升仙为紫虚元君上真司命南岳夫人，亦称南真，治天台大霍山。著有《元始大洞玉经》三卷、《元始大洞玉经疏要十二义》一卷、《大洞玉经坛仪》一卷，及《总论》一卷等行于世。北宋元祐中（1086—1094年），加封为高元宸照紫虚元道元君。明传灯《天台山云外志》也有关于魏华存的记载，谓其"名华存，西王母降之授以《王清隐书》三十余，真名'歌阴歌阳歌之曲'。王母为之和，上元夫人亦答歌，王母及上元夫人及紫阳左仙公、太极仙伯、清虚王君乃携华存同去东南行，俱诣天台山洞宫玉宇之下。众真皆从王母升还龟台矣"。

陶弘景（456—536年），为南朝齐梁时著名道士、医药学家、炼丹家。其生于江东名门，幼有异操，年四五岁即好书，十岁读《神仙传》，有养生之志；十五岁作《寻山志》，慕隐逸之风。三十岁时，齐高帝引为诸王侍读，后拜左卫殿中将军。齐永明（483—493年）初，师事东阳道士孙游岳为师，受符图、经法、诰诀，嗣为上清派第九代。齐永明六年（488年），在茅山得杨羲、许谧手书真迹，遂遍游名山，寻访同药真经。永明十年（492年），辞去朝廷食禄，隐居句容句曲山（今江苏茅山），传上清大洞经箓，开道教茅山宗，成为上清派的实际创始人。梁武帝即位后，屡请不出。朝廷每有大事，常往咨询，时人称为"山中宰相"。陶弘景在游历天下名山时，曾于台州的天台赤城山、临海括苍山、盖竹山、玉环木榴山和宁海（今属宁波）的盖苍山等地炼丹传道多年。还于临海的灯坛山建"灯坛观"，用作在台州传播上清大洞法的基地。宋陈耆卿《嘉定赤城志》曾载云："尝居宁海阆风里，与张少霞炼丹，今铁场侧有东山，犹存庵址。尝梦神告曰：'山在后，海在前，金筒玉笈居两边，是中可以藏汝丹。'遂瘗丹焉。其后渔人每值月黑，望见火光烛林。绍兴初，邑人胡俊发地得瓷合，大小三重，内贮石紫赤色，如铁。有陆湜者取而藏之，居半载，有一道流至，号茅山人，与语大悦，留之宿，以丹示之，道流叹异。夜深，各就睡，比晓，人物俱亡矣。"陶弘景继承老庄哲理和葛洪的仙学思想，主张道、儒、释三教合流。以轮回转生和地狱的说法，代替了"承负"和东岳主人魂魄的传统说法，开创了道佛融合的先例。这种道佛双修的理论，奠定了以后几个朝代台州道教的理论基础。特别是唐、宋两朝继承和发扬了陶弘景所传播的道教教义，使台州成为具有独特教义的道教圣地。

第二节　司马承祯与天台桐柏派

上清派在台州自南朝陶弘景初传，四传至唐司马承祯及以后诸人，是为最鼎盛时期。主要代表人物即司马承祯，司马承祯的弟子李含光和再传弟子田虚应，田虚应的弟子冯惟良、陈寡言、徐灵府，冯惟良的弟子应夷节、叶藏质，陈寡言的弟子刘介，徐灵府的弟子左元泽，应夷节的弟子杜光庭，叶藏质的弟子闾丘方远等。

司马承祯（646—735年），生于唐太宗贞观二十年（646年），其出身门第很高，周晋州刺史、琅琊公裔玄孙。祖晟，仕隋为亲侍大都督，父仁最，唐襄、滑二州长史。承祯年少好学，但薄于仕途，致志道学，二十一岁时至嵩山为道士，从潘师正学符箓、辟谷、导引及服食之术。潘师正引为嫡传，对他说："我自陶隐君传上清之法，至汝四叶矣。"承祯道成，乃辞别师尊，遍游名山，后止天台山，隐居于玉霄峰修炼成仙之术，自号"天台白云子"或"白云道士"。圣历二年（699年），武则天闻司马承祯道高，召至京都，降手敕以赞美之，及将还，遣麟台监李峤饯之于洛桥之东。在京都期间，司马承祯还与当时朝中的达官和著名诗人多有交往，及至成为朋友。如考功员外郎宋之问，有《寄天台司马道士》诗："卧来生白发，览镜忽成丝。远愧餐霞子，童颜且自持。旧游惜疏旷，微尚日磷缁。不寄西山药，何由东海期？"又如特进同中书门下二品李峤，有《送司马先生》诗："蓬阁桃源两处分，人间海上不相闻。一朝琴里悲黄鹤，何日山头望白云。"又同中书门下平章事、燕国公张说，有《寄天台司马先生》诗："世上求真客，天台去不还。传闻有仙要，梦寐在兹山。朱阙青霞断，瑶堂紫月闲。何时柱飞鹤，笙吹接人间。"又检校吏部侍郎同中书门下平章事崔湜，有《寄天台司马先生》诗："闻有三玄客，祈仙九转成。人间白云返，天上赤龙迎。尚惜金芝晚，仍攀琪树荣。何年缑岭上，一谢络阳城。"又横阳主簿沈如筠，有《寄天台司马道士》诗"河洲花艳燧，庭树光彩倩。白云天台山，可思不可见"等等。景云二年（711年），唐睿宗征请司马承祯，令其兄司马承祎持其亲笔信函："皇帝敬问天台山司马炼师：惟彼天台，凌于地轴，与四明而蔽日，均八洞而藏云，珠阙玲珑，琪树璀璨，九芝含秀、八桂舒茅，赤城之域斯存，清溪之人攸处。司马炼师德超河上，道迈浮丘，高游碧落之庭，独步青云之境。朕初临宝位，久借徵猷，虽尧帝披图，翘心啮缺；轩皇御历，缔想崆峒。缅惟彼怀，宁妨此顾。夏景渐热，妙履和和，思听真言，用祛蒙蔽，朝饮夕仡，迹滞心飞。欲遣使者专迎，或虑炼师惊惧，故令兄往，愿与同来，披叙不遥，先此无恙。故敕。"[①]就天台山将承祯引入宫中，问以阴阳术数和治道之术。司马承祯答之说："道经之旨：'为道日损，损之又损，以至于无为。'且心目所知见者，每损之尚未能已，岂复攻乎异端，而增其智虑哉！"睿宗又问："理身无为，则请高矣。理国无为如何？"司马承祯对答说："国

----

① 《全唐文》卷19。

犹身也。《老子》曰：'游心于澹，合气于汉，顺而自然无私焉，而天下理。'《易曰》：'圣人者，与天地合其德。'是知天不言而信，不为而成。无为之旨，理国之道也。"睿宗叹息说："广成之言，即斯是也。"事毕，所答甚合睿宗之意。及承祯请求还山，睿宗乃赐宝琴一张及霞纹帐等物。朝中公卿百余人多赋诗以送，常侍徐彦伯集成。是年十月七日，睿宗颁下《复建桐柏观敕》："台州始丰县界天台山废桐柏观一所，自吴赤乌二年葛仙翁已来，至于国初，学道坛宇，连接者十余所。闻始丰县人，毁坏坛场，砍伐松竹，耕种及作坟墓。于此触犯，家口死亡。不敢居住，于是出卖。宜令州县准地数亩酬价，仍置一小观，还其旧额。更于当州取道士三五人，选择精进行业者，并听将侍者供养。仍令州县与司马炼师相知，于天台山中辟封内四十里，为禽兽草木长生之福庭，禁断采捕者。"① 在天台桐柏山恢复桐柏观，以便司马承祯所居。此后，又陆续颁下二敕："炼师道实徵明，德惟虚寂，凌姑射之遐轨，激具茨之绝风。自任炼药名山，祈真洞壑，攀地肺之红壁，坐天台之白云，广成以来，一人而已。足可发挥仙圃，黼藻元关，海岳为之增辉，风霞由其动色。弟子缅怀河上，侧伫岩幽，鹤驭方来，凤京爰降。对安期之舄，闻稷邱之琴，顺风访道，谅在兹日。所进明镜，规制幽奇。隐至道之精，含太易之象，藏诸宝匣，铭佩良深。故敕。"② "先生道风独峻，真气孤标。餐霞赤城之表，驭风紫霄之上，遁俗无闷，逢时有待。口谒蓬莱之府，将还桐柏之岩，鸿宝少留，凤装难驻。闲居三月，方味广成之言；别途万里，空怀子陵之意。然行藏异迹，聚散恒理，今之别也，亦何恨哉！白云悠悠，杳若天际，去德方远，有劳凤心。敬遣代怀，指不多及。故敕。"③ 表达仰慕思念之忱，并予以问候。开元九年（721 年），唐玄宗又遣使迎请司马承祯入京留于内殿，问以延年度世之事及亲受法箓。翌年，承祯又请还天台山，玄宗颁《赐司马承祯敕》："司马炼师以吐纳余暇，琴书自娱，潇洒白云，超驰元圃。高德可重，暂违萝薜之情；雅志难留，敬顺松乔之意。音尘一间，俄归葛氏之天台；道术斯成，顷缩长房之地脉。善自珍爱，以保童颜，志之所之，略陈鄙什。既叙前离之意，仍怀别后之资。故遣此书，指不多及。"④ 并赋诗《王屋道士司马承祯还天台》送之："紫府求贤士，清溪祖

① 《全唐文》卷 19。
② 同上。
③ 同上。
④ 《全唐文》卷 36。

逸人。江湖与城阙，异迹且殊伦。间有幽栖者，居然厌俗尘。林泉先得性，芝桂欲调神。地道逾稽岭，天台接海滨。音徽从此间，万古一芳春。"且赏赐甚丰。

司马承祯回天台山后，对桐柏观大加整扩，"为虚室以凿户，起层台而垒土，经之、殖之、成之、翼之。纵日月以为光，笼云霞以为色。花散金地，香通元极"①。由此，气派更加宏大。其所建的"天尊之堂"，"昼日有云五色，浮霭其上"②。开元十五年（727 年），玄宗再次召请至京，以天台山幽远，且司马承祯年事已高，迎请不便等。乃令其于王屋山自选形胜，置坛室居之，并为之题额"阳台观"。同时命玉真公主及光禄卿至所居，修金箓斋。又从其所请，敕五岳各置真君祠一所。司马承祯还工诗、善篆隶，然诗仅存《答宋之问》一首："时既暮兮节欲春，山林寂兮怀幽人。登奇峰兮望白云，怅缅邈兮象欲纷。白云悠悠去不返，寒风飕飕吹日晚。不见其人谁与言，归坐弹琴思逾远。"而法书则自成一体，美名"金剪刀书"。玄宗曾请以三体写《老子经》，刊正文句，定著五千三百八十言。开元二十三年（735 年），司马承祯以八十九岁高龄卒，葬于王屋山西北之松台，唐玄宗亲撰碑文，制赠"银青光禄大夫"，谥号"贞一先生"。据称，在其告化之日，有双鹤绕坛，白云从坛中涌出，上连于天，而其容色犹如生时，唐玄宗深赞叹之，谓："故道士司马子微，心依道胜，理会玄远，遍游名山，密契仙洞。存观其妙，逍遥自得之场，归复其根，宴息无何之境。因此名登真阁，位在灵官。"③

司马承祯一生致志于道教六十八年，传弟子李含光、薛季昌等七十余人，著有《修真秘旨》十二篇，《修真秘旨事目历》、《坐忘论》、《修真养气诀》、《服气精义论》、《采服松叶等法》、《洞玄灵宝五岳名山朝仪经》、《太上升玄经注》、《太上升玄消灾护命妙经颂》、《上清含象剑鉴图》、《上清侍帝晨桐柏真人真图赞》、《素琴传》、《道体论》各一卷，《上清天地宫府图经》二卷，《天隐子》八篇等十余种。还注解《黄庚经》一书，号"梁丘子注"。司马承祯六十八年的道士生涯，其中约四十年的光阴是在台州的天台山度过的。他吸取儒家的正心诚意和佛教天台宗的止观、禅定等学说，用以阐发道

---

① （唐）崔尚：《天台山新桐柏观颂（并序）》。
② 同上。
③ 《全唐文》卷 22。

教上清派的修炼术，即为"守静去欲，物我皆亡"。他的主要著作《坐忘论》一共七篇，信敬、断缘、收心、简事、真观、泰定、得道，又有《枢》一篇总其要，又另三戒（简欲、无欲、静心），心之五时，身之七候。《坐忘论》把修仙过程分为五道"渐门"、七条"阶次"，使其修道成仙的理论更加完备。司马承祯的理论吸收佛教天台宗的止观法门和禅宗的见性成佛观点，强调修炼在于"修心"，"修心"在于主静。宋叶梦得《玉涧杂书》云："道释二于，本相矛盾，子微之学全本于释氏，大抵以戒、定、慧为宗，观七篇叙可见。"司马承祯的理论不但自成系统，为以后台州道教的兴盛和发展奠下了基石，而且对后世道教的修炼和北宋理学的形成，都有重大的影响。

李含光（682—769 年），本姓弘，因避孝敬皇帝李弘庙讳而改姓李，号玄谷，广陵江都（今江苏扬州）人。幼即好道，年十八，志求道妙。唐中宗神龙元年（705 年），以清行度为道士，居邑之龙兴观。尤精《老》、《庄》、《周易》之妙旨。开元十七年（729 年），师从司马承祯于王屋山，并得授大法灵文金记。复遍游名山，居嵩阳及天台山多年。司马承祯羽化后，为玄宗所召，问及修丹之事，对曰："道德，公也；轻举，公中之私耳，时见其私。圣人存教若求生，询欲则似系风。"因所言为玄宗喜之，遂赐居阳台观。旋以疾辞归茅山，即赴天台山以居。天宝元年（742 年），于天台山会同台州郡守贾长源立《新桐柏观碑》。天宝四年（745 年），又为玺书征召，因以茅山真经秘灵多散落，再求还山。玄宗乃赐绢、法衣、香炉等用品，并御制诗以饯行。天宝七年（748 年），玄宗在大同殿受箓，遥礼含光为度师，并尊为"玄静先生"，赐衣一袭以申师资之礼。著有《周易义略》三篇、《老庄学记》三篇、《本草育义》二卷、《三玄异同论》、《道学》二十卷，以及《太上慈悲道场消灾九幽忏》等。其中《太上慈悲道场消灾九幽忏》是融汇三洞而又汲取佛教思想的产物，主要思想是导人趋善去恶，拯救群生，反映了当时茅山道派对各派宗教思想的汲取与贯通。颜真卿称含光"能于阴阳术数之道，而不以艺业为能；极于转炼服食之事，而不以寿养为极。但冥怀素朴，妙味玄津。非夫博大之至人，孰能尽于此？"[①] 从李含光一生的经历及行迹来看，他应该也是台州上清派的主要代表人物。但遗憾的是，史料中有关其在天台山的一段历史被忽略了。

田虚应，字良逸，生卒年代不详，齐国（今山东聊城）人。元赵道一

---

① （唐）颜真卿：《颜鲁公集·茅山玄静先生广陵李君碑铭并序》。

《历世真仙体道通鉴》称其："生性朴拙，吐露无忌讳"。隋文帝开皇中（581—600 年），侍亲而居攸县（今湖南攸县）之西。旋迁南岳，躬耕于紫盖峰，以尽子职长达五十年。唐龙朔间（661—663 年），与何尊师相遇，默传其道。南宋陈田夫《南岳总胜集》谓：田虚应曾请曰"尊师卒无言，何以开悟学者。则曰知不知者上不知知者病，谁能凿混沌之窍。遗自然之理耶。遂杖藜而入林中。须臾群虎随之不复见"。州牧田侯闻其名，"遄迎道德，于岳观殿束构降真堂，田千乘诸葛黄述赞于壁，以旌玄德。先生时憩于兹，弘道传法"①。后受上清大洞秘法于南岳天师薛季昌，为司马承祯的再传弟子。据唐赵璘《因话录》卷四载。田虚应与衡山道士蒋含弘，"皆道业绝高，远近钦敬，时号田蒋。田以虚无为心，和煦待物，不事浮饰，而天格清峻，人见者褊吝尽去"。时潭州（今长沙）大旱，祈雨不获，因请之。其欣然就辇到郡，亦终无言，即日降雨。《因话录》又谓："所居岳观，内建黄箓坛场，法具已陈，而天阴晦。弟子请先生祈晴，先生亦无言，岸帻垂发而坐。及行斋，左右代整冠履，扶而升坛，天即开霁"。元和十年（815 年），东入天台山随方宣教，"赞承玄要，深臻道域"②。"今江浙三洞之法，以先生田君为祖师焉"③。唐宪宗曾数诏不出，武宗征为天师，诏入国传道，亦不出。其年纪甚高，"涉历云水二百余年，虽寒暑迁贸而寿纪莫究，至今诸峰游人往往有见之者"④。后"有欧阳平者，道学亦高，尝兄事之。一夕，梦三神人各持金炉自天而降，若有所召。密谓人曰：二先生不久去矣，我必继之"⑤。未几，坐山羽化。传法弟子冯惟良、陈寡言和徐灵府，正与欧阳平所梦三神人相合。

冯惟良，字云翼，生卒年代不详，长乐（今福建长乐）人，一云相（今安徽濉溪县西北）人。少修道于衡岳中宫，与道士陈寡言、徐灵府等结为烟萝友。香火之外，琴酒自娱。久之，就山之降真堂师田虚应，从受上清秘法。唐元和十年（815 年），和陈寡言、徐灵府等随师东入天台山弘宣大道。著名诗人，会稽廉访使元稹闻其道行高卓，曾屡出衙署，拜会山林幽舍，请教方外之事，多有神益。因天台山中桐柏观年久失修，观朽湮废，遂与陈寡

---

① （唐）杜光庭：《洞玄灵宝三师记》。
② 《道藏》本第 6 册第 751—753 页。
③ 同上。
④ 同上。
⑤ （元）赵道一：《历世真仙体道通鉴》卷 40。

言协助徐灵府重建桐柏观。又以三洞之道，行于江表。唐宪宗和唐敬宗以声名召入京师备问，"蒲轮鹤书竟不能屈"①。即于天台山华林谷创栖瑶隐居以止，常悠然独往桃源、金陵等地，"累月一归"②。一日，命汤沐浴而卒于天台山中，年九十岁。民国《台州府志》引《神仙通鉴》谓："冠简降庭，若有所对召，须臾升阶，遂化。"一生弟子无数，"皆法叶仙枝，辉映相继，盛于海内焉"③。其中以应夷节、叶藏质最为著名。

陈寡言，字大初，生卒年代不详，越州暨阳（今浙江诸暨）人。少出家，受学于田虚应，传上清大洞法。唐元和十年（815年）始隐天台山玉霄峰，号曰"华林"。"天台科法有阙遗者，拾而补之"④。居常以琴酒自荫，每吟咏放情自任，未尝加饰。将尸解，谓其徒刘介曰："当盛我以布囊置石室中，慎勿以木为也"⑤。享年六十四岁。善诗，有《山居》诗："醉卧茅堂不闭关，觉来开眼见青山。松花落处宿猿在，麋鹿群群林际还。"及《临化示弟子》诗："我本无形暂有形，偶来人世逐营营。轮回债负今还毕，搔首翛然归上清。"又有"照水冰如鉴，扫雪玉为尘。何须问今古，便是上皇人"等句⑥。唐赵璘《因话录》卷四云其与徐灵府："品第比田蒋。"

徐灵府，号默希子，生卒年代不详，钱塘（今浙江余杭）人。出身儒学世家，自幼聪颖异常，儒学一门无不精通。长大后，无心于权欲和名利，而笃信道教。唐元和四年（809年），慕名入南岳衡山中宫拜田虚应为师，安炉置鼎，炼丹合药，学三洞秘旨；同时与陈寡言、冯惟良等结为烟霞之友。入室田虚应以后，潜心修道，成为了"三洞四辅经"的传人。元和十年（815年），徐灵府、陈寡言、冯惟良等随田虚应东入天台山修道。其间，冯惟良创华琳峰栖瑶隐居，陈寡言居玉霄峰，徐灵府则伴师以居。元和十一年（816年），徐灵府完成了《通玄真经》十二卷的注释。在书中，其先释全篇大旨，然后循文为解，自抒己见。如在注释《道原》篇的"惟象无形"一语时，就明确指出："如天之高有大象，惟道之广无定形，虚凝为一气，散布为万物者也。"说明所谓无定形的"道"是由"一气"而"虚凝"成的，当

---

① 《道藏》本第6册第751—753页。
② （元）赵道一：《历世真仙体道通鉴》卷40。
③ 《道藏》本第6册第751—753页。
④ （元）赵道一：《历世真仙体道通鉴》卷40。
⑤ （明）传灯：《天台山记外志》卷9。
⑥ 《全唐诗》卷853。

这种气分散之后，便产生了万物等等。《通玄真经》即《文子》，文子为战国时人，姓辛名妍，蔡丘濮上人。其曾学道于老子，所著之《文子》成书于战国末期，反映了道家的政治哲学思想，即所谓的"南面之术"。唐玄宗崇道，天宝元年（742年）时封文子为"通玄真人"，故尊称其书为《通玄真经》。关于其所作《通玄真经》的注释，徐灵府在书序中称："默希子以元和四载，投迹衡峰之表，考室华盖之前，追经八稔，凤敦朴素之风，窃味希微之旨。今未能拱默，强为注释，是量天汉之高邈，料沧溟之浅深者，亦以自为难矣"。可见，是注撰于元和十一年（816年）是肯定的。长庆元年（821年），徐灵府始于天台山云盖峰虎头岩筑室，自造庐于石层之上，"属睇松竹，外环池岛，名以方瀛，修炼其间"①。虎头岩前眺苍峰，上有平地十数亩，乔松修竹，森然在目。前有池塘广数亩，塘中有小洲岛，荷花亭亭如盖。徐灵府日以修炼，自乐其间，吟咏之诗有"寂寂凝神太极初，无心应物自云舆，性修自性非求得，欲识真人只是渠"。及"学道全真在此生，迷途待死更求生。今生不了无生理，纵得生知何处生"等②。诗中亦多道趣，表现了随物任运的洒脱情怀。宝历元年（825年），唐敬宗仰其高道，赐所居号"方瀛山居"，比之以海上仙山方壶、瀛洲。

　　桐柏观坐落在卧龙、玉女、紫霄、翠微、玉泉、华琳、香琳、莲花、玉霄九峰回环中，道家称"金庭洞天"，即王子晋所治。中有三桥，一见二隐，木则苏玡琳碧、泉则石髓金浆，人得食之，后天不老。南朝梁陶弘景《真诰》云："吴有勾曲之金陵，越有桐柏之金庭。三灾不至，洪波不登，实不死之福乡，养真之灵境。"吴赤乌元年（238年），葛玄于此炼丹。唐景云二年（711年），睿宗皇帝为司马承祯建观，号"桐柏"，为天台山第一大道观。建筑规模宏大，环境幽清，"连山峨峨，四野皆碧。茂枝郁郁，四时并清"③。其中"天尊之堂"，"有云五色，浮霭其上"④。后因年久失修，观朽湮灭。太和三年（829年），徐灵府在冯惟良、陈寡言的协助下，主持修复了上演阁、降真堂、白云亭、修闲院、众妙台，以及仓廪、厨房等建筑。使桐柏观重现盛况。唐著名诗人、文学家、浙东观察使元稹应请为之作《重修桐柏观记》：

① 民国《台州府志》卷138。
② 同上。
③ （唐）崔尚：《天台山新桐柏观颂（并序）》。
④ 同上。

岁太和己酉，修桐柏观讫事，道士徐灵府以其状乞文于余曰；有葛氏子，昔仙于吴。乃观桐柏，以神其居。葛氏既去，复芜以墟。墟有犯者，神犹祸诸。实唐睿祖，悼民之愚。乃诏郡县，厉其封隔。环四十里，无得樵苏。复观桐柏，用承厥初。俾司马氏，宅时灵都。马亦勤止，率合其徒。兵执锯铝，独持斧铢。手缔上清，实劳我躯。棱棱巨幢，粲粲流珠。万五千言，体三其书。置之妙台，以永厥图。不及百年，忽焉而芜。芜久将坏，坏其反乎。神启密命，命友余徐，徐实何力，敢告俸余。侯用俞止，俾未不虚，曾未讫岁，奂乎于于，乃殿乃阁，以廪以厨，始自础栋，周于塓墕，事有终始，侯其识斁。余观旧志，极其邱区。我识全圮，孰烦锱铢。克合徐志，冯陈协夫。

文章详细地记述了桐柏观的历史、源流、盛况等，及徐灵府、冯惟良、陈寡言等在缔构完葺桐柏观中的作用。此后，徐灵府屡出"方瀛"石室，出没山林幽舍，拜会其他隐于天台山中的高道、高僧、高人。

会昌中（841—846年），唐武宗李炎闻徐灵府道行高卓、雅有情趣，甚感欣悦。遂频频下诏，谕浙江廉访使征召其入京备问。徐灵府以方外之人喜野鹤闲云坚辞不赴，并献诗言志："野性歌三乐，皇恩出九重。未颂紫宸命，遣下白云峰。多愧书传鹤，深惭纸画龙。将何佐明主，甘老在岩松。"[①] 廉访使奏以衰稿免命。由此"绝粒十余年"，并对辄题于树间石上的"寒山子诗"序而集之，分为三卷，行于人间。久之，凝寂于天台山中，享年八十二岁。门人中唯以左元泽得其道。

徐灵府居天台山修道五十余年，盛传上清大洞法。其主要思想继承了司马承祯吸收佛教天台宗的止观法门和禅宗见性成佛观点，强调修炼在于"修心"，"修心"在于主静的理论。在修道成仙的过程中多有神益。其一生著述众多，除《通玄真经》十二卷、《寒山子诗集序》外，尚有《玄鉴》五篇、《三洞要略》、《天台山记》、《天台山小录》等。在这些著述中，以《天台山记》影响最大，《天台山记》共一卷，徐灵府在"宝历初岁……修真之暇，聊采经诰以述斯记"[②]。文中叙述了天台山的历史地理，特别是对于桐柏山、桐柏观的叙事，尤为详明。由于此记的影响，宋陈振孙把它编入了《直斋书

---

① 《全唐诗》卷852。

② （唐）徐灵府：《天台山记》。

录解题》。陈振孙，字伯玉，号直斋、宋安老人。南宋端平年间（1234—1236年）为朝散大夫兼权浙东提举知台州军事。他在所著的《直斋书录解题》天台山记条中，详述了他得到《天台山记》及把它编入《直斋书录解题》的经过和目的："唐道士徐灵府撰，元和中人也。余假守临海就使本道，嘉熙丙申十月解郡符，趋会稽治所道过之，锐欲往游（天台山）。会大雪不果，改辕由驿道至，今以为恨，偶见此记，录之以寄卧游之意。"现我们见到的影旧钞卷子本《天台山记》，即来源于陈振孙的《直斋书录解题》，载清遵义黎庶昌的《古逸丛书》之二十五。

应夷节（810—894年），字适中，东阳郡（今浙江金华）人，祖籍汝南（治所在今河南上蔡）。生而异俗，乳哺之中已不喜荤杂。年七岁时，辞亲慕道，诣本郡兰溪县（今浙江兰溪）灵瑞观，从吴玄素尊师学法，得受《南华》、《冲虚》、《通灵》诸真经及《周易》、《孝经》、《论语》等书。讽读专勤，五行俱下。十三岁备冠褐三衣五戒，正式度入道士籍。十五岁时入天台山，参受"正一"。十七岁佩"高玄紫虚"。十八岁诣龙虎山张天师十八代孙张少任受"三品大都功"。二十四岁参《灵宝真文》、《洞神》、《洞玄》之法。二十九岁进"升玄"。三十二岁受"上清大洞回车毕道"、"紫文素带藉地腾天"之符。旁采子史，内约玄诠，晦迹韬光，勤修妙赜。传天台栖瑶冯惟良一系上清大法，道行精勤，动有神灵之应。会昌三年（834年），重回天台山，栖止同学刘介所居之桐柏观西南翠屏岩，别建净坛以居，冥心秘旨。既而息影林泉五十余年，专心事道。吴越之人"愿执巾几者，或脱履人寰，或扬名邦国，不可具载"[1]。越州观察使李襃闲来问道，因奏请院额，敕旨以"道元"为名，拾遗张颖撰记。公卿以其名奏闻，诏赐"上清大洞道元先生"号。宋贾善翔《高道传》云："每人静行道，登坛阅箓，或为人致福，数有感应。居常诵黄庭大洞二经，至于八道望云，三元受事，回风隐地，攀斗藏天之术，尤勤行之。"其曾对门下弟子说："吾以维持教法，不能灭迹匿端，虽道不违人而勤行方至，然玉京金阙，泉曲酆都相去几何，唯心所召。尔等勉之！"[2] 乾宁元年（894年），"忽一日沐浴入静，凝神如有所待，至翌日昧爽解化，及迁神就窆，但空棺而已"[3]，时年八十五岁。新登（今浙江富阳）

----

① （唐）杜光庭：《洞玄灵宝三师记》。
② （宋）贾善翔：《高道传》卷1。
③ （明）传灯：《天台山记外志》卷9。

罗隐为赞，弟子中以杜光庭最为著名。

隋唐统一后，特别是唐代以来，道教的教阶制度在道门中形成了以法箓为标志的三大特点。一是法箓的传授已打破了教派的隔阂而形成渐进升迁的箓位品阶；二是箓位品阶大致分为七等；三是授箓与传经授戒联系在一起。而据学者研究，应夷节作为唐代后期天台山传承上清大法的著名道士，他的学道历程从初学道到十五岁参受正一经法，十七岁佩高玄紫虚法箓，十八岁受三品大都功，二十四岁能洞神、洞玄之法，二十九岁进受升玄法位，三十二岁受上法大法。其一步一步获取法位的过程，可以看出当时道箓与教阶制度的大致情形。可以说，应夷节不但是一位内涵高深的道教宗师，"也是唐代授箓制度的具体体现者与典型代表"①。

叶藏质，字含象，生卒年代不详，处州松阳（今浙江松阳）人。高道叶法善后裔，初从本县卯山安和观为道士，后诣天台山桐柏宫，从冯惟良得法。唐咸通中（860—874 年），于天台山玉霄峰精选形胜创立道斋，号为"石门山居"。日诵《道德》、《度人》、《道德》诸经，于是道法日进，名闻朝野，人称"叶尊师"、"叶道士"。咸通十三年（872 年），台州郡守姚鹄表奏其贤，唐懿宗遂诏升石门山居为"玉霄观"。在山期间，与陆龟蒙、皮日休、方干、贯休、王贞白、徐铉等著名诗人多有往还。诗人们纷纷赋诗以赠，如陆龟蒙的《和袭美寄题玉霄峰叶涵象尊师所居》诗："天台一万八千丈，师在浮云端掩扉。永夜只知星斗大，深秋犹见海山微。风前几降青毛节，雪后应披白羽衣。南望烟霞空再拜，欲将飞魄问灵威。"如皮日休的《寄题玉霄峰叶涵象尊师所居》诗："青冥向上玉霄峰，元始先生戴紫蓉。晓案琼文光洞壑，夜坛香气惹杉松。闲迎仙客来为鹤，静噀灵符去是龙。子细扪心无偃骨，欲随师去肯相容。"如方干的《赠天台叶尊师》诗："莫见平明离少室，须知薄暮入天台。常时爱缩山川去，有夜自携星月来。灵药不知何代得，古松应是长年栽。先生暗笑看棋者，半局棋边白发催。"如贯休的《寄天台叶道士》诗："负局高风不可陪，玉霄峰北置楼台。注参同契未将出，寻榔栗僧多宿来。飐槭松风山枣落，闲关溪鸟术花开。终须肘后相传好，莫便乘鸾去不回。"如王贞白的《寄天台叶尊师》诗："师住天台久，长闻过石桥。晴峰见沧海，深洞彻丹霄。采药霞衣湿，煎芝古鼎焦。念予无俗骨，频与鹤书招。"等。元赵道一《历世真仙体道通鉴》载，其一日"忽命备酒，召其友

---

① 汪桂平：《从天台道士应夷节的受道历程看唐代道教的授箓制度》。

应夷节同饮，语及平生事，然后告以行日。及期，题于门曰'鸡鸣时去'。门人遂闻珠佩杂鼓乐声于空中，须臾鸡唱，视之已化矣。年七十四岁"。徒间丘方远为其嫡传，受法箓并得真文秘诀。

叶藏质晚年尤精符术，能劾役鬼神，请益之人不计其数。宋张君房《云笈七签》卷一百一十九有"玉霄宫叶尊师符治狂邪验"的记载：

> 天台山玉霄宫叶尊师，修养之暇，亦以符术救人。婺州居人叶氏，其富亿计，忽中狂瞽之疾，积年不瘳。数月沉顿，后乃叫号悲笑，裸露奔走，力敌数人。初以绢索縻絷之，俄而绝绊出通衢，犯公署，不可枝梧。官以富室之子，不能加罪，频有所犯，亦约束其家，严为守卫，加持禳制。饭僧祈福，祠神鬼，召巫觋，靡所不作，莫能致效。其家素不信道，偶有人谓之，令诣天台，请玉霄宫叶尊师符，可祛此疾，不然莫知其可也。乃备缯帛器皿，入山请符。尊师谓使者曰：此符到家，疾当愈矣。无以器帛为用，尽归之使者。未至三日，疾者方作，断絙投石，举家闭户以拒之，折关枝棍，力不可御，如此狂猛，非人所遇。忽忽遽敛容，自归真室，盥洗巾栉，束带□郭足，执板磬折，于门内道左，其色怡然。一家忻喜，争问其故。笑而不答，但言天使即来。饮食都忘，夕不眠寝，孜孜焉企踵翘足，延颈望风，汗流浃背，不敢为倦。如此二日三夕，使者持符而至，入门迎拜，欢呼踊跃，前导得符，服之暝然，食顷疾已瘳矣。由是躬诣山门，厚施金帛，助修宫宇，一家脩道，置靖室道堂，旦夕焚脩焉。初，玉霄赐二符，一己吞之，一帖房门之上。叶之女使窃酒饮之，呕于符下。叶见一神人，介金执剑，长可三四寸，从符中出去，焚香拜谢，而不见其归。数日，亲戚家女使近患风魔疾，尚未甚困，来叶房之前，立且未定，忽叫一声。叶见符中将军，如前之形，挥剑加女使头上。问其故，云适有神人，以剑于头上斩下一物，坠于衣领中。令二三女仆捧持，验有蛇头如指，断在衣领中，血犹滴焉。风魔之疾，自此亦愈。

"天台山玉霄宫古钟僧偷而卒验"亦为《云笈七签》卷一百一十九所记载，记述了叶藏质施法保护宫钟的故事。

> 天台山玉霄宫古钟，高二尺，重百余斤。制度浑厚，形如铎，上有

三十六乳，隐起之文，亦甚精妙，相传云夏禹所铸，或云是越王乐器。顷年于空中，夜夜飞鸣，人皆闻之。忽堕于禹庙内，藏之府库，绵历七八十年。累有名僧求请，欲彰其异，而皆嫌间不与。咸通中，左常侍李绾为浙东观察使，请玉霄峰叶尊师，修斋受箓，于使宅立坛，出此钟以击之。既而水部员外柳韬白，上京得老君夹纻像，高三四尺，圣相奇妙。乃重装修，作□顶宝帐，以白金、香鸭、香龟数事，送于玉霄，亦便留箓坛内。供养斋毕，李乃命宾为钟铭，具以岁日，刻于钟上，并老君像，皆送山中。所刻之处，灿然金色。禹迹寺僧频求此钟不得，既知镌勒铭篆，已送天台，计无所出，乃扬言曰：天台所得古钟，乃真金也。匠人所刻之末，是数两金，况于钟乎！又有香鸭、器皿，计其所直多矣。因有衲僧，与不道辈十余人，夜入玉霄宫，伏于版阁之下，中夜逾栏干而上，于道场中取香鸭、香龟金龙道具，实于囊中，縻钟于背，出门群呼而去。尊师知之，不许徒弟追之。僧等约行三十余里，憩一大树下，良久天明，只在阁柱之侧。众小师往视之，背钟者已僵死矣。其余徒党，痴懵凝然，不辨人物，钟及金帛，一无所失。尊师咒水洒之，良久，僧亦稍醒，群贼乃苏。发愿立誓，乞不闻于官，乃尽释之，扶异病僧而去，僧至山下乃卒。

此外，清齐召南的《重订天台山方外志要》谓，有婺州牧至天台山叶藏质处求符，"为邪物所挠，诣请符，至中路犯秽失之。牧亲造，见案上有封筒，封签甚固，乃前之符也。因焚香致匣捧归，崇物遂绝"。

刘介（801—873年），字处静，亦作玄静、玄靖，祖籍沛国彭城（今江苏徐州），其先避地遂昌，遂为遂昌（今浙江遂昌）人。自谓："世奉儒宗，不求闻达。心存畎亩，性好林泉。知数知斗，读易问礼。"[1]后遇异人授以吐纳之术，因舍明经，事婺州兰溪（今浙江兰溪）灵瑞观主吴守素出家。后陟天台而蹑华顶，至天台山玉霄峰从陈寡言学。元赵道一《历世真仙体道通鉴》称："奉几杖香火凡二十年"，尽得上清大洞之道。与冯惟良门下应夷节、叶藏质为林泉友，自号"天台山耕人"。唐宣宗闻其道，赐绯衣，赠银青光禄大夫、崇玄馆学士，及"广成先生"号。咸通元年（860年），退居缙云仙都山隐真岩。据其自撰《元墟墓志铭》云："因还故里，息尔仙都。探

---

[1]　《全唐文》卷812《元墟墓志铭》。

安期之旧踪,封轩皇之故迹。炼金溪畔,足以濯缨。缙山中,尤宜养志。因斯考室,宕漾养真。性甚疏慵,修习不至。乐天知命,一任自然。年逾从心,安得长久。不敢比歌于梁木,辄思记过于明夷。升腾何期,归土有日。预筑元垆,将为永室"。按元陈性定《仙都志》:"一日有嗜酒道人来,处静留饮旬日,以黄金三千铢赠其行,相登金龙洞前。及回,得片纸云'子与吾金,吾授予真;真抱子形,形全于神'十六字,裹原金在焉。于是顿悟,遂预筑元垆于庐后,自撰其志。"咸通十四年(873 年)六月辛酉日解化。一生工诗善文,有诗十篇,旧在天台道元院。又有原题刘处静撰的《洞元灵宝三师记序》:"道之体也,至静而无为。道之用也,通生而赴感。始乎无始,先乎无先。起于妙无,而生妙有。至真之教,由兹而立焉。我元始天尊启重元,历五太,握元化,运真精,总括妙门,以为法印,付于大道君。道君缵统以光大之,敷畅以宣布之。凡十二印,包举幽赜,穷达元妙,以授于老君。老君奉而行之,上极三清,旁周无外,绵亘亿载,开导未闻。帝帝为师,方方立教。幽明巨细,靡不宗焉。自是奕叶绍承,师师授度。上自元始,下逮兹辰。故受道尊奉,其为度师乎?度师之师曰籍师。籍者嗣也,嗣籍真乘,离凡契道。籍师之师曰经师,经者由也。由师开悟,舍凡登仙,三师之重,媲于祖宗。祖宗能传之,而不能使兆致道。父母能生之,而不能使兆仙。奉师之道,无以过矣。儒家在三之义,莫能及焉。钦惟三君,焕有明德。追仰尊稟,瞻慕无阶。粤自上宾,未列图纪。虽贞猷茂范,刊勒于名山,而后学门人,难披于真奥。敢条实录,昭示将来。辄陈小序,仍为颂述。道弟吴兴陆甚夷已叙道元先生休烈,但继裁短赞,以纪德风。庶劫历有终,而清规不泯。有唐龙集庚辰中元日甲辰序"。另撰有《玄虚志》行于世。

左元泽,生卒年代不详,永嘉(今浙江永嘉)人。性耿介,不随俗。少于天台山从徐灵府出家,因卜居香林峰石室中,离师所居一里许。元赵道一《历世真仙体道通鉴》谓其:"晨夕省奉,虽祁寒暑热未始不至。灵府愍其勤恪,遂授以秘要。后陆玉霄峰,有人设黄箓斋,元泽列纂,以草屦登坛。或请之,曰:'三境尚拟去,此何土堆也。'后归松房,绝粒不语。"左元泽经常游山经旬不返,"樵者见与三虎坐,不食五谷"[①]。或"忽担一布囊,贮木屦古鉴入山,莫知其所止"[②]。或一月二月即出访方外之友应夷节等,并与之

<hr />

① 民国《台州府志》卷 139。
② (元)赵道一:《历世真仙体道通鉴》卷 40。

谈论清虚。《历世真仙体道通鉴》曾记其答闾丘方远所问："善则善矣，然末云但于有无一致，泯然无心。则学者犹未知有无之辩也。夫能误识无中不无，有中不有，方契乎道。"后自撰《真一颂》题于天台山方瀛石壁："大道杳冥，不可致诰，含太虚为广宇，总万宇于真一。以道守真，真亦非一，言之以自然，任之以万物。胎根既断，三界迥出，九祖得度，三官息笔，实赖无功之功，其功妙而难匹。"① 临将解化，"一日忽谓主观者曰：某将他适，请置汤沐。复祝之：'掩盖日但请随香气而去，尽处即止'。是夕有风雨雷电交作，光中有兵卫，皆介甲。将晓，闻唱珍重声。往视之。已化矣。遂袭香气尽处，如其言座之，果得一自然石圹，不知其甲子"②。

左元泽亦精劲役鬼神之符，《历世真仙体道通鉴》卷四十载有其两个这方面的故事。一是与应夷节所言："所居有一岩室，左右有大竹数十根，前有池，于曲渚中有碧芙蓉数十朵，又有文禽数十只，类鸿鹏，游泳其间。嘉其趣，因宿室中，至夜有物环其身。既觉，惟瞑目坐忘，达旦方解去。视其布褐，惟闻涎腥。是夕复坐室中，布网步以伺之。果一物自池中出，长数丈，两目光射人，若蛟蜥之状。俯岩呵喻，徐而蹙缩入池，因戒曰：'后学辈无卫，谨勿柄岩穴也。'"二是"温州青嶂观有土地，里人常以血食祀之，苟杞不至，则为祟。元泽以杖笞神背三下，翌日有大狸死于庭，背有杖痕者三。里人复梦神告曰：托附吾者为仙官笞死，谨勿血食祀我也"。

杜光庭（850—933年），处州括苍（今浙江缙云）人（一说天台人，或说京兆杜陵人）。天性聪颖好学，少时即博通经史，工诗章翰墨。唐懿宗咸通中（860—874年），因同郑云叟应试落第，乃入天台山，师从应夷节学道。潜心修学中，以渊博的儒学基础研究道教学说。尝谓"道法科教，自汉天师暨陆修静撰集以来，岁月绵邈，几将废坠"③。遂考《真诰》条例始末，七八年后，道学与诗文闻名朝野，天下羽褐永远受其赐。乾符初（约875年），经官居翰林学士的好友郑畋推荐，唐僖宗召入宫廷，赐以紫袍、象简，命充麟德殿文章应制，为内供奉，俨然道门领袖。时有"学海千寻，辞林万叶。

---

① （宋）陈耆卿：《嘉定赤城志》卷35。
② （元）赵道一：《历世真仙体道通鉴》卷40。
③ （明）传灯：《天台山记外志》卷9。

扶宗立教，海内一人"之称①。中和元年（881年）。杜光庭随僖宗入蜀，在青城山修灵宝道场，举行周天大醮。中和五年（885年），辞官隐居青城山白云溪。明传灯《天台山方外志》谓：

> 中和初，从驾兴元道，游西县，适遇术士陈七子名休复，洒然异之，披榛穴地，聚瓢酒酌之，曰：以此换子五藏尔。先生知国难未靖，上表丐游成都，喜青城山白云溪气象磅礴，遂结茅居之。溪盖薛昌真人飞升之地也。

天复七年（907年），王建立前蜀，准备大用，但为张裕所阻，因赐号"广德先生"。又欲优于名秩，以为谏议大夫，封蔡国公，进号"广成先生"。王衍继位后，亲在苑中受道箓，授"传真天师"，崇真馆大学士。长兴四年（933年）十一月，自知化期将近，"一日忽谓门人曰：'吾昨梦朝上帝以吾作岷峨主司，恐不久于世'"②。"一旦披法服，作礼辞天，升堂趺坐而化。颜色温晔，宛若其生，异香满室，久之乃散"③。终年八十四岁。

杜光庭一生不但工诗而且著作等身，诗尚存二十余首，如《初月》："始看东上又西浮，圆缺何曾得自由。照物不能长似镜，当天多是曲如钩。定无列宿敢争耀，好伴晴河相映流。直使奔波急于箭，只应白尽世间头。"又如《题仙居观》："往岁真人朝玉皇，四真三代住繁阳。初开九鼎丹华熟，继蹑五云天路长。烟锁翠岚迷旧隐，池凝寒镜贮秋光。时从白鹿岩前往，应许潜通不死乡。"又如《题空明洞》："窅然灵岫五云深，落翮标名振古今。艺术迎风香馥馥，松桧蔽日影森森。从师只拟寻司马，访道终期谒奉林。他欲自问空明奇胜处，地藏方石恰如金"。再如《读书台》："山中犹有读书台，风扫晴岚画障开。华月冰壶依旧在，青莲居士几时来。"等等。著作共计三十部二百五十多卷。著名的有《道德真经广圣义》五十卷、《玉函经》三卷、《洞天福地岳渎名山记》一卷、《历代崇道记》一卷、《道门科范大全》八十七卷、《广成集》十七卷以及《虬髯客传》等。

闾丘方远（？—902年），字大方，舒州宿松（今安徽宿松）人。其

---

① （元）赵道一：《历世真仙体道通鉴》卷40。
② （明）传灯：《天台山记外志》卷9。
③ （清）齐召南：《重订天台山方外志要》。

先齐人婴之后，父闻不仕，以文学节行著称。方远幼而慧辨，年十六即通经史。初从庐州道士陈元唔出家，学道家易学。年二十九岁时，于天台山香林峰谒左元泽，问以人元大丹之学。元泽以为奇才，称赞曰："子不闻老子云：吾有大患，为吾有身。盖身从无为而生有为，今却反本，是曰无为。夫无为者，言无即著空，言有则成碍，执有无即成滞，但于有无一致，泯然无心，则庶几乎道。且释氏以此为禅宗，颜子以此为坐忘。易云：无思也，无为也，寂然不动，感而遂通。天下之故，其归一揆。又经云：迎之不见其首，随之不见其后。是何物也，子若默契神证，又何求焉。所惜者，子之才器高迈，直可为真门之标表也。"① 复于仙都山隐真岩诣刘介，学修真出世之术。三十四岁时，于天台山玉霄宫叶藏质处受法箓，"真文秘诀，尽蒙付授"②。其于玉霄宫潜心修炼时，"守一行气之暇，笃好经史群书，每披卷必一览之，不遗于心"③。常自言："葛稚川、陶贞白，吾之师友也。"④ 诠《太平经》为三十篇，备尽枢要，声名自天台山远播江淮间。唐昭宗景福二年（893 年），钱塘彭城王钱镠闻其道德，为于余杭大涤洞，筑室宇以居。"初入谒王，谈庄老之义，逡巡而罢，退而叹曰：'彼英雄也，是不宜与谈虚元之学。'翌日入谒，遂陈《春秋》，因延之尽日，由是王厚加礼遇，重建天柱宫，俾以居之"⑤。据元邓牧心《大涤洞天记》之《天柱观记》云：

　　乾宁二年（895 年），镠因历览山源，周游洞府，思极列圣九重之至德，兼立三军百姓之福庭。于是斋醮之余，偏寻地理，观其尊殿基势，全无起废之由，致道流困穷。二时而不办香灯，竟岁而全无醮阅。逐抗直表，上闻圣聪，请上清道士闾丘方远与道众三十余人，主张教迹，每年春秋四季，为国焚修。

唐昭宗累征不起，"以天文推寻，秦地将欲荆榛，唐祚必当革易，伴之

① （元）赵道一：《历世真仙体道通鉴》卷 40。
② 同上。
③ （清）齐召南：《重订天台山方外志要》。
④ 同上。
⑤ （吴）越林禹：《吴越备史》。

园绮、不出山林，竟不赴召"。钱王"寻又续发荐章，奏闾丘君道业"①。于是，昭宗乃降诏褒奖，就颁命服，俾耀玄风，赐号"妙有大师"、"玄同先生"。方远阐扬圣化，启发蒙昧，真灵事迹显闻吴楚。由是从而学者，无远不至。方远还与罗隐相友善，"江东罗隐每就方远爱子书，方远必瞑目而授，余无他论。门人夏隐言谓方远曰：'罗记室上令公客，先生何不与之语？'方远曰：'隐才高性下，吾非授书，不欲及他事。'而隐亦尽师之礼"②。天复二年（902年）二月十四日，"王使人以香花至方远受讫，乃入斋中，作控鹤坐，怡然而逝"③。化后颜色怡畅，屈伸自遂，异香芬馥，三日不散。"弟子以从俗葬，举以就棺，但空衣而尸解矣。葬于大涤洞之傍白鹿山。后有道俗，于仙都山及庐山累见之。自言：我舍大涤洞，归隐潜山天柱源也"④。一生所著有《太平经钞》十卷，弟子二百余人。南唐沈汾《续仙传》谓：

> 会稽夏隐言、谯国戴隐虞、荥阳郑隐瑶、吴郡陆隐週、广陵盛隐林、武都章隐芝，皆传道要而升堂奥者也。广平程紫霄应召于秦宫，新安聂师道行教于吴国。安定胡谦光、鲁国孔宗鲁十人，皆受思真炼神之妙旨。其余游于圣迹，藏于名山，不复得而记矣。

以上诸人，实是上清派所传衍的，以司马承祯为代表的一个支派，刘咸炘《道教征略》称之为"南岳天台派"。但事实上，称之为"南岳天台派"并不妥。因为这个支派中，司马承祯只是在衡山居住了很短暂的一段时间，而田虚应和冯惟良、陈寡言、徐灵府则是先居衡山，后止天台山。他们虽然曾在南岳衡山居住过，然仅只是初住或随师启蒙。而最后的传承和道教史上地位之创立，以及所造成的巨大影响，都是在天台山境内。且在天台山修学的范围很小，仅限于桐柏一隅，故这个支派的名号当以"天台桐柏派"为宜。在这个支派的传承中，司马承祯以老庄思想为本，融合而成道教的修道成仙理论。他认为"神仙亦人"，只要"遂我自然"，"修我虚气"，就能修道成仙。他从"人人都可成仙"这一思想出发，主修道成仙，应当"易简"。

---

① （元）邓牧心：《大涤洞天记》之《天柱观记》。
② （吴）越林禹：《吴越备史》。
③ 同上。
④ （南唐）沈汾：《续仙传》。

"凡学神仙，先知易简，苟言涉奇诡，适足使人执迷，无所归本，此非吾学也"①。又把修仙的过程分为"五渐门"，即斋戒（浴身洁心）、安处（深居静室）、存想（收心复性）、坐忘（遗形忘我）、神解（万法通神）。称之为"神仙之道，五归一门"。并云："一斋戒谓之信解，二安处谓之闲解，三存想谓之慧解，四坐忘谓之定解。信、定、闲、慧四渐门通神，谓之神解。"② 还把"五渐门"和敬信、断缘、收心、简事、真观、泰定、得道这"七阶次"，概括为"简缘"、"无欲"、"静心"三戒。声称"勤行此三戒而无懈退者，则无心求道而道自来"。认为只需勤修三戒，就能达到"与道冥一，万虑皆遗"的仙真境界。其静心无欲的修道理论，对后世道教理论的发展和北宋理学"主静去欲"理论的形成，都有重大的影响。

　　田虚应和冯惟良、应夷节等三人被称为"洞玄灵宝三师"。所谓三师即度师、籍师和经师，有天上和人间两种。"天上三师者，太上老君为度师，虚皇大道君为籍师，元始天尊为经师也"③。人间三师者，"所为师者曰度师，度师之师曰籍师，籍师之师曰经师"④。三师之说形成于南北朝时期，北周武帝宇文邕敕纂的《无上秘要》卷三十四引佚名《洞玄金箓简文经》，称"奉师威仪，经师则经之始，故宜设礼，三曾之宗；籍师则师之师，故宜设礼，生死录籍所由；度师则受经之师，度我五道之难，故应设礼。为学不尊三师，则三宝不降，三界不敬，鬼魔害身"⑤。唐代时，三师之说已广泛流行，礼三师成为科仪中的一个重要内容。杜光庭之《洞玄灵宝三师记》云"受道尊奉其为度师"，谓"度师之师曰籍师，籍者嗣也，嗣籍真乘，离凡契道。籍师之师曰经师，经者由也，由师开悟，舍凡登仙。三师之重，媲于祖宗。祖宗能传之而不能使兆致道，父母能生之而不能使兆升仙。奉师之道，无以过矣"。同时，将三师确定为"经师南岳上清大洞田君讳虚应"，"籍师天台山桐柏观上清大洞三征君冯君讳惟良"，"度师天台山道元院上清大洞道元先生赐紫应君讳夷节"。以显扬其三师之休烈，并昭示将来。然唐京太清观道士张万福的《洞玄灵宝三师名讳形状居观方所文》中却另有"正一师讳"、"五千文师讳"、"神祝师讳"、"洞神师讳"、"升玄师讳"、"洞玄师讳"、"上

　　① 《道藏》第 21 册第 699 页。

　　② 同上。

　　③ 《道藏要籍选刊》第 8 册第 644 页。

　　④ 同上。

　　⑤ 《道藏要籍选刊》第 10 册第 16 页。

清师讳"等名目，要求存念三师名讳、形状、住观和方所，并不确定三师的名号。因此，论者以为杜光庭将三师确定为天台桐柏山道士田虚应、冯惟良、应夷节等，可能是江浙一带上清派道士的做法。

杜光庭继承和发展了司马承祯的理论，对道教教义、斋醮科范、修道方术等多方面作了研究和整理，对后世道教影响很大。他对老子《道德经》的研究颇有成就，将以前注解诠释《道德经》的六十余家进行比较考察，概括意旨，分为"五道"、"五宗"，对"重玄之道"尤其推重。他调和儒、道两家的思想，认为老子的思想主旨，"非谓绝仁、义、圣、智，在乎抑浇诈聪明，将使君君、臣臣、父父、子子，见素抱朴，泯和于太和，体道复元，自臻于忠孝"，把孔孟之道统一于老君之道。又主张"仙道非一"，不拘一途，有利于道教的传播和发展。他还在编集道藏、保存文化遗产方面作出了巨大的贡献，在道教史上具有承前启后的地位。

间丘方远在整理道经道书方面，有一定的贡献。一是校定陶弘景所撰《真灵位业图》，此书版本很多，有正统《道藏》本（洞真部谱录类），题《洞玄灵宝真灵位业图》；有《说郛》宛委山堂本，题《真灵位业图》；《秘册汇函》、《津逮秘书》诸本则题为《灵宝位业图》。二是诠《太平经》为三十篇。三是著有《太上洞玄灵宝大纲钞》，叙述灵宝经法的源流、传授、内容、要旨，以解世人之惑。

间丘方远是司马承祯"天台桐柏派"传承中的重要人物，在弘扬该派道教教义和理论发展上，作出了很大的贡献。首先是校定陶弘景所撰《真灵位业图》。其次是铨《太平经》为三十篇。宋邓牧《洞霄图志》卷五谓："先是《太平青领书》自汉于真人传授，卷帙浩繁，复文隐秘，先生（间丘方远）钞为二十卷，文约旨博，学者便之"。三是著有《太上洞玄灵宝大纲钞》，叙述灵宝经法的源流、传授、内容、要旨，宣称天尊于龙汉劫初演说灵宝自然天书五篇真文，经三皇五帝秘传，至春秋时吴王阖间取出此经，是即《灵宝五符经》。又称天尊所说灵宝经凡五十八卷，其经旨在《度人经》一卷中，其余五十七卷皆演说科仪斋法、教戒缘起。以解世人之惑。

此外，司马承祯在天台山期间，还传有女道士谢自然、焦静真等。

谢自然（？—794年），果州南充（今属四川）人，祖籍兖州（今属山东），世号为"东极真人"。幼入道，十四岁绝粒不食。宋《嘉定赤城志》谓："其师以《仙经》示之，一览如旧记。"每焚修瞻祷王母、麻姑，尤慕南岳魏夫人之操。南宋郑樵《通志》引唐白居易《白氏六帖》云自然："泛海将诣蓬莱求经，舟为风飘至一山。见一道士指曰：'蓬莱隔弱水三十万里，天台山司马子微名在丹台，身居赤城，真良师也。'乃回求子微受度。"唐沈汾《续仙传》也称，自然闻天台山道士司马承祯居玉霄峰，有道孤高，遂师事三年，别居山野采樵，为承祯执爨，几经周折，终得传承上清法。后归蜀，筑室于金泉山修炼，其神奇事颇多。白日升天之时，书于堂之东壁云："寄语诸眷属，莫生悲苦，可勤修功德，修立福田，清斋念道，百劫之后，冀有善缘，早会清源之乡，即得相见。"① 节度使韦皋奏闻于朝，李坚于金泉道场为之立碑，又撰《东极真人传》一卷述其事迹。韩愈、刘商均有诗言其轻举事。

　　焦静真，生卒年代及里籍不详，从司马承祯得道。宋张君房《云笈七签》卷五载："先生门徒甚众，唯李含光、焦静真得其道焉。静真虽禀女质，灵识自然，因精思间，有人导至方丈山，遇二仙女，谓曰：子欲为真官，可谒东华青童道君，受《三皇法》。请名氏，则贞一也。乃归而诣先生，亦欣然授之"。唐开元中（713—741 年）居嵩山、峨眉和泰山修上清法，与诗人李白、刘禹锡、王维等交游甚广。李白《赠嵩山焦炼师并序》云："嵩山有神人焦炼师者，不知何许妇人也。又云生于齐梁时，其年貌可称五六十。常胎息绝谷，居少室庐，游行若飞，倏忽万里。世或传其入东海，登蓬莱，竟莫能测其往也。余访道少室，尽登三十六峰，闻风有寄，洒翰遥赠：'二室凌青天，三花含紫烟。中有蓬海客，宛疑麻姑仙。道在喧莫染，迹高想已绵。时餐金鹅蕊，屡读青苔篇。八极恣游憩，九垓长周旋。下瓢酌颍水，舞鹤来伊川。还归空山上，独拂秋霞眠。萝月挂朝镜，松风鸣夜弦。潜光隐嵩岳，炼魄栖云幄。霓裳何飘摇，风吹转绵邈。愿同西王母，下顾东方朔。紫书傥可传，铭骨誓相学。'"② 刘禹锡有《送焦炼师》诗："东华宫阙礼真君，更有蛾眉焦静真。天上一宫应待汝，山中二女定何人。可无服雾张微子，或有餐霞安郁嫔。石室丹台终证果，随州诗格最清新"。王维也有《赠东岳焦炼师》诗："先生千岁余，五岳遍曾居。遥识齐侯鼎，新过王母庐。不能师孔墨，何事问长沮。玉管时来凤，铜盘即钓鱼。竦身空里语，明目夜中书。自有还丹术，时论太素初。频蒙露版诏，时降软轮车。山静泉逾响，松高枝转疏。支颐问樵客，世上复何如。"清乾隆施诚《河南府志》载称，焦炼师

---

① （宋）李昉：《太平广记》卷 66。
② 《李白集》卷 25。

即焦静真。

又有女道士柳凝然（772—840 年），一作默然，字希音，河东虞乡（今山西永济）人。初居家奉佛。夫亡后出家修道。先于天台山受正一明威箓灵宝法，又于衡山受上清大洞三景毕箓，复归天台桐柏观修上清大洞法。唐长庆元年（821 年），于天台桐柏山遇道士徐某，得授司马承祯《坐忘论》。大和三年（829 年），择王屋山司马承祯旧居以居，并将《坐忘论》予以刊石。自谓"唐长庆元年遇真士徐君元游于桐柏山，见传此文，以今太和三年己酉建申月纪于贞石"。自此精诚斋戒，严守操履，十余年如一日。募资建老君像十余尊，为时人所推许。天成五年（840 年）卒于东都圣真观。

又有女道士赵景玄，柳凝然次女，生卒年代不详，河东虞乡（今山西永济）人。唐元和、大和间（806—835 年），与母同修上清大洞法于天台山。长庆元年（821 年），从天台桐柏山道士徐某处得授司马承祯《坐忘论》。后陪母同居王屋山司马承祯旧居，并刊《坐忘论》于石以志。

又有谭峭岩，字景升，生卒年代及里籍不详。初居终南山，久著《化书》。过东吴见宋齐邱，曾于天台山修上清大洞法，后游庐阜泛潇湘，炼丹于衡山华盖院。宋贾善翔《高道传》谓其："茅山道士，唐敬宗宝历中（825—827 年），游天台江浙间，年貌如二十许人，人亦不知其有道。务以阴功救物，常遗金于途，以拯贫乏。或报（之），殊不认，问其故则曰：'阴真君化土为金，以赈不足，吾恨未能；且无用之物以（遗）人，亦何怪。'久而知其有术，神丹以化瓦砾，符箓以制鬼神。"

关于谭峭岩，实即谭峭。字景升，号紫霄真人。生卒年不可详考，活动于唐末五代时期，泉州（今福建泉州）人。少时不从父命求仕进，喜好黄老神仙之学。及出游终南山，初学道于青城山，师事邛州何昌一，服炼辟谷养气术，与陈抟相友善。后复于嵩山师事道士十余年，得辟谷、养气之术。又于天台山修上清大洞法，南唐主曾赐以"紫霄真人"之号。五代南唐沈汾《续仙传·谭峭传》称其："幼而聪明。及长，颇涉经史，强记，问无不知，属文清丽。洙训以进士为业，而峭不然，迥好黄老诸子，及《周穆》、《汉武》、《茅君列仙内传》，靡不精究"。又谓"惟以酒为乐，常处醉乡中；夏日穿乌裘，冬著绿布衫，或整天卧于霜雪中，人以为已死，视之，呼吸如故。状类疯癫。每行吟诗曰：'线作长江扇作天，靸鞋抛向海东边，蓬莱信道无多路，只在谭生拄杖前。'"其所著《化书》六卷一百十二篇，提出"无亲"、"无疏"、"无爱"、"无恶"的太和思想；认为世界万物起源于"虚"，由"虚化神、神化气、气化形"，最后复归于虚，追求"虚实相通"的"大同"境界。认为"圣人穷通塞之端，得造化之源，忘形以养气，忘气以养神，忘神以养虚。虚实相通，谓之大同"。此"大同"即其最高的修炼境界。在一定程度上反映了人民企求安定生活的愿望。

从北宋开始至元代，上清派在台州渐呈衰势，所居多为无名之辈。可称道者，仅王茂端、王契真、蒋宗瑛、张雨等人。

王茂端，生卒年代不详，天台（今浙江天台）人。少出家，居天台山桐柏观修道，善医，行上清大洞法。明传灯《天台山方外志》谓其："通真达灵，事验甚著。养母至百岁，自年九十八，清健不衰，人呼为'灵宝'。"北宋徽宗曾诏其医太后疾，得愈，赐官与金帛不受，乞御园中伯夷、叔齐二石像，载归桐柏。所著有《灵宝教法秘箓》十卷。

王契真，王茂端之弟，生卒年代不详，天台（今浙江天台）人。与其兄同修上清大洞法，号"小灵宝"。是显扬灵宝斋法的著名道士，自称"灵宝领教嗣师"，推行"天台四十九品"灵宝法。所编《上清灵宝大法》六十六卷，题洞微高士开光救苦真人宁全真授，上清三洞弟子灵宝领教嗣师王契真纂。前有《古序》、《玄序》，卷一《开宗明义门》总叙称："灵宝大法，贯通三洞，总备万法，是元始天尊所说，降世行教，化度凡间，为三十六部尊经，总计万八千篇。有八明、五译、七经、八纬、十奥、四十七章，总成一部。八明以法天开八聪，以明其幽。五译法五劫开化生五行。七经汲引大道径路。八纬范围教法之阃域。十奥谓十玄。四十七章训说始末纪纲。总成一部尽阐玄奥之旨，分品立门，枢贯为一。"此书作为灵宝东华分派的一部道法总集，所涉内容庞杂，大凡修炼、斋醮及诸多方术皆为收录。其中有许多内容乃摘录以往道书而成，但亦有其新的创造。对于研究道教的宗教仪式及修炼思想等都有一定的参考价值。收入《正统道藏》正一部。

蒋宗瑛（？—1281），字大玉，号冲妙先生，毗陵（今江苏常州）人。幼习儒业，及长遍游名山，寄情山水之胜。尝居天台桐柏山，偶于石壁间得梁陶弘景之《登真隐诀》。遂挟书至茅山，从上清派第三十七代宗师汤志道修行，后嗣为上清派第三十八代祖师。其善符箓法，凡祈祷辄应。南宋理宗时（1225—1264年），奉召入朝廷，行法祷晴，颇称皇帝意旨，因得赐钱十万缗修缮宫观。开庆元年（1259年），蒋宗瑛托疾出游，至庐山，过天目山，而往来天台、临海、永嘉形胜之间。元至元十八年（1281年），诏令入京师大都，未几而卒。其于上清经法戒研探尤深，曾注《大洞玉经》十六卷传行于世，又校勘《上清大洞真经》。

张雨乃宋之后从儒入道者，以诗文名世。其曾居天台山，撰有《外史山世集》、《碧岩玄会录》、《寻山志》及仙传《玄品录》。张雨身为上清派符箓道士而以玄理诗文名世，这虽然也是上清派道士传统之长，但也反映出该派在符箓咒术方面的衰落。

第七章　南宗的创立与发展

第一节　南宗思想溯源

南宗，道教内丹学的重要派别；创于北宋张伯端，"其学先命而后性"[①]。主流"始于太上老君，而盛于吕祖，溯其源：少阳帝君得老君之传也，两传而得吕祖云，吕祖传刘海蟾而开南宗"[②]。南宗倡导性命双修，道禅合流，基本思想源于传说中的吕洞宾。吕洞宾，本名绍先，后改名岩，又字希圣，号纯阳子，唐河中府永乐镇（今山西芮城县）人。会昌（841－846年）中两举进士不第，后"因游华山，遇钟离权，传授金丹大药之方"[③]。遂居终南山，又得钟离权"大道天遁剑法"和"龙虎金丹秘文"。"复遇苦竹真人，方能驱使鬼神"[④]。又"于僖宗广明元年（880年），遇崔公传《入药镜》，即知修行性命，不差毫发"[⑤]。吕洞宾既得道，乃历游天下，并改丹铅与黄白之术为内功，剑术为断除贪嗔、爱欲和烦恼的智慧，自称回道人，行化度人。历史上有无吕洞宾其人，很难断定。北宋张方平《乐全集》、北宋王举《雅言系述》、北宋张邦基《墨庄漫录》、北宋王巩《闻见近录》、北宋初陶谷《清异录》、北宋范致明《岳阳风土记》、北宋释文莹《玉壶野史》、北宋张舜民《画墁集》、北宋陈师道《后山集》、北宋王常《真一金丹诀》、北宋叶梦得《岩下放言》、北宋陆元光《回仙录》、南宋邵博《邵氏闻见后录》、南宋吴曾《能改斋漫录》、南宋曾慥《集仙传》、南宋陈葆光《三洞群仙录》、金袁从义《有唐纯阳吕真人祠堂记》、元辛文房《唐才子传》、元郝天挺《唐诗鼓吹》、

---

① （明）宋濂：《送许从善学道还闽南序》。
② （明）陆西星初编、（清）李涵虚重编《吕祖全书》。
③ （南宋）吴曾：《能改斋漫录》卷18所引吕洞宾《自传》。
④ 同上。
⑤ （元）赵道一：《仙鉴》卷45。

元陈致虚《上阳子金丹大要列仙志》、元赵道一《历世真仙体道通鉴》、元秦志安《金莲正宗记》、元苗善时《纯阳帝君神化妙通纪》诸书所记均有不同，如名字、生年、身世、籍贯、师承、生平事迹等都有多种说法。但《道藏》洞真部所收录的《钟吕传道集》、《破迷正道歌》和《道藏辑要》收录的《三宝心灯》、《云巢语录》、《金丹心法》及《观心篇》、《敲爻歌》等著作，都符合和体现了吕洞宾强调修心、不主外丹、倡导内丹的思潮。尽管这些著作大多数是后人附会的，但毕竟给当时的道教内部带来了新气象，使之出现了与当时三种趋向有别的新趋向，即向老庄归复、与禅宗融合，从而巩固了其以内丹炼养为主旨的宗教地位。

南宗炼养思想导源于吕洞宾，后经刘海蟾至张伯端而趋于成熟。刘海蟾，名操，或名哲，字宗成，又字昭元，号海蟾子，五代后梁燕山（今北京市西南宛平）人。以明经事燕主刘守光，累官至丞相。平时好谈性命，崇黄老之学。初遇道人正阳子，得"清净无为之示，金液还丹之要"[1]。随之即弃官出家，隐于华山及终南山潜心修道。后于终南山下遇见吕洞宾，蒙授以金丹秘旨，"自此往来终南、泰华间，复结张无梦、种放，访陈希夷先生，为方外友"[2]。元至元中（1271—1294 年），世祖诏封"明悟弘道真君"；武宗至大间（1308—1311 年），加封为"明悟弘道纯佑帝君"。刘海蟾丹成以后，云游传道，并著有《还金篇》、《黄帝阴符经集解》行于世。其继承吕洞宾的大统而加以发挥，所崇尚的清静无为和养性修命思想为北宋张伯端最终形成性命双修的南宗炼养思想奠定了坚实的基础。

第二节　南宗五祖

南宗五祖是指宋代提倡内丹炼养、道禅合流的道教内丹学派之张伯端、石泰、薛道光、陈楠及白玉蟾等。因他们的思想学说和教旨与全真道相似，且都活动于南方。为区别全真道创立者王重阳及王玄甫（号少阳）、钟离权（号正阳）、吕嵒（号纯阳）、刘操（字海蟾）等北五祖，故被尊为南宗五祖。

张伯端是道教南宗的开祖，也即是道教紫阳派的祖师。其字平叔，后改名用成，号紫阳。关于张伯端的生卒年代，学术界普遍认为卒年是肯定的，

---

① （元）赵道一：《历世真仙体道通鉴》卷 49。
② 同上。

即卒于北宋神宗元丰五年（1082 年）。这在多种记载中可以得到证实，南宋翁葆光《张紫阳事迹本末》："真人享年九十六，自太宗丁亥，至神宗壬戌。"元赵道一《历世真仙体道通鉴》："元丰五年三月十五日趺坐而化，住世九十九岁。"明王世贞《有像列仙全传》："元丰五年夏，趺坐而化，住世九十九岁。"但他的生年，则有不同的说法。翁葆光谓"自太宗丁亥"，享年九十六岁。赵道一、王世贞等称"住世九十九岁"。按宋太宗丁亥年，即雍熙四年（987 年）。而据"住世九十九岁"上推，则为太平兴国九年（984 年）。翁葆光，字渊明，号无名子，生卒年代不详。南宋乾道九年（1173 年），作阐发阴阳丹法的《悟真篇注》。赵道一，号全阳子，生卒年代不详，元浮云山圣寿万年宫道士。其所著《历世真仙体道通鉴》，成于元至元三十一年（1294年）。王世贞所据当引之于赵道一。因此，根据清著名史学家、方志学家章学诚的"地近则易核，时近则迹真"原理[1]。与张伯端年代、年龄相近的翁葆光所记，应较之赵道一、王世贞等年代、年龄相差较远者可信。然作为张伯端家乡的南宋陈耆卿《嘉定赤城志》，以及明传灯《天台山方外志》、清《康熙台州府志》和民国《临海县志》等，均无其生卒年代之记载，不知何故。

另有今人柳存仁、朱越利先生，提出了完全不同的说法。柳存仁先生在《张伯端与悟真篇》一文中认为，张伯端约生于北宋神宗熙宁九年（1076 年）左右，卒于南宋高宗绍兴二十五年（1155 年）左右。理由主要有四点：一是如宋陆彦孚的《悟真篇记》所说，张伯端八十余岁从陆诜入蜀，九十多岁事马默。即如此高龄仍被任用，似乎不大可能。二是张伯端卒于北宋元丰五年（1082 年），而按《宋史》卷三百三十四及有关史籍记载，马默出任河东转运使时在北宋元丰八年（1085 年）。一个已过世之人怎能在三年之后而依附马默，更是无稽之谈。三是南宋翁葆光所作《悟真篇注疏序》，说南宋陈达灵曾说过其祖与张伯端同学。陈达灵为翁葆光《悟真篇注疏》作序在于南宋淳熙元年（1174 年），此时与学术界普遍认同的张伯端生年，北宋太平兴国九年（984 年）或雍熙四年（987 年）有约二百年的时差；与卒年元丰五年（1082 年）也相差约一百年的时间。因此，如按陈达灵所说，张伯端不可能与其祖是同辈人，更不可能同窗共读。四是南宋翁葆光《悟真篇本末事迹·张真人本末》，说张伯端于北宋政和中（1111—1117 年）谒黄冕仲。黄冕仲

---

① （清）章学诚：《修志十议》。

即黄裳，一作勉仲，一云字道夫，号演山，延平（今福建南平）人。喜道家玄秘之书，自号紫玄翁。南宋建炎四年（1130年）卒，年八十岁。如果张伯端卒于元丰五年（1082年）的话，那么其死后谒黄冕仲也是不可能的事。朱越利先生同意柳存仁先生的推论。但对其推论稍加调整，认为"张伯端生于庆历六年（1046年），卒于绍兴十五年（1145年），活到了南宋初。依此检验两篇序言，《悟真篇记》和《张真人本末》等记载，会得出张伯端入成都遇异人时二十三岁，二十九岁撰写《悟真篇》，三十二岁发誓再不传人，四十岁以后事马默，六十六以后谒黄冕仲等年龄，似乎更有可能"①。从柳、朱二位先生的考证来看，其结论似乎很合情理。但事实上前后还是有相互矛盾之处的，如《悟真篇本末事迹·张真人本末》所谓张伯端于北宋政和中（1111—1117年）谒黄冕仲之事。文中明确有"平叔明序仙契，力欲振拔而黄公（冕仲）竟不契而没，帷自号曰紫元翁而已"的记载。也就是说此文作成之时，黄冕仲已"不契而没"。而事实上，黄冕仲卒于南宋建炎四年（1130年）。因此，柳、朱二先生某些方面的说法还是值得探讨的。

关于张伯端的籍贯，历来有天台、临海二说。

天台一说的主要依据为张伯端的《悟真篇自序》和《悟真篇后序》，《自序》中有"时皇宋熙宁乙卯岁旦天台张伯端平叔叙"，《后序》中有"时元丰改元戊午仲夏月戊寅日天台张伯端再序"的记载。此后，记载张伯端为"天台人"的古籍，如南宋陆彦孚（思诚）的《悟真篇记》："张平叔先生者，天台人，少业进士，坐累谪岭南兵籍"；如南宗夏宗禹的《紫阳真人悟真篇讲义序》："天台真人张平叔作悟真诗百余篇行于世"；如南宋释志磐的《佛祖统记》卷五十二："天台张平叔遇异人得金丹之要，著《悟真篇》传于世"；如元赵道一的《历世真仙体道通鉴》卷49《张用诚传》："张伯端，天台人也"；如明传灯的《天台山方外志》："张伯端，天台人，字平叔"；明宋濂《居士分灯录》："张伯端，字平叔，天台人"；明廖用贤的《尚友录》："张伯端，天台人，少好学"；清张联元的《天台山志》："张伯端，天台人，字平叔"；如清纪昀的《四库全书·悟真篇注疏提要》："伯端一名用成，字平叔，天台人"；如清王肯堂的《仙术秘库》："张紫阳本名伯端，后改名用诚，字平叔，号紫阳山人，天台人"；如清储大文等的《山西通志》："张伯端，天台人"；如清董穀士、董炳文的《古今类传》："张伯端，天台人"等。

---

① 朱越利：《金丹派南宗形成考论》。

临海一说的主要依据则是南宋临海人陈耆卿（1180—1237年）的记载，陈耆卿在其所著的《嘉定赤城志》卷三十五中称：张伯端"郡人，字平叔"。清王舟瑶《光绪台州府志》也有："张用诚，本名伯端，字平叔，号紫阳，郡人"的记载。清冯甦《康熙临海县志》更是直接地说明："张用诚，临海人"。而南宋翁葆光《悟真篇注疏·张用成本末》则谓："紫阳真人乃天台璎珞街人，先名伯端字平叔，后名用成"。此外，清玉枢子王建章的《历代仙史》也称张伯端："璎珞街人"。按璎珞街，在临海"府治东北，有宋真人张伯端故宅，即今紫阳楼是也。或曰故宅在观桥，其地旧为'悟真坊'，因真人著《悟真篇》而名"①。故所载"璎珞街人"的，亦归入临海一说。

一般说来，张伯端既自称"天台张平叔"，那么，认定其为天台人应该是没有疑问的。然在宋，乃至元、明，天台作为台州的别称已成为惯例，台州各县的名人、士人都以自称"天台人"为荣。如南宋理宗皇后谢道清为临海人，《宋史·谢皇后传》作"天台人"。宋元之际史学家胡三省为宁海（时属台州）人，其称为"后学天台胡三省"。元末明初文学家陶宗仪为黄岩人，其自称为"天台陶九成"。明翰林侍讲学士方孝孺为宁海（时属台州）人，其友称为"天台方君希直"。明人文地理学家王士性为临海人，自称"天台王士性"等等。特别是宋代，许多郡守都自称台州为"天台郡"，如南宋淳熙七年（1180年），郡守沈揆即云"去年春来守天台郡"②。又如南宋开禧二年（1206年），台州郡守叶筤"因锓木天台郡口口广其传"③。因此，张伯端不是天台人也是可能的。有学者认为，史料中除清康熙《台州府志》外，无附和张伯端是"临海人"一说。况且张伯端也自认是"天台人"，因此他就是"天台人"。此观点纯是为地方拉名人之说法，殊不知历代所谓张伯端为"天台人"者的记载，只不过是其《悟真篇序》中自称"天台张伯端"的传抄。而作为临海人，如果仅据《嘉定赤城志》和《临海县志》等史志的记载，显然力度不足。张伯端曾为台州府衙小吏，临海即台州郡治所在，其居住临海璎珞街，亦于情理之中。因住所并不代表籍贯。但如果从科学与历史的角度来说，南宋陈耆卿《嘉定赤城志》的"郡人"所记应该是最正确的。我们知道，"郡"是中国行政区划单位之一。始见于战国时期，秦统一天下

---

① （清）戚学标：《台州外书》卷15。
② 宋刻《颜氏家训》沈揆跋文。
③ （南宋）叶筤刻：《石林奏议》跋文。

后设三十六郡。后汉起，郡成为州的下级行政单位，介于州、县之间。而在史书中对于人物里籍的记载，采取沿用上代较大区划的地名作为郡治所在地的情况是常见的。就宋代台州而言，就有如"国子司业郡人陈耆卿寿老撰"①，又如"郡人吴子良拾其所遗，续载之"②，再如"郡人林表民逢吉撰"等的记载③。陈耆卿、吴子良、林表民均为临海人，他们均自称"郡人"，可见当时所谓"郡人"者即为"临海人"的事实。陈耆卿的生活年代与张伯端仅相差百余年，张伯端的生平活动和口碑相传，他应该是比较清楚的。陈耆卿受学于南宋哲学家、文学家叶适，文章法度，具有师承。他所著的《嘉定赤城志》为台州总志，以所属临海、黄岩、天台、仙居、宁海五县，条分件系，分十五门。清宋世荦赞其志"积十数年参考之功，创千百载遗缺之迹，词旨博赡，笔法精严，称杰构焉"④。故陈耆卿的记载应该是可靠的，即张伯端为临海人。

今人樊光春先生考诸有关史籍及方志后，也认为张伯端本为临海人。原因有三："其一，从有关县志查寻人物传，张伯端见于临海，而不见于天台，可见张伯端实为临海人无疑。天台、临海二县毗邻，如张确系天台人，修志者决不会坐视他县滥记。其二，从现存方志中，天台、临海二县均未见'缨络街'地名词条。唯民国《临海县志》记'紫阳道观'时提及'郡城理路街'（樊先生此处所记有误。据何奏簧《民国临海县志》卷三十五'紫阳道观'条：'紫阳道观，清雍正十年建，祀宋张用诚。凡二所，一在郡城璎珞街，一在县北六十里百步岭上'）。此处之郡城，当然是指临海。该志在记载城坊时有'悟真坊'一地名，说是南宋庆元三年（1197年）因张伯端故居而命名。作者没有说此前何名，与前文对照，可以认为即是缨络街。其三，临海历为州郡治所在。北宋时政区名台州临海郡，又称台州，因此临海或称州治，或称郡城。后人说张伯端为台州人或临海郡人都不无道理。而'天台人'一说，很可能是将台州误为天台；加之天台境内之崇道观为道教著名宫观，清初重建时又与清世宗敕封张伯端的传说有关"⑤。

天台学者朱封鳌先生在其所著《天台山风物志》之《南宗始祖张伯端》

---

① （宋）马端临：《文献通考》卷二百四。
② 同上。
③ 同上。
④ （清）嘉庆重刊本《嘉定赤城志》宋世荦序。
⑤ 樊光春：《张伯端生平考辨》。

一文中以为：张伯端"在其自著的《悟真篇·自序》中，自署'天台张伯端'。然而遍查天台地方史籍，却并无张伯端其人。据《台州府志》记载：张伯端实为台州临海人。原来，唐宋时期，台州以天台山出名。台州各县人称'天台人'的不乏其例。如宋代注释《资治通鉴》的宁海胡三省，自称'天台胡三省'；著《全芳备祖》的黄岩（今温岭）陈景沂，自称'天台陈景沂'，等等。张伯端是临海人，临海在台州之内，天台山延伸所及，当然也可算是天台人了"。

其实，关于张伯端的贯望问题，清雍正皇帝在其御书的《道观碑文》中讲得明明白白："紫阳生于台州，城中有紫阳楼，乃其故居。"台州的州治所在地在临海，这是历史所然，人所共知的。更重要的是，齐召南在清乾隆三十二年（1767 年）所撰的《重订天台山方外志要》卷七中，清清楚楚地有张伯端"临海人，字平叔"之记载。对于这一记载，又有持张伯端为"天台人"之说的论者在《道教南宗祖师张伯端贯望考》一文中提出异议："齐书撰于乾隆三十二年，为未完稿，嗣经阮元重订。召南为康、乾间著名学者，见重于高宗，其为人谨慎，世宗既误会张伯端为临海人，召南自不会批鳞"的说法。这样的观点实际上与"除康熙《台州府志》外，无有附和张伯端是'临海人'一说。此外，《中国道教》、《郡斋读书志》、《书录题解》、《中国名人大辞典》都说'张伯端，天台人'，况且张伯端也自认是'天台人'，他人议论毕竟属齐东野语"的观点一样，只不过是一种武断的自以为是的"臆想"而已。齐召南（1703—1768 年），字次风，号琼台，晚号息园，天台城关人。自幼聪颖，有"神童"之誉。后累官内阁学士、上书房行走、礼部侍郎等职。曾得到乾隆皇帝"不愧是博学鸿词"的赞美。作为一个天台人，早在清乾隆时就以科学的态度，来认识张伯端的籍贯问题，足见其治学的严谨。齐召南时又于友人同游临海百步岭，作《百步岭访张紫阳遗迹赋示同游》诗：谓"百步之上列翠屏，百步之濑名突星。岭头踞石俯溪水，镜中影写芙蓉青。共说神仙紫阳子，此间委蜕游沧溟。至今崖草森指甲，山椒犹卓小茅亭。与君披榛瞻石像，诗碑卧草花风馨。适见老鹤巢松顶，将无华表千秋丁。我闻紫阳勤学道，万里寻师远搜讨。成都佛寺遇海蟾，金液还丹传不老。秦蜀遨游几十年，含毫著得《悟真篇》。易老阴符发扃锸，龙虎参同映后先。磊落南宗第一仙，出入造化凌云烟。化后犹晤刘广益，作书亲授马自然。乡里传闻何不一，鱼羹顿悟挥刀笔。当时接引赖盐仙，碧潭浴罢红尘失。街名缨络记台州，州城故宅紫阳楼。楼边父老多能说，曾是仙家几度留。我将此事问老鹤：记得传闻事果不？鹤听人语但清唳，翩然矫翮如云流。神仙心迹且莫测，欲探琼笈身无由。洛诵遗诗下山去，紫阳面目依稀遇：君不起余霞绮染千峰树"！表达了自己的情感。再则，诚如樊光春先生所说，临海历代所能见到的《县志》均记载有张伯端及其生平，而天台没有。此外，临海城内有紫阳故居、紫阳道观，天台也没有；临海城内遍布诸如悟真坊、悟真庙、悟真桥等纪念张伯端的建筑，天台更没有。晚清学者管世骏认为：临海"悟真坊"系南宋郡守叶籈以张伯端居此著《悟真篇》名，"此以平叔为临海人之所本也"①。这些于南宋陈耆卿《嘉定赤城志》的记载相印证，足以证明张伯端为临海人，是无可辩驳的事实。

张伯端年轻时聪明好学，他在《悟真篇》序中自云："仆幼亲善道，涉猎三教经书，以至刑法、书算、医卜、战阵、天文、地理、吉凶生死之术，靡不留心详究。唯金丹一法，阅尽群经及诸家歌诗论契，皆云：'日魂月魄、庚虎甲龙、水银朱砂、白金黑锡、坎男离女，能成金液还丹，终不言真铅真汞是何物色。'"说明当时即热衷于道教的学习和研究。及年长，因"肄业辟雍不第"②，遂据刀笔，"为府吏"③。后因玩佛书有感，顿悟无生。并因火烧文书罪，被流放岭南。张伯端获罪充军的原因是多方面的，一方面是对所掌冤屈案件的同情，更主要的是他内心对封建社会的不满。

关于张伯端被流放一事，清《康熙临海县志》卷十有这样一段记载：

> 张用诚，临海人，原名伯端，字平叔。性嗜鱼，在官办事，家送膳至，众以其所嗜鱼戏匿之梁间。平叔疑其婢所窃，归扑其婢，婢自经死。一日，虫自梁间下，验之，鱼烂虫出也。平叔乃喟然叹曰："积牍盈箱，其中类窃鱼事不知凡几"。因赋诗曰："刀笔随身四十年，是非非是万千千。一家温饱千家怨，半世功名百世衍。紫绶金章今已矣，芒鞋竹杖经悠然。有人问我蓬莱路，云在青山月在天。"赋毕。纵火将所署案卷悉焚之，因按火烧文书律遣戍。先是郡城有盐颠，每食盐数十斤，平叔奉之最谨，临别嘱曰："若遇难，但呼祖师三声，即解汝厄。"后械至百步溪，天炎，沿溪中遂仙去。至淳熙中，其家早起，忽有一道人进

① （清）管世骏：《台州外书订》。
② （民国）《临海县志稿》卷28。
③ （清）《康熙临海县志》。

门坐中堂，叩其家事历历，随出门去。人以平叔归云，百步岭旧有紫阳真人祠，扁云："紫阳神化处"。

然据明叶子奇《草木子》记载，元至顺二年（1331 年），福建廉访使蜜兰沙有求仙诗，云："刀笔相从四十年，非非是是万千千。一家富贵千家怨，半世功名百世衍。牙笏紫袍今已矣，芒鞋竹杖任悠然。有人问我蓬莱事，云在青山月在天"。以上二诗，文字虽有差异，但仅为数字，因而作者同为一人无疑。张伯端赋诗最早见于清《康熙临海县志》，而蜜兰沙之求仙诗则载于明叶子奇之《草木子》卷四《谈薮篇》。可见，诗当为福建廉访使蜜兰沙的求仙之作。至于如何移植到张伯端身上，当是后人为生动丰富张伯端的坎坷经历而为。

张伯端坐累谪岭南兵籍后，由于官场无望，遂"浪迹云水，遍历四方，访求大道。一日访邵雍于洛，雍叩其年，云：'八十二矣。'雍告之：'君无患道不成，因缘当在西蜀。'伯端乃谢去"①。同时，对"金丹一法"也有了越来越深的理解和造诣。北宋嘉祐中（1056—1063 年），张伯端前往桂林，与白龙洞道人刘仲远相互盘桓，并"赠以长歌，叙以神仙造化之妙"②。希望刘仲远能专注于内丹的修炼，早成大道。嘉祐八年（1063 年），适逢余杭人陆诜知桂州，因得以"引置帐下，典机要"③。自此于治平中（1064—1067 年），随同陆诜奔走延州、秦州、凤州间，因年事已高而止于秦州（今甘肃天水）。陆诜因种谔擅自兴师之事而罢知晋州（今河北晋州），复起知真定（今河北正定）。未几，改龙图阁学士、知成都。熙宁二年（1069 年），张伯端自秦州前往与陆诜相会，在成都天回寺遇异人，"以夙志不回，初成愈格，遂感真人授金丹药物火候之诀"④。陆介夫死后，张伯端失去依托，遂往居距成都不远的绵阳安县罗浮山清修，并传法于王邦叔。安县罗浮山又名浮山，后山有玉清、天仙等宫观，道教历史悠久。紫阳真人张伯端撰、远师真人王邦叔授、东和希古渔人刘元一受《青华秘文序》谓："远师真人正邦叔，不知何许人也。时年十九，侍紫阳真人为弟子。见九年，不知大道之自然，亦不请问。一日侍师至罗浮观，先生曰：'子之从我，不为不久。于金丹之诀，

---

① 李永霖《历代神仙传略》。
② 南宋石刻《桂林刘真人传迹》。
③ （宋）陆彦孚：《悟真篇记》。
④ （宋）张伯端：《悟真篇序》。

略不顾及，然而从我何为？'邦叔再拜，曰：'非不顾及，自揣玄微，必无此分。'先生曰：'善！自太极既分之后，一点灵光，人人有之。贤者不加多，愚者不减少。似子所言，是蔽其明也。吁！可哀也哉！'邦叔不觉涕泗交颐，顿首百拜，悲不能起。先生曰：'子去静室中，思吾此语，有所觉则急来。'邦叔拜辞，遂去幽房静室中静思。至夜，紫阳先生再诣其室坐处，叩寝门。邦叔闻之，移而出迎。先生微笑曰：'吾一寻汝，便见头目。尔两日寻他，不得其有然。'遂灭所执之烛炀而退。邦叔大窘，坐五鼓，大悟，通体汗流。待旦以颂呈先生：'月照长江风浪息，鱼龙遁迹水太平。个中谁唱真仙子，声满座空万籁清。'先生览之，问曰：'谁唱难听？'邦叔遂答以诗曰：'莫问谁，莫问谁。一声高了一声低。阿谁唱，阿谁听。横竖大千说不尽。先生有意度迷徒，急撞灵台安宝镜。镜明澄静万缘空，百万丝条处处通。斗转星移人睡定，觉来红日正当中。'先生逐出金丹图传与邦叔，遂止罗浮，后十三年坐化"。张伯端离开安县罗浮山后，携同王邦叔"转秦陇"①，修炼于秦州冀城（今甘肃甘谷）。关于冀城，清储大文《山西通志》谓："冀城紫阳宫即其修炼处。"按"冀城紫阳宫"在山西冀城县，考张伯端一生足迹根本未至山西，何来"冀城紫阳宫即其修炼处"之说，当是后世好事者为之。旋"择兴安之汉阴山中（今陕西紫阳县紫阳洞）修炼"②。其间，撰《悟真篇》，游历中传于石泰。久之，复回安县罗浮山。元丰元年（1078年），张伯端"自成都归于故山"③。途中，访马默于京东路之兖州（今山东兖州），复以《悟真篇》传之；后南下陆续止于常州（今江苏常州）红梅阁和临安（今浙江杭州）瑞石山。南宋陈葆光《三洞群仙录》称："伯端尝于毗陵（今江苏常州）红梅阁，著《悟真篇》八十一首。后为白玉蟾著《金丹四百字》，居瑞石山。"瑞石山在临安（今浙江杭州）"背兑面震，据吴山之坤位，三茅观之艮方，称小蓬莱。临安志，宋在太庙后，为禁山，紫阳真人张平叔尝著《金丹四百字》、《悟真篇》者"④。最后，历尽坎坷的张伯端回到了故乡临海，"筑室于山青水绿之中，乃扬磬然而怡怡然，若有所得。客传于市曰：遭贬张平叔归于山矣。"⑤并往来于临海灯坛山、盖竹山、龙顾山等之间。

---

① （宋）陆彦孚：《悟真篇记》。
② （明）徐道：《历代神仙通鉴》。
③ （宋）张伯端：《玉清金笥青华秘文》。
④ （明）范涞晞：《紫阳庵碑记》。
⑤ （宋）张伯端：《玉清金笥青华秘文》。

北宋元丰五年（1082 年），张伯端在百步岭（今属浙江临海河头镇）"天炎浴水中"①，趺坐而化。所留《尸解颂》云："四大欲散，浮云已空。一灵妙有，法界圆通。"弟子"用火烧化得舍利千百，大者如芡实，色皆绀碧"②。张伯端死后，百步乡里在其羽蜕之地立"紫阳化身处"纪念碑。南宋庆元三年（1197 年），台州郡守叶籯名"州东北二百五十步"为"悟真坊"，作为纪念张伯端的纪念性街区。宋陈耆卿《嘉定赤城志》谓："叶守籯以张平叔居此著《悟真篇》名"。同年，叶籯又改城内黄牛坊桥为"悟真"桥，以示对张伯端的纪念。后又有悟真庙等建筑的出现。明嘉靖四十四年（1565 年），台州府推官张滂在百步岭修建紫阳庵，并重修碑石，题曰："重修紫阳题诗碑记"③。清雍正十年（1732 年），世宗皇帝敕封张伯端"大慈圆通禅仙紫阳真人"号。并亲撰《道观碑文》，命工部主事刘长源来临海，在其故居璎珞街和羽化地百步，各建"紫阳道观"一所，用以祀祠张伯端。

石泰（1022—1158 年），字得之，号杏林，一号翠玄子，扶风（今陕西扶风）人。初以缝纫为业，但素慕正宗，参访真道。自称"遍游胜境，参传正法，愿以济世为心；专一存三，尤以养生为重。"④ 后在邠州（今陕西彬县）酒肆巧遇张伯端，伯端见其仙风道骨，乃授以金丹大道。石泰得道后，常"以医药济人不受谢，令植杏一株，久遂成林，人因号'杏林'"⑤。尝于四川安县罗浮山中苦修，并作《还源篇》以启迪后闻，寿至一百三十七岁而终。解化之时作颂云："雷破泥丸穴，真象驾火龙，不知谁下手，打破太虚空。"被尊为南宗第二祖。

薛道光（1078—1191 年），名式，一名道源，字太原，陕县鸡足山（今河南三门峡）人。少出家为僧，法号紫贤，人称毗陵禅师。曾留居长安开福寺，参长老修岩，顿悟无上秘密圆明真宝要法。又参高僧如环，因观桔槔有感，念谈禅不能长生，遂转而雅好金丹导养，探求性命双修之术。北宋徽宗崇宁五年（1106 年）遇石泰，得授《悟真篇》，从而弃僧从道。幅巾缝掖，混俗和光，以了性命大事，并自号紫贤真人。关于师从石泰的经过，《薛紫贤事迹》有这样一段记载："崇宁丙戌岁冬，寓眉县青镇听讲佛事，适遇凤

---

① （清）康熙《台州府志》卷 13。
② （明）传灯：《天台山方外志》卷 9。
③ （民国）《临海县志稿》卷 35。
④ （宋）石泰：《还源篇序》。
⑤ （清）顺治：《扶风县志》。

翔府扶风县杏林驿人石泰，字得之，年八十五矣，绿发朱颜，神宇不凡，夜事缝纫。道源审察焉，心因异之。偶举张平叔诗曲，石攫然曰识斯人乎，曰吾师也"。以一百一十四岁寿终，尸解时留有一颂："铁马奔入海，泥蛇飞上天，蓬莱三岛路，原不在西边。"著有《丹髓歌》、《还丹复命篇》、《悟真篇注》等传世，被尊为南宗第三祖。

陈楠（？—1213年），字南木，道号翠虚，生卒年代不详，惠州博罗县（今广东惠阳）人。曾以盘拢箍桶为业。初遇紫贤真人薛道光，得太乙刀圭火符秘诀。后遇黎母山神人，传以景霄太雷琅书，遂以丹法和雷法行于世。传说能驱狐鞭龙，浮笠济湍，并经常以符水撮土为丸，疗人疾病。因此，湖广中人号"泥丸先生"。北宋政和中（1111—1118年）擢道院录事，后归广东罗浮山，传道于白玉蟾。关于白玉蟾之传承，陈楠的《罗浮翠虚吟》有"嘉定壬申八月秋，翠虚道人在罗浮。眼前万事去如水，天地何处一沙鸥。吾将蜕形归玉阙，遂以金丹火候诀，说与琼山白玉蟾，使之深识造化骨"之说。南宋嘉定六年（1213年），水解于漳州梁山，有颂"项上雷声霹雳，混沌落地无踪。今朝得路便行，骑个无角火龙"。由于他承传张伯端的金液内丹思想，所以后人尊他为南宗第四祖。

白玉蟾（1134—1229年），生于南宋绍兴四年（1134年），福建闽清人。本姓葛，"梦道者以玉蟾蜍授之，是夕产子，母即玉蟾名之以应梦。稍长，又名长庚"①。因祖、父相继亡故，母他适，遂改姓白，号琼馆。白玉蟾年幼时聪颖异常，七岁即能诗赋，幼举童子科。"年十六，专思学仙，毅然就道"②。先后二十六年，足迹遍及兴化军、罗源兴福寺、武夷山、龙虎山、淮西、江东、天台山和两浙、武林等地，"回思畏日驱途，严霜卧地，千山万水，碌碌空忙"③。淳熙三年（1176年），游历至东海滨时而得遇陈楠。陈楠喜其仙质贤才，乃携入广东罗浮山中学道，从此改装道士，号海琼子。复遵师命游历诸名山，于海南岛黎母山遇神人，授上清法箓和洞玄雷诀，并得传以度人经。七年后，"归罗浮复命"④。此后九年之间，尽得师道。绍熙二年（1191年）离开罗浮山，十余年间屡得陈楠秘传，深契金丹之道。南宋苏森曾谓："始觉其方丈一点浩然，发为词翰，已无烟火气。一丈草书，龙蛇飞

---

① （清）彭竹林：《神仙通鉴白真人事迹三条》。
② 《道藏精华》第十集之二（上）第41页。
③ 同上。
④ 同上。

动，诗章立成，文不加点，与森酬唱，仅百余篇，已板行矣。其他处吟咏不可胜数。及在罗浮山、霍童山、武夷山、龙虎山、天台山，多遇异人，颇着符瑞。每所到处，间有异应。人有愿学之者，不可得而与语"[1]。嘉定五年（1212 年），陈楠自知化期不远，谓："眼前万事去如水，天地何处一沙鸥。吾将蜕形归玉阙，遂以金丹火候诀，说与琼山白玉蟾，使之深识造化骨"[2]。将金丹要籍、雷霆秘书等尽传白玉蟾。陈楠死后，白玉蟾承其道统，开始传道授徒，并建立了以"靖"为名称的小规模的教团。又化名兰元白，居白鹤洞天，号养素真人。嘉定八年（1215 年），于武夷山传道予陈守默、詹继瑞等。嘉定九年（1216 年），于武夷山驻云堂，为道众讲经宣道。嘉定十年（1217 年），得彭耜与留元长为弟子。嘉定十一年（1218 年），在庐山太平兴国宫，为弟子们讲道，并传以丹经。又至南昌西山玉隆万寿宫，为道士罗适庵作《玉隆万寿宫会堂记》，并"为国升座，观者如堵"[3]。继又"诣九宫山瑞庆宫主国醮"[4]。嘉定十二年（1219 年）离开武夷山，"到江州，行兴国军，如岳阳，回豫章，过抚州，谒华盖山，下临江军，取道饶信而制东。以八月一日诣行在，复游绍兴，过庆元府，再归临安"[5]。旋"欲往天台，临行呼潜庵授之，以此南望"[6]。在天台山时，作有《携友生诣桐柏》、《桐柏山书怀》、《桐柏观留别》等诗：如"篮舆过尽几山丫，夜宿天台仙子家。我昔岩前种芝草，尔来云表饭胡麻。金前错落枫犹叶，玉屑飘零菊更花。霜露逼人心兴倦，无穷旧事散天涯"。又如"桐柏山头避俗嚣，篇诗斗酒自逍遥。九峰野草迷丹灶，三井飞泉喷石桥。万顷白云蒸绿野，一声黄鹤唳青霄。人言华顶高高处，东海蓬莱浸海潮"。再如"身落天台古洞天，蒲团未暖又飘然。如何庵不琼台地，想是吾非桐柏仙。无复得餐三井水，未曾深结九峰缘。杖头挑月下山去，空使寒猿啸晓烟"。嘉定十三年（1220 年），为阁皂山崇真宫冲妙大师朱季湘所作《阁皂山崇真宫昊天殿记》。嘉定十四年（1221 年），又赴苏州参加纯阳会。嘉定十五年（1222 年），赴临安征诏，因有臣僚奏其左道惑众，遂逐出京师。绍定二年（1229 年）十月，水解于临江军江月亭之江

---

[1]　林有声编《海琼白真人全集》卷 6。

[2]　（南宋）陈楠：《罗浮翠虚吟》。

[3]　（南宋）彭耜：《海琼玉蟾先生事实》。

[4]　同上。

[5]　（南宋）谢显道：《海琼白真人语录》卷 4。

[6]　同上。

流中。他的化去，明陈琏廷《增补罗浮山志》卷七是这样记载的："饮醉袖出一诗，未及展玩，已跃身江流中，诸从游疾呼援，先生出水面摇手止之，皆谓已水解矣。是月又见于融州老君洞。由是度桂岭，返三山，复归于罗浮。绍定己丑（1229 年）冬，或传先生解化于盱江。先生尝有诗云：'待我年当三十六，青云白鹤是归期。'以岁计之，似若相符。逾年人皆见于陇、蜀，又未尝死，竟莫知所终。考耜为玉蟾弟子，所纪当实，蟾生于绍兴甲寅，至绍定己丑，计九十六岁。云三十六岁者，除去一甲子也。"

白玉蟾博洽群书，善篆隶草书，工画梅竹。一生著述甚多，除诗文集《上清集》、《武夷集》、《玉隆集》等，以及徒众辑编的《静余玄间》、《白真人文集》、《海琼白真人语录》、《海琼传道集》、《金华冲碧丹经秘旨》外，尚有许多雷法符箓方面的著述。最为重要者有《九天应元雷声普化天尊玉枢宝经集注》、《玄珠歌注》、《道法九要》、《坐炼工夫》和所传《先天雷晶隐书》、《高上景霄三五混合都天大雷琅书》、《洞玄玉枢雷霆大法》、《神霄十字天经》等。他继承和发展了以精、气、神为核心的内丹丹法，特别是把张伯端用禅宗的"即心是佛"来比附道教"养性全命"论的理论发展得更细密、更禅宗化。遂成为南宗道禅合流一派的代表人物，称作"琼琯紫清真人"。又因白玉蟾以前的四祖，皆为单传，并未形成道派，只有到白玉蟾时才传了众多弟子，始形成为教团。故后人尊其为南宗第五祖。

南宗五祖中，张伯端认为儒、释、道同源，倡导"三教一理"，主张以修炼金丹为主，创立了道教南宗的一整套理论。石泰、薛道光承《悟真篇》之说，强调以真铅真汞为药物，在理论上以先天一气为丹本。皆仅言金丹命术，颇有贬抑儒、释之词。陈楠的丹法承前启后，介于前二类之间。强调须采先天真铅为药，循炼精、炼气之途渐进。而白玉蟾则继承、发展了张伯端的理论，并大力倡导不同教派、不同思想的对话与交流，从而构建了自己的理论体系，逐步建立、形成了南宗的组织形式。总之，南宗五祖的金丹理论开创了道教修炼的新思想、新体系。对宋以后中国道教的发展，产生了巨大的影响。

第三节　南宗代表著作

南宗自张伯端开始，其主要人物都有著作流传。五祖中，张伯端有《悟真篇》、《玉清金笥青华秘文金宝内炼丹诀》、《长生要义》和《金丹四百字》，石泰有《还源篇》，薛道光有《复命篇》，陈楠有《翠虚篇》，白玉蟾有《玉隆书》、《上清集》及《武夷集》等。

以上这些著作中，《悟真篇》体现了张伯端炼养思想的总成，是南宗的代表著作。张伯端在书中力主内丹，视外丹黄白为旁门邪术，主张按照万物化生的法则，反其道而修炼自己的精、气、神。书中还吸取了老子的一些哲学思想，利用它来说明内丹的修炼方术，并加以深化和发展，使之成为自己内丹学说的理论基础。他还顺应当时儒、释、道三教合一的思想潮流，公开标揭道禅合流的旗帜，以修炼性命之说来融贯诸家学说。《悟真篇》宣扬内丹修炼，还从传统的"人身一小天地"的天人合一哲学观出发，它以人的自身比做修炼的鼎炉，以精气为药物，用神为运用的火候，循行一定的经络，经过一定的步骤，使精、气、神在体内凝聚不散，结成内丹。内丹以去疾健身为初效，延年永寿为中效，"阳神飞升"为最高目标。具体修炼为收心敛性、养炁守神、无欲无念三个过程。这三个过程是"道生一、一生二、二生三、三生万物"的逆行，即重新由三而二、由二而一、守一而归无，最后归于万物之初的"道"。亦即所谓的命功（收心敛性、养炁守神）和性功（无欲无念）。实际上就是积精累气的气功之学，在修身养性方面，具有较高的科学价值。

北宋熙宁三年（1070年），张伯端因丹法"三传非人，三遭祸患，皆不愈两旬"[1]。因萌发著书之意，"遂撰此《悟真篇》，叙丹法本末"[2]。熙宁八年（1076年），张伯端在兴安之汉阴山中（今陕西紫阳县紫阳洞）著成是书，使有缘者能"寻文解义"[3]，有所心得。张伯端著成《悟真篇》后，在陕西的凤州（今陕西凤县）、阶州（今甘肃武都）等地传道时，因得罪凤州太守而"按以事坐黥窜"[4]，被判流放，解送边塞。至邠州境内，会大雪阻于乡村酒肆，巧遇石泰。翁葆光《张真人本末》谓："后因妄传获谴，凤州太守怒，按以事坐黥窜，经彬境，天雪与护者饮村肆，真人遇之。"石泰见张伯端被解差押送，乃询问其来历，张伯端据实相告。石泰便与解差相商，引伯端前往邠州衙门，经与太守交涉，终于作出了免于流放的判决。张伯端获释后，

---

① （宋）张伯端：《悟真篇后序》。
② 同上。
③ 同上。
④ （南宋）翁葆光：《悟真篇本末事迹·张真人本末》。

始忆其师曾云"异日有与汝解缰脱锁者，当宜授之，余皆不许尔"语①。遂将《悟真篇》及心要倾囊相授于石泰，使之成为嫡系传人。离开石泰后，张伯端"事扶风马默处厚于河东"②，并又将《悟真篇》"授之"③。曾金兰先生认为："陆诜卒后，张伯端要找马默，应当到京东路去找，而不是河东，当然更不会是荆南。只是张伯端会因为寻求马默的资助，千里迢迢先从四川到山东，然后再回到陕西觅地修炼？这样似乎不合情理，也不符合陆彦孚'转徙秦陇，久之，依马默'的叙述，更不符合张自叙三传非人之后，将《悟真篇》交给马默，愿其传布的过程。"④ 此论甚是，张伯端在巧遇石泰脱困，以《悟真篇》授之后。萌发回家乡之念，故又至京东寻访马默，将《悟真篇》"择而授之"⑤。并"愿公流布，当有因书而会意者"⑥。离开马默后，回家途中一度寓居于常州红梅阁（今江苏常州市红梅公园东南隅）和临安瑞石山（今杭州紫阳山）。在红梅阁，张伯端著成《玉清金笥青华秘文金宝内炼丹诀》三卷；在瑞石山，又成《金丹四百字》一卷。元丰三年（1080 年），张伯端在陆诜卒后"奔涉山川，逾越险阻者，于兹十年"⑦，回到临海。自谓"张子野人，身披百衲。自成都归于故山……从游之士，丛然而至。立于庭，且泣且拜曰：'先生固无恙乎？'"⑧ 李叔还《道教辞典》则云："丹成返台州，传道授徒。"

关于《悟真篇》的成书地点，史料中还有几种不同的说法。南宋陈耆卿《嘉定赤城志》以为在临海，谓张伯端自成都得"金丹术归，以所得萃成秘诀八十一首，号《悟真篇》"。明《成化重修毗陵志》则认为在常州红梅阁，称："红梅阁，在荐福寺，宋为贡士院。旧传薛道光与张平叔曾修炼于此，尝著《悟真篇》一卷行于世。"此外，南宋陈葆光的《三洞群仙录》和明范涞晡之《紫阳庵碑记》，也分别有张伯端在常州红梅阁与杭州瑞石山著《悟真篇》的记载。

《悟真篇》一书在《宋史·艺文志》、宋马端临《文献通考》、陈振孙

① （宋）张伯端：《悟真篇后序》。
② （南宋）陆彦孚：《悟真篇记》。
③ 同上。
④ 曾金兰：《张伯端访道与传道路线考》。
⑤ （宋）张伯端：《悟真篇后序》。
⑥ （南宋）陆彦孚：《悟真篇记》。
⑦ （宋）张伯端：《青华秘文》。
⑧ 同上。

《直斋书录解题》、清《四库全书》、《古今图书集成》及明清《道藏》中皆有著录。其传世本很多，作注者不乏其人。

最早的注本应为南宋叶士表的《悟真篇注》，叶士表，字文叔，生卒年代不详，临海人。其于南宋绍兴三十一年（1161年）为《悟真篇》作注。元人戴起宗在其《〈悟真篇注〉辨》一文中说："前乎文叔，未有注《悟真篇》者。"叶士表与张伯端同为临海人，且生活年代不远，故叶士表所注之《悟真篇》，当为张伯端《悟真篇》之旧本。另有最早的注本为薛道光的《悟真篇注》之说，但此注在元至元元年（1335年）已为戴起宗否定。戴起宗为此注作疏，阐发未尽之义。复撰《金丹法象》一篇，解释有关金丹术语，并著文辨明所谓薛注，实际上是翁葆光所注，乃是坊家为扩大影响而假名于薛。另原题为翁葆光所述的经书还有《紫阳真人悟真直指详说三乘秘要》一卷、《紫阳真人悟真篇拾遗》一卷。《紫阳真人悟真直指详说三乘秘要》中收入宋元道士诗文数篇。其中《悟真直指详说》、《三乘秘要论》、《三乘秘要诗》，三篇主要申说翁葆光分《悟真篇》为三卷之旨。《紫阳真人悟真篇拾遗》收有禅宗歌颂诗曲杂言，包括性地颂，无罪福颂，三界唯心颂，圆通颂，随他颂，宝月颂，心经颂，齐物颂，读雪窦禅师祖英集，戒定慧解，即心是佛颂，采珠歌，禅定指迷歌，无心颂，西江月十二首。此外，宋代为《悟真篇》作注的还有袁公辅、陆子野、子虚子数家。袁公辅《悟真篇注》撰于南宋嘉泰二年（1202年），陆子野《悟真篇注》内容以阴阳丹法为主，子虚子生平事迹不详，所注《悟真篇》为元戴起宗所批评，谓："诚可谓邪宗曲派而妄注之也，乃子虚子之邪宗，故不敢显姓名，又冒先书其年月，托以无名子未言旨取于世。"

元代为《悟真篇》作注的有陈致虚、戴起宗和俞琰。上阳子陈致虚其文题为《注悟真篇序》，由张士弘编集在《紫阳真人悟真篇三注》一书中。《紫阳真人悟真篇三注》，署薛道光、陆墅、陈致虚三家注，实际均出陈致虚之手，此书流传较广。张士弘在书中另有《紫阳真人悟真篇筌蹄》，又书中编首所录薛道光《悟真篇记》一文，为宋人陆彦孚所撰。空玄子戴起宗作有《悟真篇注疏》和《〈悟真篇注〉辨》。《悟真篇注疏》均题为薛道光的《悟真篇》注本，附录部分均只有三篇：《读周易参同契》、《赠白龙洞刘道人歌》、《石桥歌》。《〈悟真篇注〉辨》则是对各种注本的考证。戴起宗，字同甫，号空玄子，生卒年代不详，集庆路（今江苏南京）人。元延祐中（1314—1320年），尝官绍兴儒学教授。俞琰（1253—1316年），字玉吾，号全阳子、林屋山人、石涧道人。吴郡（今江苏苏州）人。少好博览，熟读经、史、子、集，以词赋闻名，雅好鼓琴，尤精于易学。潜心《周易》，旁及丹道三十余年。《四库全书总目提要》谓其于周易之学"覃精研思，积三四十年，实有冥心独造，发前人所未发者"。著有《周易集说》、《易图纂要》、《周易参同契发挥》、《易外别传》、《阴符经注》、《吕纯阳真人沁园春丹词注解》、《炉火监戒录》以及《林屋山人集》、《书斋夜话》、《月下偶谈》、《席上腐谈》等。按其所著《席上腐谈》卷下："予自德祐（1275 年）后文场扫地，无所用心，但闭门静坐，以琴自如，读《易》，读内外二丹书，遂成四癖……内丹则集汉唐以来丹诗歌诀一百卷，名曰《通玄广见集》。至元癸未（1283 年），遇异人，授以先天之极玄，乃撰《参同契发挥》、《悟真衍义》等书。"可知其曾为《悟真篇》作过注，题为《悟真衍义》。

明代作注的有周瑛、陆西星、张位、吴应宾、李堪、彭好古、李文烛、王嘉春、曹薰、罗维等；作异注的为九映道人甄淑。周瑛（1430—1518 年），字梁石，自号蒙中子，别号翠渠，莆田（今福建莆田）人。明成化五年（1469 年）进士，官至四川右布政使。著《悟真篇注》，有明张吉《与周梁石同访镇远道士不遇，因观梁石所注〈悟真篇〉有怀而作赠梁石》诗："束带拜先生，郡斋芳树底。渴心慰畴昔，婉娈增色喜。玉貌泽且温，霜髯奋而理。高词轧金石，劲气参碢砥。为指烟水东，微茫修竹里。炼形有仙客，颇遂虚玄旨。挟我往访之，凌晨涉中沚。客从清浪去，云窦扃不启。时见岩洞阴，芳华耀桃李。桃李亦何言，忘言相对倚。开樽不停手，作书动盈纸。试问还丹客，长生古今几。君材匪庸流，声望满遐迩。愿为吾道计，兹事宜力舐"为证。陆西星（1520—1606 年），字长庚、号潜虚子，扬州兴化（今江苏兴化）人。自创丹法东派，是明清时代理论水平较高的内丹名家。著有《方壶外史》丛书，此为丛书中之一种，注解以陈致虚《三注》为底本，每诗前加一小序，概括内容要旨，但亦时出新解。张位（1538—1605 年），字明成，号洪阳，南昌新建（今江西新建）人。明隆庆二年（1568 年）进士，历官吏部尚书、武英殿大学士。其贯通经史，工诗善文，著有《悟真篇注解》三卷。《四库全书》卷一百四十七有"《悟真篇注解》三卷，江苏周厚育家藏本，明张位注"之记录。并称"位有《问奇集》，已著录。是编前有位序，谓《悟真篇》自叶文叔著外传，紊乱真经，使学者愈增惑误。故分此书为三，而又撰《直指》、《详说》、《三乘秘要》诸论，附于卷末"。吴应宾，字尚之，号观我，生卒年代不详，桐城（今安徽桐城）人。明万历十四年

(1586 年）进士，累官翰林院侍读。后隐居故里，四十多年，闭门著述。其深于性命之学，潜心研究儒家经典，尤其擅长诗词创作。著有《悟真篇注》，《江南通志·艺文志》卷一百九十二谓："《悟真篇注》、《采真稿》、《方外游》，俱安庆吴应宾。"李堪，字任之，号楚愚，生卒年代不详，明应城（今湖北应城）人。有《笺释悟真篇》二卷，所注丹法为阴阳双修之"龙虎丹法"。《四库全书总目》谓："《玉洞藏书》四卷，明李堪撰。堪号堪愚，应城人。是书成于万历壬子（1612 年），前二卷取宋张伯端《悟真篇》，句为笺释，而附以诸仙修炼之说。"彭好古，号一壑居士，生卒年代不详，明西陵（今湖北宜昌）人。他的《悟真篇注》主张阴阳双修。李文烛，字晦卿，号梦觉道人，生卒年代不详，明丹徒（今江苏镇江）人。他的著作除了《悟真篇注》，还有《金丹四百字注》等。王嘉春，又名涵虚，字九灵，生卒年代不详，明永嘉（今浙江永嘉）人。著有《悟真篇注》，《浙江通志》卷二百四十五谓："《悟真篇注》。《永嘉县志》，王嘉春著。"按清《温州府志》，其"潜心《老》、《易》，为应道观道士，居无几，遂遍游五岳，禁足武当。注《道德经》，李本宁为之序。寻复著《太极图说》、《易粹篇》，注《参同契》、《悟真篇》、《阴符经》、《维教正论》。晚年归瓯，朱之藩赠之诗云：'五岳归来云满袖，九山高卧雪盈头。'"曹薰，号混成子，生卒年代不详，明镇江（今江苏镇江）人。撰有《悟真篇》注解，《镇江府志》谓："所著有《道德》、《阴符》、《悟真》、《参同》诸经。并警歌百首，皆谈内丹。"罗维，字八纮，号梦觉子，生卒年代不详，明镇江（今江苏镇江）人。《镇江府志》称："注有《道德经》、《参同契》、《悟真篇》，皆力扫外事，以清净自然为宗。"甄淑，字尔仪，一字锦石，号九映道人，生卒年代不详，湖广黄冈（今湖北黄冈）人。明万历三十八年（1610 年）进士，累官大司寇。性喜丹家之学，明崇祯年间（1628—1644 年），著有《悟真篇翼注》。东阁大学士、工部尚书范景文为之序，亟称"大司寇甄公，体湛道德，羽翼圣真，列在杏坛……司寇恻然恫愍，取《参同》、《悟真》两编，绎之翼之，绎以辨殊言，翼以辅《三注》，理抽秘密，妙解真诠……公（甄淑）忠亮慈恺，详刑慎恤，方欲补国家之元气，通四海之精神，导阴阳之和，息水火之战，何暇治元同而学广成耶！考古名世大臣，率从神仙示现……公当名登玉简，籍谱青华，绎《契》翼《篇》，知了悟在性天，心传在元始，而功行在著述矣"！

清代陶思萱作有《悟真篇注》，陶素耜有《悟真篇脉望》，仇兆鳌有

《悟真篇集注》，汪启贤有《悟真指南》，朱元育有《悟真篇阐幽》，陈栖霞有《悟真篇注》，刘一明有《悟真直指》，董德宁有《悟真篇正义》，傅金铨辑有《悟真篇四注》，姜中贞有《悟真篇注》，金鹰扬有《悟真新解》，潘祖望有《悟真篇注》等。陶思萱（？—1692年），名太定，字屺瞻，号石奄，归安（今浙江湖州）人。从族叔陶靖庵学全真之道，嗣为龙门派第九代律师。后居金盖山，每日晨起读四子书，继以道德楞严，夕则朝斗祝世。王宗耀《湖州金盖山古梅花观志》谓："复多著作，有《周易注疏》、《悟真参同》二种注疏，《南华经注纂》、《道缘斗玉经集注》、《玉皇本行集经集注》、《千真雷紫庭经注》、《云笈》等书。"陶素耜，原名式玉，字尚白，号存斋，道号存存子，又号霍童山人，会稽（今浙江绍兴）人。清康熙中（1662—1722年）赐进士出身，曾任广西道监察御史，所撰《悟真篇脉望》，亦主张阴阳双修。仇兆鳌（1638—1717年），字沧柱，鄞县（今浙江宁波）人。清康熙中（1662—1722年）进士，累官吏部右侍郎。后以病归养。年轻时喜探讨性命之学。书中实集陆墅、翁葆光、陈致虚、戴起宗、陆西星、李文烛、彭好古、甄淑、陶素耜九家注，自己并作补注。卷首列《例言》二十条评论诸家得失，指出《悟真篇》大义。《提要》七条，分凝神定气、运气开关等，撮述《悟真篇》丹法次第。注文所述内丹法以阴阳双修为主。汪启贤（1662—1722年），字肇开，歙县（今安徽歙县）人。康熙年间名医，行医于吴越间，常与其弟启圣（字希贤）、子大年（字自培）等辑注《济世全书》。所著《悟真指南》二卷，每首加以韵语注解，未收禅宗诗词，主张阴阳双修。收在《济世全书》丛书内。朱元育，号云阳道人，生卒年代及里籍不详。师事北宗张碧虚，为全真龙门嫡系，习清静丹法。又参以南宗功诀，自是道业精进。博学好读，广征博引诸家之说，清康熙中（1662—1722年）撰著《悟真篇阐幽》行世。谓《悟真篇》："此书源头出自《阴符》、《道德》两经，其作用则略仿《参同契》。"陈栖霞（1763—1805年），名阳真，字太朴，原名朴生，号春谷，又号栖霞子，临海人。少学全真之道，为龙门派第十二代律师。清闵一得《金盖心灯》卷五谓其"尝著《悟真》、《参同》、《清静》等经，颇有卓识"。刘一明（1734—1821年），号悟元子，别号素朴散人，为全真道龙门派第十一代传人。学道于栖云山（今兰州市东南），研究《周易》、《参同契》、《悟真篇》之理，著有《悟真直指》等书，坊间汇刻为《道书十二种》。《悟真直指》自创一系列术语，杂用理学一些名词代替铅汞龙虎各词，读起来感到生硬。卷末附有《悟真篇外集》题名为《悟真性宗直指》，并每首加注。董德宁，字静远，号元真子、四峰山人，会稽（今浙江绍兴）人。其所著《悟真篇正义》有乾隆戊申（1788年）自序。"称曰正义者，为使读者破疑擿微，学归正道，不被歧路迷惑而升堂入室也"。此书未收禅语诗词，但附《悟真外篇》，外篇内收《金丹四百字》，并将《玉清金笥青华秘文内炼丹诀》压缩为二十四章，改名《玉清内丹宝箓》。分章细解，逐句精详，随时破迷启悟，体会真机，文简意明，出浅入深。傅金铨，字鼎云，号济一子，又号醉花道人，生卒年代不详，江西金溪珊城人。是清代阴阳双修内丹派的代表人物之一，被称为清代东派内丹家。辑有《悟真四注》，所云："丹经有微言，有显言，有正言，有疑似之言，有比喻之言，有影射之言，有旁敲侧击之言。有丹理，有口诀。似神龙隐现，出没不测，东露一鳞，西露一爪，所以读者必须细心寻求也。"姜中贞有《悟真篇注》一卷。姜中贞，生卒年代不详，会稽（今浙江绍兴）人。清《四库全书总目提要》卷一百四十七著录其《得一参五》七卷，谓"卷末有许尚质所作中贞小传，称尝遇紫清真人白玉蟾，因得仙术。盖妄人也。是书阐明修炼之旨，所注《阴符经》、《道德经》各一卷，《参同契》三卷，《黄庭经》、《悟真篇》各一卷，为书凡五，故以得一参五名。案《阴符经》、《道德经》皆黄、老之言，无所谓丹法也。自宋夏尚鼎始以《阴符》言内丹，葛长庚又以《道德经》言内丹，而宗旨大变。中贞以《阴符经》所言九窍三要为火候之诀，《道德经》所言有物混成，先天地生，为金丹之母。盖因二家之书而衍之，即在道家亦旁支别解而已"。金鹰扬，生卒年代不详，清黄岩人。著有《悟真新解》，述清静旨意。民国项士元《台州经籍志》谓："《悟真新解》，清黄岩金鹰扬撰，今存。亦以《易》理解之，有自序。"潘祖望，字昌阳，生卒年代不详，清天台人。撰有《悟真篇注》，民国项士元《台州经籍志》谓："《悟真篇注》，清天台潘祖望撰。"

《悟真篇》自产生以来，一直广为流传，但由于给它作注的大家很多，加上时代久远，故所传版本比较紊乱。我们今天看到的已不是原来的编排本。翁士勋先生认为，《悟真篇》本来的编排面目应该是：

正文：自序

七言四韵十六首，以表二八之数，

绝句六十四首，按周易诸卦，

五言一首，以象太乙，

西江月一十一二首，以周岁律。

附：读周易参同契，

赠白洞刘道人歌

石桥歌

再序

也就是说，跟此编排面目不一样的注本，当是后世好事者所"改编"和"补充"的[①]。

此外，张伯端尚著有《金丹四百字》、《玉清金笥青华秘文金宝室内炼丹诀》和《八脉经》。《金丹四百字》是张伯端在完成《悟真篇》后，对金丹修炼之要义的概括性总结。南宋淳祐元年（1241年），盱江城西蕴空居士黄自如曾为之注[②]。又明三山徐渤家有《金丹四百字解》一卷，但不知为何人所解。徐渤（1563—1639年），字惟起，一字兴公，闽县（今福建福州）人。明万历年间（约1603—1614年），与叶向高、翁正春、曹学全、谢肇淛、陈价夫等结"芝社"。其工诗，擅书画，家藏图书七万余卷，是国内著名藏书家之一。又有《金丹四百字测疏》[③]，亦不知疏者何人。《玉清金笥青华秘文金宝室内炼丹诀》，"有图有论说，有诗有口诀，叙内丹理论、功法，较《悟真篇》明晰畅达，乃一部重要之丹书"[④]。《八脉经》，又称《奇经八脉》，是内炼与"炉火"的根本所在。

第四节　南宗的传承关系

关于南宗的传承，南宋王庆升的《三极至命筌蹄》是这样记载的："天台怡真先生谪自紫阳真人，宿德不渝，感西华夫人发枢纽，而授之以口诀。道成，授杏林石泰以《悟真篇》；杏林道成，授紫贤薛道光以《还元篇》；紫贤道成，授泥丸真人以《复命篇》；泥丸道成，授紫清真人白玉蟾以《翠虚篇》。厥后之闻道者，紫清之徒也。"明人都卬所撰的《三余赘笔》则称："其南宗者，谓东华少君得老聃之道，以授钟离权，权授唐进士吕岩、辽进士刘操；操授宋张伯端，端授石泰，泰授薛道光，道光授陈楠，楠授白玉

[①] 翁士勋：《谈"悟真篇"的本来编目》。

[②] 《浙江通志·经籍志》引《道藏目录》。

[③] 《浙江通志·经籍志》引《澹生堂书目》陆长庚述。

[④] 任继愈：《道藏提要》。

蟾，玉蟾授彭耜。”又元戴起宗《〈悟真篇注〉辨》谓：翁葆光“亦真人（张伯端）的派”，“真人传石杏林，杏林传紫贤为第三代，此世之知之者也；真人传广益子，广益子传无名子，亦第三代，此世之罕知也”。从以上记载可看出南宗初期的传承关系，大略可分成两派。石泰、薛道光、陈楠、白玉蟾等嫡传弟子属于清修派，主张“药物”具足于自身，属一己独修。广益子刘永年、无名子翁葆光等别传弟子则属于男女双修派，其理论和修炼方法与清修派相能，唯独以真铅须取之于同类异性之体。

南宗秉承张伯端《悟真篇》中“混俗和光”和“大隐居廛”的思想，主张“大隐混俗”，不提倡出家。这从南宗五祖生平及传承中即可看出，首先是张伯端，不进道观，依附官宦。石泰传薛道光时，“且戒之曰，此非巨公外护，易生谤毁，可疾往通都大邑，依有德有力者图之。紫贤遂弃僧伽黎，幅巾缝掖来京都，混俗和光，方了此事”[①]。陈楠则“鹑衣百结，尘垢满身，间食犬肉，终日烂醉，莫测所如”[②]。而白玉蟾也是“蓬头赤足，其右耳聋，一衲百结，辟谷断荤，经年不浴，终日握拳闭目，或狂走，或兀坐，或镇日酣睡，或长夜独立，或哭或笑，状如疯颠，性喜饮酒，落魄不羁”[③]。留元长也谓其“时又蓬发赤足，以入廛市。时又青巾野服，以游宫观。浮湛俗间，人莫识也”[④]。他曾在《心远堂记》中指出：“始其和光混俗之时，若甚侧微而耻其己，不若人似或加狎而侮之。至于惊人可喜之事，则群惊若麏，聚叹如鼠。殊不知身羁樊笼，志在霄汉，吁鸿飞冥冥戈人何慕焉。篱下燕雀，徒自啾啾耳，然圣人初何尝求异于人，亦未始自表见于世也。鱼欲异群鱼，舍水跃岸则死；虎欲异群虎，舍山入市则擒。然虽与之融，然相忘奉，然俱化其所以，诣人者远甚于彼矣”。对于南宗主张的“大隐混俗”，南宋夏宗禹在《悟真篇讲义》中也谓：“有志之士若能精勤修炼，初无贵贱之别，在朝不妨为治国平天下之事，在市不失为士农工商之业。”可见，南宗不提倡出家在当时是一种共识的趋势。

南宗传承到白玉蟾时，是为最兴盛时期。其徒众最多，门下有彭耜、留元长、孟煦、谢显道、张云友、叶古熙、赵牧夫、詹继瑞、陈守默、陈如约、陈致和、潘常吉、周希清、陈弥隆、胡士简、罗致大、赵汝洽、洪知

---

① 《石薛二真人记略》。
② （元）赵道一：《历世真仙体道通鉴》卷49。
③ （南宋）苏森：《跋修仙辨惑论》。
④ （南宋）留元长：《海琼问道集序》。

常、陈知白、林时中、方碧虚、吴景安、林自然、桃源子、邓道宁、王金蟾、廖蟾辉、沈白蟾、庄致柔、郑孺、李月溪等亲传或再传弟子。

彭耜，字季益，一字紫光，生卒年代不详，南宋长乐（今福建长乐）人。"自其少时，早有文声。自中铨后，恬不问仕"①。嘉定七年（1217年）师事白玉蟾，得其南宗秘诀。归作《鹤林赋》，于居处立鹤林靖，因号"鹤林"。嘉定十一年（1218年），白玉蟾密授彭耜等以法统衣钵。谓："向者天真遣狼牙猛吏雷部判官辛汉臣，授之先师陈翠虚，翠虚以授于我，今以付子，子宜秘之。"②又为白玉蟾《传度谢恩表文》授以"伏为上清太华丹景史神霄玉府西台令行仙都风雷判官"神职。其沉酣道法，以符治病。呼啸风雷，人所敬慕。后尸解于福州。白玉蟾有《怀仙楼歌奉呈鹤林尊友》诗"闽为昔无诸，山水实秀妩。其间多神仙，后先各轩翥。任敦丹井寒，董奉杏坛古。云飞邓伯元，风御王玄甫。乌石隐士周，霍童仙君褚。王霸骑白龟，徐登跨黑虎。赵炳石室空，薛丕梅溪举。何家九弟兄，黄老一宗祖。无处觅榴花，曾巅但烟雨。此身犹埃尘，不得奉笑语。偶亦嗜好同，于焉问出处。彼美彭鹤林，往在神霄府。名位居瑶台，觞咏挥玉麈。不入鸰行，甘与猿鹤侣。清誉塞江湖，大手压燕许。西北有高楼，怀仙扁其所。生晚不同时，怅欲与为伍。青蛇吼云崖，黄鹤眇星渚。去去无消息，忡忡镇凝伫。天上多欢娱，世间厌凄苦。鸾凤相招携，云泥少问阻。几回心欲飞，不觉手自舞。倚栏数百年，归日指可偻。先谒南华宫，次谒西王母。献之以玉环，酌我以璃醑。何必偷蟠桃，尽可擘麟脯。回首视蓬莱，三点烟如缕"以赠。其曾采摭宋代诸家注，编为《道德真经集注》八十八卷。又有《道德真经集注释文》一卷、《道德真经集注杂说》二卷等。并编有《海琼白真人语录》四卷行世。弟子中以萧廷芝、林伯谦名著一时。萧廷芝，字元瑞，号紫虚了真子，生卒年代及里籍不详。撰有内丹著作《金丹大成集》，书中所述除了《无极图说》、《金液还丹论》和《金丹问答》外，其余全是歌诀诗词形式，主要有《橐籥歌》、《金液还丹诗》、《七言绝句》八十一首、《西江月》十二首等。南宋俞琰《席上腐谈》谓："发明玉蟾之说，所谓七七元来四十八，此是玄玄真口诀者。"林伯谦，号紫光，生卒年代及里籍不详。曾任福州天庆观管辖兼都道正。南宋嘉定十一年（1218年）十月，白玉蟾《传度谢恩表文》授以

---

① （元）赵道一：《历世真仙体道通鉴》卷49。
② （南宋）谢显道：《海琼白真人语录》卷1。

"太上正一盟威法师充驱邪院判官南昌典者九灵飞步仙官兼管雷霆都司鬼神公事"神职。嘉定十五年（1222年），在白玉蟾为弟子彭耜亡父主持的黄箓斋会上，为"监斋"。著有《海琼白真人语录》第二卷《鹤林法语》，记述白玉蟾在彭耜家为其父举行黄箓斋醮之事。并有白玉蟾、彭耜、林伯谦等互相问答之语，讨论斋法、科教。

留元长，字子善，号紫元，生卒年代不详，晋江（今福建晋江）人。南宋嘉定十年（1217年）遇真师白玉蟾，自云："是年春遭遇真师海琼君姓白，讳玉蟾，或云海南人，疑其家于襄沔也……相授以九鼎金铅砂汞之书，太乙刀圭火符金液之诀，紫霄啸命风霆之文。"[①]嘉定十一年（1218年）十月，白玉蟾《传度谢恩表文》授以"上清大洞玄都三景法师太乙雷霆典者九灵飞步仙官签书诸司法院鬼神公事"神职。白玉蟾有《即事寄紫元》诗："老雨饯秋菊，孤烟酲暮岚。雁惊十月北，梅早一枝南。往事风吹帽，良宵月挂簪。时哉亦难得，我已到无参。"又编集有《海琼问道集》一卷，序称"元长……谨集问酬警语之一二，以锓诸木，使四海同志之士有所启发也"。

孟煦，字辰阳，号西隐翁，生卒年代不详，西蜀（今四川盆地）人。初寓居峨眉之西峰，南宋嘉定十一年（1218年），游历福州时得遇彭耜受金丹之法。嘉定十三年（1220年）于白鹤洞天，复师从兰元白老人（白玉蟾），得授九转金丹秘要。翌年道成，宝庆元年（1225年）著《金华冲碧丹经秘旨》二卷。书中言外丹黄白法术，上卷概述"探铅结胎"原理，略言采炼药物，神室法象，外鼎制置，水火符候及水火断魂法，而不涉及具体作丹方法。下卷详言炼铅汞结胎及炼九转还丹之具体做法，并附图像。每转皆列举鼎器图像、药物分两、烧炼火候及丹药形质功效。据称所炼丹药可点汞成金成宝，至九转丹成，则服之可待冲举。自言"邀请至士三人，一志修炼，周岁而成"[②]。

谢显道，号紫壶，生卒年代及里籍不详。事白玉蟾得法，编有《海琼白真人语录》第一卷、《道德宝章》和《海琼词》。曾于南宋嘉定十五年（1222年），在白玉蟾为弟子彭耜亡父主持的黄箓斋会上，为"直坛"。有《道中与白玉蟾联句》诗"阴晴荏苒风吹霜，山北山南稻正黄。照涧芙蓉何绰约，掠云鸿鹄向微茫。心同秋水与天远，夜折岩花和月香。岭海青红俱在目，先随

---

①　（南宋）留元长：《海琼问道集序》。

②　（南宋）孟煦：《金华冲碧丹经秘旨》。

夕阳入诗肠"行于世。

张云友，生卒年代不详，天台（今浙江天台）人。南宋嘉定中（1208—1225 年）从白玉蟾得道，住天台山元明宫。

叶古熙，号烟壶子，生卒年代及里籍不详。南宋嘉定中（1208—1225 年）从白玉蟾得授道要，辑有白玉蟾师徒于冲佑观参究丹法语录的《海琼白真人语录》之第三卷中的《武夷升堂》、《常州清醮升堂》、《庐士升堂》、《平江鹤会升堂》行世。

赵牧夫，号紫琼，生卒年代及里籍不详。南宋嘉定中（1208—1225 年）从白玉蟾得道。曾于嘉定十五年（1222 年），在白玉蟾为弟子彭耜亡父主持的黄箓斋会上，为"看班"。辑有《海琼白真人语录》之第三卷中的《东楼小参》和《冬至小参》行世。白玉蟾有《赋月同鹤林酌别奉似紫琼友》诗："婀娜姮娥处玉宫，秋来梳洗越当空。阴晴圆缺天何意，离合悲欢事与同。好去画楼歌舞地，莫来清馆别愁中。应知人不能如月，月且团圆月月逢。"

詹继瑞，号紫芝子，生卒年代及里籍不详。南宋嘉定八年（1215 年）于武夷山从白玉蟾学，嘉定十一年（1218 年）在庐山太平兴国宫得授法要。曾与同学陈守默，同为洪知常为师白玉蟾记录整理的《海琼传道集》作序。

陈守默，号刀圭子，生卒年代及里籍不详。南宋嘉定八年（1215 年）于武夷山从白玉蟾学，嘉定十一年（1218 年）在庐山太平兴国宫得授法要。同年，白玉蟾《传度谢恩表文》授以"太上三五都功紫虚阳光秘箓弟子行上清北极天心正法金阙内台炼度典者驱邪院石判官"神职。曾与同学陈守默同为洪知常为白玉蟾记录整理的《海琼传道集》作序。

陈如约，生平不详。南宋嘉定中（1208—1225 年）从白玉蟾学，嘉定十一年（1218 年）在庐山太平兴国宫得授法要。

陈致和，生平不详。南宋嘉定中（1208—1225 年）从白玉蟾学，嘉定十一年（1218 年）在庐山太平兴国宫得授法要。

潘常吉，名蕊珠，彭耜之妻，生卒年代及里籍不详。南宋嘉定中（1208—1225 年）从白玉蟾学，嘉定十一年（1218 年）十月，白玉蟾《传度谢恩表文》授以"太山三五都功职箓神霄玉府右侍经"神职。白玉蟾又有《赠蕊珠侍经潘常吉》诗："一点红尘惹人心，蕊珠殿上堕遗簪。当时同降瑶台路，只是于今彭鹤林。梦到人间不知退，夜夜窗下调玉琴。笑指神霄归未得，绛阙清都烟霭深。"

周希清，号紫华，留元长之妻，生卒年代及里籍不详。南宋嘉定中

（1208—1225 年）从白玉蟾学，嘉定十一年（1218 年）十月，白玉蟾《传度谢思表文》授以"太上三五都功职箓神霄玉府右侍经"神职。白玉蟾有《赠紫华侍经周希清》诗：云"蟒首蛾眉天上人，不知何事到红尘。神霄蕊笈今谁侍，紫府琪花不敢春。无梦去陪王母宴，前生多是紫虚身，寄言寻取蓬莱路，风送双鸾上太旻"。关于周希清为留元长之妻事，有紫壶道士谢显道所编《海琼白真人语录》卷一："吾师海琼君飞锡于康庐之间，嘉定戊寅春有书相期于武夷。子以宗幕衔檄中都，夏往秋回，价舟寻盟，杳不可觅。遂留三绝以纪，曾经云细君周希清联镳来游，是年重九紫元子留元长子善书"为证。

陈弥隆，号玉华，生卒年代及里籍不详。南宋嘉定中（1208—1225 年）从白玉蟾学，曾于嘉定十五年（1222 年），在白玉蟾为弟子彭耜亡父主持的黄箓斋会上，为"侍灯"。

胡士简，生平事迹不详。南宋嘉定中（1208—1225 年）从白玉蟾学道，嘉定十一年（1218 年）十月，白玉蟾《传度谢思表文》授以"太上三五都功法箓弟子奉行天心正法驱邪院判官兼干五雷使院事"神职。

罗致大，南宋嘉定中（1208—1225 年）从白玉蟾学道，生平事迹不详。嘉定十一年（1218 年）十月，白玉蟾《传度谢思表文》授以"太上正一盟威法师行上清混元天心五雷大法差充主管驱邪院事兼雷霆都司事"神职。

赵汝浍，号虚夷，三山（今福建福清）人。南宋嘉定中（1208—1225 年）从白玉蟾学道，白玉蟾为其所居之虚夷堂作《虚夷堂记》。曾于嘉定十五年（1222 年），在白玉蟾为弟子彭耜亡父主持的黄箓斋会上，为"高功"。

洪知常，字明道，号坎离子，庐山太平兴国宫道士。南宋嘉定中（1208—1225 年）从白玉蟾学，深得南宗真传。曾将其从师所得《金丹捷径》、《钩锁连环经》和《庐山快活歌》，记录整理成《海琼传道集》一卷。

陈知白，庐山太平兴国宫道士，生卒年代及里籍不详。南宋嘉定中（1208—1225 年）从白玉蟾学，白玉蟾有《快活歌（赠道士陈知白）》：

快活快活真快活，被我一时都掉脱。散手浩歌归去来，生姜胡椒果是辣。如今快活大快活，有时放颠或放劣。自家身里有夫妻，说向时人须笑杀。向时快活小快活，无影树子和根拔。男儿端的会怀胎，子母同形活泼泼。快活快活真快活，虚空粉碎秋毫末。轮回生死几千生，这回大死方今活。旧时巢白泼生涯，于今净尽都掉脱。元来爹爹只是爹，懵懵懂懂自瓜葛。近来仿佛辩东西，七七依前四十八。如龙养珠心不忘，如鸡抱卵气不绝。又似寒蝉吸晓风，又如老蚌含秋月。一个闲人天地间，大笑一声天地阔。衣则四时惟一衲，饭则千家可一钵。三家村里弄风狂，十家街头打鹘突。一夫一妻将六儿，或行或坐常兀兀。收来放去任纵横，即是十方三世佛。有酒一杯复一杯，有歌一阕又一阕。日中了了饭三餐，饭后齁齁睡一歇。放下万缘都掉脱，脱得自如方快活。用尽惺惺学得痴，此时化景登晨诀。时人不会翻筋斗，如饥吃盐加得渴。偶然放浪到庐山，身在白苹红蓼间。一登天籁亭前望，黄鹤未归春雨寒。心酸世上几多人，不炼金液大还丹。忘形养气乃金液，对景无心是大还。忘形化气气化神，斯乃大道透三关。绛宫炎炎偃月炉，灵台寂寂大玄坛。朱砂乃是赤凤血，水银乃是黑龟肝。金铅采归入土釜，木汞飞走居泥丸。华池政在气海内，神室政在黄庭间。散则眼耳鼻舌忙，聚则经络荣卫闲。五脏六腑各有神，万神朝元归一灵。一灵是谓混元精，先天后天乾元亨。圣人采此为药材，聚之则有散则零。昼夜河车不暂停，默契大造同运行。人人本有一滴金，金精木液各半斤。二十八宿归一炉，一水一火须调匀。一候刚兮一候柔，一爻武兮一爻文。心天节候定寒暑，性地分野分楚秦。一日八万四千里，自有斗柄周天轮。人将蜕壳阴阳外，不可不炼水银银。但得黄婆来紫庭，金翁姹女即婚姻。青龙白虎绕金鼎，黄芽半夜一枝春。九曲江头飞白雪，昆仑山颠腾紫云。丁公默默守玉炉，交媾温养成胎婴。神水沃灭三尸火，慧剑扫除六贼兵。无中生有一刀圭，粪丸中有蜣螂形。诚哉一得即永得，片晌中间可结成。忽然四大生虚白，不觉一灵升太清。纵使工夫汞见铅，不知火候也徒然。大都要籍周天火，十月圣胎方始圆。虽结丹头终耗失，要须火候始凝坚。动静存亡宜沐浴，吉凶进退贵抽添。火力绵绵九转后，药物始可成胎仙。一时八刻一周天，十二时辰准一年。每自一阳交媾后，工夫炼到六纯乾。精神来往知潮候，气血盈虚似月魂。一毂从来三十辐，妙处都由前后弦。专气致柔为至仁，礼义智信融为仁。真土归位为至真，水火金木俱浑全。精水神火与意土，炼使魂魄归其根。先天一气今常存，散在万物与人身。花自春风鸟自啼，岂知造物天为春。百姓日用而不知，气入四肢徒凋零。松竹虚心受气足，凌霜傲雪长年青。况人元神本不死，此气即是黄芽铅。老者可少病可健，散者可聚促可延。心入虚无行火候，内景内象壶中天。须知一尘一蓬莱，与夫一叶一偓佺。神即火兮气即药，心为炉兮身为田。自耕自种自烹炼，一日一粒如黍然。灵芝一生甘露降，龟蛇千古常相缠。一朝雷电撼山川，一之则日万则烟。日中自有金乌飞，夜夜三更入广寒。子子孙孙千百亿，炉鼎鸡犬皆登天。大道三十有二传，传到天台张悟真。四传复至白玉蟾，眼空四海嗟无人。偶遇太平兴国官，白发道士其姓陈。半生立志学铅汞，万水千山徒苦辛。一朝邂逅庐山下，摆手笑出人间尘。翠阁对床风雨夜，授以丹法使还元。人生何似一杯酒，人生何如一盏灯。蓬莱方丈在何处，青云白鹤欲归去。快活快活真快活，为君说此末后句。普为天下学仙者，晓然指出蓬莱路①。

林时中，号紫枢，生卒年代不详，晋江（今福建晋江）人。南宋淳熙二年（1175年）"特奏名"，嘉定中（1208—1225年）入道从白玉蟾学。曾于嘉定十五年（1222年），在白玉蟾为弟子彭耜亡父主持的黄箓斋会上，为"都讲"。

方碧虚，生卒年代及里籍不详，庐山太平兴国宫道士，南宋嘉定中（1208—1225年）从白玉蟾学。撰有《碧虚子亲传直指》等书，所述内丹秘要。书中自序称晚遇海琼先生白玉蟾授以道要，后又遇安然居士贻以诸章，始得海琼之妙，录之以成此篇。谓："四大一身皆属阴，惟先天一气是阳。此气非呼吸吹嘘之气，亦无形影可见……此气便是金丹大药。"传有弟子周无所住。周无所住生平不详，永嘉（今浙江永嘉）人。作有《金丹直指》一卷，卷首有淳祐十年（1250年）序，自谓从张伯端徒裔方碧虚、林自然得金丹之道，证之于工夫，与张伯端《金丹序》、陈泥丸《翠虚吟》节节符验。又有宝祐二年（1254年），蜀人杨子政跋。

吴景安，号芝房，生卒年代及里籍不详。南宋嘉定中（1208—1225年）从白玉蟾学，曾于嘉定十五年（1222年），在白玉蟾为弟子彭耜亡父主持的黄箓斋会上，为"侍经"。

林自然，号回阳子，庐山太平兴国宫道士，三山（今福建福清）人。因读《清静经》而感悟，遂离家云游参访。初从西蜀陆真人学于长汀烟霞道院，后遇白玉蟾，得授金丹之法。南宋淳祐十年（1250年），撰《长生指要篇》。全书引张伯端之说，论内丹法要。咸淳中（1265—1274年），曾为朝士

---

① （南宋）洪知常：《海琼传道集》。

杨文仲治赘。有《西江月》词:"二十余年看访道,经游万水千山。明师未遇肯安闲。几度拈香一瓣。幸遇至人说破,虚无妙用循环。工夫只在片时间。遍体神光灿烂。"又有《酹江月(金丹合潮候图)》词:"凿开混沌,见钱塘南控、长江凝碧。今古词人图此景,谁解推原端的。岁去年来,日庚月申,因甚无差忒。如今说破,要知天地来历。道散有一强名,五行颠倒,互列乾坤历。坎水逆流朝丙户,随月盈亏消息。气到中秋,金能生水,倍涌千重雪。神仙妙用,与潮没个差别。赋此酹江月词,默合周天之数,故录潮候于右,以示同志。"

桃源子,俗姓姚,生卒年代及里籍不详,庐山太平兴国宫道士。从白玉蟾得道,南宋嘉熙三年(1239年)从道御前佑圣观,守缺暂归。传有弟子王庆升,字吟鹤,号果斋,又号爱清子,生卒年代不详,南宋鲐州人。撰有《三极至命筌蹄》一卷及《爱清子至命篇》二卷,《爱清子至命篇》系依至人所授金丹口诀,述为至命之篇,分《至命篇》、《入道诗》、《注沁园春》、《注北斗真形咒》四题。自谓:"愚宿性慕道,获遇紫清先生弟子桃源子姚师……执弟子之礼者几一纪,累以铅汞之道叩之,每辱引辞峻拒。"[1]嘉熙四年(1240年),"慨蒙奏闻道祖,传受内丹之诀。如教行之,果有灵验。寻为事夺,两致中辍"[2]。

邓道宁,号玉灵,生卒年代及里籍不详。南宋嘉定中(1208—1225年)从白玉蟾得法。曾于嘉定十五年(1222年),在白玉蟾为弟子彭耜亡父主持的黄箓斋会上,为"侍香"。

王景玄,字启道,号金蟾,庐山太平兴国宫道士,武宁(今江西武宁)人。南宋嘉定中(1208—1225年)从白玉蟾得法。传有弟子李道纯,为元代著名的道教理论家。

廖蟾辉,生平不详。按南宋俞琰《席上腐谈》:"廖蟾辉、沈蟾辉皆玉蟾之徒也。"作有《三乘内篇》。

沈白蟾,生平不详。按南宋俞琰《席上腐谈》:"廖蟾辉、沈蟾辉皆玉蟾之徒也。"有《金丹篇》行世。

庄致柔,生平不详,南宋嘉定中(1208—1225年)从白玉蟾得法。嘉定十一年(1218年)十月,白玉蟾《传度谢恩表文》授以"太上正一盟威法师

---

① (南宋)王庆升:《三极至命筌蹄》。
② 同上。

行灵宝天心玉晨五雷大法九灵飞步仙官主管驱邪黄箓院事"神职。

郑孺，一名清恺，号翠房，荥阳（今河南荥阳）人。少慕仙道，矢志出俗。及闻白玉蟾之名声，遂不远千里之遥，跋山涉水前往武夷拜访，惜未遇。旋往罗浮山，从朱橘为道士，得授"气归脐为息，神入气为胎"之内炼丹诀。因笃志修炼，日有所进，能绝粒休粮，辟谷食气。复往福建三山天庆观，求见白玉蟾，并即拜为师，恭谨求学，尽得其传。后归罗浮冲虚观，白玉蟾有诗赠曰："铁作桥梁云作盖，石成楼阁水成帘。归时猿鹤烦传语，记取前回白玉蟾。"

李月溪，从白玉蟾得法，生平事迹不详。明著名道士张宇初《岘泉集·金野庵传》谓："月溪，白紫清（白玉蟾）之徒也。"弟子中以金志阳最为著称。金志阳，字月岩，号野庵，人称"蓬头"，元永嘉（今浙江永嘉）人。甫长慕道，师从道士李月溪，颇有所得。既而游历诸山，独居龙虎山天瑞庵二十年，以疗疾、祷雨而名扬四方。元元统元年（1333年），隐居武夷山白玉蟾所建的止止庵，承传南宗之学，人称"真仙"。编有《抱一函三秘诀》、《纸舟先生金丹直指》、《抱一子三峰老人丹诀》等，其中《抱一函三秘诀》根据阴阳五行及《周易》之理，多引用张伯端之说，阐发内丹理论与方术。弟子有劳养素、方方壶、郭处常、李西来、张天全、殷破衲、黄公望等人。皆以道法或书画称誉于时。

李道纯是白玉蟾的再传弟子，他的内丹理论兼容并包，系统非常完整。在后南宗的传承中，显得尤为重要。

李道纯（1219—1296年），字元素，号清庵，又自号莹蟾子，宋元之际都梁（今江苏盱眙）人。少博学多才，后入道，其学得王金蟾授受，并兼取北宗。道成后，精研道意，广传门人。著有《太上升玄消灾护命妙经注》、《太上大通经注》、《无上赤文洞古真经注》、《太上老君说常清静经注》、《清庵莹蟾子语录》、《周易尚古》、《全真集玄秘要》、《道德会元》、《三天易髓》、《中和集》等。关于他的生平活动，史志所记甚少。仅《凤阳府志·人物·仙释》称他为"盱眙道士"。《扬州府志·释老》则谓其曾住"仪真长生观"。又《扬州府志·寺观》谓："长生观，县东十里河北，元莹蟾子李道纯居焉。世传其得道飞升，又号飞仙观。"而明彭泽修《徽州府志》卷十《仙释》在叙述道士赵道可时，有这样一段记载："赵道可，其先辽州人……初名大德，授阁门宣赞舍人马步军副总管……累遭差调，冒犯风寒，遂成肺疾，麾下老卒李清庵者，素号得道，一夕候安否，因请屏去侍妾，解衣跌坐，腰背相倚，安不得动，达旦而疾疗矣。道可感动，礼清庵为师。以印绶诰命付其弟大明承袭，乃弃家往建康创道院居之。又往池阳建德之岳山，至饶建云隐堂凡四所，命其徒居之。大德二年（1289年）来婺源募缘，江桂坡先生舍环村地八亩，建中和精舍以居之，人不识其尝为达官也。"所传弟子人数众多，知其名者有柴元皋、赵道可、苗善时、蔡志颐等。柴元皋，字嘿庵，号广蟾子，平阳郡（今山西临汾县一带）人。赵道可，号定庵，辽州（今山西左权）人。曾为昭勇大将军营军总管，后从李道纯学。两人同编集其师言论为《清庵莹蟾子语录》六卷。苗善时，字太素，号实庵，元代道士，从李道纯学。编有《纯阳帝君神化妙通纪》七卷及《玄教大公案》二卷等，《玄教大公案》承李道纯三教合一之说，祖述张伯端南宗之性命双修，持朱熹"禅自道家起"之论而称"三家一贯"，为南北合宗后道教禅的代表作之一。别有《望江南》："清高士，志道体真仙。养浩虚中吹玉笛，凝神真乐吸琼笙。清净莹心天。离欲海，放倒我人山。玄素采阴魔畜道，娄公邪术执为玄。休效损丹"等词作行世。蔡志颐，号损庵，一号宝蟾子，维扬（今江苏扬州）人。堪破凡尘，从李道纯笃修仙道。曾为乃师编次《中和集》，"盖取师之静室名也"[1]。

李道纯谓丹道之玄关即"中"字，能"致中和"则"四大咸安，百骸俱理"。由此成为南宗"中"派的开创者。其力主南北合宗，在丹法上，主张三教合一，大量吸收佛家思想，提出以性兼命的说法。指出最上一乘丹法即顿悟法，可直接修性而不用修命，就可自然了命的明心见性丹法。为了达到这个目的，李道纯还采用禅宗所独擅的打坐、参禅、参究、棒喝、圆相、看话头等手段进行修炼。这使他成为元初道教中融合三教最具特色的代表人物。

此外，白玉蟾之南宗徒裔中。又有马君，元代女道士，泉州（今福建泉州）人。《道法会元》卷一百四十七谓其得道法于白玉蟾，祈祷灵验，闻名乡里。后授法于泉州左丞蒲相。还有不知名者，于元初编集《修真十书》六十卷。此书由单著、杂著凡十种合集而成，除钟离权、吕洞宾外，绝大部分为南宗五祖及其弟子们的著作，其中尤以白玉蟾为最多。内容以金丹派南宗一脉相承之内丹说为主，间述修心炼性，辅以脏腑丹田之论，卫生导养之术。

---

[1]　（元）李道纯：《中和集序》。

南宗双修派是张伯端的别传，其传承依次为张伯端传刘永年，刘永年传翁葆光，翁葆光传若一子，若一子传龙眉子等。刘永年所传丹法主张双修，形成南宗门下双修派。关于张伯端传刘永年的所谓别传，南宋陈达灵的《紫阳真人悟真篇注疏序》是这样说的："一传而广益子出焉，再传而无名子出焉。"考广益子即刘永年，元戴起宗在解释以上"一传而广益子出焉"这句话时谓："刘永年自号顺理广益子。于绍兴壬午年（1162 年）中刊行《参同契分章通真义》。其《自序》云：'……永年绍兴戊午（1138 年）尝遇至人灯授口诀'……永年谨依师旨观阅，道理昭然，以此无惑。"刘永年，名广益，号顺理，生卒年代及里籍不详。从"悟真子"得法，陈达灵谓之："真神仙之子"[①]。翁葆光，字渊明，号无名子，生卒年代不详，象川（今广西象州）人。从刘永年得法，著有《悟真篇注释》、《悟真直指详说三乘秘要》等。另有陈达灵与这一系也有极深的渊源。陈达灵，号紫阳，生卒年代不详，武夷（今福建武夷山）人。有语录传世，为六十四说，分言性命二宗，内外二药。戴起宗《紫阳真人悟真篇注疏》谓："紫阳之道与悟真同。"

如刘永年所刊《参同契分章通真义自序》称，其于南宋绍兴八年（1138 年）遇"悟真子"得授金丹口诀。那么，其为宋代人是可以肯定的。但"悟真子"是否即张伯端，则难以定论。翁葆光为刘永年弟子也是不容置疑的，而陈达灵曾为翁葆光《悟真篇注》作序。可见，陈达灵也为宋代人，且与刘永年为同时代人。陈达灵曾谓张伯端："少偕我祖，肆业辟雍，惟翁不第。夙挺灵根，因骇佛书，忽至击竹有感，顿悟无生，直超真空清争性海。晚年遇青城文人于成都，尽得金丹妙旨，洞晓阴阳颠倒互用之机智，天地返覆生成之理。故能修真复命，炼形升于无形，抱一虚心，性命咸臻于空寂"[②]。按学术界主流说法，张伯端卒于北宋元丰五年（1082 年）。如刘永年从张伯端得法，则其已故五十六年。陈达灵自称其祖与张伯端同习礼仪、音乐、舞蹈、诵诗、写作、射箭、骑马、驾车等于"辟雍"，从地域上看，张伯端为临海人，陈达灵之祖为武夷人。从年龄而言，张伯端化去时，陈达灵当未出生。因此，这一说法无论从地域、年龄、情理等方面来说，都是不成立的。王沐先生认为：刘永年非张伯端亲传，而"为石泰弟子"[③]。因此，可以这么

① （南宋）陈达灵：《悟真篇注序》。

② （元）戴起宗：《悟真篇注疏》。

③ 王沐：《悟真篇作者及时代》。

说刘永年绝非张伯端亲传，所谓"一传而广益子出焉，再传而无名子出焉"的别传，乃是陈达灵假托张伯端之名，借以抬高自己的身份，扩大影响的杰作。但有一点是可以肯定的，即刘永年、翁葆光、陈达灵都是南宗一脉，只不过是未详师承而已。诚如陈达灵所说："吾知夫五陵之内坐进此道者，非悟真的子即悟真的孙。"① 这一传承中的若一子生平不详，仅知其从翁葆光得法，而传法于龙眉子。龙眉子，生平亦不详，南宁（今广西南宁）人。作有《金液还丹印证图》一卷，书中卷首有南宋嘉定十一年（1218 年）《自叙》。称"因述师旨，绘作图章。著《外法象》九章，所以尽造丹之微妙；著《内法象》九章，所以条养丹之详细……通前《警悟》及后《还元》，共二十章，接四五侣，外有炼丹行，所以贯穿首尾，错综篇章。指迷箴，所以明辨正邪，分别真伪，列之于后，览者详焉。非敢为达者之规模，姑留为后学之印证耳"。此书意在印证丹道，教人免误入旁门。

除了嫡传和所谓的别传两支体系外，张伯端还有几个传承体系。一是马处厚之传承，次第为张伯端传马处厚，马处厚传给了张坦夫，张坦夫又传给了陆师闵，陆师闵则传给了陆彦孚。马默（1020－1100 年），字处厚。单州成武（今山东成武）人。少登进士第，初任临濮县尉。历监察御史、怀州通判、登州知府，曹州、济州、兖州知府，广西、河东转运使，累官卫尉卿，权工部侍郎。卒赠开府仪同三司，加赠太保。其从学张伯端时，当任职于京东路。张坦夫为司农寺主簿，又是陆诜之婿。马默认为坦夫能知其术，遂以《悟真篇》传之，坦夫又传妻舅陆师闵，即陆彦孚之父。关于这个传承，陆彦孚称："处厚被召，临行，平叔以此书授之曰：'平生所学，尽在是矣，愿公流布，当有因书而会意者。'后来马处厚将此稿传于张坦夫，坦夫传于彦孚之父，彦孚幼年曾窃取读之而不能通。迨彦孚晚年好道，盟受丹法，更加宝藏原稿，并刊校流布。"② 在这个传承过程中，张坦夫、陆师闵、陆彦孚都与陆诜亲密相关。因此，这个记载应该是可靠的。但是，这个体系由于传承者非官即宦，因此流传不广。二是南宋末李简易的《玉溪子丹经指要》卷首载之《混元仙派图》，所列刘奉真、马自然、石淳一传承。刘奉真，生平事迹不详，建康（今江苏南京）人。人谓其即刘永年或称即白龙洞道士刘仲远。但考之北宋宣和四年（1122

---

① （南宋）陈达灵：《悟真篇注序》。
② （南宋）陆彦孚：《悟真篇记》。

年）石刻《养气汤方记》，南宋绍兴十八年（1148 年）桂林刘仙岩石刻《张平叔真人歌跋》，以及绍兴十九年（1149 年）石刻《刘仙岩题诗记》和淳熙元年（1174 年）石刻《桂林刘真人传迹》等史料，实非是。南宋翁葆光《张紫阳事迹本末》：有张伯端"元丰年，与刘奉真之徒广宣佛法"之记载。马自然生平无考，有人认为即马默。然马默与马自然非同一时代人，故亦非是。张伯端《金丹四百字序》谓"今因马自然去讲此数语，汝其味之，紫阳张伯端序"。南宋《修真十书》卷六所收白玉蟾《谢张紫阳书》曰："昨到武夷见马自然，口述谆谕，出示宝翰金丹四百言。"陈兵先生以为："白玉蟾去张伯端百余年，马自然亦北宋人，岂有张伯端托马自然寄信于白玉蟾之事。"[①] 石淳一生平亦无考，仅《混元仙派图》称其为张伯端四大弟子之一，不知何据。三是王邦叔之传承。王邦叔，从张伯端居安县罗浮山修道，得受《金丹图》，始终伴师，张伯端化后离去。曾为张伯端辑录《青华秘文》，或因能力不足，故以默默无闻。另据《道教大辞典》：张伯端"丹成返台州（临海），传道授徒"。可知，在故乡临海还有一个传承体系，明徐道《历代神仙通鉴》明确其徒为"台州处士徐中行"。徐中行（？—1123 年），字德臣，临海（今浙江临海）人。少好学，至汴京从胡瑗弟子刘彝学。司马光赏识之，谓"他日不为国器，必为儒宗"[②]。因屡试不第，遂绝进取，设帐课徒，自称：育人当身体力行，为学当循序渐进。北宋崇宁（1102—1106 年）中，台州太守李谔举为"孝、悌、睦、姻、任、恤、中、和"八字齐备，礼请出仕，终不受聘。宣和五年（1123 年）卒于家，人称"八行先生"。后人论台学源流，以中行为首。可惜的是，有关史料并没有留下此传承的点滴信息。此外，最早为《悟真篇》作注的叶士表，疑即张伯端临海传承的一脉，亦即再传弟子。

另有夏元鼎（1181—?），字宗禹，号云峰散人，又号西城真人，永嘉（今浙江永嘉）人。"少由童子郎振策场屋，遍从诸大老游"[③]。博极群书，屡试不第。"长出入兵间，以功得赏，驱驰于山东、河北"[④]。南宋嘉泰二年（1202 年）入抗金名将应纯之幕，曾参与开禧（1205—1207 年）北征。因

---

①　陈兵：《金丹派南宗浅探》。
②　（明）黄宗羲：《宋元学案》卷一《安定学案》。
③　（南宋）王九万：《云峰入药镜笺后序》。
④　同上。

"视世间物无足当其意，遂弃官学道"①。并"得道于衡山"②。嘉定十三年
（1220年），往龙虎山设醮受箓。精于《入药镜》、《阴符经》及《悟真篇》三
书，尤以《悟真篇》为重。著有《紫阳真人悟真篇讲义》七卷等，《悟真篇
讲义》取《悟真篇》诗八十一首，西江月词十二首，依据张伯端"三教合
一"之旨，征引《道德经》、《阴符经》、《参同契》、《入药镜》、《龙虎上经》、
《钟吕传道集》、《西山会真记》、《指玄篇》等与炼丹密切相关之道书，逐一
诠释，以阐发修炼内丹之要。按书中所述丹法强调自身修炼，当属南宗清修
派，但不知其出于何人门下。南宋学者真德秀与其交往相善，并为之撰序，
称其所著"章剖句析，读之使人焕然无疑"③。又善词翰，著有《蓬莱鼓吹》
一卷。

又有陈显微，字宗道，号抱一子，生卒年代不详，维扬（今江苏扬州）
人。少"天禀凤颖，洞明性宗"④。长出家于临安佑圣观，好内丹之术。南宋
"嘉定癸未（1223年）遇至人于淮之都梁（今江苏盱眙），尽得金丹真旨"⑤。
宝庆元年（1225年）始得《周易参同契》，读之迎刃而解，遂著《周易参同
契解》三卷。南宋郑伯谦序云："已而尽谢朋从，入室修炼者年余……于是
以其亲履实旨者笔诸训解。"是书述金丹真旨，象乾坤以为体，法明以为用。
以乾坤为人身之天地，坎离为人身之明，乾坤升降为候，坎离配合为机。并
引张伯端等内丹著作，其以内丹解《参同契》，当属金丹南宗一派。

又有余洞真，生卒年代及里籍不详。南宋绍定二年（1229年），著《悟
玄篇》一卷。序中自谓："学仙者无过以阳炼阴，忘形灭念，自然静极阳生，
阳长阴消，阴尽阳纯，则仙矣。"是书着重探讨天地阴阳交合化生之理及水
火交化进退之机在内丹修炼中的作用，而特别突出玄牝的地位。内容多引证
南宗祖师张伯端、石泰、白玉蟾之语，又云于古杭（今浙江杭州）得师傅，
当属南宋末金丹派南宗。

又有郑德安，号宁真子，生卒年代及里籍不详，南宋人。从白衣道者得
法，著有《金液大丹口诀》一卷。自谓从师白衣道者得授金丹口诀，遂撰此
书。为愿天下人悉达此道，故撰六十四句口诀曰《太一含真火符直指》，七

---

① （南宋）王九万：《云峰入药镜笺后序》。
② 同上。
③ （南宋）真德秀：《紫阳真人悟真篇讲义序》。
④ （南宋）陈显微：《周易参同契解》。
⑤ （南宋）郑伯谦：《周易参同契解叙》。

言诗十七首曰《一秤金》，《西江月》六首应纯乾卦。以及《安乐歌》、《归真篇示后学》、《抽添诗》等。其丹诀及诗词论述内丹下手功夫、玄关一窍、药物川源、火候秘旨、进退抽添、沐浴温养、脱胎神化之要旨。又序中奉张伯端为祖师，引《悟真篇》之学。实属先命后性之南宗一派。

又有霍济之，字巨川，生卒年代不详，毗陵（今江苏常州）人。初从岳父郭三益处得金丹图，后又遇武当山赤脚陈真人授以丹诀。南宋宝祐五年（1257 年），著《先天金丹大道玄奥口诀》二篇，其中分《归根图》、《金丹药物直指图》、《口诀直指》、《金丹大道指迷颂》十二首。图释并前序，皆叙内丹，而重在药物、火候。强调炼丹须取先天铅汞为药物，窃天地成己之气和合交媾于中宫，和合交媾时须察天地动静之机，探日月盈虚之妙，即人与自然高度和谐。又强调此宗不同性宗，应以修命为本。其说引证钟离权和张伯端，应属金丹派南宗。

又有萧应叟，字润清，号观复子，生卒年代不详，三山（今福建福州）人。南宋理宗宝庆二年（1226 年），注《元始无量度人上品妙经内义》五卷。自署为"上清大洞玄都三景法师"，但又以修命为主的内丹思想对书中经文进行解说，故论者以为其学来源于金丹派南宗。本身是一个兼承上清和南宗传法，即兼学符箓和内丹的道士。

又有李简易，号玉溪子，生卒年代不详，袁州（今江西宜春）人。自幼习儒业，于道佛经典，星算医卜，靡不究心，尤爱金丹诀。及长，遂参访江湖，寻访要旨，遇异人指授还丹之道。南宋景定五年（1264 年），著《玉溪子丹经指要》三卷，叙述张伯端南宗一派内丹。其在自序中谓："修炼内丹之道，药物不过铅汞二物而已。然当先修人道，以忠孝为本，济物为先。宝此一身，内功外行，除嗜欲，定心气，节饮食，省睡眠。身中至药精与气神，精不忘洩则元气混融，元气混融则元神安逸。三者既固，则鼎器渐完。鼎器既完，方可言修炼也。"未知出于何人门下。南宋俞琰《席上腐谈》谓："宜春李简易，号玉溪子，有《心印经》、《解悟真指要》、《羲皇作用》等书。又有《规十图》，付长沙彭石，颇简明，并刊于湖南，近者江西有翻刊本。又有《彭石蜜语》，并《踟跦大坐调元气歌》，及注解极分晓。末句云：记此即便会丙丁，乃下手真口诀也。当时彭石得之，不忍焚，遂流落于江湖间。得此书者，虽不咨问可也。"

又有储泳，字文卿，号华谷，生卒年代不详，云间（今上海松江）人。少通四书，尤精洛学。世慕长生之术，南宋咸淳中（1265—1274 年）撰《周易参同契注》三卷。是注仅四十章，书中多爻象、坎离、水火、龙虎、铅汞、阴阳五行之说，并附会《河图》、《洛书》。内容与张伯端内丹学说相近，当为南宗之徒。另据元俞琰《席上腐谈》卷下所载："云间有蟾谷子王奎贯《灵篇》，华谷子解《阴符经》、《参同》、《药镜》、《悟真》四书，又作《会三集》，松江有刊板。"又《四库全书》之《江南通志·艺文志》卷一百九十二谓："《参同契说》、《崔公入药镜说》、《悟真篇说》、《祛疑说》，俱上海储泳。"可知，其尚注解过《悟真篇》。南宋尚书郎、常州守卫宗武有《挽储华谷》诗，谓"吾里文华士，平生湖海襟。四书穷洛学，五字逼唐吟。多识精能事，诸公况赏音。结交犹恨晚，十载独知心"。又云"世慕长生术，君尤早用功。谈玄徒至老，养素竟成空。身已随朝露，神应到阆风。清言那复接，赖有注参同"等。

又有佚名者，南宋人。撰有《丹经极论》，叙内丹。叙说后分《外药火候》、《内药运功》、《出神》三节，末附《悟真遗篇》词四首及《还丹复命遗篇》词五首。任继愈《道藏提要》谓："其法以先天一炁为金丹之本，以性命双修为炼丹之宗，谓性为用，为阳中之阴；命为体，为阴中之阳。性命阴阳二者相需，缺一不可。"故以书中内容视之，亦南宗一脉。

又有佚名者，撰《太上修真玄章》一卷。是书分十章：一炁化生、性根命蒂、先天后天、形神玄用、金丹作为、虚无生化、修炼三法、神气交媾、动静升降、炼炁成神。是书言内丹，祖述张伯端金丹论，兼采程颢、张载性气说。亦南宗之学传人。任继愈《道藏提要》谓："殆宋元间道流所为。"

又有王吉昌，号超然子，元代道士，生卒年代及里籍不详。居青义清神观（今属山东嘉祥），著有《会真集》五卷。杨志朴谓："考其图绘咏歌，皆出自胸臆中，埏坛轮旋，调和大块，心腹间炉韝煅炼混元，明七八九六之老少，水火木金土之生成。"[1] 其书引证张伯端，主要述内丹，卷一为图说，有太极、五行生数等图。卷二、卷三为曲集，凡九十余首。卷四、卷五为词集，凡七十余首。谓内丹九转功成，次炼神合道，终入大圆觉海而彻了本无生灭之性。实南宗一派。

又有刘志渊，号通玄子，西慈高楼里（今属山东潍坊）人。"生而慈懋，幼慕宗风，大乘契典，莫不精研"[2]。及长，从王吉昌学。得授"颐真养素、

---

① （元）杨志朴：《会真集序》。

② （元）董师言：《启真集序》。

见性识心无为之旨"①。后居金峰山（今属湖北恩施）修道，著有《启真集》三卷。书中主要引张伯端之言讲述内丹修炼方法。卷上有七言绝句七十一首，七言律诗四首；卷中有词五十六首；卷下分十三章，即真心章，天中天章、真土章、心息相依章、死阴生阳章等，皆为内丹修炼之要诀。南宗与全真道合流后之传人，对后世内丹术的发展较有影响。

又有牧常晁，建安（今福建建宁）仰山道院道士，生卒年代及里籍不详。撰有《玄宗直指万法同发》七卷，内容与李道纯之说略同。其在卷三中自称少时修禅，"悟入性宗，次于《悟真篇》黍珠意悟得命宗"，复"遇至人付以火候之妙"。自此，原本为南宗之传。任继愈《道藏提要》谓："于金丹祖述张伯端，倡三教同源，主性命合修，盖南北合流后之全真道士。"

再有陈致虚（1290—？），字观吾，号上阳子，江右庐陵（今江西吉安）人。自幼好道，元天历二年（1329 年）从赵友钦得法，后又行青城老仙之秘。自谓："夙荷祖宗积善，天地畀矜，游浪人间，年且四十，伏蒙我师授以正道。厥后复以青城老师亲传先天一气、坎月离日金丹之旨，抽添运用火候之秘，悉授无隐。"②得道后"遍游夜郎、邛水、沅芷、辰阳、荆南、二鄂、长江、庐阜、江之东西，凡授百余人"③。著有《金丹大要》、《金丹大要图》、《金丹大要列仙志》、《金丹大要仙派》、《悟真篇注》、《元始无量度人上品妙经注解》等。关于陈致虚的师承，有"我黄房公（宋德方）得于丹阳（马钰），乃授太虚（李珏），以传紫琼（张模），我缘督子（赵友钦）得于紫琼"④。和"金丹之道，三十四传而得双玉翁（李珏），又三传至于予"之说⑤。有学者认为，宋德方后为邱处机弟子，曾受邱处机遗命编纂《大元玄都宝藏》，是元代有名的全真道士。陈致虚谓其号黄房公，是李珏至陈致虚一系的始祖，此事于史无据。陈铭珪《长春道教源流》已疑其为陈致虚之假托。按清仇兆鳌《悟真篇集注卷首》引明宋濂所云："缘督于芝山酒肆，遇石杏林，授以九还七返之道"。可知赵友钦从学于石泰，即陈致虚本为南宗道士。师承于全真道的原因在于当时全真道的势力远盛于南宗，为发挥师说、扩大影响，故与之相联。他的内丹理论本于张伯端、白玉蟾，十分重视

---

① （元）董师言：《启真集序》。
② （元）陈致虚：《金丹大要序》。
③ （清）傅金铨：《证道一贯真机易简录》。
④ （元）陈致虚：《金丹大要序》。
⑤ 《道藏》第 24 册第 8 页。

精、气、神的作用，认为修炼内丹，"不外神气精三物"。因此，从他的内丹理论来看，其亦为南宗一派无疑。

再有佚名者，撰有《存神固气论》一卷。全篇分《炉鼎地位》、《阴阳颠倒》、《阴阳老少》、《水火相求》、《金木相刑》、《五行返还》等十四小节，最后以《中源篇》结尾，各节简述了内丹修炼之法。任继愈《道藏提要》谓："其说重阴阳五行之理，丹法近似《悟真篇》，而与翁葆光、陈致虚之注解尤近。"当为宋元间南宗道士无疑。

再有佚名者，辑有《养生秘录》一卷。全书分《玉溪子丹房语录》、《玉虚子宜春心诀》、《中黄内旨》、《青霞翁丹经直指》、《大道歌》、《金丹问答》六篇，为抄录南宋至元代有关内丹炼养之书。其中《玉溪子丹房语录》和《玉虚子宜春心诀》出于玉溪子李简易《玉溪子丹经指要》，《中黄内旨》大体上本于元黄元吉《净明忠孝全书》卷二。书中所言丹法源于宋张伯端、白玉蟾、李简易等金丹派南宗道士与元代净明派祖师刘玉，应为南宗弟子。

还有元陈可复，号雷谷，定海（今浙江定海）人。能兴云作雨及行禁架术，《宁波府志》云其"以法兴云，须臾雷电大作"，"以墨水噗符，顷即乌云掩月，天雨黑雨"。虞集有《自赞题白云求陈可复所写像》诗："归来江上一身轻，野服初成拄杖行。只好白云相伴住，天台庐阜听松声。"又赵淇（1239—1307年），字元德，号平远，又号太初道人，故合而曰平初，又云静华翁。潭州（今湖南长沙）人。初为官，后入道。断琴度曲，为文辞、图画以自乐。善墨竹，精内丹。二人均宗南宗，玄教掌教吴全节曾从陈可复学雷法，又从赵淇学内丹。

此外，北京白云观所藏《诸真宗派总簿》中，也列有张伯端所传"紫阳派"派目："陵源览海静，宝月性天明，随景元华谷，得符瑞泰清。参悟名真理，修为筑到基，完全成圣果，自在乐希夷。灵素中常妙，葆光萃太空，道高超极则，德懋证玄通。"

金丹派南宗作为一个独立的炼养道派的时间并不长，但影响较大。由于南宗多居家道士，无意仕途，故始终未得到朝廷的扶持。入元以后，全真道南下，南宗在与全真道的接触中，逐渐产生了与之合并的要求。加上兼通南、北二宗的上阳子陈致虚以其内丹理论，极力融合二宗，自此，南宗统归全真道，与全真道合流。

第八章　台州道教龙门派

第一节　龙门派概说

　　龙门派是道教全真道分衍的支派之一，因其创始人邱处机曾隐修于陇州（今陕西陇县）西北新集川龙门山龙门洞而得名。

　　龙门派的主流全真道，是金代兴起的中国道教的一个新道派。它以修习内丹为成仙证真的基本法门，以"三教圆融"，"识身见性"，"独全其真"为宗旨，故名其教为"全真"。全真道的创始人为王重阳，据金李道谦《终南山祖庭仙真内传》、《甘水仙源录》及南宋秦志安《金莲正宗记》等道书记载，全真道的始祖是东华帝君，东华帝君初传钟离权。以后的传授源流为：钟离权传吕洞宾，吕洞宾传刘海蟾，刘海蟾传王重阳。《吕祖全书》之《仙派源流》亦谓："大道之传，始于太上老君，而盛于吕祖。溯其源，少阳帝君得老君之传也。两传而得吕祖云。盖少阳帝君王玄甫，传正阳帝君钟离云房。钟离祖传孚佑帝君吕纯阳。吕祖传海蟾帝君刘成宗；又传重阳帝君王德威。"王德威即王重阳，之后则是其徒"马钰、谭处端、刘处玄、邱处机、王处一、郝大通、孙不二"等七真，而邱处机即"七真"中的一真。

　　邱处机（1148—1227年），原名邱哥，登州栖霞（今山东栖霞）人。金世宗大定六年（1166年）入道，次年自昆嵛山（今属山东烟台）往宁海（今山东牟平）全真庵，礼全真道始祖王重阳为师。王重阳遂为他改名处机，字通密，号长春子。大定九年（1168年），随师及同门马钰、谭处端、刘处玄等在文登、宁海、福山、登州、莱州分别建"三教七宝会"、"三教金莲会"、"三教三光会"、"三教玉华会"、"三教平等会"[①]，从而创立全真道。大定九年（1169年），随师同返陕西终南，途中王重阳不幸染病而亡。王重阳逝世

---

① 　陈俊民：《全真道教思想源流考略》。

后，邱处机及马钰、谭处端、刘处玄四子相携入长安，共同守墓三年。大定十四年（1174 年）。四子于秦渡镇真武庙月夜相聚，各言其志。马钰称"斗贫"，谭处端称"斗是"，刘处玄称"斗志"，邱处机称"斗闲"。随后，邱处机即与师兄们分手，西入虢县（今属陕西宝鸡县）磻溪隐修。在磻溪，邱处机为了实现自己"斗闲"的抱负，作了艰苦卓绝的修炼。"乃入磻溪穴居，日乞一食，行则一蓑，虽箪瓢不置也，人谓之蓑衣先生，昼夜不寐者六年"①。大定二十年（1180 年），邱处机由磻溪北上龙门，仍以修真炼性为主，其言行一如在磻溪之时，长达七年之久。大定二十六年（1186 年），从京兆府统军夹谷清臣之请，下山主终南山祖庭事务。二十八年（1188 年），奉金世宗诏，至燕京（今北京）主持"万春节"醮事。未几，复归终南。明昌元年（1190 年），金章宗以"惑众乱民"为名，禁罢全真道。邱处机即回栖霞，建太虚观以居。贞祐二年（1214 年）秋，请命招安山东杨安儿义军成功，名噪一时。兴定三年（1219 年），居莱州（今山东掖县）昊天观。累辞南宋及金之诏，而从元太祖成吉思汗之请。次年正月，率十八名弟子，远涉万里，于元太祖十七年（1222 年）抵达印度大雪山之阳（今阿富汗兴都库什山）成吉思汗行宫。"太祖时西征，日事攻战，处机每言欲一天下者，必在乎不嗜杀人。及问为治之方，则对以敬天爱民为本。问长生久视之道，则告以清心寡欲为要"②。成吉思汗为他的学识所折服，尊其为"邱神仙"，赐以虎符、玺书，令掌天下的道教，并诏免全真门下道院和道士的一切差役赋税。太祖十九年（1224 年），邱处机返回燕京，留居长春宫，大力传布全真道。"由是玄风大振，四方翕然，道俗景仰，学徒云集"③。太祖二十二年（1227 年）卒，至元六年（1269 年）诏赠"长春演道主教真人"，至大三年（1310 年）加赠"长春全德神化明应真君"号。

邱处机承传王重阳的修炼思想，以断情绝欲为修道的前提，以清静无为为修炼要旨。认为"一念无生即自由，心头无物即仙佛"。主张性命双修，倡导与张伯端之金丹派南宗相反，先性而后命，以性为主。谓"吾宗三分命功，七分性学，以后只称性学，不得称功。功者有为之事，性何功哉"？又谓"吾宗唯贵见金（即性），而水火配合其次也。大要以息心凝神为初基，

---

① （元）陈时可：《长春真人本行碑》。

② 《元史·释老志》。

③ 《道藏》第 25 册第 414 页。

以性明见空为实地，以忘识化障为作用，回视龙虎铅汞，皆法相同而已，不可拘执，不如此便为外道，非吾徒也"①。

龙门派以邱处机为"龙门启派恩师"，尊邱处机弟子赵道坚为创派宗师。赵道坚传张德纯，张德纯传陈通微，陈通微传周玄朴，周玄朴传张静定、沈静圆，并由此而分为二支。张静定一支由张静定传赵真嵩，赵真嵩传王常月，为龙门第七代律师。王常月开坛传戒，二十余年间，度弟子甚众，被誉为龙门派中兴之祖。沈静圆一支由沈静圆传卫真定，卫真定传沈常敬，至周明阳，二支复又融合传衍。据北京白云观《诸真宗派总簿》：邱处机龙门百字派为"道德通玄静，真常守太清。一阳来复本，合教永圆明。至理宗诚信，崇高嗣法兴。世景荣维懋，希微恧自临。为修正仁义，超升云会登。大妙中黄贵，圣体全用功。虚空乾坤秀，金木性相逢。山海龙虎交，莲开现宝新。行满丹书诏，月盈详光生。万古续仙号，三界都是亲"。《诸真宗派总簿》还列有龙门派支派金山派、金辉派、阎祖派派目。金山派派目为："玄至一无上，天元妙理生，体性浮空坐，自然是全真。常怀清静意，合目得金丹、道高扶社稷，留名万古传。宏扬开大化，正法度贤宗，温良恭俭让，宽仁慈善容。潜心存本位，密念守规中，勤修延寿命，内息润黄庭。安义黍珠成，凝照慧光灵，冲举云霄外，永与太虚同。"金辉派派目为："本合教中理，智时悟我机，远近从和起，阳子结金辉。超元守静致，同法会真人，诠义功斯尚，观文象乃纯。"阎祖派派目为："复本合教永，圆明寄象先，修成龙绪业，历代嗣宗传。"另据民国庄严所编《道统源流》，除"龙门百字派"外，复有续派四十字。此四十字是"道光五年（1825年）五月五日午时，在北京白云观客堂开藏抄出"。为"道修悟玄微，清静本希夷。无为自然妙，真常德正知。又继龙门裔，重开凤唱奇。功成超紫府，丹诏赴瑶池"。

第二节　台州道教龙门派教团的形成与发展

台州道教一直以来是上清派和金丹派南宗的势力范围，元一统中国以后，隔绝百余年之久的南北文化交流开始交流融合。全真道渡江南传，不久，浙江境内皆有了全真道活动的踪迹。全真道在台州的传播，也于此时正式展开，最早者似为黄岩人赵与庆和天台道士项子虚。

---

① 《长春祖师语录》。

赵与庆，字虚中，生卒年代不详，祖籍大梁（今河南开封）。因其四世祖赵公宗卿某，佐县黄岩，遂成黄岩人。后入道，学北派全真之道。元大德、至大间（1297—1311 年），筑野月观于黄岩委羽山西北。元袁桷为之作《野月观记》以志：

> 养生说有二焉。北祖全真其学者首，以耐劳苦力耕作，故凡居处服食，非其所自为不敢享。蓬垢疏粝绝忧患，慕羡人所不堪者能安之。调伏摄持，将以复其性，死生寿夭，泊然无系念，骎骎乎，竺乾氏之学矣！
>
> 东南师魏伯阳，其传以不死为宗。本于黄帝韬精炼形，御六气以游，夫万物之表，其寿命益长者谓之仙，而所传确有派系，先儒深有取焉。夫人之所爱，其夭阏贼心不能尽，其年过于厚者，非自裕也。尽性知天践影以全，其正斯二者，俱得之矣！
>
> 天台多羽人居，遗胜迹所，相望不绝。宋世有大梁赵公宗卿某，佐县黄岩，乐而家焉。渝二百年，子孙益系繁衍，诗书孝友，簪笏不绝。于家乘四世孙与庆虚中，父遁世乐道，从北方之学者，而慕之。志疆气坚，臀不至席，今逾十年矣。遂筑室委羽山之西北，八牖四房，两翼三楹。靓深以明，于以坐忘，不知寒暑之代谢。顺其天年，以入于自然者也，而名之曰野月焉。月犹身也，则而象之，得无侣乎。吾按其东西仙源，南企大有，北顾商丘，诚仙人栖息之所，境清则神湛。尝闻张平叔产是州，王子晋居桐柏山，二人皆以不死，传信尽性，可以至命。虚中得至静之说，愿取平叔书读之，将见王子而肃之矣。道无异同，不偏于一，则尽善桷也。行南愿踵门请其说，尚当赋之。[①]

明万历《黄岩县志·方伎》还有关于赵与庆的一段奇异记载，谓一日，有患恶疾之人卧于道中，十分秽污，行人远避。唯有赵与庆前去探视，且蹲地为其搭脉就诊，一搭之下惊曰："六脉延延，必是大仙。"于是改蹲为跪，求其仙术。此人见其心诚，"即授以二针"和秘诀，然后飘然而去。这段记载虽是传说，但或许即同赵与庆得授北宗全真道法有关。

项子虚，生卒年代及里籍不详。元时住天台某观，善医，所居之室号

---

① （元）袁桷：《清容居士集》卷 19。

"日生堂"。元袁桷为撰《日生堂记》述其人其事：

> 天台道士项君子虚，通岐黄书。其治病不择富贵，辄徒步以往，处
> 药候脉有源委。盖所居乡有老医，能理伤寒。受其说，伤寒首经络，未
> 有不通是而能为医者。治所居室，名之以"日生"，且求记于余。噫，
> 今之医，未尝不以生为心也。技薄而学浅，贸贸然以游人之门。恣意剖
> 决，遂使夫人之寿夭，不得以尽其正命，十盖有五六者焉。薄人之危，
> 刚燥疏补，重其疾以利厚赀。则凡所谓生者，不存于其心矣。天地之于
> 品物，寒暑代谢。日用而不能以知，为之君师以正其纲常。为之医以疗
> 其疾病，是医之道。其赞化育者，厥功茂著。仁为人心操存，动止于
> 医，殆得其全矣。余尝闻道家者言，陶弘景增本草飞走虫鱼类例，有杀
> 生心，此盖诱俗鄙俚之论。牺牲养人，千万世不能以易。艺不如古人，
> 挟一囊以自行。巢氏之说，毕具于所挟。矫诬滋甚，矧有若予前所言者
> 其为医之祸最速矣。子虚气正而色刚，立志不苟，视财帛灵粪土。耐习
> 劳苦师全真之说养心，若保赤子，其未通者必有以日广。活人逾多，仰
> 俯不怍，斯其为德也大矣。庸俟以记。[1]

尽管赵与庆和项子虚均生平不详，师承不明，黄岩委羽山野月观以及天
台日生堂也无踪可寻。但全真道于元代盛行不久即进入台州活动，这是可以
肯定的。

明代全真道在台州的传播和活动，主要集中在天台山。表现最著名者当
为龙门派第五代律师张静定、沈静圆和第六代律师赵真嵩及第八代律师伍守
阳等。张静定、沈静圆在天台山集聚徒众，启迪未闻。并将所传龙门派分为
二支，各传一系。张静定一支由张传赵真嵩，赵真嵩传王常月，为龙门第七
代律师。王常月开坛传戒，被誉为中兴之祖。沈静圆一支由沈传卫真定，卫
真定传沈常敬；至周太郎，二支复又融合承传。事实上，龙门派真正形成教
团，也即为张静定、沈静圆在天台山传衍之时。

张静定，生卒年代不详，余杭（今浙江余杭）人。清闵一得《金盖心
灯》谓其曾举明经，隐居不仕。明永乐中（1403—1424 年）弃家云游，参访
高人达士。至天台桐柏山入道门，精八《元阳经》及丹诀，著述颇多，但皆

---

① （元）袁桷：《清容居士集》卷 19。

毁弃。后从青城山道士周大拙学，时因明朝廷对全真道的冷遇，以及承传全真道者能力有限，龙门律宗一系景况凋零。"是时玄门零落，有志之士皆全身避咎……皆不以阐教为事，律门几至湮没"①。景泰元年（1450年），张静定在青城山自周大拙处得授龙门大戒。受教后，遂还天台山居桐柏观，慨然以复兴全真道为己任。开戒坛，聚徒众，力传龙门之道。嘉靖六年（1522年），得赵真嵩为弟子。嘉靖七年（1528年），传龙门戒法于赵真嵩，使之成为龙门派的第六代传人。

沈静圆（？—1465年），字哉生，原名旭，太原（今山西太原）人。少时随父母迁居句容（今江苏句容），因境内句曲山为道家"第一福地、第八洞天"，耳濡目染之下心生出尘之志。父母双亡后，扶柩归葬山西，偶遇道士周玄朴，得授法要。明正统十三年（1448年），又遇周玄朴于青城山，遂师事之，改名静圆，号顿空氏。景泰二年（1451年），闻天台山全真道盛。乃南行天台，居桐柏山中修道，与师兄张静定相处甚欢。天顺三年（1459年），离开天台山至湖州金盖山，"挂瓢于书隐楼"②。苏柳塘《蝶梦斋笔谈》称："居有年，一日辰起，见虎卧檐下，逐之不去，师曰：'汝具天性，奈何好杀，今后能戒否？'虎起而复伏，若受戒然，与处数载，有如猫犬之附人。僧众异之，咸愿皈元，一时满山蓄发，远近称谓胜事。"成化元年（1465年）春，遇卫真定于语溪（今浙江桐乡崇福镇）。遂携至南宫，授以宗法要旨。不久谢世，是为龙门派第五代宗师。

赵真嵩（？—1628年），原名得源，琅琊（今山东胶南）人。少精通经史道诸家要籍，性超然，薄浮名。父母双亡后，杖笻出游，历武当、茅山、天台山及吴越等地。明嘉靖元年（1522年），复登天台山，至桐柏观皈依张静定门下。张静定授以戒法，更名真嵩，号复阳子。自此日夜焚修，潜心所学。嘉靖七年（1528年），从受龙门秘旨。后奉师命往王屋山隐修，于崇祯元年（1628年）授戒法于王常月。王常月不辱师托，努力整合，致力传播，成为中兴龙门派的主将。

伍守阳，原名阳，字端阳，吉安（今江西吉安）人。自幼持身高洁，好性命之学，志在成仙。明万历二十一年（1593年），初于庐山师事还阳曹常化。曹以大丹秘诀授之，未就。后又师事于李虚庵，李授以《东老遗书》。

① （清）闵一得：《金盖心灯》"周大拙传"。
② 王宗耀：《湖州金盖山古梅花观志》。

伍守阳竭诚烹炼，丹垂成而飞者五十七次。乃又访李师于何山，得"五雷法"而还。再炼，丹成将欲吞服。李虚庵突至而止之，"谓其五脏未坚，不可即服，可先用丹'点石成金'以济人"①。遂以擅长外丹黄白术而名著一时。吉王朱太和闻之欲罗致府中，伍守阳恐祸及，遂遁至天台山隐修。"赵复阳闻而俯就之，并授以内丹口诀"②，数年后"劝至王屋山与王昆阳（常月）同处"③。王常月一见契合，并授以三大戒。相处有年，返服还丹，自号冲虚子。因其道高，后人尊为龙门派第八代律师。伍守阳历经万历、天启至崇祯数朝，传人无数。所著《天仙正理》、《仙佛合宗语录》等，阐扬内丹，发挥祖述。萧天石先生谓："伍真本系兼习内外丹诀而登真，然其所著天仙正理直论，仙佛合宗，天仙论语等诸书，绝未涉及炉火；复能尽扫旁门，独标精义。其所著丹道九篇，系以阐发仙宗为主旨，而参以佛宗为证，故又曰仙佛合宗。与其直论九篇合看，便得其丹法之全矣。"④清代有柳华阳继承其说，形成丹法中的伍柳派，影响颇大。

入清以后，明代"慨仙踪之不振，吊逸绪之无承"⑤的形势有所变化。顺治、康熙、雍正三朝，实行了较为宽松的宗教政策，为道教的发展提供了良好的政治条件。之前，隐修于天台山桐柏宫的龙门派第六代律师赵真嵩嘱徒王常月从华山北上京师，初挂单于灵佑宫。适全真道祖庭北京白云观俞姓居士诚心迎请，遂往居白云观，任方丈。次年三月，又奉旨说戒于白云观，开坛说戒凡三次，收弟子千余人。陶靖庵、黄赤阳等先后入其门下。此举使龙门派获得复兴，一改有明一代衰落的局面。这时居天台山修道的龙门派高道为沈静圆门下与王常月同辈的沈常敬一系，著名的有孙玉阳、范青云、童融阳及高东篱等。

孙玉阳，原名尚之，归安（今浙江湖州）人。诸生出身，王宗耀《湖州金盖山古梅花观志》谓："生有神智，年三岁，能辩疑狱全其亲谊。既长，博文强记，且精骑射，自命不凡，不屑入世，常休金盖山之云根。"年十九岁时游金陵，遇沈常敬于陶谷，诚心求道。沈常敬遂携回茅山，授以秘书三十六种，拜授宗旨。并命名守一，号玉阳。清顺治十三年（1656年），归休

---

① （清）闵一得：《金盖心灯》"伍守阳"传。
② 同上。
③ 同上。
④ 萧天石：《伍柳派修真要旨》。
⑤ （清）闵一得：《金盖心灯》"沈顿空传"。

金盖。其曾居天台山隐修多年，门下有阎晓峰、周明阳、范青云等。后继沈常敬为茅山乾元观住持，系龙门派第八代律师。弟子中，阎晓峰继之住茅山乾元观。周明阳又从黄赤阳受戒，开杭州栖霞岭金鼓洞支派，一时影响颇大，从学者千人。范青云则于天台山桐柏宫创桐柏宫支派，开东南龙门派大道场。

范青云（1606—1748 年），俗称范八，名太青，以号行，湖广江夏（今湖北武昌）人。年轻时笃学而任侠，名声很大，南明弘光朝兵部尚书阮大铖慕其名，假南明福王旨意征之。青云不赴，遂入道门，自号青云子，托迹天下。清顺治元年（1644 年），登茅山入乾元观拜谒龙门派第七代律师沈常敬。常敬喜之，命其嗣于孙玉阳门下。但因孙玉阳隐修于天台山，故而一直没有见面。康熙四年（1665 年），范青云游历至天台山，才和孙守阳相遇于琼台，圆了没有见过面的师徒之缘。孙玉阳乃授予《玄偈》一百一十首，并付以龙门秘诀。康熙六年（1667 年），范青云与天台山桐柏宫住持童融阳至金盖山（在今浙江湖州），礼于至此传戒收徒的王常月，得其《钵鉴》五卷，次年正月辞别王常月而归。康熙十三年（1674 年）回到天台山，孙玉阳为其命名、加冠，并又授以《锦记》数章。孙玉阳羽化后，其长年往来于江浙间，出入幽舍，拜会高人。康熙三十二年（1693 年）前后，范青云再次回到天台山，继无力维持桐柏宫的童融阳而主宫务。此时的桐柏宫一派荒芜，原有的观之清风祠旧基已为张姓豪强所造坟。其他如玉清殿、吕祖殿、斗阁、龙虎庙、棂星门等各基"俱垦为平田，宫观尽行倾毁，即败瓦颓垣，无复留者。惟夷齐二大石像，巍然独存"[1]。而观所留之田地，也于明崇祯三年（1630 年）分为四股，为士人张若婴、汤元功、张汝韶、陈万里、张元和等承买。原留一顷四亩香灯田，坐落何处，佃户何人亦茫然不知。范青云历尽艰辛，肩负重建桐柏宫之志，居茅屋，苦守一代伯夷、叔齐之圣像二十余年。并冒着生命危险，通过不懈的讼争，终于要回桐柏宫基址和一部分田产。新建大殿亦于康熙五十七年（1718 年）九月竣工。雍正九年（1731 年），世宗皇帝诏复桐柏宫，"各为殿堂门庑若干楹，并置田若干亩，以资香火，有余则以赡其后裔"[2]。范青云奉敕主其事，由粮道朱伦翰督造。复建后的桐柏宫重显盛况，"额曰崇道观，正殿奉三清，东殿奉葛玄，西殿奉司马子微，后楼奉张

---

① （清）张联元：《清圣祠志》。
② （清）雍正御题《道观碑文》。

紫阳。东西道院及山门，巍焕壮观。名山古迹复显，殿前有亭石刻"①。雍正十三年（1735年），范青云以年老体衰，延请高东篱主桐柏宫讲席。自己则退居杭州金鼓洞鹤林道院，撰《钵鉴续》九卷。乾隆十四年（1748年），以一百四十三岁高龄而逝。龙门派第十一代律师，高东篱门下弟子沈轻云曾说范青云以"一身独承沈顿空、卫平阳、沈太和、孙玉阳四代之宗派"。论者以为他是全真道龙门派继邱处机、王常月之余绪而总持枢纽者。

关于范青云因桐柏宫而与天台豪强和乡人讼争一事，上下易手，历时数十年。其中缘由，清张联元《清圣祠志》集抚院府县往来公文，所载甚详。兹录其中，署天邑篆顾廷臣复文《详明观田归观等事》如下：

> 查得天邑旧案，并无范青云即范八犯窃之案。卑职复亲诣桐柏山之清圣祠，瞻拜夷、齐圣像。其旁有范道士茅屋，比邻张姓之佃。随向里呑、西呑遍行，密访该地人等。俱称范道士住茅屋二十五六年，并不闻有犯窃之事情。缘桐柏名山，康熙三十三四年尚有残破三清大殿一间。其山周围数十里，并未变卖丝毫，俱被设谋占据。观前殿院住房基址，及园圃道路尽行私垦为田，石砌碑石俱扛造坟茔。先因范道士并无籽粒只身苦守，人亦视同奴隶以俟，其死徙可以尽行鲸吞。不料本府拜谒圣像之后详建圣祠，张姓遂设谋不容范道士住持。若果叠犯窃案，何不控逐于二十年之前，反控逐于建祠之后。等语。卑职查范道士被张姓毒殴之后，步履艰难。无论范道士并未犯窃，亦并非范八。且屡奉恩诏，如以赦前之事控告，即以其罪罪之。今范道士苦守圣像二十余年，乃曰欲占官山祠产。装诬控逐，殊觉天理难容。尚望本府保全住持，统惟裁夺。

童融阳（1619—1716年），名清和，号融阳子，龙游（今浙江龙游）人。幼即入道。礼孙玉阳门下王永宁为师，为龙门派第十代律师。明崇祯中（1628—1644年），随太师傅孙玉阳入天台山隐修，后主天台桐柏宫。清康熙六年（1667年），与范青云同至金盖山，请益于王常月，得益匪浅。康熙十二年（1673年），"自天台琼台之金盖，旋至杭谒明阳周祖"②。晚年自外地

---

① （清）齐召南：《重订天台山方外志要》。
② 王宗耀：《湖州金盖山古梅花观志》。

返台，再主桐柏宫务。鉴于邑人对自己有不敬之举，及自身能力有限，难以负起复兴桐柏宫之大任。乃举范青云主持大计，自己则闲云野鹤，云游天下。清康熙五十五年（1716年）卒于天台桐柏山。

高东篱（1641—1768年），名清昱，以字行，祖籍山东宁海，寄居长白（今吉林长白）①。父亲于清康熙中（1662—1722年）外放台湾道，后转任长沙臬司。东篱自幼即有脱俗之志，好性命之学。因久居台湾，无明师指点，故一直无法探究道法之奥秘。康熙三十一年（1692年），其自台湾至浙江，与族侄高麟同拜金鼓洞，以七十五岁高龄礼龙门派第九代律师周明阳为师。遂受戒律，并得授《南华子》等经。康熙四十四年（1705年），周明阳又以《道德经》、《周易参同契》、《悟真篇》等相付。不久，又传佛教之《华严经》、《心经》及《大学》、《中庸》等。并谓"此皆证圣成真之宝箴"，"以此为基础，再纯熟地揣摩《周易》，神仙的事就全在内了"。康熙四十六年（1707年），周明阳再授以大戒宗派。这样，高东篱继承全真道三教一贯的学术宗旨，奠定了成为一派宗师的基础。大学士、江南河道总督高斌闻其高名，常来山与之长谈。并手书楹联"过岭为探山洞古，到来独爱道人闲"以赠。雍正十三年（1735年），天台山桐柏宫重现往日风采，功成身退的范青云乃延请高东篱主而持之。高东篱应请前往，出主桐柏崇道观讲席。其徒方镕阳、沈轻云、闵一得等同至，协助观事。自此，桐柏观重开道场，道徒云集，兴极一时。整个东南之龙门派及台州道教为之一振。乾隆三十三年（1768年）七月，高东篱自知不久于人世，即致书徒友，方镕阳、沈轻云等先后归山。十五日，东篱羽化，享年一百四十七岁，葬于桐柏观山后。

高东篱嗣周明阳为龙门派第十代宗师，著有《台湾风俗考》三卷。居天台山三十四年，承范青云龙门派桐柏宫支派之余绪。门下有方镕阳、沈轻云、闵一得等高徒，门庭最盛。其中方镕阳递传顾沧洲—王峰阳—潘雪峰，王峰阳开苏州装嫁桥斗母宫支派。沈轻云住持余杭大涤山洞霄宫，门下有陈樵云、周梯霞、费丹心等；陈樵云启余杭南湖三元宫支派，门下有阮来宗、杨来递、钱来玉、鲍来金；周梯霞开余杭桐山半持庵支派；费丹心启归安射村开化院支派。闵一得于金盖山纯阳宫，启方便法门，倡三教同修。无论儒释道，及官师俗家等求道之人，均可住庙修道。故称龙门派中之方便法门。

---

① （清）朱文藻：《金鼓洞志》卷7："张复纯曰：师讳清昱，字东篱，仁和世家子。"此说与下说明显不同，存之以证。

从此学者日进，道风大振，影响十分深远。

沈轻云（1708—1786年），名一清，又名一炳，字真阳，号谷音，道号轻云子，浙江归安（今浙江湖州）竹墩人。十六岁时，于邑之金盖山遇李虚庵授秘诗三章，遂有出尘想。十七岁遁迹杭州西湖金鼓洞，师事高东篱，得授三天大戒。后住无锡正气庵，面壁三年。出松江，复遇李虚庵，李问其究竟，答以："《三一音符》为道之至中至正至真者也。但事长生，非吾所愿也。"① 于是究心儒书，研求性理，参《周易》者，计五十余年，"得力于慎独，致功在真诚，步趋语默，未尝心离中正也"②。乾隆元年（1736年），出驻天台山主崇道观讲席。次年，遇西河萨祖于天台桐柏山麓，得符箓咒术和五雷法。乾隆三十一年（1766年），离开天台山。王宗耀《湖州金盖山古梅花观志》谓："应庄观王招入京，大臣将荐之朝，固辞而返，后应郡人请住府城隍庙。"尝于乾隆四十年至五十年（1775—1785年），"祷雨于菰城，祈晴于抚署，致雪于钱塘，收狐于青浦，伏虎于终南，驯狼于太白"③。晚岁通神知未来，"洞悉三数一贯而谦让不自盈，亦未尝预示可否。人问吉凶悔吝，但据理以答之，不涉神异"④。清闵一得《金盖心灯》尝谓其语人曰："有道德者有神通，无道德者无神通……关尹五千惟明道德，可知道德，体也；神通，用也。取其用而遗其体，适成其妖孽。君子则不然，廓其真灵，养其真气。积之宏、畜之久，及时流露，有行乎其所不得不行，止乎其所不得不止之妙。"乾隆五十一年（1786年）卒于射村道院澹泊斋，临逝作偈四十九章，其中有云："住世七十九。光阴非等闲。喜完真面目。神证太虚天。"葬大涤山之金筑坪。嘉庆四年（1799年），定亲王赐"太虚真境"匾额，并联句云："在在寻声扶妙道，心心相印锡通灵"。大学士朱圭亦寄题柱云："贯三清而上下太极本无，乘六气而周流至虚不宰"。

方镕阳，名一定，宁海（今山东牟平）人。少从高东篱出家，随师居天台山桐柏观多年，曾主宫之讲席，并倾力修缮桐柏观。后至临海百步紫阳宫修道，又"住盖竹洞天苦修三十余载。功圆行满，羽化成真，葬临海县仙岩

---

① 李永霖：《历代神仙传略》。
② （清）闵一得：《金盖心灯》"沈轻云传"。
③ 李永霖：《历代神仙传略》。
④ （清）闵一得：《金盖心灯》"沈轻云传"。

洞"①。著有《太极元经》及《心印经注》行世。王宗耀《湖州金盖山古梅花观志》称其："屡兴建桐柏、百步、盖竹、紫琅、金叠、委羽等宫观于温、台、宁处，之间及门甚众。"

闵一得（1748—1836 年），原名苕甫，字补之，一字小艮，自号懒云子，吴兴（今浙江湖州）人。年九岁即入天台山，依桐柏宫高东篱疗疾养身，并礼之为师，成为龙门派第十一代传人。高东篱羽化后，又以师礼侍高东篱之弟子沈轻云，从学服食、导引等内丹之法。后服官滇南，期间访鸡足山鸡足道者得受西竺斗法。又与鸡足道者之徒裔王清楚、李清纯、李蓬头等相往还。相互论道，多有契合。乾隆末年（1790—1795 年）去官归隐，于吴兴（今浙江湖州）金盖山主持纯阳宫。闵一得于道家之书无所不读，诲人不倦。中年学已贯通，晚年更加纯粹并潜心著述。嘉庆十五年（1810 年），撰著《金盖心灯》八卷。道光中（1821—1850 年），又编纂《道藏续编》。道光十六年（1836 年）卒于金盖山，汤志素《金盖山人传》谓："年八十有九，葬于金盖山中。"

《金盖心灯》为闵一得代表作，卷前首列《道谱源流图》，以老子为道祖，吕岩为道宗。吕岩之下，分列刘海蟾、张伯端至白玉蟾等南宗五祖之传系，和王重阳至北七真之传系；继列龙门派第一代至第十四代之传系。全书以六卷篇幅，重点记述了龙门派第一代至第十四代传人的事迹，是研究明清龙门派历史的重要参考资料。《道藏续编》内收明清内炼著作二三十种，所录的道书都是明《正统道藏》所未能收入者。此外，又辑撰有《古书隐楼藏书》，收道书二十八种，以内丹为主。如清王常月《碧苑坛经》五卷、清刘一明《栖霞山悟元子修真辩难参证》二卷、清闵一得自撰《阴符经玄解正义》一卷、清闵阳林《金丹四百字注释》一卷、清蒋元庭辑《太乙金华宗旨》一卷、清陶太辑《吕祖师三尼医世说述》一卷、佚名《读吕祖说三尼医世说述管窥》一卷、清闵一得《吕祖师三尼医世功诀》一卷、清闵一得《尹真人东华正脉皇极阖辟证道仙经》三卷、清闵一得《廖阳殿问答编》一卷、佚名《如是我闻》一卷、清闵一得《泄天机》一卷、清李德冶《上品丹法节次》一卷、清闵一得《养生十三则阐微》一卷、清闵一得《管窥编》一卷、清闵一得《天仙心传》三卷附录一卷、清沈轻云《天仙道程宝则》一卷、清

---

① （清）朱文藻：《金鼓洞志》卷 7："张复纯曰：师讳清昱，字东篱，仁和世家子。"此说与上说明显不同，存之以证。

闵一得《天仙道戒忌须知》一卷、清闵一得《二懒心话》一卷、清闵一得《雨香天经咒注》六卷、清闵一得《智慧真言注》一卷、清闵一得《一目真言注》一卷、清闵一得《增智慧真言》一卷、清闵一得《祭炼心咒注》一卷、清薛心香订《琐言续》一卷、明张三丰《玄谭全集》一卷、佚名《西五母女修正途十则》一卷、清沈轻云《李祖师女宗双修宝筏》一卷、哆律师《持世陀罗尼经法》一卷、清闵一得《持世陀罗尼经注》一卷、清闵一得《密迹金刚神咒注》一卷、清闵一得《大悲神咒注》一卷、碧云子《清规玄妙全真参访集》二卷、清陆世沈《就正录》一卷、清陆世沈《与林奋千先生书》一卷、明万尚父撰《梅华问答编》一卷、清闵阳林述《还源篇阐微》三卷、宋陈楠《翠虚吟》一卷等等。

　　清雍正、乾隆年间（1723—1795 年）居天台山桐柏观传播龙门派的，还有陈栖霞。陈栖霞（1763—1805 年），名阳真，字太朴，原名朴生，号春谷，又号栖霞子，临海人。幼而好道，不近利名。年十七岁时于临海百步紫阳宫师事方镕阳，从学子午功。及至天台山桐柏宫，谒孙来明。后于黄岩遇江西李蓬头，乃弃家偕之出游，三谒五台、五朝九华、七礼南海。通内外典，善诗，精演禽、十八丹头等。与人交接惟逊惟淳，复返居天台桐柏宫修道。清嘉庆七年（1802 年），至金盖山沈轻云像前迻受三大戒。尝为《悟真篇》、《周易参同契》、《清静经》等作注。此后，随着高东篱的逝世，亦因后继者无人，龙门派在天台山桐柏崇道观的传播，无复往日景象。

第三节　最后的一抹余光

　　在天台山桐柏观龙门派传播渐趋平静之际，台州的临海、黄岩、太平（今温岭）等地方则出现了龙门派活动的踪迹。

　　临海龙门派的传播主要集中在紫阳道观、盖竹洞、百步紫阳宫等地。著名道士有陆宾阳、袁阳月、徐阳明等。陆宾阳生平不详。袁阳月师承不详，其传承可上溯至周太朗。徐阳明承陆宾阳之传，陆宾阳号一纯，从盛清新得法。其渊源为王常月传谭守诚，谭守诚传詹太林。詹太林传盛清新，盛清新传陆宾阳，陆宾阳传徐阳明。

　　陆宾阳，号一纯，生卒年代不详，嘉兴（今浙江嘉兴）人。从盛清新得法，尝居洞庭（今湖南岳阳）修道，传全真龙门之旨，为龙门派第十一代弟子。清雍正十年（1732年）止临海，主理"建紫阳故居道场"①。

袁阳月，名心斋，生卒年代及里籍不详。龙门派第十二代传人，清乾隆中（1736—1795年）住临海盖竹洞及小芝庵等地修道，传金鼓洞支派。清朱文藻《金鼓洞志》谓其："稚年出家，住临海县小芝庵修炼。功成出定未还，误经收殓。"

徐阳明，号浣尘，生卒年代不详，松江华亭（今上海）人。少即好道，喜游名山大川。间至洞庭，从陆宾阳为师。步趋四载，尽得龙门旨意，嗣为龙门派第十二代传人。即往松江细林募铸洪钟，朝南洋，挂单天童，登天台，谒桐柏。复至临海百步紫阳宫，与秦抱真同住持三载。又至临海紫阳道观拜谒陆宾阳，领其玄妙意旨。陆宾阳云其曰："百步观当孔道，难于却尘。"② 遂辄带瓢笠，住天台赤城释签精舍。旋旅武当二年，又至南明观音阁礼斗布吞符驱邪之法。复回临海紫阳道观，谒陆宾阳以求真诀。陆宾阳以"仰观闲云，可体澹中境。俯对瘦竹，堪取清字神"相赠③。后居临海栖霞宫，精究《道德》、《南华》、《悟真》诸籍，广传龙门之学。

龙门派在黄岩的活动始于元赵与庆，历朝多有传承，但均是守成而已，鲜有中兴人物。直至清乾隆中（1736—1795年），杨来基的出现，才使当时陷于衰败地位的龙门道教为之一振。

杨来基，号国宁子，生卒年代不详，黄岩东乡横林人。自幼聪颖，家贫躬耕为养。曾慕八会真文烧丹吞符之法，飘然有世外想。父母死后，遂云游名山洞天，至天台，登华顶、石梁、琼台，朝桐柏。自云："欲遇真人，须游福地。今至其地，而未遇真人，奈何。"④ 遂至临海百步紫阳宫，谒紫阳真人像。虔诚祷告时，"忽疑身在云雾间，梦一道者鹤发朱颜，洒然而来。告曰：'道无形声，日在人心，欲得真不外浣尘。尘念净尽，方寸克诚。诚则明，明则通，玄真之诀在是矣。'"⑤ 一日，偶过临海栖霞宫，遇浣尘徐阳明。遂恍然而悟，执弟子礼。求讲《道德》、《南华》、《悟真篇》，并龙门说偈四句，嗣为龙门派第十三代传人。退而居黄岩西园现胜宫之线天，"并心一志，揣

---

① （民国）《续纂龙门宗谱》卷1《徐阳明自述》。
② 同上。
③ 同上。
④ 同上。
⑤ 同上。

摩日熟，真念旋生"①。凡驱邪祈祷之事，屡之征验。既而栖身委羽山大有宫，精修十余年。

杨来基主大有宫后，建立道场，规范科仪。民国《续纂龙门宗谱》载有其所制定的黄岩委羽山大有宫《清规榜》：

伏以道君众帝，东华之先，万物同伏无为，淳朴之后，三教始依，居尘出尘不易，在欲无为难。每见愚蒙常洗苦海污浊尘垢，高明之士宜加察悚勿随迷津。太上开不二法门，忍辱第一；祖师演钵堂之教观，规模为先。天上不容无礼神仙，人间岂有犯规羽士，此修心炼性之所，非醉生梦死之场。如谈说人我，讲论是非，如此存心，焉能超世，兹者共居善地。爰立。

圣堂聚千里而来之善友，合四方有道之良朋，务要互相警觉共扫前非，莫起丝毫妄念，休生纤芥嗔心，戒凛冰霜，心持砥砺规律施行。

凡奸盗邪淫，败太上之法律，坏列祖之宗风，架火焚身。

凡拐带欺骗者，灸眉烧单。

凡扰乱清规，不遵律法者，杖责革出。

凡吸食鸦片、红丸、白丸、金丹、白面等性毒品者，截发斥逐。

凡赌博玩钱者，迁单逐出。

凡谈讲烧丹炼汞哄骗迷人者，杖责革出。

凡酗酒闲事，厌茹荤腥，搅乱常住者，杖责革出。

凡不守清规者，逐出。

凡詈骂大众，污言毁伤人父母者，杖责革出。

凡拜师不知宗派者，不留。

凡在常住办事，克众利己，隐欺大众者，罚斋。

凡倚官长势，及恃压道众者，合堂公议，杖责革出。

凡上堂公事不戴衣冠，如着汗衣、小帽者，跪香。

凡嫉妒贤良，欺压大众，傲慢自夸者，逐出。

凡上殿登坛谈笑喧哗，背立呼童，斜目曲视，吃烟唾痰，挠扇不依礼敬拜，跪不恭者，跪香。

凡司理宝殿楼阁，早晚香灯杲灵坛不诸者，跪香。

---

① （民国）《续纂龙门宗谱》卷1《徐阳明自述》。

凡朝贺圣诞,及朔望期,其功课转天尊不到者,跪香,公事免。

凡上斋堂食饭,不戴衣冠及跌筷子落地者,跪香。

凡赤体夜睡,不穿小衣不扎裤带者,跪香。

凡出门不领签,不告白者,跪香。

凡衣冠不洁,上殿私自开看藏经者,罚斋。

凡烹厨供献用污秽柴木不虔者,跪香。

凡出入上灯后不回者,跪香告白,公事免。

凡戴黄冠及上殿朝真之冠巾入厕行恭者,跪香。

凡开静不起及止静不息灯者,跪香。

凡夜寝后大惊小怪言语惊众者,跪香。

凡厨房抛弃五谷,毁坏常住家私什物者,跪香。

凡常住公事不帮办者,跪香。

（下略）

本宫道众入出须着衣冠,先谒正殿,后礼祖堂,次礼师长并当家与大众。凡属挂单礼节稍异,后至客堂三礼毕则坐左手,静候当家指示安单。

本宫所有丹房相沿承管,必要时只能典押毋许断卖。价金多寡各听自愿,不可与在俗人典押,免生纠葛。

本宫道众每日须检点自己过失,不可苟且因循,违者轻按清规处置,重则鸣官究治。

本宫禄位堂设净土师五名,专修净土以资济众。由当家督率净土师开磬,不到者罚补念三炷香或扣薪十天。

本宫功课或礼忏道众,须扎裤脚,有关仪表毋得忽略。

本宫逢祖师圣诞,道众着衣冠上殿。午献毕,然后至祖堂祝念报德。凡道众不可招引亲朋吃斋,偶然相遇者不在此限。

本宫园地工作道众应共同协助,不可落后,倘有公事者免。凡属菜果,先由常住开园,各人方可采摘。否则议罚买豆腐供众,以儆效尤。

本宫斋堂不得用荤菜款客,亦不可与大厨房烧荤,有碍清规。

（下略）

自此,大有宫道法兼各,戒律精严,弟子日众。清嘉庆元年（1796年）正月十五日,杨来基于大有宫大开戒门,弟子中得其真传者凡十四人,派衍十四房，分支于台州各地及邻近州县各宫观。据有关史料记载，其门下的著名人物有陈复朴、张永继、沈永良、凌圆佐、褚圆图、章本旭、陆致和、金理筌等。

陈复朴，名志华，号春谷，太平（今温岭）岩下人。其生于清乾隆二十年（1755年），家贫寒，幼而好道，年未弱冠即潜至黄岩委羽山大有宫出家。初得闻道，寻往天台，师于桐柏崇道观，学龙门法旨。此后云游天下名山，曾五朝九华、七谒南海、二至五台，后回委羽山从杨来基隐修。为杨来基座下十四房中之第八弟子。嘉庆九年（1804年），复游终南梅花观。回台后，往返委羽、桐柏间，并传法于温州苍南。其颇有卓识，通内外典。著有《归真要旨》、《易数八十卦》、《注悟真参同清静经》等。民国《续纂龙门宗谱》谓其：“道成，能知未来事。如与其徒云：‘明日几客至，负米数斗。’又云：‘其家某日当火，权移母柩他厝’，果然不爽。”

张永继，生卒年代不详，黄岩人。清道光中（1821—1850年）出家于邑之委羽山大有宫，传龙门之学。复从宫中四川云游道人学医，得其眼科真传。自此施医济众数十年，惠者无数。清《龙门宗谱》谓：“委羽山羽士以医眼著称，不乏其人者，皆师之赐也。”

沈永良（？—1866年），名岐山，字凤芝，号醉癫，黄岩黄道街人。体干丰伟，秉性冲淡。少孤贫，弱冠从军。未几，弃去而委身为道士。初居黄岩大有宫学龙门心法，又至天台山桐柏宫从道士金教善学。后遍游闽越诸名山，于南岳遇鸡足山道者，得授一九谷神金液沦景之旨。“从此徉狂自晦，终日或握拳闭目，或跃走，或枯坐，或酣睡，或独立，或哭或笑状如疯癫。然性嗜酒，醉则浩歌，已如故态，时人遂以沈魔头呼之”[1]。时秉承南宗“大隐居廛”和“混俗和光”的思想，偶遁迹于山木，亦和光于城市。喜与群儿童嬉游，自称“得此方全天真之乐趣耳”[2]。初不读书，而所谈多史传间事。至于讲《周易》论《参同》，义精理奥，“虽经生家有不如也”[3]。曾有一诗示池达安，云：“衣裳破碎千针补，不受尘埃半点魔。醉卧白云瓢作枕，醒来犹唱钓鱼歌”。同治五年（1866年）水解。

凌圆佐（1828—1911年），号会默，临海下陵人。幼习儒业，十八岁时

---

[1] （民国）《续纂龙门宗谱》卷1《沈醉癫真人传》。

[2] 同上。

[3] 同上。

弃儒入道，师黄岩委羽山大有宫张永翰。与沈永良相友善，亦以师事之。民国《续纂龙门宗谱》谓，沈永良之言"时含玄妙，他人听之贸然也，冥然也"。而凌圆佐听之"豁然也，怡然也"。默契秘旨，彻底通悟，益励清修，静坐无间。且以内功须兼外行，庶乎有成。清光绪二十六年（1900年），雁荡道众迎请至净名道院为方丈。遂宏开讲席，颇扬一时之盛。

褚圆图，名蒙炼，生卒年代不详，天台太坊人。少于临海仙岩洞（今属三门）礼沈永良为师，学道垂二十余年。平日状如沈永良，多怪异之事，人称褚仙。清同治十三年（1874年），大骂过市，三日乃去。民国《续纂龙门宗谱》载："有相识者过新昌道中谓曰：'蒋方丈永龄赠我绛鞋一双，烦尔带还玉皇山。'无多言至，永龄大惊，以为此鞋入棺。距还鞋时，褚仙尸解已月余矣。"

章本旭，号超阳子，生卒年代不详，乐清（今浙江乐清）南阁人。少学道于黄岩委羽山大有宫，潜心修炼，犹精医理。民国《续纂龙门宗谱》谓："年至九十余岁，问之，则忘其某甲子矣。"太平（今温岭）进士黄濬有《游羽山》诗，其中二句"山中道士皆修养，超阳章老尤萧爽"，即指章本旭。

陆致和，生卒年代不详，黄岩西乡潮济人。自幼好道，早年出家于委羽山大有宫，师从柯明良道士，为龙门派第二十一代传人。清光绪二十二年（1896年），受三大戒于杭州玉皇山，后历任镇海渊德观证盟、乐清羊角洞监戒等职。复住持临海百步紫阳宫，精心修炼内功。并募化重建紫阳宫，使之焕然一新。晚退居委羽山大有宫，专究《易经》及《道藏》。

金理筌（1856—1935年），名竹泉，天台人。少时秉性聪颖，尤喜《道德》、《南华》诸经。因科举不第，遂至黄岩委羽山大有宫，从陆致和学龙门之道。清光绪二十六年（1900年）正式出家，嗣为龙门律宗第二十二代传人。同年，事凌圆佐领受三坛大戒。复回天台，遇异人授以真诀。旋遍历天下名山，访求大道。晚居天台山桐柏宫，精研秘要。著有《清静经解》、《玉皇心印注》、《金丹论》等，其中《金丹论》精辟阐明全真道修炼之根本，为清末民国初龙门派道学力作。

蔡理鉴（1880—1940年），字显教，号心斋，别号龟道人，太平（今温岭）莞渭蔡西塘桥外人。少侍父从邑之枕流宫童明云出家，旋隐雁荡山道松洞清修。清光绪二十六年（1900年）出世，分支于太平（今温岭）。二十九年（1903年），应镇海渊德观学礼考试，名列第三。复出主瑞安集真观，历鄞县佑圣观、镇海渊德观监院。民国十九年（1930年），为黄岩大有宫监院。

其间塑圣像、修亭阁、建山门，阙功甚伟。民国二十二年（1933年），开坛授戒，一时名闻。工诗善画，诗有《莞蔡渔人》："半篙明月半篙风，寄迹烟波缥缈中。网得鱼来沽美酒，船中一枕醉朦胧。"画尤擅松鼠，破笔茸毛，多传神之笔。彩绘《荷塘三友》色彩明艳，描写逼真。

黄理贯（1891—1945年），黄岩路边村人。少出家，从邑之大有宫吴至道道士学龙门秘旨。民国十六年（1927年），于北京白云观受三大戒。曾主委羽山大有宫讲席三年，一生戒律精严，操持不苟，处己诚厚，待人和平，为道俗所共仰。

又有绍林，姓名、生卒年代及里籍均不详。少从黄岩委羽山大有宫学龙门之道，清嘉庆（1796—1820年）中栖止平阳县金乡云台山（今属浙江苍南），创三元道观以居。自此隐居宫观，蓄发不娶，持斋诵经，炼丹清修。

有清一代至民国，除了委羽山大有宫和一些重修的宫观外，黄岩新建的龙门派宫观尚有十八处。

东极宫，在黄岩城关斗鸡巷（今移建西城东路村）。清道光八年（1828年），龙门派坤道赵永风与道士吴永忠、徐永寿建。光绪二十一年（1895年）重修。

八仙宫，在黄岩城关。清咸丰四年（1854年），龙门派坤道牟圆聪、鲍圆真、胡圆求、管圆定、王明台建。

西园经堂，在黄岩城关。清同治四年（1865年），龙门派道士李至重建。

永福宫，在黄岩鼓屿三余闸。清光绪五年（1879年），龙门派道士柯明亮建。

广福宫，在黄岩北洋前蒋。清光绪五年（1879年），龙门派道士沈明广建。民国二十九年（1940年）重修。

震阳宫，在黄岩鼓屿草鞋路廊。清光绪七年（1881年），龙门派道士林教云建。

锡龄宫，在黄岩焦坑。清光绪七年（1881年），龙门派坤道杨明体建。

广福宫，在黄岩讴韶。清光绪十年（1884年），龙门派道士凌圆佐建。

三元宫，在黄岩院在店头。清光绪十二年（1886年），龙门派坤道章圆福建。历传章至领、章理元、王宗求、林诚法、杨信隐等。

福灵宫，在黄岩院桥三友。清光绪二十年（1894年）建。

济阳宫，在黄岩城关。清光绪二十七年（1901年），龙门派道士毛明池建。

妙严宫，在黄岩鼓屿葛岙。民国七年（1918 年），龙门派坤道高宗净建。

逸仙宫，在黄岩十里铺。民国十六年（1927 年），龙门派坤道任诚根建。

山头宫，在黄岩委羽山。民国二十年（1931 年），龙门派坤道王宗平建。

小玄都观，在黄岩城关九峰。民国二十年（1931 年），龙门派道士伍止渊建。

延寿宫，在黄岩城关施平桥里。民国二十二年（1933 年），龙门派坤道程诚佐建。

三元宫，在黄岩焦坑头梳路廊。民国二十六年（1937 年），龙门派道士陈宗绪建。

紫阳宫，在黄岩城关大南门。民国三十三年（1944 年），龙门派坤道何诚秀建。

清代是太平（今温岭）道教龙门派的兴盛时期，其传播始于雍正年间（1723—1735 年）的道士张一崑。张一崑出金鼓洞支派，为龙门律宗第十一代传人。此后，张一崑传方阳悟。又有源出黄岩委羽山大有宫门下的夏合通、任合庆、蔡昭慧、王圆法、陈圆善、鲍圆环、童明云、蔡至敬、许明宝等各传一方。特别是清晚期，太平（今温岭）的道教活动独盛于台州。民间宫观林立，新创道源洞、清凉洞、高明洞、三清观、混元宫、月蟾宫、三元宫、纯阳宫、月顶宫、青龙宫、清福宫、福星宫、东极宫、松鹤宫、石梁洞、碧霄洞等宫观三十余处。出家为道者数以二百计，彰显太平（今温岭）龙门之风。

张一崑，生卒年代及里籍不详。从盛清新学龙门之道，出杭州金鼓洞。清雍正中（1723—1735 年）至太平（今温岭）长屿嵘岙山，创嵘岙洞以居。传有弟子方阳悟、张阳善等。及后，从嵘岙洞得法的道士有周永熬、吴永标、罗圆修、林圆济、吴圆丹等。

方阳悟，生卒年代不详，太平（今温岭）萧家桥下方家人。少从张一崑出家，居长屿嵘岙洞。清乾隆十六年（1751 年），于长屿黄监山深谷山腰建万福洞（今名双门洞），以传龙门秘旨。后从万福洞（今名双门洞）得法的道士有沈教亮、管永衡、林圆勤、王明松、林至璇、毛理祥、陈宗波等。

夏合通，生卒年代不详，太平（今温岭）西乡人。自幼出家，从黄岩委羽山大有宫林本还出家。后归太平，于青屿山创建会元宫以居，另建有大溪旸山头朝阳宫。传有弟子林教芳、人教统、冯教德、杨教仁等。此外，源出会元宫门下的还有林永庆、陈圆顺、谢圆满、李明贤、张明桂、陈明源等道士。出于朝阳宫门下的道士有杨永言、杨圆衡、周永钦、王圆龙、李明华、杨明辉、林至祥等。

任合庆，生卒年代不详，太平（今温岭）南区朱村人。少从黄岩委羽山大有宫王本法学龙门之法，颇有所得。清道光时（1821—1850 年），于太平北郊莞田岭头建三清观。传有弟子徐教惠、毛教明、张教财、张教球、陶教授、陈教兴、张教康等；其中毛教明于长屿呑里创仁明宫。

蔡昭慧（1765—1852 年），名教敬，太平（今温岭）莞渭蔡后洋人。自幼好道，方冠即从师金合宗于邑之松云宫，入龙门之道。既而往居太平（今温岭）羊角洞、白龙山及方岩小斗洞，真心修炼数年。复回松云宫，传播龙门派。清咸丰二年（1852 年）羽化。

陈圆善，又名体阳，字静远，号少谷，生卒年代不详，太平（今温岭）人。清咸丰中（1851—1861 年），从杭州玉皇山福星观龙门第十八传人叶永申出家。后居乐清（今浙江乐清）羊角洞，斩草结茅，重辟道场。并面壁十年，行业精进。清同治时（1862—1874 年），于洞建三清殿、吕祖殿、三官殿、紫庭楼及厨房等八十余间。门下弟子很盛，有周明义等各传一方。

王圆法，号松林子，太平（今温岭）河边后王人。少嗜道，年弱冠投本地枕流宫，从陈永春道士出家。后遍游名山胜境，访道施善。清光绪元年（1875 年），于邑之鹅冠山结茅静修。不数年，募筑宫观，号“修真观”。光绪十一年（1885 年），从杭州福星观道士蒋永林受三大戒。旋居福星观，咏诵玉皇经，不论风晨雪夜，久志不懈，立功立德。人咸称为有道。传有弟子张明祥、童明坤、黄明莲、廖明兰等。

鲍圆环（1857—1902 年），太平（今温岭）上马石人。少出家于邑之莞田岭三清观，从杨永言道士学龙门。潜心修养，道业洪深。曾筹资募建所居之三清观，有大名声。

童明云（1860—?），号月泉，太平（今温岭）武溪人。少敏慧过人，素慕长生之术。及弱冠，乃礼邑之修真观王圆法为师。清修静坐，博览经史，深明易理。清光绪二十六年（1900 年），于雁荡山净名道院，从凌圆佐律师受三大戒。并考取二名，赐号陟霄子。民国五年（1916 年），募建清风宫。

蔡至敬（1843—1919 年），太平（今温岭）莞渭蔡西塘桥外人。素好道不茹荤，有超尘出世之想。清光绪九年（1883 年），至邑之枕流宫，从童明云学龙门之道。旋独居雁荡山道松洞十余年，修真不倦。后回太平（今温岭），募修仙化洞以居，人知其贤。

许明宝（1870—1928年），太平（今温岭）莞田西吞人。少登邑之枕流宫出家，复从修真观王圆法得法。不数年遍游武夷、武当诸名山，访求大道。晚住鹅冠山修真观，潜心修炼，传龙门衣钵。民国十七年（1928年）太平大旱，其以身投寒坑潭祷雨。百姓感其恩德，恭送"舍己成仁"，卓楔以酬。

叶至煜，生卒年代不详，温岭黄湾小石桥人。少敏慧，好修持。后于邑之枕流宫出家，从童明云学龙门之道。民国十六年（1927年），事镇海渊德观黄律师受三大戒。民国二十二年（1933年），为黄岩大有宫戒坛"引礼"神职。后建江夏清风宫以居，并造梅溪大桥，士民称颂一时。

又有金合宗，生卒年代不详，太平（今温岭）人。出家于黄岩委羽山大有宫，从王本法律师得法。清嘉庆中（1796—1820年）于太平肖村凤山头，创松云宫以居。

又有杨教莲，生卒年代不详，太平（今温岭）人。出家于黄岩委羽山大有宫，从吴合印学，嗣为龙门十七代。清光绪十五年（1889年），于太平城东凤凰山创建混元宫。

又有周永钦，生卒年代不详，太平（今温岭）岭下周人。出家于邑之大溪旸山头朝阳宫，从冯教德得授龙门之道。清道光中（1821—1850年），于太平大溪太乙山创桐旸观。

又有邵永律（1861—1929年），太平（今温岭）田洋邵人。出家于邑之大合山八仙宫，从仇教沣得龙门教旨。清光绪中（1875—1908年），于太平石沾大神庙东首创建同福宫。

又有章圆盛，生卒年代不详，太平（今温岭）洋江人。出家于邑之紫皋枕流宫，从陈永春得法。清同治中（1862—1874年），创温峤许宅堂以居。

又有潘圆机，生卒年代不详，出家于邑之紫皋枕流宫，从陈永春得法。太平（今温岭）西洋潘人。清光绪二十六年（1900年），雁荡山净名道院凌圆佐律师开戒坛时，任"引礼"神职。

又有丁圆香，生卒年代不详，太平（今温岭）紫皋人。少从邑之肖村河头福星宫蔡永成出家，学龙门法旨。清同治中（1862—1874年），于河头建东极宫。

又有邵圆梫（1873—？），太平（今温岭）西乡下吞人。出家于邑之长屿紫云洞，事项永法为师。清光绪时（1875—1908年），分支西仙源山，创纯阳宫。

又有季明友（1863—?），太平（今温岭）高洋人。出家于邑之紫皋枕流宫，从修真观王圆法得法。后分支神童门，创月顶宫，复建上新堂于栋头山脚。

又有石明舜，生卒年代不详，太平（今温岭）虞岙大岭坛人。少出家于邑之鹅冠山修真观，得王圆法法旨。后至陆山头创建青龙宫。

又有林明江，生卒年代及里籍不详。少出家，事太平（今温岭）方山羊角洞道士陈圆善为师。清光绪十五年（1889年），创建长屿中岗道源洞。

又有戴明莲，生卒年代不详，太平（今温岭）温岭街人。从邑之许宅堂章圆真出家，后分支江厦岭栋头，创月蟾宫。

又有郑明福，生卒年代不详，太平（今温岭）后洋郑人。出家于邑之肖村河头混元宫，从郭圆英得法。清光绪十五年（1889年），创建凤山头清福宫。

又有陈明标，号奎贞子，生卒年代不详，太平（今温岭）东乡岩下人。出家于邑之肖村河头福星宫，从丁圆香得法。清光绪二十六年（1900年），于雁荡山净名道院，从凌圆佐律师受三大戒。

又有刘至昌（1887—?），字春园，太平（今温岭）西乡螺屿人。出家于邑之紫皋枕流宫，从童明云得龙门之道。后分支西仙源山，创建紫云宫。

又有林圆勤，生卒年代不详，太平（今温岭）肖村人。出家于邑之长屿双门洞，从管永衡学法。光绪二十七年（1901年），就杭州福星观道士蒋永标受三大戒。

此外，清末曾居台州传播龙门派的，还有林九、范笠南、闻理朴等人。林九，清代道士，生卒年代不详，杭州人。其居无定所，佯狂玩世。天师张真人驻锡杭之天后宫时，曾对金鼓洞道士顾阳息说："此林真人乃娄真人之师也，道行高妙。暂坠凡间济度众生，以完其功行耳。尔等道流宜护持之，勿使其坠劫也。"[①] 因是人称为双木真人，后行龙门派于天台山。范笠南，清代道士，生卒年代及里籍不详。居杭州圣堂桥，熟知九天机法。因所泄之机日多，遂遭天谴，为雷电所逐。金鼓洞道士顾阳息获悉而救之，自是改悔不敢。"后随双木真人学道于天台山"[②]。闻理朴（1892—1935年），字达之，道号文素子，永嘉梧埏人。民国七年（1918年）出家，初隐温州胜美尘吕公

① （清）朱文藻：《金鼓洞志》引《碧溪草堂杂记》。
② 同上。

祠。民国九年（1920 年），从平阳东岳观方至通学。方至通曾谓："此吾教承道人也"。后遍游四明、武林及北京白云观，及回台州，至温峤、上天台。民国十三年（1924 年），赴湖北长春观受三大戒，荣登魁首，得授"天仙妙道状元"之号。复居平阳东岳观，并出为住持。又应大有宫蔡理鉴道长之请，助其传法。民国二十一年（1932 年），应邀出主天台桐柏宫丈席。并于正月至三月开坛传戒，受戒道徒有七十余人。其天资聪颖，擅书能画，尤擅文辞。著有《道德经浅著》、《文素子诗文集》等行世。另有诗稿若干首，藏于平阳东岳观中。

值得一提的是，自清嘉庆元年（1796 年）杨来基重兴黄岩委羽山大有宫后，黄岩委羽山大有宫不但奠定了其在道教史上的地位，龙门派也大行于台州。所传十四房弟子中，一房仅传一代而终；二房、五房传至第二十代后复不传；三房、十二房、十三房分传临海；六房、七房、八房、九房、十房、十一房、十四房驻守大有宫。此后，在黄岩委羽山大有宫承传的七房弟子又陆续分传临海、临海的海门、太平（今温岭）、乐清、乐清的雁荡山、永嘉、平阳，以及天台、宁海、玉环、诸暨、上海等地。如清嘉庆中（1796—1820 年），杨来基门下弟子陈复朴和翁复泉即传法平阳。光绪时（1875—1908 年），又有龙门派第十九代弟子林圆丹、薛圆顺，自黄岩委羽山大有宫南下平阳。于钱库望里镇紫云洞、金乡玉龙山水帘洞和环丝观及望州山白云洞等处，创立龙门道场。林圆丹，号耀灵子，生卒年代不详，太平（今温岭）人。后林圆丹复传吴明善、蔡明全，吴明善再传方至通、林至金、林至广；其中方至通授徒多至十八人。薛圆顺则传薛明德；薛明德传吴至荣、石至鹤；石至鹤授徒二十一人；吴至荣传王理湘；王理湘授徒更多，有七十三人。又如民国二十二年（1933 年），温岭道士陈铁梅和蔡启良因募修所居宫观而云游至沪，于曹家渡一带创紫阳宫上海分院。后改名为紫阳宫坤道院，成为上海全真宫观之首。

清末民国初，台州境内的道教活动渐趋衰微，唯一例外的就是黄岩委羽山大有宫的龙门派。据不完全统计，当时台州境内的临海城关的八仙岩永清观、盖竹山的盖竹洞、海门老子山老子殿、海门太乙宫、海门太和宫；黄岩的九峰小玄都观、东极宫、八仙宫、焦坑锡龄宫、坦田王万寿宫；太平（今温岭）的仙化洞庆云宫、长屿紫云洞、太乙山桐旸观、岭栋乾元宫、圣屿山会元宫、肖村松鹤宫、肖村福德宫、肖村清福宫、肖村东极宫、肖村混元宫、西源山三友宫、西源山仙元宫；玉环的楚门虎头山青华宫。温州永嘉的东蒙山天然观、高殿山玉皇楼、梧埏福胜观、吹台山伴云观；平阳的钱库望里镇紫云洞、金乡玉龙山水帘洞、望州山白云洞、坡南东岳观、云台山三官堂、圣莱池天平观、江南龙隐观、江南凤仙观、江南妙觉庵、金乡环绿观；乐清的宝台山紫霞观、中高山三清观、白龙山云观、象阳乡清阳观、长水山灵仙观、歧头山三圣观、雁荡山北斗洞；瑞安的金山道院；以及宁波鄞县的报德观等都成为了黄岩委羽山大有宫的分支。

民国二十二年（1933 年），道士蔡理鉴出任大有宫方丈，邀请蒋宗瀚律师共同启建全真龙门登箓典礼。为全国十二个省的近百名戒子分授初真、中极、天仙等三大戒，计有湖南省三人、甘肃省二人、湖北省九人、河南省九人、河北省一人、江西省五人、陕西省一人、四川省四人、贵州省一人、山东省四人、广东省一人和浙江省的永嘉三人、温岭十八人、乐清九人、平阳四人、湖州一人、宁海一人、瑞安二人、黄岩九人，总计八十七人。并编有《大有宫癸酉擅登真录》，其中黄岩坤道月光子汪理荷，被录取为第一名"天仙"。

民国二十九年（1940 年），道士蔡理鉴、蒋宗瀚和黄岩举人王松渠于委羽山大有宫编纂《续纂龙门宗谱》四十七册，分藏所属道观和道士。其中，黄岩大有宫三册；温岭肖村福德宫、肖村清福宫、肖村东极宫、肖村混元宫合一册；临海八仙岩永清观、盖竹洞、海门老子山老子殿、海门太和宫，黄岩九峰小玄都观、东极宫、八仙宫、焦坑锡龄宫、坦田王万寿宫，温岭仙化洞庆云宫、长屿紫云洞、太乙山桐旸观、岭栋乾元宫、圣屿山会元宫、肖村松鹤宫、西源山三友宫、西源山仙元宫，玉环楚门虎头山青华宫，永嘉东蒙山天然观、高殿山玉皇楼、梧埏福胜观、吹台山伴云观，平阳坡南东岳观、云台山三官堂、圣莱池天平观、江南龙隐观、江南凤仙观、江南妙觉庵、金乡环绿观，乐清宝台山紫霞观、中高山三清观、白龙山云观、象阳乡清阳观、长水山灵仙观、歧头山三圣观、雁荡山北斗洞，瑞安金山道院，鄞县报德观和蔡理鉴大师、吴宗法炼师、高宗羽炼师、应至镇炼师、谢宗沂大师等各一册。宗谱中记录自元皇庆元年（1312 年）全真道龙门派第一代祖师赵道坚起，及第二十五代"信"字辈的委羽山大有宫支派和所分支宫观的宗师、律师、嗣师、炼师等共计三千二百三十人。至《宗谱》修成之日，龙门派大有宫支派在台州有道观一百一十六所，在温州一百四十八所，占两地宫观总数的 99％。出自大有宫的道士，亦占两地道士总数的 97％以上。对此盛况，樱宁子陈圆顿道长的评价是："玄门丕振，教化盛行，迄今阅一百四十年。

代代传薪，枝枝衍秀，四方德众，源远流长。其创始也艰辛，其贻谋也深厚，不有当年，安能今日，杨真人之功可谓巨矣。"[1] 尽管如此，但这也只能是台州道教的最后一抹余光。

---

① （民国）《续纂龙门宗谱序》。

后　记

　　2002 年，在完成浙江省社会科学重点研究课题《台州文化概论》中《台州道教》一章的编写任务后，突然萌生了撰著台州道教通史的想法。此前，曾在《中国道教》、《东南文化》、《气功》、《气功与科学》刊物和《浙籍文化名人评传》文集中发表过《南宗考略》、《天台山"琪树"小考》、《临海道教历史概要》、《张伯端与"悟真篇"及南宗的传承》、《张伯端》、《徐灵府》等多篇文章。以之为基础，我们翻阅了《嘉定赤城志》、《台州府志》、《临海县志》、《黄岩县志》、《天台县志》、《太平县志》、《宁海县志》等多部志书和二十五史及有关《道藏》、其他史籍中的道教资料与文献，经过数年资料上、思想上的准备，终于撰成本书，取名《台州道教考》。所谓考，即根据文献资料考证、鉴别、证明模糊不清的问题。台州道教历史上，多有争议的悬念问题，因为之考。如三国时期仙居道教仙人蔡经、临海巾子山皇华真人的传说，早期道教传入台州的时间和地点，东晋孙恩五斗米道起义和夷夏之争，洞天福地的归属，宋代南宗创始人张伯端的籍贯问题等等。此外，书中还用了大量的篇幅对道教上清派在台州的支派、道教南宗和全真道龙门派等教派史进行了研究。又有道教文化、道教戏曲、道教文物、道教与民俗文化、民间信仰方面内容的表述，相信还是值得大家一读的。

　　在本书完稿掩卷之余，感慨万千。作为对宗教文化具有浓厚兴趣的业余爱好者，我们丝毫没有成书后的那种成就之感。本书的撰写耗去了若干年的光阴。尽管胸中酸楚良多，个中滋味自能解出。回首而望，承蒙临海市政协领导的大力支持，文史委同事和各界朋友们的鼓励帮助，感谢之情油然而生。

　　我们感谢著名宗教学家、博士生导师、原中国社会科学院亚太研究所所长黄心川教授，承他在百忙之中阅读了书稿并撰写序言。我们感谢中国社会科学出版社接受出版本书的美意，感谢出版社第五编辑室主任黄燕生编审和编辑骆珊为本书出版付出的辛勤劳动。感谢我们的朋友张新鹰研究员、黄夏年研究员、王及研究员、周齐副研究员等为本书所付出的努力。特别感谢我们的家人，她们在生活上、工作上无私的奉献，是我们写作本书极重要的源泉和动力，所有一切一切难以语表。

最后要说的是，囿于我们学力和才识的限制，书中免不了有这样那样的毛病，希望读者们多多指正。

作 者

2008 年 11 月 20 日